大 学 问

始 于 问 而 终 于 明

守望学术的视界

魏晋清谈史

龚斌 著

GUANGXI NORMAL UNIVERSITY PRESS
广西师范大学出版社

·桂林·

魏晋清谈史
WEI JIN QINGTAN SHI

图书在版编目（CIP）数据

魏晋清谈史 / 龚斌著. －－ 桂林：广西师范大学出
版社，2024.3
　　ISBN 978-7-5598-6728-5

　Ⅰ．①魏… Ⅱ．①龚… Ⅲ．①中国历史－研究－魏晋
南北朝时代 Ⅳ．①K235.07

　中国国家版本馆 CIP 数据核字（2024）第 014015 号

广西师范大学出版社出版发行

（广西桂林市五里店路 9 号　邮政编码：541004）
　网址：http://www.bbtpress.com
出版人：黄轩庄
全国新华书店经销
广西广大印务有限责任公司印刷
（桂林市临桂区秧塘工业园西城大道北侧广西师范大学出版社
集团有限公司创意产业园内　邮政编码：541199）
开本：880 mm×1 240 mm　1/32
印张：15.875　　字数：342 千
2024 年 3 月第 1 版　　2024 年 3 月第 1 次印刷
定价：98.00 元

如发现印装质量问题，影响阅读，请与出版社发行部门联系调换。

目　录

前言　何谓清谈

谈论或研究魏晋清谈，首先碰到一个难题——何谓清谈？

真所谓"谈何容易"。当年清谈不易，今人要说清楚魏晋清谈谈什么，清谈含义的边际如何界定，清谈的渊源又在哪儿……同样"谈何容易"。

三十年前，唐翼明先生出版《魏晋清谈》一书，[1] 该书的上篇对清谈的含义、形式及内容，作了仔细的梳理，并用今人的学术理念，给清谈下了一个"严谨的现代定义"：所谓魏晋清谈，指的是魏晋时代的贵族知识分子，以探讨人生、社会、宇宙的哲理为主要内容，以讲究修辞与技巧的谈说、论辩为基本方式进行的一种学术社交活动。（唐翼明《魏晋清谈》，页28）接着，唐先生解

---

[1] 唐翼明《魏晋清谈》，成都天地出版社，2018年。以下引用此书仅注页码。按，本书注释视行文需要，引用文献文字长者，或有必要解释者，多用脚注。文字短者多随文用括注，注明文献来源及页码，尽量避免繁琐，便利读者阅读。

释了提出这个定义的六点理由。

我以为唐先生关于魏晋清谈的现代定义，基本上符合清谈的历史事实，当然还有必要推敲。譬如说清谈的参与者是当时的贵族知识分子。确实，保存下来的有关魏晋清谈的历史资料，记录的清谈人物绝大多数出身贵族。但书写的历史，永远只是宏伟历史的极小部分。魏晋清谈风气太普遍了，涉及的地域也非常广泛，实际上一些寒门子弟甚至贩夫走卒也参与清谈。例如与嵇康交往的年轻人赵至，出身寒微而"论议清辩"。[1]西晋河南府役卒王子博善谈论，胡毋辅之与之谈，自叹不如，推荐给清谈家乐广。[2]再有能谈佛论道的僧人，也并非全是贵族出身。

唐先生定义魏晋清谈的主要内容，是指"探索人生、社会、宇宙的哲理"。这样的定义，看来非常宽泛，确实符合魏晋清谈内容十分丰富的事实。可以商榷之处在"哲理"如何理解。唐先生似乎把"哲理"理解为抽象的形上之理。他说："具体的政治批评，具体的人物批评，都是不能叫作'清谈'的。标准的清谈谈的都是抽象的、形而上的理，而不是具象的、形而下的事。"（唐翼明《魏晋清谈》，页30）他所说的"标准的清谈"，应该是指曹魏正始开始的玄谈，如王弼、何晏谈有无、本末之类的纯哲学的玄远抽象之理。如果按这样的标准，那么，只有《世说·文学》

---

[1] 见龚斌《世说新语校释》（增订版），《言语》一五注引嵇绍《赵至叙》。上海古籍出版社，2019年。本书以下引用《世说新语》一律省作《世说》，仅括注书名及篇名。

[2]《晋书》卷四九《胡毋辅之传》，中华书局，1974年，页1380。以下引用此书括注篇名、卷数及页码。

中前半的名士的玄谈，才算合格。可是，这种抽象的、形而上的谈理，在《文学》一篇中只有六十余条。难道自魏初至晋末前后二百年，帝王、朝臣、名士、少年、僧侣，无数人参与的清谈，留下的"标准的清谈"还不足百条？这未免太索然无趣了。

诚然，玄谈是魏晋清谈的精华，是清谈最具理论价值的部分。中国哲学史上的魏晋玄学，与魏晋清谈密不可分。严格地说，玄谈的含义小于清谈的含义。前者主要指三玄（《易》《老》《庄》）的谈论，后者的含义则大得多，包括历史评述、政治哲学、人物美学、谈佛论道、生活哲学、具有哲理的雅论美谈，等等。在《世说》一书中，玄谈不叫清谈，而称论、语、清言、论辩、言咏，其他的谈论按其内容与主题被分别编为《言语》《雅量》《识鉴》《赏誉》《品藻》《规箴》等篇章。所有这些不同内容、不同主题的富有哲理的谈论，才构成魏晋清谈无比丰富、生动、有趣的谈论。如果以为只有玄谈才算是清谈，把政治哲学、历史哲学、人物美学、人生哲学的谈论排除在魏晋清谈之外，是不符合当时清谈的事实的，结果会极大地缩小魏晋清谈内容的丰富性及主题的多样性。

研究历史，先要还原历史。叙述与研究清谈，先要还原古人所说的清谈的含义。

唐翼明先生在他的大著中，区分了清谈的"早期含义"及"今义"。这是一项有意义的工作。他认为前者有三种：雅谈、美谈、正论；后者也有三种：空谈、玄谈、玄学思潮。尔后又重复前面的唯有玄谈才算清谈的观点，以为只有"今义"中的"玄谈"，才是今天研究魏晋清谈时的研究对象，其他都不是。如此一来，清谈的"早期含义"的三种就统统排除在清谈之外了。这样的处理，其实并不合乎他对清谈内容的定义，即清谈的主要内容是"探讨人生、社会、宇宙的哲理"。显然，仅仅是玄谈，不可能囊括"人生、社会、宇宙的哲理"。不信，可以分析《世说·文学》中的六十余个有关玄谈的故事。谈《易》《老》《庄》、佛理，固然是谈宇宙的哲理，而谈人生、谈社会的故事，又有几个呢？这就证明，仅仅玄谈一项，不足以担当解释人生、社会、宇宙的几乎包罗万象的任务。只有把雅谈、美谈、正论都看作清谈，具体而言，把历史评论、儒经与佛典的讲论、人物品题、人生哲学等内容，且一般具备问答形式、让人品味的语言艺术，凡是这样的谈论，都归入清谈的范畴，才能全幅呈现魏晋清谈的真实场景。

现代学者一般认为，魏晋清谈源于汉末的谈论。当时的谈论有的已经名为清谈了。以下举一些汉魏之际清谈的例子，考察魏正始之前的清谈含义。

1. 《后汉书》卷七〇《郑太传》："孔公绪清谈高论，嘘枯吹生。"[1] 唐李贤注"嘘枯吹生"一句说："言谈论有所抑扬也。"唐长孺说："谈论抑扬就是臧否人物。"指评论人物的长短优劣。

2. 《蜀志·许靖传》："靖虽年逾七十，爱乐人物，诱纳后进，清谈不倦。"[2] 许靖喜欢评论人物，招引接纳年轻人，清谈不已。这里的清谈，指评论人物。

3. 《魏志·钟繇传》注引《魏略》：曹丕与钟繇书："至于荀

1 《后汉书》，中华书局，1965年，页2258。以下引用此书仅括注页码。
2 《三国志》，中华书局，1959年，页967。以下引用此书仅括注页码。

公之清谈，孙权之妩媚，执书嗫嚅，不能离手。"（《三国志》，页396）荀公之清谈不知谈什么。曹丕喜欢荀公之清谈，以至不能离手。据此判断，荀公之清谈不是玄谈，当是清新之谈，清雅之谈。

4.刘桢《赠五官中郎将》诗说："清谈同日夕，情盼叙忧勤。"[1]应玚《公宴诗》说："开馆延群士，置酒于斯堂。辩论释郁结，援笔兴文章。"（逯钦立辑校《魏诗》卷三，页383）刘桢诗应该作于建安十六年（211）曹丕为五官中郎将之后，诗中所言的清谈的含义，就是应玚《公宴诗》所说的辩论疑难及谈论文章。

5.《魏志·刘劭传》：夏侯惠荐刘劭说："臣数听其清谈，览其笃论。"（《三国志》，页619）刘劭的"清谈"与"笃论"，应该指他的《人物志》。这部著作校练名理，研究人物的情性与才能的关系，标志着汉末以后的人物评论，由具象趋于抽象。

以上五例中的清谈，发生在汉末魏初。清谈的内容，可以区分为三类。一是人物评论。孔公绪、许靖、刘劭的清谈，大体都是人物评论。孔、许两人主要臧否当世人物，或许也论古代圣贤的优劣。刘劭的《人物志》论人物情性，议论精微，已经带有抽象的玄谈的色彩，是魏晋才性论的重要著作。二是雅谈、美谈。曹丕书所说的"荀公之清谈，孙权之妩媚"，即是此类谈论的代表。三是曹丕与邺下文人清谈学术中疑难问题，并赏析、批评文章诗赋。

然后，再举汉魏之际"谈""谈论""论难"的几个例子。

---

[1] 逯钦立辑校《先秦汉魏晋南北朝诗·魏诗》卷三，中华书局，2017年，页370。以下引用此书仅注书名、卷数、页码。

1.《北堂书钞》卷九八引谢承《后汉书》:"豫章宋度拜定陵令,县民杜伯夷清高不仕,度就与高谈,伯夷感德诣县,县署功曹。"宋度与县民伯夷高谈谈什么,详情不知。据说伯夷听过宋度高谈后,感德赴县,作了县功曹。从这结果推测,宋度高谈的内容,必是劝其出仕及其理由。

2.同上引《后汉书》:"(符融)师事少府李膺,膺风性高简,每见融,辄绝它宾客,听其言论。融幅巾奋袖,谈辞如云,膺每捧手叹息。"李膺是当世大名士,居然谢绝其他宾客,专听符融谈论,每捧手叹息。若是只谈具体的俗世俗事,大概李膺不会如此赞叹符融的谈论。故符融谈论人物或学术,皆有可能。

3.同上引张璠《汉纪》:"张酺事太常桓荣,讲诵不怠,每朝会,辄讲于御前,以论难当意,音动左右。"据张酺"每朝会,辄讲于御前"推测,张酺论难,可能是讲论儒经,质疑、辩论经典中的疑难问题。可见,讲论儒经是谈论的重要内容之一。

4.同上引《益部耆旧传》:"董扶发辞抗论,益部少双,故时号'谈止'。言凡善谈者,遇之则止,人莫能伍。"发辞抗论,即是辩论。辩论内容或许是学术问题。董扶善辩,当时独步,号为"谈止"。

5.《艺文类聚》卷五五引《抱朴子》:"王充所著《论衡》,北方都未有得之者。蔡伯喈常到江东,得之,叹为高文,度越诸子,恒爱玩而独秘之。及还中国,诸儒觉其谈更远,嫌得异书。搜求其帐中,果得《论衡》。"王充《论衡》是一部内容丰富的学术著作,涉及先秦以来的思想史、哲学史、历史学、自然科学等各个学术领域。蔡邕得到《论衡》之后,以为秘玩,潜心研读;受其启发，谈论有长足进步。由此推测，蔡邕所谈，多半是学术问题。

以上五例中"谈""谈论""论难"的含义，偏重于说理及论难，内容涉及讲解儒经、学术问题的辩论及人物评论。

考察上述二部分的例子，大致可以看到汉魏之际清谈、谈、谈论、论难的含义是多方面的，有人物评论、经典的解析、学术辩论，以及雅谈、美谈、正论。其中有具象的谈论，也有抽象的谈论。后者最可靠的证据是汉末谈《易》《太玄》已经相当普遍。再有蔡邕深受王充《论衡》的影响，既谈具体问题，也谈抽象哲学，都是有可能的。

汉魏之际清谈的含义，并没有专指形而上的、抽象的谈论，与谈论、雅谈、正论可以互通。从清谈之"清"的语义，也能证明清谈是雅谈、美谈和高论、正论。"清"字修饰谈论。"清"的本义指水清澈，与"浊"相对。"清"的义项之一是清楚、明白、明亮、公正。"清"的另一义项是清新、清秀、清丽、清雅、美好。以上三个义项大体可以概括清谈的含义。"清"的再有一个义项指声音的清越。所谓清谈，指意义指向明白，内容清新美好，语言清丽、清雅，声音清越的谈论。故清谈其实就是雅谈、美谈、清论、正论、高论。譬如孔公绪"清谈高论"，清谈与高论，二者互文。夏侯惠推荐刘劭，赞叹刘的清谈和笃论。清谈、笃论，也是二者互文。

所谓魏晋清谈的渊源，是汉末的清谈、谈论、雅谈、正论。对此，近现代学者早有共识。魏正始年间，汉末的学术经长期的嬗变，玄学开始成熟并且流行于学术界。以何晏、王弼为代表的玄学家，大谈有无本末一类哲学的终极问题。从此，三玄——

《易》《老》《庄》，成为魏晋清谈的最主要资料。

诚然，玄谈是魏晋清谈的精华，最具学术价值。这是毫无疑义的。正由于这个历史事实，后世有些学者把魏晋清谈与正始之后的玄谈两者划等号，以为清谈就是玄谈，甚至把玄谈之外的所有谈论皆排除在魏晋清谈之外。这其实不太妥当。魏晋清谈绝非仅仅谈玄，绝非都谈哲学。正始之后的清谈继承了汉末魏初的文化传统，抽象之谈之外，还谈古代历史、谈先王圣贤、谈人物优劣、谈学术疑难、谈政治智慧、谈人生哲理、谈诗赋、谈艺术……涵盖了人生、社会、宇宙的种种现象和道理。

谈论、研究魏晋清谈，当然有必要还原当年清谈的内容、主题，生动的谈论场景，人物的精神面貌，传神的语言艺术。可惜有关魏晋清谈的历史资料留存至今的少之又少，可以参考的仅有《世说》及刘孝标注、《晋书》《高僧传》等几种重要的古籍。其中《世说》一书最可宝贵。有人称《世说》是魏晋清谈的总集，是恰如其分的。

不过，若称《世说》三十六篇，篇篇都是清谈，那是言过其实了。集中记录魏晋清谈，具有思想史、哲学史、学术史的重要意义的，莫过于《世说·文学》。该篇前半部分的六十余个故事，是纯粹的魏晋玄谈。以《文学》为主要资料来研究魏晋清谈，非常合理。但必须指出，魏晋清谈绝不仅仅是《文学》一篇记录的故事，其他《言语》《识鉴》《雅量》《赏誉》《品藻》《规箴》等篇，都有不少可以称之为清谈的故事。何况，即使是《文学》中的谈玄，当时也不称为清谈。今人理解清谈是形而上的谈玄，其实与汉末、魏晋人所说的清谈是不一致的。后者所谓的清谈，如上文所说，是雅谈、美谈、正论，谈论的内容非常广泛。而玄谈的内涵，比清谈的含义要小得多。

还原与正确叙述、研究魏晋清谈的历史，鄙人觉得存在一个如何认识中国哲学独特性的问题。中国哲学与西方哲学有很多差异。后者有明确的哲学概念，严密的逻辑推理，往往围绕一个哲学概念，作长篇的演绎、推理、证明。中国哲学则不同，常见以对话方式展开论题，通过叩问、怀疑、解析、比喻、意象、评点、悟解、论辩，往往直探理窟，表达义理。由于多用对话，就有现场性、故事性，生动有趣，在直观的情景中，让人解悟人生、社会、宇宙的哲理。理解了中国哲学的这样的独特性，也就会理解，魏晋清谈除了谈玄的主题，其实还有许许多多表达哲理的形式和场合。开始形而下的对话，结果会得到形而上的哲理，谁能否定这不是雅谈美言，不是所谓的清谈呢？

下面随便举一些《世说》中的例子，还原魏晋清谈的历史真相。

1.《言语》二二：蔡洪赴洛，洛中人问："幕府初开，群公辟命，求英奇于仄陋，采贤俊于岩穴，君吴楚之士，亡国之余，有何异才，而应斯举？"蔡答曰："夜光之珠，不必出于孟津之河；盈握之璧，不必采于昆仑之山。……圣贤所出，何必常处？昔武王伐纣，迁顽民于洛邑，得无诸君是其苗裔乎？"

吴国亡后不久，晋武帝招揽吴楚才能之士，以示天下一家。吴郡人蔡洪应新朝辟命，到了洛阳。洛阳人瞧不起南方来的"亡国之余"，以胜利者的姿态讥讽失败者。蔡洪以夜光之珠、和氏之璧出于普通之地的比喻，以及大禹、文王出于边地的事实，说明

"圣贤所出，何必常处"的道理，自誉自夸；同时，反嘲洛中人是商朝失败者的后裔。洛中人的讥讽和蔡洪的机智反嘲，表达了一种历史哲理：在漫长的历史进程中，胜利者与失败者可以换位。今天的失败者，也许成为未来的胜利者，反之亦然。

2.《言语》四八：竺法深在简文坐，刘惔问："道人何以游朱门？"答曰："君自见其朱门，贫道如游蓬户。"

据刘孝标注引《高逸沙门传》：竺法深在会稽，简文帝看重他的道德风范，派人请他到京师，成了皇帝的座上客。但他"虽升履丹墀，出入朱邸，泯然旷达，不异蓬宇也"。竺法深的回答，既合道家圣人无心，万物相齐的哲理，也合"诸法皆空"的佛理。后者如《金刚经》说："佛告须菩提：'凡所有相皆是虚妄。若见诸相非相，则见如来。'"又说："不应住色生心，不应住声、香、味、触、法生心，应无所住而生其心。若心有所住，则为非住。"[1]佛经以为世间一切所见、所闻、所触、所受、所念，都是虚妄不实的。则刘惔看到的朱门，也是虚妄不实。竺法深以为朱门非真，蓬户亦空，朱门亦如蓬户，盖二者皆空之故也。刘惔的叩问，竺法深的解答，简直是东晋玄谈的极致，意味深长，令人绝倒。

3.《言语》五一：张玄之、顾敷，是顾和中外孙，皆少而聪惠，和并知之，而常谓顾胜。亲重偏至，张颇不恹。于时张年九岁，顾年七岁，和与俱至寺中。见佛般泥洹像，弟子有泣者，有不泣者。和以问二孙。玄谓："被亲故泣，不被亲故不泣。"敷曰："不然，当由忘情故不泣，不能忘情故泣。"

---

1 大正藏第八册第 0235 号《金刚般若波罗蜜经》。

顾和与孙子顾敷、外孙张玄之三人之间的对话，是极有趣味的清谈场景，不是纯粹的谈玄，却胜于谈玄。特别是顾敷以忘情不忘情来解释佛涅槃时弟子不哭或哭的原因，讥刺张玄之不能忘情，与王弼"圣人有情论"若合符契。张玄之不满外祖顾和"亲重偏至"，是有情而累于情，终究不能忘情。顾敷之答也通于佛理。佛经认为诸法皆空，佛涅槃也是空。佛弟子泣者，是执著于虚妄的有。不泣者以为诸法皆空，一切无常，故能忘情于悲欣。二小儿看到佛涅槃的画像，各自发表见解，言在此而意在彼。顾敷之答，契合玄学、佛理，恐怕王弼再世亦不能过。

4.《品藻》三五：桓公少与殷侯齐名，常有竞心。桓问殷："卿何如我？"殷答："我与我周旋久，宁作我。"

桓公，桓温也。殷侯，殷浩也。桓温是东晋中期最有权势的军事家、政治家，殷浩是当时一流的清谈名士，后做过扬州刺史。两人的对话当发生在他们年轻的时候。桓温雄豪，有大志；殷浩精通三玄，善清言，早享高名。两人齐名，若皆无争胜之心，则不会发生如"卿何如我"的问题。偏偏桓温轻视殷浩，提出颇有挑衅意味的问语。殷浩不愧名士，言谈一流，当即回答："我与自己交往已久，宁愿做我自己。"二句话看似平静不争，其实绵里藏针，意思说，你是你，我是我，我何必如你。各有各的个性，各有各的活法。殷浩之语，表现了自尊、自重、自爱、自风流的品格，岂不是寓意深刻的人生哲理？

5.《规箴》一二：谢鲲为豫章太守，从大将军下至石头。敦谓鲲曰："余不得为盛德之事矣。"鲲曰："何为其然？但使自今已后，日亡日去耳。"敦又称疾不朝，鲲喻敦曰："近者明公之举，虽欲大存社稷，然四海之内，实怀未达。若能朝天子，使群臣释然，万物之心于是乃服。杖民望以从众怀，尽冲退以奉主上，如斯则勋侔一匡，名垂千载。"时人以为名言。

东晋元帝永昌元年（322），王敦谋反，率军至石头，自知犯上作乱，故说"余不得为盛德之事矣。"谢鲲委婉地劝谏，说自今之后，只要一天天忘记以前的君臣猜疑就行了。王敦目无主上，称病不朝见。谢鲲又劝喻，说你近来下石头之举，天下人不理解。若能朝见天子，群臣的疑心就消解了，相信你的举动不是谋反。凭藉你在民众中的威望而以民众的希望为重，尽你的不争与谦逊而拥戴天子，就像管仲相齐桓，建立一匡天下的功勋，名垂千古。在王敦谋反的非常时刻，谢鲲劝喻前者尽为臣之道，时人誉为"名言"。谢鲲谈论君臣和睦之道，语调委婉，入情入理，是雅言正论，属于政治哲学。

6.《伤逝》四：王戎丧儿万子，山简往省之。王悲不自胜，简曰："孩抱中物，何至于此？"王曰："圣人忘情，最下不及情。情之所钟，正在我辈。"

王戎的儿子万子夭折了，悲不自胜。山简的叩问，王戎的回答，起于眼前的悲伤之事，而对话却达到了深刻的理境。山简之问，是形而下的；王戎之答，则完全是形而上的，纯粹哲学的。关于圣人忘情之旧说，以及王弼所创圣人有情之新说，本书正始玄谈一章中有详论，这里不展开。王戎"情之所钟，正在我辈"二句，可以说是他的首创，体现了魏晋时代人性中美好而深刻的部分，是魏晋清谈的又一佳例。

不必再举更多的例子了。

须要强调的是，《世说·文学》及其他篇章中的玄谈、雅言、美谈、正论，这一切综合起来，才构成魏晋清谈的原生态面貌。关于人生、社会、宇宙的问题是无限丰富的，清谈所谈之理自然也绝不仅仅是终极问题——玄理。政治哲学、历史哲学、社会哲学、人生哲学、美学、佛教哲学，都可以在《世说》记录的谈论中找到。即使有些谈论尚未达到概括、总结事物原理的哲学的层面，但在普通的具象的言谈中，有时也存在哲思。譬如晋孝武帝十二岁，时冬天，白天只穿丝织的单衫五六件，夜里盖毛织的厚褥子好几层。谢安谏曰："陛下白天过冷，夜里太热，恐怕不是养生之道。"孝武帝说："昼动夜静。"解释白天穿得薄，夜里盖得厚，原因是白天活动，夜里静。谢安叹曰："上理不减先帝。"（《凤慧》六）以为孝武帝所说的道理，不比善言理的简文帝差。可见，孝武帝的回答，是谈生活的哲理。诸如此类含有哲思的趣谈在《世说》中触目皆是。即使《排调》一篇，也有不少雅谑中充满哲思的故事。

大浪淘沙。可惜今人所见的魏晋清谈，唯剩《世说》等绝少的资料。其实，前后二百年的魏晋清谈，其谈论的地域之广、参与谈论的人数之多、场面之热烈，完全超出今人的想象。例如细读《魏志·管辂传》及注引《辂别传》，就会发现管辂生活的冀州，许多地方都有谈论《易》学及古代历史、古圣贤的人物，证明正始之后虽然洛阳的清谈随历史的巨变而消失，但洛阳之外民间的清谈仍然生生不息。至于中国佛教的谈佛论道的盛况，更是难以想象，无法详述。

鄙人的任务，就是尽可能地还原魏晋清谈如何继承汉末的谈论，梳理它的起源，描述其由兴盛至衰落的演变过程，考察清谈主题的多样性，对一些著名的清谈活动和杰出的清谈人物作出评论。

第一章

魏晋清谈的起源

　　魏晋清谈起于汉末，迄于晋宋之交，历时二百余年。被认为是魏晋清谈总集的《世说新语》，记录的谈论者始于汉末名士，最晚止于晋末，时间长度约略与魏晋清谈的历程相等。[1]魏晋清谈具有丰富的含义：它既是历史的，也是现实的；既是世俗的，也是超俗的；既是功利的，也是审美的；既是形上的，也是形下的；既是具象的，也是抽象的；既是义理的，也是言辞的……它的多姿多彩，吸引了无数名士，殚精竭力，乐此不疲。后来者则多对彼时口辩交错的场景遐想不已。重大的历史事件，影响深远的文化潮流，无不受到因果律的支配。魏晋清谈也是如此，它源于东

---

1 陈寅恪《陶渊明之思想与清谈之关系》一文说："《世说新语》记录魏晋清谈之书也。其书上及汉代者，不过追溯原起，以期完备之意。唯其下迄东晋之末刘宋之初迄于谢灵运，固由其书作者只能述至其所生时代之大名士而止，然在吾国中古思想史，则殊有重大意义。盖起自汉末之清谈适至此时代而消灭，是临川康王不自觉中却于此建立一划分时代之界石及编完一部清谈之全集也。"见陈寅恪《金明馆丛稿初编》，上海古籍出版社，2020年，页194。以下引此书不再注明版本讯息。

汉的学术文化及名士的谈论风气。近、当代学者研究魏晋清谈的起源，一般认为汉代的讲经、人物评论、清议及崇尚谈辩的风气，都是魏晋清谈的源头。然而，汉末清谈的具体含义不易确指，清议与清谈二者是否有关联？谈论究竟谈什么？嘲戏是否也是清谈的渊源？研究者回答这些问题，见仁见智，分歧不小。因此，梳理汉末的清谈议论与魏晋清谈之间的渊源关系，尽可能真实地呈现清谈的多种源头并合理解释之，仍然是一项有难度的工作。

一、讲论经义：魏晋清谈的远源

讲论经义，是魏晋清谈的起源之一。经，主要指儒家的经典，包括《诗》《礼》《论语》《周易》《春秋》。自汉武帝废黜百家，独尊儒术之后，儒家经典被赋予无可比拟的崇高地位，成为官方的主流意识形态，是名教依据的原典及治国方略。

讲经的形式大体上有两种：官方的与民间的。

官方讲经的最高规格是宫廷讲经，由皇帝组织和主持，召集大臣，有时也邀请著名经学家，展开问难与答辩，以期求得经典的奥义。前汉宫廷的讲经，姑且不论。后汉宫廷讲经，在光武帝、明帝、章帝时代最盛。《后汉书》卷七九上《儒林列传》说：光武中兴，爱好经学，四方学士莫不抱负坟策，云集京师。于是立五经博士，各以家法教授。建武中，某年正旦朝会，百僚毕集，光武帝令群臣能说经者，更相诘难，义有不通，夺其席以益通者。精通京房《易》的专家戴凭，"凭遂重坐五十余席"，京师为之语曰："解经不穷戴侍中。"（《后汉书》，页2554）说经者胜则得席的解经形式，是传统讲经的创新。

章帝建初中，"时会京师诸儒于白虎观，讲论五经同异，使（魏）应专掌难问，侍中淳于恭奏之，帝亲临称制，如石渠故事。"[1]石渠故事在讲论经义的形式上有三大贡献：一是讲论五经同异，二是有人专掌难问，三是皇帝亲临，做辩论的裁定者。这种讲经的形式及程序，在后来的魏晋清谈中经常见到。

汉代的太学是国家的最高学府，讲经即是授课的内容和形式。建武五年（29），修起太学。中元元年（56），明帝即位，"飨射礼毕，帝正坐自讲，诸儒执经问难于前，冠带缙绅之人，圜桥门而观听者盖亿万计"。（《后汉书》，页2545、2546）明帝坐着讲经，诸儒手执经卷在帝前问难。这种一人主讲，多人问难，主讲者解答的形式，以后成了魏晋清谈的主要形式。

后汉民间经师聚徒讲学，规模更大，受众更多。经师传授五经的盛况，在《后汉书·儒林传》里有集中反映。例如孙期，习《京氏易》《古文尚书》，"远人从其学者，皆执经垄畔以追之，里落化为仁让"。（《后汉书》，页2554）欧阳歙出身于传授《伏生尚书》的世家，在郡，教授数百人。济阳曹曾跟随歙受《尚书》，门徒三千人。（《后汉书》，页2556）。牟长亦精《尚书》，诸生听其讲学者常有千余人，著《尚书章句》，俗号《牟氏章句》。（《后汉书》，页2557）杨伦习《古文尚书》，后去职，讲授大泽中，弟子至千余人……（《后汉书》，页2564）后汉民间经学家聚徒授经场

1《后汉书》卷七九下《魏应传》，页2571。石渠故事：《汉书》卷三六《楚元王传》说：西汉刘向曾讲论五经于石渠阁。石渠故事成为后世宫廷讲论儒家经典的典型，影响深远。

面之大，生徒之多，学子提出疑问，经师解惑释疑，绝不是后来三二名士促膝清谈可以比拟的。

后汉经学极盛，学派众多。即使同一经典，各家的解释也不同。譬如《诗》有《鲁诗》《齐诗》《韩诗》三家，《春秋》有《公》《穀》二传，《易》有京氏、费氏的不同。学派不同，党同伐异。家法师法，壁垒森严。互相攻难，讨论释疑，是势必会发生的事。这里仅举读、谈《春秋》的一例：章帝时孔僖与崔骃相友善，同游太学，习《春秋》，"因读吴王夫差时事，僖废书叹曰：'若是，所谓画龙不成反为狗者。'骃曰：'然。昔孝武皇帝始为天子，年方十八，崇信圣道，师则先王，五六年间，号胜文、景。及后恣己，忘其前之所善。'僖曰：'书传若此多矣！'邻房生梁郁傥和之曰：'如此，武帝亦是狗邪？'僖、骃默然不对。"（《后汉书》，页2561）孔僖、崔骃由《春秋》中吴王夫差时事，联想到汉武帝前期崇信圣道，后期恣欲忘善。这是典型的谈论前代史事和评论古代帝王，为魏晋清谈所继承。至于梁郁说"武帝亦是狗邪"，那是有意陷害僖、骃，另当别论。

盛极必衰。大致自汉桓帝始，经学至于极盛。同时，繁花如锦的经学初现衰败的景象。史载本初元年（146）之后，"游学增盛，至三万余生。然章句渐疏，而多以浮华相尚，儒者之风盖衰矣"。（《后汉书》，页2547）所谓"游学"，是指后汉中期之后，交游之风盛行，士子通过结交当代名流，获取社会名望或学术声誉，以利于个人的发展。京师的太学，集中了全国的老宿硕儒，青年才俊云集。四方学士，不远千里而至，寻找龙门捷径。太学既然是最高学府，学术的新变首先在太学发生，是不难理解的。

新变的标志有二：一是"章句渐疏"，二是"浮华相尚"。两汉经学发展到后来，章句的繁琐是最大的弊病。小言破道，零碎、繁杂的训诂，淹没了经典的精义。而强调不偏离家法和师法，会堵塞学术创新的道路。这时，富有创造力的学者，抛开陈腐的章句之学，以独得的见解诠释经典。守旧的经学家则诮称这样的新变是"浮华"。"浮华"的主要罪名即是对经学传统的冒犯与突破。后来，魏明帝废黜一大批以《老》《庄》解释儒经的名士，罪名也是"浮华"。"浮华"的次要含义，是上文所说的太看重交游，交游的末流往往会互相题拂，虚名无实，甚至形成朋党。在魏晋清谈史上，"浮华"一词是贬义的，保留了后汉太学中"浮华相尚"的初始意义。

　　与"浮华"意义相近的是"游谈"。后汉桓帝时人周勰，少尚玄虚，先后举孝廉、贤良方正，又公车征，皆不应，杜绝人事，十有余年。到了延熹二年（159），才开门延宾，"游谈宴乐"。（《后汉书》卷六一《周勰传》，页2031）还有一个太学生仇览，入太学后，同郡符融有高名，与览比邻而居，宾客盈室。"览常自守，不与融言。融观其容止，心独奇之，乃谓曰：'与先生同郡壤，邻房庑，今京师英雄四集，志士交结之秋，虽务经学，守之何固？'仇览一本正经地说："天子修设太学，岂但使人游谈其中！"高揖而去，不再与符融交谈。（《后汉书》卷七六《仇览传》，页2481）以上两例"游谈"，究竟指什么呢？

　　"游"，本义指人或物体在水中的浮游，引申为移动、不确定、不实无根、游览、休憩闲暇等意义。当"游"修饰语言、言辞时，如"游辞""游谈""游言""游说""游语"，多数偏于贬义，指言辞虚浮、议论无根。例如《易·系辞下》："诬善之人其辞游。"孔颖达疏："游谓浮游，诬罔善人，其辞虚漫，故言其辞游也。"《汉书》卷三六《刘向传》记刘向上书，称王氏擅权，"游谈者助之说，执政者为之言"。[1]游谈者即游说者，以虚浮之赞誉，助力王氏。《后汉书·仇览传》所记符融与仇览的对话，反映了当时太学生对传统经学的两种相反的看法。符融以为今京师正当英雄、志士有所作为的时机，你仇览守护经学有何用？仇览反驳之，以为太学就是修习经学的地方，不是让你们在这里虚谈、空谈的！两人的对话，反映出汉末经学正在发生的变化，即相当多的太学生不守传统经学，以浮词相尚。仇览则坚守传统而不变，批评太学诸生谈论经义，无根不实。他说的游谈，含义与"浮华"相近。

至于周缪的"游谈宴乐"，游谈指闲谈。游，义为游憩。《礼记·学记》："故君子之学也，藏焉，修焉，息焉，游焉。"郑玄注："游谓闲暇无事之游，然则游者不迫遽之意。"《论语·述而》："依于仁，游于艺。"游谈，谓游于谈，即游憩于闲谈之中。

不论是后汉帝王主持的讲经，还是汉桓帝之后太学中崇尚浮华的"游谈"，都是魏晋清谈的源流。帝王亲自组织、主持的宫廷讲经的故事，在魏晋各个朝代都得到很好的传承。受到守旧的经学家批评的不讲章句、看似无根不实的"游谈"，其实孕育着经学研究的新方法，是魏晋学术新风的萌芽状态。传统的讲经、解经

1《汉书》卷三六《刘向传》，中华书局，1962年，页1960。以下引用此书不再注明出版讯息，仅注卷数页码。

的原则与方法趋于没落的同时，谈论的内容宽泛了，精神自由了，遂常有会心的悟解，妙语连珠。凡此，萌发了魏晋清谈自由纵放的精神。

二、谈论：魏晋清谈的近源

谈论的内容可以无限，大至宇宙，小至细微的情绪诉说。然而，并不是所有的谈论都有价值。只有具有思想文化意义，或寄寓哲思，或理致畅达，或解惑释疑，或清婉动听，给人启迪，益人智慧的雅谈、美谈、高谈、正论，才有价值和意义。言语本是孔门四科之一。孔子说，言之不文，行之不远，指出了言语对于人生的重要意义。孔子又对言语提出要求，即"文"。"文"指文雅、文饰、美善，与粗野、鄙悖相反。自古以来，行人专对，辩才无碍，语堪讽咏之才，每个时代都会受到重视。[1]

后汉中期之后，知识界的谈论风气盛行。善言谈，应对敏捷，音韵优雅者，为人所推崇仰慕，更容易获取时誉。这类例子太多了，例如《后汉书》卷六七《刘祐传》："每有奏议，应对无滞，为僚类所归。"《后汉书》卷六八《郭太传》："善谈论，美音制。"《后汉书》卷八〇下《文苑·郦炎传》："言论给捷，多服其能理。"《东观汉纪》："尹敏与班彪亲善，每相与谈，常日旰忘食，夜分不寝。"（《北堂书钞》卷九八《谈讲部》）《蜀志》："简雍少与先主

1《北堂书钞》卷九八《谈讲部》记录了许多善于谈论的人物。文渊阁《四库全书》本。

有旧，雍与糜竺、孙乾并为从事中，刘表坐谈客耳。"（同上）其他如符融，谈辞如云，李膺每捧手叹息；董扶发辞抗论，当时独步，时号"谈止"的故事，上文已述，这里不重复。

汉末谈论盛行，谈者、听者皆如痴如醉，废寝忘食，尤其是善谈者，几乎人人仰慕，这种现象，在历史上并不多见。究其原因，一与谈论的内容有关，二与人物审美有关。前者指太学中的"浮华"与"游谈"，陈腐、繁琐的讲论经义早已听厌了，而有创新见解的谈论得到越来越多的太学生的欢迎。后者指善谈论成了人物之美的一种标志，即善谈论成为评价人物的绝好的词。

这里，不能不说到郭太（128—169）[1]。郭太（太，一作"泰"）字林宗，为汉末第一号大名士，对魏晋风度及清谈的影响无人可及。《后汉书·郭太传》说："（太）尝于陈梁间行遇雨，巾一角垫，时人乃故折巾一角，以为'林宗巾'。""林宗巾"的风行，说明时人对名士的崇拜已成风气，郭太就是众人追捧的风流人物。

汉末，善谈论成了风流的标志之一。例如《蜀志·刘琰传》："以其宗姓有风流，善谈论。"《蜀志》卷一五注引《襄阳记》："习帧有风流，善谈论。"众所周知，"风流"是盛行于魏晋时期的重要美学概念，"魏晋风流"很早就成为中国美学的著名符号，生命力恒久，影响绵绵不绝。然而，何谓风流？风流的含义有哪些？正如"美"常常只可意会，难以言传一样，风流一词的具体含义也较难界定。冯友兰《论风流》一文道出风流的含义有四：玄心、

1《后汉书》卷六八《郭太传》说，建宁元年（168），太傅陈蕃、大将军窦武为宦官所害。明年，即建宁二年（169），太卒于家，时年四十二。则太生于永建三年（128）。

洞见、妙赏、深情。[1] 这四点，主要指魏晋名士的风流，算是说得比较具体了。至于魏晋之前文献中的"风流"一词的含义，与冯友兰所说的风流，是不一样的。例如《汉书》卷二三《刑法志》："风流笃厚，禁罔疏阔。"风流指风俗教化。《汉书》卷一〇〇下："郑卫荒淫，风流民化。"颜师古注："言上风既流，下人则化也。"此处的风流义同"风化"。而刘琰"宗姓有风流"和"习帧有风流"，这二处的风流显然不是指风俗教化。前者是说刘姓门风有风流，犹云"风流世家"，表现在善谈论。后者是说习祯此人有风流，也是善谈论。故风流开始有了美感的内涵，成了一种审美评价。于此可以得出这样的结论：汉末名士的善谈论不仅是单纯的语言能力，更重要的是人格的美感表现，是后来魏晋风流的源头之一。善谈论既然是风流的一种品格，而风流为时人仰慕，则汉末谈论之风盛行的原因，自然得到了很好的解释。

后汉盛行谈论，究竟谈什么？由于有关史料的缺乏，要具体描述谈论的内容与场景，仍然不是易事。大体而言，谈论的内容可以分为四类：谈学术，谈社会人生之理，批评时政，人物品题。人物品题是汉末谈论的大宗，对魏晋清谈有直接影响，拟在下面一节专门述论。先考述前面三类。

一、谈学术。

上文引《东观汉纪》说：尹敏与班彪每相与谈，常忘食不寝。班彪是《汉书》作者班固的父亲，东汉初期著名的历史学家。据他的学问推测，他与尹敏的谈论，很可能谈历史及史学著述。

---

1 冯友兰《三松堂学术文集》，北京大学出版社，1984年。

《世说·夙惠》一二记陈寔与客人谈议，两个儿子元方、季方复述父亲与客人所谈的内容。这个故事历来被当作小孩夙惠的佳话，但只要加以分析，就会发现这个有趣的小故事，却是研究后汉谈论的极佳资料：

> 宾客诣陈太丘宿，太丘使元方、季方炊。客与太丘论议。二人进火，俱委而窃听。炊忘着箅，饭落釜中。太丘问："炊何不馏？"元方、季方长跪曰："大人与客语，乃俱与窃听，炊忘着箅，饭今成糜。"太丘曰："尔颇有识不？"对曰："仿佛志之。"二子俱说，更相易夺，言无遗失。太丘曰："如此，但糜自可，何必饭也。"

鄙人曾考释上面的故事发生的时间，大约在质帝本初元年。陈寔与宾客论议，恐怕不是人物评价或游谈宴乐。[1]若是人物评论，直白易懂。但太丘问二子："尔颇有识不？"可知太丘他们的论议不是很容易记住并听懂，当与学术有关。考两汉文献中"论议"一词，多指围绕某事物或某问题的说理或辩论。《史记》卷一二六《东方朔传》："博士诸先生与论议共难之。"《后汉书》卷二六《牟融传》："融经明才高，善论议。"《后汉书》卷四五《周荣传》："（袁）安数与论议，甚器之。"以上人物传中的"论议"，指说理、议论、辩论。

---

1 据《后汉书》卷六二《陈纪传》，陈纪卒于建安初，年七十一。若故事发生时元方年二十岁，则约在本初元年（146）。见拙著《世说新语校释》，页1264。

再一个证据是《后汉书》卷六〇下《蔡邕传》，邕著作中有名为"论议"的文体，可能是论说文。由此推知陈寔与客人论议，当是说理，与学术有关。以时间而言，陈寔与宾客的论议，或许早于太学中的浮华之谈。

又《后汉书》卷五三《申屠蟠传》说，太尉黄琼卒，归葬江夏，"四方名豪会帐下者六七千人，互相谈论，莫有及蟠者"。申屠蟠与人谈论，肯定不是非毁朝政的"处士横议"，也不会是品题人物，面对六七千人的大众，评价人物的优长短劣恐怕是不适宜的。当世大名士郭林宗、同郡蔡邕都很看重申屠蟠，后者称蟠"禀气玄妙，性敏心通"，"安贫乐道，味道守真"。蟠曾隐居过一段时间，"博贯五经，兼明图纬"。据蟠的秉性及学问推测，他的谈论当是谈学术。

又《后汉书》卷六二《荀悦传》说："献帝颇好文学，悦与（荀）彧及少府孔融侍讲禁中，旦夕谈论。"此处文学的含义广泛，经学、哲学、史学、诗赋都可以称文学。荀悦、荀彧、孔融在禁中日夕谈论，当亦以谈学术为主。

上文曾引《蜀志》说，简雍、糜竺、孙乾，是"刘表坐谈客耳"。刘表年轻时受学于同郡王畅，为汉末名士，党锢人物。光和七年（184）党禁解除，刘表受大将军何进征辟，推荐入朝，出任北军中侯。初平元年（190），刘表任荆州刺史，用心治理荆州。荆州本来就是文化底蕴深厚的地方，地理位置也非常好。在刘表治理下，社会相对安定，文化氛围很浓。中原地区的文士，为逃避祸乱，纷纷来到荆州，形成一个著名的学术文化中心，代表学者有宋衷、綦毋闿、司马徽等。这是一批传统学术的革新者，影响最大的一件事是重定五经，即编一个五经的新版本。他们谈五经同异，谈《易》注，谈太玄，对魏晋玄学的形成及清谈产生直接的影响。

二、谈理。

谈理之"理"，应该作广义的理解，或是哲理，或是学理，或是人理。上文引《后汉书》卷八〇下《文苑·郦炎传》："言论给捷，多服其能理。"能理之"理"，很难确知具体所指。《世说·言语》前面几个故事，记汉末的谈理，已同魏晋清谈不存在本质的区别。例如《言语》七记荀慈明（爽）与袁阆相见，袁问颍川人士。慈明先言及诸兄。袁笑曰："士只是因为亲旧能如此吗？"意思说，岂能是亲旧就说是颍川优秀人士呢？荀问袁："足下责问我，依据的是什么经典？"袁说："刚才问颍川人士有无国士，你却先及诸兄，所以我责问你。"荀回答说："昔者祁奚内举不失其子，外举不失其仇，以为至公。公旦《文王》之诗，不论尧舜之德，而颂文武者，亲亲之义也。《春秋》之义，内其国而外诸夏，且不爱其亲而爱他人者，不为悖德乎！"袁阆与荀爽之间的问答，是谈论人才荐拔中的两大问题：一是不论内举、外举，都应以"至公"为准则；二是"亲亲之义"，不爱其亲而爱他人者，是为"悖德"。荀爽解释自己推举诸兄为颍川人士，是合乎《春秋》经义的。这个故事，提供了汉末谈理的具体、生动的例子。两人所谈的理，属于儒家推崇的荐举人才之理，并非形上之理。"亲亲之义"合乎人性法则，不爱其亲而爱他人，违背了人性，属于"悖德"。荀爽的回答，蕴含了深刻的哲理，没有理由把这种谈论排斥在清谈之外。

三、"处士横议"。

后汉的"处士横议",首先是一种政治性极强的时政评论。其次是名士的互相标榜,推举一批以大名士为核心的"清流",对抗污浊的宦官集团。后汉桓、灵之世,宦官专权,政治黑暗至极。怀抱儒家清明政治理想的官吏与许多正直的读书人,羞与荒政及宦官为伍,遂出现"处士横议"的舆论狂潮,激烈批评朝政和评论公卿。[1]

激烈批评当代政治的言论,很快传入太学。太学生与主持风教的大名士结合起来,品题人物,危言深论,引领并主导了当代的社会舆论及评价准绳。《党锢列传》序说:"……因此流言转入太学,诸生三万余人,郭林宗、贾伟节为其冠,并与李膺、陈蕃、王畅更相褒重。学中语曰:'天下楷模李元礼,不畏强御陈仲举,天下俊秀王叔茂。'又勃海公族进阶,扶风魏齐卿。并危言深论,不隐豪强。自公卿以下,莫不畏其贬议,屣履到门。"(《后汉书》,页2186)以大名士李膺、陈蕃为领袖,以太学生为主力,形成强大的舆论潮流,强烈冲击王朝的污浊政治,引起桓帝震怒,宦官反扑。腐朽势力开动暴力机器,大肆逮捕党人。先后二次党锢之祸,蔓衍二十余年,天下善士几乎全部遭殃。这是中国历史上士人言论与专制政体最严重的一次冲突,证明"处士横议"过分激烈,超过了统治者的容忍度,必然会引起严重后果。

桓灵之际的"处士横议"深度参与当代政治,郭太在当时就意识到危言深论的极大风险,因此言谈有意远离现实,转向谈论

---

1 见《后汉书》卷六七《党锢列传》序,页2185。

抽象问题。陈寅恪《陶渊明之思想与清谈之关系》一文说:"大抵清谈之兴起,由于东汉末世党锢诸名士遭政治暴力之摧压,一变其指实之人物品题,而为抽象玄理之讨论,启自郭林宗,而成于阮嗣宗,皆避祸远嫌,消极不与其时政治当局合作者也。"(《金明馆丛稿初编》,页181)指出了郭太不谈现实政治,转变了当时的"危言深论",开辟了抽象谈论的新方向。从这个意义上说,称郭太是魏晋清谈的先驱,是符合事实的。后汉党锢之祸深刻影响后世知识者的言论自由,使其意识到批评当代政治过分激烈,势必为世主所不容,遭到政治暴力的摧压。魏晋清谈到后来,一般都离现实较远,罕见直接批评朝廷及时政,无疑吸取了东汉党锢之祸的教训。可是,"互相题拂"以为称号的风气,譬如指天下名士为"三君""八俊""八顾"之类,则一直沿袭到魏晋清谈中大量存在的题目人物。

三、评论人物:魏晋清谈的重要源流

评论人物,在汉末尤其盛行,成为谈论的主要内容。这种现象的出现,有着深刻的时代文化背景。荆州庞统对当时人物评价的看法,是理解上述问题的好例子。庞统"性好人伦",即喜欢评论人物。"每所称述,多过其才,时人怪问之,对曰:'当今天下大乱,雅道陵迟,善人少而恶人多。方欲兴风俗,长道业,不美其谭则声名不足慕企,不足慕企而为善者少矣。今拔十失五,犹得其半,而可以崇迈世教,使有志者自励,不亦可乎?"(《三国志·魏志·庞统传》,页953)。庞统这段话,解释他评论人物,为什么往往"多过其才"。原因一是天下大乱，善人少而恶人多，想要转变风俗，弘扬雅道，需要善人。二是不美言他人，其人的声名便不足为人所企慕；不足企慕，善人就少了。换言之，给人优评让人获得声名，能激励有志者。犹今语"以表扬为主"，表扬能激发人向上向善的信心与动力。三是优评人物，尽管拔士仅得其半，使有志者自励，也是可以的。

庞统对评论人物的看法，反映了汉末评论人物的重要意义，以及往往给人优评的特点。汉代重名，而名与人物评论极有关系。故追求大名士的优评，以此获得足以让时人企羡的声名，是获取征辟、察举机会的重要途径，当时士子对此无不趋之若鹜。当然，评论"多过其才"，或许出于"与人为善"的好意，但也会产生随意臧否、名实不符的弊病。譬如乡评的末流，如谚语所说，"举秀才，不知书；察孝廉，父别居"[1]，留下足以令人不齿的笑柄。

汉末盛行的人物评论潮流，虽然仍然与汉代征辟、察举用人制度有关，但毕竟开始表现出新的审美倾向，渐渐成为魏晋清谈之源。这点，正是我们特别看重，并须深入阐述的地方。

后汉人物评论最著名人物非郭太莫属。《后汉书》卷六八《郭太传》说："其奖拔士人，皆如所鉴。"李贤注引《谢承书》说："太之所名，人品乃定，先言后验，众皆服之……初，太始至南州，过袁奉高，不宿而去。从叔度，累日不去。或以问太，太曰：'奉高之器，譬诸氿滥，虽清而易挹。叔度之器，汪汪若千顷之陂，澄之不清，扰之不浊，不可量也。'已而果然。太以是名闻

1《钦定日下旧闻考》卷一四六，文渊阁《四库全书》本。

天下。"(《后汉书》，页2227）郭太品鉴袁奉高和黄叔度，不再直接谈论人物的道德、学问，而是以自然景物为喻，揭示人物的气质、韵度、美感。袁奉高似清泉，清而易挹；黄叔度如千顷之湖，澄之不清，扰之不浊，形容叔度器量弘深，渊邈不可测也。袁奉高、黄叔度二人之气质，经由郭太准确、形象的品鉴，传神地表达出来。

《郭太传》又记他品鉴、奖拔左原、茅容、孟敏、庾乘、宋果、贾淑、史叔宾、黄允、谢甄、边让等人，或据人之德性，或据人之才能，或据人之个性，无不如其所鉴。

郭太品鉴人物，开了魏晋清谈的先风。陈寅恪《〈逍遥游〉向郭义及支遁义探源》一文说，"魏晋清谈出于后汉末年之清议"，并引《后汉书·郭太传》："林宗虽善人伦，而不为危言覈论，故宦官擅政而不能伤也。及党事起，知名之士多被其害，唯林宗及汝南袁闳得免焉。"又引《世说·政事》一七刘孝标注引《泰别传》略云："泰字林宗，有人伦鉴识。自著书一卷，论取士之本，未行，遭乱亡失。"尔后得出结论："然则清谈之风实开自林宗，故抽象研讨人伦鉴识之理论，亦由林宗启之也。"[1]陈先生以为魏晋清谈出于东汉末年的人物鉴裁，即清议，而忽略后汉学术思想的变迁，恐怕是以偏概全了。但他指出郭林宗一变指实之人物品题，而为抽象研讨人物鉴识的理论，这一看法符合汉末人物品鉴由实至虚的演变过程，深刻且具有启发意义。《泰别传》说，郭太"题品海内之士，或在幼童，或在里肆，后皆成英彦六十余人"。郭

---

1 陈寅恪《金明馆丛稿二编》，上海古籍出版社，2020年，页83、84。

太自著书一卷，论取士之本，即是他的品鉴海内人士的理论概括。完全可以想象，这卷著作可能已经涉及人物评论的才性问题。可惜，郭太这卷书未行，遭乱亡失。否则，魏晋才性论的源头会看得更清楚。

郭太评论袁奉高与黄叔度，典型地体现了评论人物趋于抽象的变化，即从人性深处品鉴人物的特点。例如孟敏客居太原，担子上挑着的甑（陶质炊器）跌碎了，不顾而去。林宗见而问其意。孟敏回答："甑以破矣，视之何益？"林宗以此异之，因劝令游学。十年知名，三公俱辟，然终不仕。孟敏所谓"甑以破矣，视之何益"，可见其性格通脱，明达事理。林宗由此觉得孟敏异于常人，劝令游学。

谢甄、边让并善谈论，俱有盛名，常共约郭太，连日达夜。林宗对门人说："二子英才有余，而并不入道。惜乎！"谢甄后来不拘细行，为时所毁。边让轻侮曹操，为操所杀。林宗称二人"英才有余，而并不入道"，其实已涉及才性问题。入道之道，指事理。不入道，谓不明事理。不拘细行，轻侮他人，是道德缺陷，属于人之品性的问题。《郭太传》称太"性明知人"，性明，即识见聪明，聪明方能知人。从郭太品题人物的具体例子，大致可以看出他从人物的才能与品性两方面察人论人。才能易见，品性难明。范晔在《后汉书·郭太传》末评论说："庄周有言，人情险于山川，以其动静可识，而沉阻难征。故深厚之性，诡于情貌，'则哲'之鉴，惟帝所难。而林宗雅俗无所失，将其明性特有主乎？"（《后汉书》，页2231）称赞郭太鉴别人物能知"沉阻难征"的人之"深厚之性"，做到"雅俗无所失"。从史料大体可以推知，郭太是才性统一论者。魏晋清谈的重要题目才性论的源头，就在以郭太为代表的人物评论里。

与郭太同时或前后，有不少"名知人"——品鉴人物之著名者，例如符融、田盛、许劭、孔伷、许虔、许靖、孔融等。

符融善于识别人物，成名或许比郭太还早。郭太初入京师，时人莫识，融一见叹服，因以介绍给李膺，由是知名。当时晋文经、黄子艾，并恃以才智，炫耀上京，"随所臧否，以为与夺"。符融察其非真，乃到太学，并见李膺，以为晋、黄二人"小道破义，空誉违实"。李膺赞同符融的看法。最终二人名论稍衰，宾客稀少，惭叹逃去，沦落为"轻薄子"。（《后汉书·符融传》，页2232、2233）由符融知人之明判断，史称他"谈辞如云"，最有可能是人物评论。

许劭此人更不可忽略。他所主持的汝南"月旦评"，当时就享有盛誉，以至"天下言拔士者，咸称许、郭"。[1]汝南"月旦评"是许劭早年的乡党评论，服务于察举和征辟人才，具体评论什么人，如何评论，皆难知其详。留名于世的则是他评论当世大名士陈寔、陈蕃："太丘道广，广则难周；仲举性峻，峻则少通。"涉及了人物的个性。

孔伷（名公绪）也是汉末评论人物的著名人物。"清谈"一词，与他最有关系。《后汉书》卷七〇《郑太传》说："孔公绪清谈高论，嘘枯吹生。"（《后汉书》，页2258）符融善人伦，曾荐郡

1《后汉书》卷六八《许劭传》："初，劭与（许）靖俱有高名，好共覈论乡党人物，每月辄更其品题，故汝南俗有'月旦评'焉。"页2235。

士三人，其一孔伷。之所以推荐孔伷，当是孔谈论抑扬，也善于臧否人物之故。

汉末人物评论盛行的第二大原因，是适应天下大乱，各地英雄逐鹿中原，迫切需要才智之士的现实。灵帝之末，大厦将倾，四海沸腾的时代到了。乱世之时，唯有英雄才能力挽狂澜，平定乱源。因之论英雄及智士，成为人物评论的重要题目。曹操胁迫许劭评论自己，最能说明汉末英雄豪杰重视人物评论的风气。曹操出身鄙贱，人品也不佳，许劭轻视他而不愿评论，无奈曹操胁迫，只得评曰："君清平之奸贼，乱世之英雄"。曹操大笑，满足而去。称"奸贼"无所谓，有"英雄"之目足矣。

如前所说，汉末的荆州在刘表治理下，各种人才聚集于此，是学术的中心，当然会经常进行人物评论。《魏志·陈登传》说，"许汜与刘备并在荆州牧刘表坐，表与备共论天下人。"荆州牧刘表，自然而然成了人物评论的主持者。而刘备为一方英雄，也有资格论天下人物。《世说·识鉴》二说，曹操问裴潜："卿昔与刘备共在荆州，卿以备才如何？"潜曰："使居中国，能乱人，不能为治；若乘边守险，足为一方之主。"显然，裴潜见识高明。当初他避乱荆州，刘表待以宾客之礼，他却私下在王粲、司马芝面前评论刘表："刘牧非霸王之才，而欲以西伯自处，其败无日矣。"遂南渡至长沙（刘孝标注引《魏志》）。后刘表果败，荆州为曹操所有。另有傅巽，有知人之鉴，早先客于刘表治下的荆州，"目庞统为半英雄，证裴潜终以清行显"（《魏志·刘表传》注引《傅子》，《三国志》，页214）。后来庞统归附刘备，见待之高仅次于诸葛亮。裴潜在魏朝位至尚书令，并有名德。二人结局，一如傅巽所鉴。

荆州之外，汉献帝所在的许是另一个人才云集之地[1]，人物评论风行。例如《魏志·陈矫传》说："……太守陈登请为功曹，使矫诣许，谓曰：'许下论议，待吾不足，足下相为观察，还以见诲。'"所谓"许下论议"，指许都的人物评论。陈矫从许返回，禀报道："闻远近之论，颇谓明府骄而自矜。"谓远远近近，都说你骄横而自傲。陈登驳斥道："夫闺门雍穆，有德有行，吾敬陈元方兄弟；渊清玉洁，有礼有法，吾敬华子鱼；清修疾恶，有识有义，吾敬赵元达；博闻强记，奇逸卓荦，吾敬孔文举；雄姿杰出，有王霸之略，吾敬刘玄德。所敬如此，何骄之有！馀子琐琐，亦焉足录哉？"陈登为自己辩护时，对陈纪（元方）等一批杰出的当代人物作出了精当的评论。

汉末分崩离析之际，品题天下英雄豪杰，与现实的政治、军事密切相关，主要着眼于人物才智的鉴别与评论。这与以前郭太的"不为危言覈论"，恐怕是不一样的。譬如上文所言陈登评论陈元方等人，意义指向皆十分明确。当然，评论人物的语言可用比喻，使听者觉得饶有兴味。比如少有辩才，志气高傲的青年祢衡，建安初来游许下，评陈群、司马朗为"屠沽儿"。又评荀文若（彧）、赵稚长说："文若可借面吊丧，稚长可使监厨请客。"意思说，荀只是容貌好，故可吊丧；赵腹大，特别能吃肉，故可为监厨，而无其他能耐。同样有趣的人物品藻还有孔融荐边让于曹操，

---

1 据《后汉书》卷九《孝献帝纪》，建安元年（196）八月，迁都许。

说："（边让）为九州之被则不足，为单衣襦裤则有余。"[1] 意谓为大才不足，为小才则有余。祢衡、孔融的品藻人物的语言，其实与郭太评论袁奉高如清泉，黄叔度似千顷之陂的比喻并无不同。

历来谈论汉末的人物评论，一般笼统地称之"汉末"。其实应该也可以分得细一些。早先，郭太、符融、谢甄、李膺等人评论人物之时，虽经党锢之祸，但汉王朝还未倾塌，天下尚未大乱。到了汉灵帝崩，董卓之乱起，各地豪杰起兵，整个北方分崩离析。评论英雄及智士的风气，应运而生。建安初，曹操挟天子以令诸侯，尚形名之学，普遍谈论人物的才能与品性。曹操、裴潜、陈登、傅巽、王粲等，是建安时期评论人物的主角。从郭太至魏初的人物评论变化的大致线索，隐约可见。尽管时势的变化会影响评论人物的主题，但代表人物品鉴未来方向的，总是以郭太最重要。他的谈论作风，深刻影响魏晋士人的行为风度，以及魏晋品鉴人物的重神韵。

魏晋之后，由于汉末谈论、谈理文献资料的佚失，有关郭太的理论成就多湮没不闻。然而，在刘宋初期，仍有人了解郭太出色的理论创造，作出极高的评价。例如《高僧传》卷七《竺道生传》，介绍道生在佛学上的卓越成就，与郭太相提并论："初，关中僧肇始注《维摩》，世咸玩味。生乃更发深旨，显畅新异，及诸经义疏，世皆宝焉。王微以生比郭林宗，乃为之立传。"（汤用彤校注《高僧传》，中华书局，1992年，页257）竺道生是中古佛教史上的义学高僧，是当时最著名的雄辩家，天才英发，阐发经义

1《孔北海集·附录》，文渊阁《四库全书》本。

有"深旨"和"新异"。由时人比之郭林宗一语推测，郭太谈理，卓绝一世，具有很高的理论成就。可惜难知其理论造诣的详情。抑或即寅恪先生所言"抽象研讨人伦鉴识之理论"欤？

以下再讨论魏晋清谈起源研究中的一个有分歧的问题，即清议是不是清谈的源头？

有一种观点认为清议演变为魏晋清谈。陈寅恪说："魏晋清谈出于后汉末年之清议，人所习知，不待详考。"唐长孺《清谈与清议》一文说："初期清谈与清议可以互称。"[1]又说："清谈开始是以人物批评为主的，与清议可以互通。"唐翼明对上述看法提出异议，他分析"清谈"原义与今义的不一致，以及历史上"清议"出现的时间，它与"清谈"的关系，证明"清谈出于清议的看法"不能成立。[2]唐先生的考辨和分析很详细，有说服力。

让我们在唐先生考辨的基础上接着说。

首先考察"清谈""清议"出现的时间。上面"前言"中已经引用过的有关汉魏之际清谈的文献，这里尽量不引；重要而必须引的，简述而已。

《后汉书》卷五《臧洪传》说："以洪领青州刺史，前刺史焦和好立虚誉，能清谈。"又说："时黄巾群盗处处飚起。"据《魏志·武帝纪》："光和末，黄巾起。"（《三国志》，页3）据上可知，焦和作青州刺史时，黄巾军已处处飚起，当在光和、中平之交（约183—184）。焦和清谈的具体内容难知，据"好立虚誉"及

1 唐长孺《魏晋南北朝史论丛》，中华书局，2011年，页278。
2 详见唐翼明《魏晋清谈》第一章，页3—37。

"不理戒警"事，焦和清谈可能不涉及学问和时政，为空虚不切实际的谈论；也有可能称扬人物，所谓"好立虚誉"。《后汉书》卷七〇《郑太传》说："孔公绪清谈高论。"其年代在焦和之后。[1] 检范晔《后汉书》，"清谈"一词仅出现于上述二处，时代最早在灵帝末。它的原义，非指谈论学术，最有可能是人物评论。

至三国时，"清谈"一词出现的次数多了。例如上文说过许靖"清谈不倦"。考许靖生平，"灵帝崩，董卓秉政，以汉阳周毖为吏部尚书，与靖共谋议，进退天下之士。沙汰秽浊，显拔幽滞，进用颍川荀爽、韩融、陈纪等为公、卿、郡守……"（《三国志》，页963）许靖早年就有"人伦臧否之称"，在吏部任职时，又谋议进退天下之士。谋议进退天下之士，即是上文所说的评论天下英雄及才智之士，或进或退，或褒或贬。许靖曾于危难之时投奔孔伷，而伷能清谈高论，抑扬人物。二人皆善人伦，必有评论人物之谈。建安十六年（211），许靖转在蜀郡，"清谈不倦"，则仍以谈论人物为主。

又魏代名臣钟繇答太子曹丕书："臣同郡故司空荀爽言：'人当道情，爱我者一何可爱！憎我者一何可憎！'"曹丕回报钟繇书，赞美"荀公之清谈"。[2] 所指"荀公之清谈"，就是钟繇书中荀爽"人当道情"三句，说明情的重要性，属于雅谈，与人物批评无关。[3]

1《魏志·武帝纪》记初平元年（190）春正月，后将军袁术、冀州牧韩馥、豫州刺史孔伷等同时起兵，推袁绍为盟主。孔伷，即孔公绪。
2《魏志·钟繇传》注引《魏略》，《三国志》，页396。
3 唐长孺解读"荀公之清谈"，以为曹丕"将荀爽之论与汝南月旦评相提并论……他大概认为荀爽之言也是一种人物批评标准（以爱憎为主）"，其解释似不确。

建安十八年（213），曹操为魏公，建立魏国，后曹丕立为太子。丕爱好文学，常召集文士评论人物、讨论学术。刘桢《赠五官中郎将》诗说："清谈同日夕，情盼叙忧勤。"这时的清谈，含义已经很广泛了，人物评论之外，诗文的鉴赏、经义的讨论，都是清谈的题目。同时的王粲，可能已在"校练名理"了。建安之末，以曹丕为领袖的文士集团，事实上已经拉开了所谓魏晋清谈的序幕。

须讨论的问题是，清谈与"清议"有何关系？清谈是否出于"清议"？要解答以上问题，须先弄清楚，何谓"清议"？"清议"何时出现？考"清议"一词，最早出现在三国时。《吴志·张温传》说："（暨）艳性狷厉，好为清议，见时郎署混浊淆杂，多非其人，欲臧否区别，贤愚异贯。"（《三国志》，页1330）暨艳"好为清议"，"清议"的含义就是臧否人物，分别贤愚。然以上"清议"一词，不是出于暨艳本人之口，也非出于友人张温之口，乃是《三国志》作者陈寿所言。"清议"一词又见于《通志》卷一六八："是时海内清议云：'青州有邴、郑之学。'"又说："邴原性刚直，清议以格物。"邴原、郑玄，固是汉末人，但"海内清议""清议以格物"，似乎没有证据证明其为汉末人所言，或许是《通志》编者的叙述。到了魏初，"清议"一词的出现才是确切无疑的事实，而且它所指的意义与后汉的乡论相近，且偏于贬义的评论。例如曹爽之弟曹羲《至公论》说："厉清议以督俗，明是非以宣教者。"[1]《晋书》卷三六《卫瓘传》说，卫瓘与太尉亮等上疏，叙魏代立九品中正制的弊端，说："其始造也，乡邑清议不拘爵位，褒贬所加，足为劝励，犹有乡论余风。"可证"清议"类似后汉的乡论。然在后汉，乡论虽然臧否人物，区别贤愚，但当时不称"清议"。"清议"乃是后出之词，晚于清谈。故说"清谈出于清议"，恐怕与历史事实不符。

唐长孺把后汉的乡间人物评论说成是"清议"，这是用后出的"清议"，替代乡论。他以为孔公绪"清谈高论，嘘枯吹生"是臧否人物。随后又举葛洪《抱朴子》中的例子："俗间有戏妇之法……或清谈所不能禁，非峻刑不能止也。"又《抱朴子·正郭篇》说，郭太"清谈闾阎"。唐先生以为《抱朴子》所说的"清谈"即是"清议"，即人物批评。诚然，汉末清谈既然以人物评论为主，有所抑扬，论人物之短长，自是谈中之义。但不可说孔公绪、郭林宗等人的清谈就是"清议"。原因是"清议""清谈"二个词的出现，"清谈"在前，"清议"在后。更须注意的是，清谈一词含义丰富，评论人物之外，还有雅谈、正论等多种内涵。

四、嘲戏非清谈源流辨

从总体上说，魏晋清谈与后汉流行的谈论有渊源关系。然而，是否所有的口谈言说都能成为清谈的渊源？譬如，言不及义、调

---

1 严可均校辑《全上古三代秦汉三国六朝文·全三国文》，中华书局影印本，1965年，页1163上。以下引用此书仅注页码。

笑戏谑、俳谐滑稽之流，与魏晋清谈有关系吗？为了解答上面的问题，这里先引《册府元龟》（文渊阁《四库全书》本）卷八二三总录部"清谈"一条，分析古人如何理解清谈：

> 《传》曰："言谈者身之文。"《老子》曰："善言无瑕谪。"乃若和顺内积，辞气清越，振金玉而条畅，去枝叶之扶疏。抵掌开谈，应机晤对，深造至理，焕发仁声。析群言之微妙，为时辈之倾仰。扣之不竭，听者忘倦，斯皆修饰雅调，敷述精义，婉而成章，著为令誉者也。江左相尚，流风最盛。非夫识度冲远，议论典正，洞协名理，作世模范者，则无取焉。

这段话首先引《易传》和《老子》，指出言谈是人的光华的外表，清谈是心声，是和顺情感的外露，言辞清越、动听、畅达，如枝条经整理，去除了扶疏。清谈并不是一般的言谈，谈论者须随机应变。以下说清谈的性质，是"深造至理""析群言之微妙""修饰雅调，敷述精义""议论典正，洞协名理"。再指出清谈的语言特色是"扣之不竭，听者忘倦""婉而成章"。最后"识度冲远"四句，是对清谈者的要求。总之，清谈的本质是善言，是言谈者胸中和顺之气的结晶，是冲远识度、至理与仁声的发露，是雅调、美谈、正论、精义、名理。它以理义为内在灵魂，以金声玉振的音辞为外在形式。东晋的清谈，流风最盛。《册府元龟》"清谈"一条对清谈内容与语言形式的理解，是符合清谈的历史事实的。

汉末的谈论，大致内容不外乎讲经、谈理及人物批评，属于雅谈、美谈、正论。善谈者连日达旦，听者也捧手叹息。能言善辩历来被人欣赏，到了汉末，雅谈成了名士风流的一种标志，尤为时人所倾仰（上文已详）。以后盛行于魏晋的清谈，直接继承汉末雅谈的流风遗韵，成为魏晋风流的重要内容。

现当代有关魏晋清谈的研究，有一种意见以为嘲戏（或称嘲谑、排调、戏言）也是魏晋清谈的源头。其代表人物杨勇，撰《世说新语校笺》，把《世说》中的"戏"，一概解释为清谈。杨氏后来又撰《论清谈之起源、原义、语言特色及其影响——兼释拙著〈世说新语校笺〉修订本序》，[1]以为"清谈始于谈嘲，滑稽笑语，使人娱心者也。然清谈重心在语言……谐辞隐语，最见嘲调、嫚戏、俳谑之特色。滑稽笑语，宜乎辩捷，能言之人之才骋也。"（《杨勇学术论文集》，页481）他又引《说文》："俳，戏也。"及《汉书·枚皋传》："谐笑类俳倡。"颜师古注："俳，杂戏也。"作为"俳谈之言名'戏'"之由来的证据。杨勇举《三国志·吴书·诸葛恪传》所记吴主孙权与诸葛恪二人嘲谑言戏的故事，[2]说："此实一席绝致之清谈也。大抵清谈之人必以才捷为先，词锋尖利，刻切了当，既可骋个人之杰思，又能致君臣之和睦，嘲谈之功，亦可以解纷矣。"（《杨勇学术论文集》，页483）

不止谈嘲，凡是应对敏捷者，作滑稽者，出语谐隐者，为倡

1 详见《杨勇学术论文集》，中华书局，2006年9月。
2《吴志·诸葛恪传》说，恪父瑾面长似驴，一日，孙权大会群臣，使人牵一驴入，长检其面，题曰：诸葛子瑜。恪跪曰：乞请笔益两字。因听与笔。恪续其下曰：之驴。举坐欢笑。权乃以驴赐恪。

乐者，说肥瘦者，杨勇一概看作清谈，甚至把清谈的源头上溯至西汉东方朔的滑稽、枚皋的俳优。于是，东方朔《答客难》、扬雄《解嘲》、班固《答宾戏》一类辞赋，也成了清谈早在西汉就有的证据。

杨勇混淆清谈与嘲戏的内容、言辞的差异，一味扩大历史上清谈一词的原义，反映出他对清谈的性质、内容、功用的看法很混乱。混乱的根源是分不清清谈与嘲戏是两种非常不同的言谈，两者的内容及语言有雅俗，价值有大小。清谈为求至理，故一开始就有雅谈、美谈、正论的含义，辞气清越，金声玉振，婉而成章。嘲戏是自娱娱人，以嘲弄为先，内容低俗，语言粗鄙，甚至丑辞不断。两者的区别显而易见。

既然杨勇以为西汉滑稽之士淳于髡、东方朔是清谈的祖师爷，那么，以下先从他们的滑稽分析，指出嘲戏、排调为什么不是清谈。

《史记》卷一二六《滑稽列传》首记战国齐人淳于髡"滑稽多辩"；次叙楚国优孟"多辩，常以谈笑讽谏"；再叙秦倡优旃，侏儒，"善为言笑，然合于大道"。司马迁评论说："淳于髡仰天大笑，齐威王横行。优孟摇头而歌，负薪者以封。优旃临槛疾呼，陛楯得以半更。岂不亦伟哉！"[1]司马迁赞叹淳于髡三人"伟哉"，原因在三人言语虽滑稽，然"谈言微中"，旨在讽谏，而且确实起到了良好的作用。假若以滑稽、谐隐为清谈的起源，则清谈的源头是否要上推至战国？再者，魏晋的嘲戏基本上失去了道德内涵，

1《史记》，中华书局，1959年，页3203。以下引用《史记》仅注篇名或页码。

成为纯粹的取笑娱乐，是一种语言游戏。

《世说·排调》集中反映了魏晋时期嘲戏的流行。例如《排调》二记司马昭、钟会各以对方的父名为戏。同篇三记钟毓与司马师、陈泰、武陔三人互以他人父名为戏。儒家礼仪规定，直呼他人的父名犯讳，是有违礼经的。魏晋礼乐式微，君臣之间、夫妇之间也盛行互相嘲戏，这当然是人们思想解放、个性张扬的一种表现，但终究并无深刻的意义，完全不能与清谈的"善言""正论"相比。

譬如杨勇作为清谈之例的王浑与妇钟氏的戏言。《世说·排调》八："王浑与妇钟氏共坐，见武子从庭过，浑欣然谓妇曰：'生儿如此，足慰人意。'笑曰：'若使新妇得配参军，生儿故不啻如此。'"参军，指王浑弟王沦。钟氏嘲夫王浑不如其弟。前人或讥评钟氏语是"秽言"，比之"倡家荡妇"，固然有一点迂腐，但说钟氏语"太戏"，玩笑开过了头，还是恰似其分的。类如这种似乎很放肆的嘲谑和戏笑，归之于清谈，恐怕是不合适的。

在魏晋人的知识谱系中，清谈归清谈，嘲戏归嘲戏，两者非但不相混，甚至是对立的。前者是讲道的，高雅的；后者则是丑辞，不过逞口舌伶俐，是娱乐的一种。不论思想意义，还是文化价值，两者相距甚远。以《世说》而言，全书三十六门，与清谈有关的篇章很多，诸如《言语》《文学》《雅量》《识鉴》《赏誉》《品藻》诸篇，其中许多故事与清谈有关。但如果说《世说》三十六门皆是清谈，则不合《世说》的实际。《世说》的编排，显然是依照内容不同而分门别类，论价值每况愈下。《排调》一门，皆是嘲弄戏谑，与清谈故事最多的《文学》门，内容既不同，价值也相去甚远，两者不可相提并论。东晋初人葛洪《抱朴子》一书，就持清谈与嘲戏对立的看法。例如《抱朴子·外篇·疾谬》说："不闻清谈讲道之言，专以丑辞嘲弄为先。"同篇又说："虽不能三思而吐清谈，犹可息谑嘲以防祸萌也。"葛洪批评当时不闻清谈讲道，而专以丑辞嘲弄为先，实在是一种荒谬。又以为清谈是三思的结果，而谑嘲是祸萌，清谈可以止息谑嘲。葛洪关于清谈与嘲谑的看法，证明魏晋人非常清楚嘲谑不是清谈，嘲谑非是善言，清谈与嘲谑是对立的。

　　杨勇以为清谈源于嘲戏的看法，也违背了中国文体论的基本观点。《文心雕龙》第十五篇《谐隐》，论谐隐文的起源，其实也是说嘲戏风俗的起源和演变。"谐之言皆也。辞浅会俗，皆悦笑也。""是以子长编史，列传滑稽，以其辞虽倾回，意归义正也。但本体不雅，其流易弊。""至魏文因俳说以著《笑书》，薛综凭宴会而发嘲调，虽抃笑衽席，而无益时用矣。"[1]谐隐之文的本质是娱乐，最早的源头是笑话。战国至两汉的滑稽人物，司马迁专门为之作《滑稽列传》，肯定他们"辞虽倾回，意归义正"，意谓言辞虽隐约曲折，讽谏的意义则是合乎正道的。但又说"本体不雅，其流易弊"。发展到魏晋，果然如马迁所说，滑稽与谐隐丧失了讽谏意味，"无益时用"。当然，笑书、嘲调能娱乐人，从广义而言，也可以说是一种"时用"。嘲戏须应对敏捷，能考验人的思维及语言表达的能力，有的颇有幽默感，并非一无是处。然终究不能与

---

[1] 周振甫注《文心雕龙注释》，人民文学出版社，1981年，页159。以下引用此书，仅注书名及页码。

探寻至理的清谈并论。

《文心雕龙》第十八篇《论说》，论述说理文的起源及演变，其实，也可以看作论述清谈的起源。盖理论有两种不同的形式：一、书面的论文（论说文）；二、口谈的辩论（清谈）。换言之，论说文是理论的可见形式，清谈，是理论的可听形式。二者虽有可视可听的不同，实质都是"深造至理"，"敷述精义"，犹如花开两朵，出于一枝。《文心·论说》论述魏晋论说文的内容及演变，说："……魏之初霸，术兼名法，傅嘏、王粲，校练名理。迄至正始，务欲守文；何晏之徒，始盛玄论。于是聃周当路，与尼父争途矣。……逮江左群谈，唯玄是务，虽有日新，而多抽前绪矣。"（周振甫《文心雕龙注释》，页200、201）从魏初名法家校练名理，到魏末王弼、何晏的清谈及玄学论著，再到江左名士的玄谈，既是玄学论文丰收的年代，也是魏晋清谈演变的重要阶段。玄学论文与清谈，两者密不可分。《文心雕龙·谐隐》及《论说》二篇，区别谐隐嘲戏及论说清谈两种文体的起源及发展，界限分明，两不相混。

由于杨勇以为清谈起源于嘲戏和排调，故一看到《世说》中的"戏""谈戏""言戏""语戏"，就都误解为清谈。他说："至东汉和帝，清谈即简称为'戏'矣。《世说·言语》二：'徐孺子年九岁，尝月下戏。'此'戏'字，实指清谈。"杨氏考证徐孺子的生卒年，得出"于东汉和帝时，清谈之风已盛行"的结论。（以上见《杨勇学术论文集》，页491、492）徐稚子在月下戏，戏是游戏、玩耍的意思。一个九岁的小孩子游戏，怎么扯上了清谈？再比如《魏志·刘廙传》说："年十岁，戏于讲堂上，颍川司马德操拊其头曰：'孺子，孺子，黄中通理，宁自知不？'"戏于讲堂上，指在讲堂上玩。《高僧传》卷六《释道恒传》说："年九岁戏于路，隐士张忠见而嗟曰：'此小儿有出人之相。'"戏于路，谓在路上游戏。十岁以下的小孩子，正是不分日夜，到处游戏的时候，怎么可能与同辈或大人清谈呢？

《世说》中的"戏"，大多解释为游戏、谈戏。例如下面几例：

《世说·方正》四二：王丞相与江仆射共棋。旁有客曰："此年少戏乃不恶。"杨勇以为"戏"乃清谈。不确。戏，下棋，作游戏讲。

《世说·雅量》二八："谢太傅盘桓东山时，与孙兴公诸人泛海戏。"戏，游览。泛海戏，指出海游览。杨勇说"戏"是清谈。误。

《世说·任诞》五注引《文士传》："晋文帝亲爱（阮）籍，恒与谈戏，任其所欲，不迫以职事。"谈戏，以谈论为乐事。具体谈什么难知。如果谈论某一问题，在这种情况下，就近于清谈了。如果只是泛泛而谈，并无中心，那不过是闲谈中消遣取乐。也有可能是嘲戏或排调。后二种情况，与清谈无关。

《世说·简傲》四注引干宝《晋纪》："（吕安）求（嵇）康儿共语戏，良久则去，其轻贵如此。"语戏，同谈戏，指谈话为乐，非指清谈。

《世说·任诞》二五："有人讥周仆射与亲友言戏，秽杂无检节。"周颙言戏，以至露其丑恶，肆无忌惮，骇人听闻，绝非清谈可知。

上述例子，从语言环境分析，"戏"多数指言谈作乐，不是清谈义理。

杨勇的清谈源于嘲戏说，严重误解了魏晋清谈的本质。魏晋清谈之所以能在中国思想史、哲学史、士人生活史上具有重要意义及价值，就在于清谈的本质是学术探讨和义理研寻。当时无数知识者沉醉于清谈，甚至日夜校练名理，表现出执著追求理论胜景的巨大热情。固然，清谈优胜者可以获致大名，也可以通过清谈，交结当世大名士，进入文化精英的圈子，但不可以因清谈人物中有啖名客，就认为清谈不过追求名誉，不过是士人交游的一种方式；或者，清谈只是徒逞口舌之利的语言游戏。评价与研究魏晋清谈，应该把清谈求理的本质置于首位。

误解魏晋清谈的起源与本质，钱穆更早于杨勇。钱穆《略论魏晋南北朝学术文化与当时门第之关系》[1]一文，论及魏晋崇尚老庄与清谈，举了《世说》一书中三个例子并分析之。

例一：《世说·言语》二三：诸名士共至洛水戏。还，乐令问王夷甫曰："今日戏，乐乎？"王曰："裴仆射善谈名理，混混有雅致"云云。钱穆说，"此事尚在渡江之前，已见时人以谈作戏，无论所谈是名理，是历史，抑是古今人物，要之是出言玄远，要之是逃避现实，而仍求有所表现。各标风致，互骋才锋，实非思想上研核真理，探索精微之态度，而仅为日常人生中一种游戏而已。"

---

1 钱穆《中国学术思想史论丛》第三册，生活·读书·新知三联书店，2009年。

例二：《世说·言语》七九记谢朗语庾道季（龢），诸人晚上当来与你清谈，你应该坚固城垒。意思是早作准备。庾说："若文度来，以偏师待之；康伯来，济河焚舟。"钱穆说："此故事在渡江后，益见时人以谈为戏，成为社交场合中之一种消遣与娱乐。"又说："清谈之成为当时日常人生中一种消遣游戏之事。"

例三：《世说·文学》二二记殷浩下都与王丞相共谈，遂达三更……丞相乃叹曰："向来语，乃竟未知理源所归。至于辞喻不相负，正始之音，正当尔耳。"钱穆说："……此乃是当时人一种生活情调，即今想象，犹在目前。若认真作是一哲理研究，则诚如隔靴搔痒，终搔不到当时人痒处所在矣。"

钱穆分析《世说》有关清谈的三例，表达了他对魏晋清谈的基本看法，即"以谈作戏"，清谈不过是一种游戏。具体说来，清谈是一种"各标风致，互骋才锋"，不是研核真理；清谈是"社交场合中之一种消遣与娱乐"；清谈是当时人的"一种生活情调"。

钱穆关于魏晋清谈的看法，其中有可取的成分。譬如，当年洛水清谈确实是"各标风致，互骋才锋"。清谈的这种特点自汉末的谈论就已如此。风致，近于风度、姿态，是风流的外在显现。谈论是风流的体现，魏晋清谈鲜明地体现了名士风流。但风姿、才锋背后最根本的东西是胜理，即义理的高妙。一个名士若缺少了知识、识鉴、情韵的支撑，就不可能有真正的风姿，才锋不过是口舌伶俐而已。把这次洛水清谈看作"仅为日常生活中的一种游戏而已"，就未免小看了清谈的价值与意义。因为魏晋清谈的根本价值，是研核义理的学术活动，并非仅仅是"游戏"。

例二谢朗事先告诫庾龢为今晚的清谈早作准备，说明清谈的本质是学术的较量。而庾龢胸有成竹，对王文度、韩康伯的清谈水准了如指掌。可见，清谈并不仅仅是社交场合的一种消遣与娱乐。真所谓谈何容易！清谈双方往复攻难，会耗费巨大的体力与心力。钱穆评论东晋初年王导与殷浩的清谈，称之为"当时人一种生活情调"，特别轻描淡写，漠视清谈家对义理的执著研寻。东晋清谈，与魏末清谈相比，总趋势上确实与现实渐渐疏离了，如酒与音乐一样，成为名士的一种生活情调。但问题是这种人生情调并不与研寻玄理相互妨碍、冲突。王导谈《声无哀乐论》《养生论》《言不尽意论》，支道林谈《庄子·逍遥游》，殷浩、孙盛、刘惔、韩康伯等谈《易》，都是具有学术价值的谈论，在中国思想史上具有重要意义。轻视或否定他们对研核真理、探索精微的态度，是偏颇而不合事实的。简言之，清谈后来成了名士的生活情调，但这种情调是有哲学深度的，有着文学的、美学的价值与意义。如果仅仅是闲来无事的消遣游戏，清谈绝不可能如此迷人，绝不可能成为研究中古社会方方面面的最可宝贵的资料。

探讨魏晋清谈的起源，首先要弄清楚清谈的性质，明确清谈的灵魂是对至理的追寻。爱好胜理，殚精竭虑，缠绵不已，可以为之生，也可以为之死，例如王弼与卫玠。以为清谈源于嘲戏，不过是一种带有谐趣的谈论，或者满口秽语，爆出无数"黄段子"，那是匪夷所思的事。称清谈仅仅是消遣娱乐，清谈不过是一种生活情调，名士的装饰品，或者是捞取名誉的标榜，诸如此类的看法，完全小看了清谈，并不符合清谈的历史事实。尤其是魏代和西晋的清谈与现实政治之间有密切的联系。八十年前，贺昌群《魏晋清谈思想初论》一文指出：由王弼而至于向秀、郭象、张湛、韩康伯等人的玄学体系贯通了哲学与政治，是中国民族文化史上"伟大崇高之思想体系"。又着重分析了郭象《庄子注》的"内圣外王"的现实意义，感叹道："由此言之，魏晋清谈之本旨，岂徒游戏玄虚离人生之实际而不切于事情也哉，乃此一段思想为世所掩没而蒙不白之羞者，垂一千七百年，悲夫。"（《魏晋清谈思想初论》，商务印书馆2011年，页92、112）笔者读此深有同感。事实上，魏晋前期清谈与当时的政治多有联系，后期清谈虽然少谈、不谈时政了，与社会现实也并非毫无关系。无视魏晋清谈对中国思想、哲学、美学的深远影响，把它说成是游戏、娱乐、交游，实在是抹杀了清谈的文化意义。

五、结语

汉末是中国思想、学术、士风、美学的转折期。这是一个最坏的时代，也是一个最好的时代。旧文化的传统里，孕育出了新文化。魏晋玄学与清谈，就是由东汉盛行的讲经、谈论及人物评论转变而来的新文化。探讨魏晋清谈的起源，必须对东汉经学，尤其是汉末的谈论及美学的变化作全面的理解。概括言之有四：

一、东汉经学对魏晋清谈的影响。东汉经学极盛，前汉的"石渠故事"不断在东汉重现。皇帝组织并主持讨论五经同异，以求正确解读经义，既是学术活动，也是坚持正统意识形态的宣示。讲经对魏晋清谈的影响主要体现在两个方面：一是政治层面，魏晋历朝的帝王，大都遵循"石渠故事"，亲自读经讲经，召集群臣讨论经义，以示尊重儒经，不违先生之道；二是技术层面，讲经的形式，为魏晋清谈所继承。

二、汉末谈论是魏晋清谈的直接源头。任何时代都重视言谈的美善，也总会欣赏善谈者。汉末谈论最有价值者是谈学术，具体所指是谈经学，谈《易》学及《老》学。经学的谈论有不同学派之间的辩论，更有新旧学派之间的相互质疑和批评。最重要的变化是儒道开始会通，例如以《老》解《易》之类的学术创新，魏晋玄学与魏晋清谈由此滥觞。另外，谈论的美学意义显现了，即谈论开始与风流联系起来。风流者善谈论，风流的内涵指什么？为什么善谈论属于风流？能完美地解释这些问题，对于魏晋清谈、魏晋风流的意义是重大的。

三、汉末非常重视人物评论，原因一是察举、征辟的用人制度的需要；二是由谈论识别英雄豪杰，这与汉末群雄竞逐中原的时势密切相关。从评论人物可见的行为和才具，转变为揭示人物的情性及精神气质，从具象至抽象，从有形至无形，这种变化，后来成为魏晋时期经久不衰的清谈内容。促成上述变化的关键人物是郭太。郭太评论人物，已经涉及人物的才性问题。一般认为魏晋才性论源于魏初的形名之学，同曹操"唯才是举"的主张直接有关。随后，有王粲的校练名理，刘劭《人物志》，傅嘏才性论。然才性论的源头何在？终究不明。其实，郭太的人物品鉴，就是才性论的初始形态。

四、探讨魏晋清谈的起源，有必要先明确清谈的本质与意义。清谈本来的含义是雅言、美谈、正论，后来的魏晋清谈虽偏重于谈理论，但从未丧失它的原先的含义。刘义庆《世说·文学》集中记录了魏晋清谈的故事，从中可以看出清谈的内容、价值和意义。当代有些学者，以为嘲戏是清谈的源头，或称清谈不过是游戏，或说清谈是交游的方式。上述说法，或多或少消解了清谈在中国学术史上的价值和意义。清谈归清谈，嘲戏归嘲戏。清谈为求理，嘲戏在娱乐。二者渊源不同，故《世说》有《文学》篇，有《排调》篇；《文心》有《论说篇》，有《谐隐篇》，界限分明。魏晋士人交游，常先共语，目的是借此测试对方的胸襟意趣和语言水平。若不能谈，却到处游，则游又有何用？清谈固然有利于交游，却不能说清谈的目的不过是交游。

第二章

魏初清谈述论

汉魏之际，是中国社会政治领域及思想文化领域都发生重大转变的时期。旧贵族的没落，新贵族的出现，人性的解放，经学的衰落和新变，共同构成了这个时代壮阔灿烂的历史画面。其中，经学的衰落和新变，形（刑）名之学及老庄思想继先秦之后的一度中兴，评论人物由道德、学问，转变为重情性，以《周易》《老子》《庄子》为中心内容的谈论、研究，正在形成魏晋玄学。人文领域的种种变动，催生出思想与精神的奇花异草。魏初这个历史阶段，是魏晋学术史上承前启后的重要时期。

一、校练名理——以王粲、傅嘏为中心

任何事物都有由盛变衰的过程，学术同样如此。鼎盛于两汉的经学，自后汉中期开始衰落。至汉末，《易》学、《老子》依旧流行，儒学却大不如昔。沉寂数百年的形名家、法家、纵横家、兵家，则应着新时代的政治现实的需要，复活而至兴盛。学术的

辩论风气更趋活跃，谈论的题目更广泛，预示着新学术、新学风的到来。

魏初学术，以形名家为主。形名家是战国诸子百家之一。形名问题，即是名实问题，循名责实，与法家似殊道实同归。刘勰《文心雕龙·论说篇》说："魏武初霸，术兼名法。傅嘏、王粲，校练名理。"以为曹操兼用名家和法家，傅嘏、王粲是校练名理的代表。《魏志·武帝纪》陈寿评曰："（太祖）揽申商之法术，该韩白之奇策。官方授材，各因其器。"申商，指战国时申不害和商鞅，为法家的代表人物。韩白，谓名将韩信、白起。陈寿以为曹操杂用法家和兵家。曹操术兼名法，用意是纠正汉代选拔人才名实不符的弊病，为统一天下网罗才智之士。

汉代取士制度有两途：察举和征辟。前者是乡里的评论和推举。某人品德优秀，乡论以为佳士，就由乡里荐之州郡，送上仕途。后者是朝廷或官府的征召。某人有令名，声达州郡或朝廷，就征召做官。不论察举、征辟，都须有乡里或士林的优誉。这样，名声优劣就变得特别重要。正人君子也许会遵圣人之教，洁身自好。名利之徒则千方百计窃取名誉，由此滋生隐伪，假孝廉也不在少数。

东汉后期特重交游，盖士人通过交游，获得当世名流的品目，以求优评，一经品题，身价陡升。例如大名士李膺执品题士人之牛耳，"士有被其容接者，名为登龙门"（《后汉书》卷六七《李膺传》，页2195）。郭太游洛阳，见河南尹李膺，"膺大奇之，遂相友善，于是名震京师"（《后汉书》卷六八《郭太传》，页2225）。许劭精于人伦识鉴，主汝南月旦之评，时人所谓"言天下拔士者，咸称许、郭（太）"。《魏志·和洽传》裴注引《汝南先贤传》说：许劭拔众贤于困厄之时，"凡所拔育，显成令德者，不可殚记"。曹操微时，也曾求许劭为之品题，劭目之曰："乱世之奸雄，治世之能臣。"

正如智者千虑，亦有一失，题目人物不可能百发百中。魏时蒋济《万机论》就说"许子将褒贬不平"，东晋初葛洪《抱朴子·自序》也诮"汝南人士无复定价，而有月旦之评"，意为任意臧否人物。蒋济、葛洪对许劭品题人物的批评或许言过其实，但其他"名知人"的荐拔人物名实不符的情况必定存在。名实相乖，势必贤愚不分，也就难得真正的贤士和才士。汉末天下大乱，各方霸主需要英雄和才智之士收拾乱局，稳定人心，重构倒塌的社会政治结构。当此之际，循名责实，选拔真正的人才，就成为时代的迫切需要。形名之学的一度兴盛，与上述的时代背景密切相关。

《文心雕龙·论说篇》"魏武初霸，术兼名法"二句，指出了魏初学术主流。魏武初霸，时间当指建安十八年（213），汉天子策命曹操为魏公，建魏国，置丞相以下群官百僚之时（见《魏志·武帝纪》）。从此汉王朝名存实亡，曹操成了事实上的皇帝。"魏武初霸，术兼名法"，标志着以经学为主流的汉代学术，开始转变为魏初名法家为主的新学术。之所以有此学术风气的转变及其成功，原因一是经学因其自身的繁琐而衰落；二是以孝廉为名的汉代选拔人才制度产生流弊，名实不符；三是汉末呼唤英雄与才智之士，徒有虚誉的人才已不能担当历史的重任。魏武术兼名法，主张举贤勿拘品性，崇奖跂驰之士，只要有治国用兵之实才，即便有不仁不孝之名，也予录用。儒家用人以孝廉为先，曹操居然主张如果有实才，即使不仁不孝之徒也可录取，这是对传统用人制度的极大冲击。

刘勰标举王粲、傅嘏是魏初校练名理的代表人物。其实在魏国建立之前，有识之士已在校练名理了。这里举一例：建安十三年（208）曹操定荆州之后，和洽为丞相掾属。当时毛玠、崔琰选用人才先尚节俭。和洽说："天下大器，在位与人，不可以一节俭也。俭素过中，自以处身则可，以此节格物，所失或多。今朝廷之议，吏有着新衣、乘好车者，谓之不清；长吏过营，形容不饰，衣裘敝坏者，谓之廉洁。至令士大夫故污辱其衣，藏其舆服；朝府大吏，或自挈壶餐以入官寺。夫立教观俗，贵处中庸，为可继也。今崇一概难堪之行以检殊途，勉而为之，必有疲瘁。古之大教，务在通人情而已，凡激诡之行，则容隐伪矣。"（《三国志·魏志·和洽传》，页655、656）和洽批评以节俭为先的用人标准，以为节俭过度，作为自身的修养可以，用来作为用人的标准则所失或多。今朝廷议论，以为穿新衣、乘好车就是不清，仪表不饰，衣服破败，就说是廉洁。于是作假的就来了：士大夫故意污辱其衣，藏其舆服，有的自带饮食进官寺。今推崇节俭，一概以此检验各种情况，若勉力实行，必有弊病。立法贵处中庸，务通人情，凡走向极端，矫枉过正，必定巧伪滋生。和洽这段话，即是名法家言。

刘勰举王粲为魏初校练名理的代表，恰如其分。《魏志·王粲传》裴注引《典略》说："粲才既高，辩论应机。钟繇、王朗等虽各为魏卿相，至于朝廷奏议，皆阁笔不敢措手。"刘师培《中国中古文学史讲义》说：《艺文类聚》所引王粲文，有《难钟荀太平论》《安身论》，"观此二文，知粲工持论，雅似魏晋诸贤。其它所著，别有《儒吏论》《务本论》《爵论》，亦见《类聚》诸书所引，均于名法之言为近。"[1]所谓"校练名理"之"校练"，谓考校精练；"名理"，谓辨名推理，校核名实二者之间的关系。兹以王粲《爵论》为例，说明如何校练名理。

> 依律有夺爵之法，此谓古者爵行之时，民赐爵则喜，夺爵则惧，故可以夺赐而法也。今爵事废矣，民不知爵者何也。夺之，民亦不惧；赐之，民亦不喜。是空设文书而无用也。今诚循爵，则上下不失实，而功劳者劝，得古之道，合汉之法。以货财为赏者不可供，以复除为赏者租税损减，以爵为赏者民劝而费省，故古人重爵也。

这一节论古时夺爵之法的合理，今之废爵之法的弊病。

> 爵自一级转登十级，而为列侯，譬犹秩自百石转迁，而至于公也。而近世赏人者皆不由等级，从无爵封列侯。原其所以，爵废故也。司马法曰：赏不逾时，欲民速得为善之利也。近世爵废，人有小功无以赏也，乃积累焉。须事足乃封侯，非所以速为而及时也。上观古高祖功臣，及白起、卫鞅，

---

1 刘师培《中国中古文学史讲义》，上海古籍出版社，2019年，页37、38。以下引用此书仅注页码。

皆稍赐爵为五大夫客卿庶长，以至于侯，非一顿而封也。夫稍稍赐爵，与功大小相称而俱登，既得其义，且侯次有绪，使慕进者遂之不倦矣。[1]

这一节论古时赏爵，依等级施行。近世废爵，不由等级。古时赏爵，能使人与功大小相称而俱登，赏赐有序，人慕爵，不断上进。今废爵，人有小功，无由得赏，乃累积，须事足才能封侯。这要等到何年何月？希望渺茫，自然没有立功的动力。

王粲《爵论》的核心论点是赏赐须爵，有名有实，循名责实，爵法不能废。通过古时爵法之优，近世废爵后赏赐之无序，证明爵法的重要。由此可见形法二家同源。议论精辟，此所谓校练名理也。

《文心·论说篇》以傅嘏、王粲并列为校练名理的大家。以时代而论，傅嘏后于王粲。王粲卒于建安二十二年（217），而傅嘏生于建安十四年（209）[2]。《魏志·傅嘏传》说："嘏弱冠知名，司空陈群辟为掾。"时在魏明帝太和初。《傅嘏传》裴注引《傅子》："嘏既达治好正，而有清理识要，好论才性，原本精微，尠能及之。司隶校尉钟会年甚少，嘏以明智交会。"《世说新语·文学》五说："钟会撰《四本论》。"刘孝标注："四本者，言才性同，才性异，才性合，才性离也。尚书傅嘏论同，中书令李丰论异，侍郎钟会论合，屯骑校尉王广论离。"傅嘏论才性不传，不知其详。

---

1 上引《爵论》，见严可均校辑《全后汉文》卷九一，页964上。
2《魏志·傅嘏传》载：正元二年（255），傅嘏卒，时年四十七。以此推算，傅嘏生于建安十四年（209）。

他论才性的时间也不能确知。据《傅子》说，太和初荀粲、傅嘏、裴徽在京师清谈，傅嘏很可能就谈才性问题。

傅嘏善论才性，是有渊源的。他的从父傅巽，是汉末著名的有知人之鉴的人物。《魏志·刘表传》裴注引《傅子》说："巽字公悌，瑰伟博达，有知人鉴……文帝时为侍中，太和中卒。巽在荆州，目庞统为半英雄，证裴潜终以清行显。统遂附刘备，见待次于诸葛亮。潜位至尚书令，并有名德。及在魏朝，魏讽以才智闻，巽谓之必反，卒如其言。巽弟子嘏，别有传。"（《三国志》，页214）傅巽在荆州品鉴庞统、裴潜，时在建安初，其时傅嘏尚未出生。傅巽太和中卒，傅嘏此时已二十余岁，必然会与伯父交流人物品鉴的原则或方法。《傅子》作者傅辰是傅嘏弟，特地说明傅嘏是傅巽弟子，以示傅嘏的学问源于傅巽。汉晋学术，大多由家族文化传承。傅嘏才性论，源自傅巽的人物评论是可以确定的。当然，才性论探讨人物才能与情性二者的关系，由人物行为的具象评价，上升为人物性格的抽象的理论研究，是人物评论最高级的形态。

傅嘏之文，留存至今的有《难刘劭考课法论》《对诏访征吴三计》（以上见《魏志》本传）、《请立贵妃为皇后表》《皇初颂》（以上见《艺文类聚》）。刘师培《中国中古文学史讲义》说："《难劭考课法》语语核实，近于名法家言，是知嘏言名理，实由综核名实为基。"（页37）

陈寅恪先生曾详论"才性四本"与魏末政治的关系[1]，此处从略，而论《难刘劭考课法论》。《魏志·刘劭传》说：明帝景初中，受诏作《都官考课》七十二条，又作《说略》一篇。《都官考课》不传，不知其详。傅嘏《难刘劭考课法论》主张不宜先考课，而应选贤授能，此为根本，循名责实，乃是治末。他说："本纲未举而造制未呈，国略不崇而考课是先。惧不足以料贤愚之分，精幽明之理也。"什么是"本纲"？什么是"国略"？傅嘏以为"昔先王之择才，必本行于州闾，讲道于庠序，行具而谓之贤，道修则谓之能。乡老献贤能于王，王拜受之，举其贤者，出使长之，科其能者，入使治之，此先王收才之义也"（以上见《三国志》，页623）。意思应该先重教化，兴办学校，培养具备德行与才能之士，然后由乡老献贤能于王，王择贤以用之。傅嘏赞美这是"先王收才之义"，好像又回到了汉代的察举。他又指出当今未有乡举，选才专在吏部，"案品状则实才未必当，任薄伐则德行未为叙"，品题人物未必与人才的真实相当，依凭先世官籍则德行未必合乎等级次序，二者都有名实不符的弊病。傅嘏《难刘劭考课法论》称美从前的乡举制度，本意并不是重回老传统，而在指出"选才专在吏部"的不当，选拔人才有名实不符的问题，以为考课不是要务，应先兴办学校，重视讲道与修能。由此文可见所谓傅嘏校练名理，是分析、论述用人制度上的名实问题。

---

1 详见陈寅恪《书〈世说新语·文学类〉"钟会撰〈四本论〉始毕"条后》，载《金明馆丛稿初编》。

二、人物评论——以刘劭为中心

人物评论起源甚早，在汉代是察举和征辟的重要依据。汉末之后的人物评论渐由质实趋于抽象，由此成为中古美学发展的主流，深刻影响到政治、哲学以及文学艺术。

前已言及，汉末以许劭、郭太为代表的人物品题，是当时士人追逐声名的极致表现。其末流，必然产生名不副实的弊病，以至影响到选拔人才制度。魏国初建，形名之学盛行，出现不少校练名理的著作，其中的大宗是人物评论，既评论历史人物，也评论当代人物。评论人物，也是当时谈论的主要题目之一。

魏文帝曹丕、魏明帝曹叡，论治国用兵之才远不如曹操，而文采风流，在古代帝王中不多见。尤其是曹丕，陈寿评曰："文帝天资文藻，下笔成章，博闻强识，才艺兼该。"自建安十六年（211）为五官中郎将后，曹丕成为曹魏文士集团的中心人物。他自少爱好文学，以著述为务，所著《典论》、各种诗赋百余篇。又召集文士撰集类书《皇览》。《魏志·文帝纪》裴注引《魏书》，非常具体地记载了曹丕为中心的清谈和著述活动："集诸儒于肃城门内讲论大义，侃侃无倦。常嘉汉文帝之为君，宽仁玄默，务欲以德化民，有贤圣之风。时文学诸儒，或以为孝文虽贤，其于聪明，通达国体，不如贾谊。帝由是著《太宗论》曰（下略），以为'贾谊之才敏，筹划国政，特贤臣之器，管、晏之资，岂若孝文大人之量哉！'""他日又从容言曰：'顾我亦有所不取于汉文帝者三：杀薄昭，幸邓通，慎夫人衣不曳地，集上书囊为帐帷。以为汉文俭而无法，舅后之家，但当养育以恩，而不当假借以权，既触罪法，又不得不害矣。'"又《魏志·王肃传》裴注引《魏略》说：魏文帝嘉薛夏之才，"帝每与夏推论书传，未尝不终日也""其后征东将军曹休来朝，时帝方与夏有所咨论，而外启休到，帝引入。坐定，帝顾夏言之于休曰：'此君，秘书丞天水薛宣声也，宜共谈'"。以上所说的"推论书传""咨论""共谈"，皆指清谈。读此，可见魏初文帝与文学诸儒清谈的具体场面及著述风气之盛。文帝所著《太宗论》，应该是与文学诸儒清谈之后再整理成文。由此我疑心当时的一些论文，有可能是清谈之后的整理及写定（此点详后面有关章节）。在许多情况下，清谈与著述是一体的，只是形式不同而已。《太宗论》评历史人物汉文帝与贾谊，发思古之幽情，其实有当代意义。《魏书》说："三年之中，以孙权不服，复颁《太宗论》于天下，明示不愿征伐也。"曹丕赞美汉文帝，后又说我不取汉文帝者三，其意是"欲秉持中道，以为帝王仪表者如此"，仍有另外的现实用意。

上文引用过的刘桢《赠五官中郎将》诗及应玚《公宴》诗可与上面所引《魏书》叙写的清谈场面相印证，说明魏初以曹丕为领袖的文学诸儒清谈及著述风气之盛。

魏初有关人物评论的著述尚存的有曹丕《论太宗》《论孝武》《论周成汉昭》，曹植《汉二祖优劣论》《成王汉昭论》，陈群《汝颖优劣论》，夏侯玄《乐毅论》。这些论文多数论历史人物的优劣长短，也有少数论不同地域人士的优劣，例如陈群《汝颖优劣论》当是评论汝颖二地的历代名士。人物评论的专书有曹丕《士操》一卷，刘劭《人物志》三卷，姚信《士纬新书》十卷、《姚氏新书》二卷，卢毓《九州人士论》一卷，佚名《通古人论》一卷。

今尚存刘劭《人物志》，其余皆亡。

卢毓《魏志》有传。他的奏论皆近名法家言。魏明帝时，"举中书郎，诏曰：'得其人与否，在卢生耳。选举莫取有名，名如画地作饼，不可啖也。'毓对曰：'名不足以致异人，而可以得常士。常士畏教慕善，然后有名，非所当疾也。愚臣既不足以识异人，又主者正以循名案常为职，但当有以验其后。故古者敷奏以言，明试以功。今考绩之法废，而以毁誉相进退，故真伪浑杂，虚实相蒙。'帝纳其言，即诏作考课法……毓于人及选举，先举性行，而后言才。黄门李丰尝以问毓，毓曰：'才所以为善也，故大才成大善，小才成小善。今称之有才而不能为善，是才不中器也。'丰等服其言。"（《三国志》，页651、652）盖魏明帝深知名实未必相符，故说"选举莫取有名，名如画地作饼"。《魏志·明帝纪》裴注引《魏书》说：明帝"好学多识，特留意于法理"。可见，明帝与父祖相同，也注重名法家言。至于卢毓解释为什么"名不足以致异人，而可以得常士"，则是校练名理，而归结于考课。这再次说明，名法家的宗旨相同。景初中，明帝下诏刘劭作《都官考课》，显然是采纳了卢毓考绩的建议。

更值得注意的是，卢毓论人及选举，"先举性行，而后言才"，再有他与李丰的对话，说明他是魏初重要的才性论者。性行者，指人之本性及道德行为。才者，谓才力、才能。卢毓论人，先察其本性及道德行为，而后论其才力和才能，把人之性情置于第一位。由卢毓回答李丰数语看出，他是才性的统一论者，与傅嘏一样，主张才性同或才性合。由卢毓的才性论推断，至迟在魏明帝时，"才性四本"就已成为清谈家的重要论题，在选拔人才方面起着实际作用。这里仅举一例:《魏志·刘劭传》裴注引《庐江何氏家传》说:魏明帝时,谯人胡康年十五,以异才见送,诏特引见,号为"神童"。明帝问秘书丞何祯:"康才如何?"祯回答:"康虽有才,性质不端,必有负败。"后胡康果以过见谴。此例说明当时以才性论人的现象很普遍,原因是才性论有着强烈的现实意义。

再说刘劭。刘劭是魏晋玄学史上的重要人物。其他有关人物评论的著作皆不传,唯有《人物志》完整地留存天地间(有文渊阁《四库全书》本),无论对于刘劭本人,还是对于魏初学术,都是一种幸运。从学术意义而言,《人物志》是魏正始之前研究人物才性的代表作,属于宝贵的文献资料,借此可以探知人物评论如何从具体进入精妙。

刘劭,《魏志》有传,生卒年不详[1]。著有《乐论》四篇、《法论》十卷、《人物志》三卷。今存《人物志》共十二篇,有凉刘昺注本。

《人物志》写作年代不知。大约在魏明帝青龙中,诏书博求众贤。散骑侍郎夏侯惠荐刘劭,赞誉劭说:"故性实之士服其平和良正,清静之人慕其玄虚退让,文学之士嘉其推步详密,法理之士明其分数精比,意思之士知其沉深笃固,文章之士爱其著

1《魏志·刘劭传》说:建安中,劭为计吏,至许,在尚书令荀彧所。又说劭卒于正始中。按,荀彧卒于建安十七年(212),刘劭为计吏至许,必在建安十七年之前数年。假定刘劭此时年已及冠,则劭约生于中平至初平之间(185—190)。《刘劭传》又说劭同时缪袭,裴注引《文章志》,说缪袭于正始六年,年六十卒。以此推知,刘劭或与缪袭卒年相近,年亦六十左右。

论属辞，制度之士贵其化略较要，策谋之士赞其明思通微。"又说："臣数听其清谈，览其笃论，渐渍历年，服膺弥久。"（《三国志·魏志·刘劭传》，页619）夏侯惠所言"清静之人"如何，"文学之士"如何，"法理之士"如何，正是《人物志》所论的人之"流业"，即性分各殊，才能有偏，各有志业，其语言形式也近于《人物志》。夏侯惠又说，数听刘劭"清谈"，"览其笃论"。"清谈""笃论"的内容，很可能就是《人物志》。《魏志·刘劭传》说，劭正始中，执经讲学，不久卒。此时刘劭大概已年老，不再著述。据刘劭生平行事及夏侯惠所言，《人物志》大概作于青龙、景初年间，时在正始之前。

关于《人物志》的内容、旨意以及在魏晋玄学史上的地位，汤用彤《读〈人物志〉》一文论之甚详[1]。今承汤先生所论，再简略评述《人物志》论人重情性、学术旨归以及思想渊源。

《人物志》第一篇《九征》，起笔就说："盖人物之本出乎情性，情性之理甚微而玄，非圣人之察，其孰能究之哉！凡有血气者，莫不含元一以为质，禀阴阳以立性，体五行而著形。"以为人的根本出于情性，情性之理非常精妙玄远，非圣人不能究之。情性之性，乃禀之自然而生。自然指元气（或言太一）及由此而生的阴阳五行。《易·系辞上》："一阴一阳谓之道。继之者善也，成之者性也。"人含元气而生，元气是物质世界的生成之源，虽不可见其形状，但可理解为"有"。人之情性，也就是人之个性、性

---

1 见汤用彤《魏晋玄学论稿》，《汤用彤学术论文集》，中华书局，1983年，页196—213。

情、气质、脾气。人之禀赋不同，情性也各不相同，或性急，或性缓，或性善，或性恶，或爽朗，或忧郁……何以至此？这个问题太精深玄妙，入于无形之域，极难解释。刘劭说是"非圣人不能究之"，意思就是子贡所说："夫子性与天道，不可得而闻"。性与天道，关乎人性及宇宙，是最精微玄妙的领域，孔子不说，故亦不传。

刘劭之前的人物品题，大多根据人的品性及行为的具象而定，例如东汉乡评及士林月旦题目，依据人物的孝廉行为，或者人物的学问、品格、能力而论。至汉末，人物评论开始进入审美之域，注意人的神情、气质、风度、韵致，抽象而难言，只能以外物形容之，例如"似云中白鹤""松下清风"之比。至于不同情性与种种外在表现之间的关系，等同于"性与天道"，难言而不可得而闻。

刘劭《人物志》详论人之情性，校练名实二者之间的关系，由有形入于无形，由无形解释有形。例如《九征》说："五常既备，包以澹味。五质内充，五精外章，是以目彩五晖之光也。故曰物生有形，形有神精，能知精神，则穷理尽性，性之所尽，九质之征也。然则平陂之质在于神，明暗之实在于精。"这段话最值得注意之处是揭示人之形与神的关系，形外神内，能知人的精神，才能穷理尽性。换言之，人的精神活动，才是人性显露的终极原因。汤用彤《读〈人物志〉》说："汉魏论人，最重神味。"指出汉魏鉴赏人物重人之神韵的特点，这是大体不错的，然有些笼统。汉末论人，仍以道德、才具、能力为依据的鉴赏为普遍，例如许劭目曹操"治世之能臣，乱世之奸雄"（《世说·识鉴》一刘孝标注引孙盛《杂语》）；陈蕃目周子居"真治国之器，譬诸宝剑，则世之干将"（《世说·赏誉》一）；谢子微目许子政曰"若许子政者，有干国之器，正色忠謇，则陈仲举之匹；伐恶退不肖，范孟博之风"（《世说·赏誉》三）。同时，论人开始注重人物的气质与神韵，譬如"世目李元礼，谡谡如劲松下风"（《世说·赏誉》二）。此种人物品题简约、抽象，只可意会，难以言传，具有审美意义。不过，多数人只能欣赏这种品题的"神味"，却很难解释何以有这样的"神味"。刘劭《人物志》则探寻到了人物的神味的根本来源，即是情性。以人的情性各异，解释人之形神的种种差异，从而使人物评论上升到高度的理论概括，远非汉末只言片语的品题能比。

《人物志》第二篇《体别》论体性之不同。体，即性也。体别，是人性的别裁。此篇分析不同体性之人的长短、得失："是故厉直刚毅，材在矫正，失在激讦。柔顺安恕，每在宽容，失在少决。雄悍杰健，任在胆烈，失在多忌。精良畏慎，善在恭谨，失在多疑。强楷坚劲，用在桢干，失在专固。论辨理绎，能在释结，失在流宕。普博周给，弘在覆裕，失在混浊。清介廉洁，节在俭固，失在拘局。休动磊落，业在攀跻，失在疏越。沉静机密，精在玄微，失在迟缓。朴露径尽，质在中诚，失在不微。多智韬情，权在谲略，失在依违。"条分缕析各种情性之人的长短得失。以下再分析"强毅之人""柔顺之人""雄悍之人"等十二种不同情性之人的长短，辨别何种性格的人，偏长于何事，偏短于何处，用其所长，避其所短。

《人物志》第九篇《八观》。刘劭题注说："群才异品，志各异归。观其通否，所格者八。"意谓群才个性不同，情志亦异，人物情性或通或否，由八个方面观之。这里仅举八观的第三观——"观其志质以知其名"，来看刘劭如何校练名理至于精微的地步。

何谓观其至质以知其名？凡偏材之性，二至以上，则至质相发而令名生矣。是故骨直气清，则休名生焉；气清力劲，则烈名生焉；劲智精理，则能名生焉；智理强恚，则任名生焉；集于端质，则令德济焉；加之学，则文理灼焉。是故观其所至之多少，而异名之所生可知也。

以上一段分析观察人之气质。名由气生，气质不同，则名亦异样。"休名""烈名""能名""任名""令德""文理"等种种休名，皆由"偏才之性"相发而生。名由实生。实，情性也。刘昺注："寻其质气，览其清浊，虽有多少之异，异状之名断可知之。"只要寻人物之气质，察人物之气的清浊，则名之状及名之所由生，是可以察之的。

《人物志》属于名法家言，循名责实，校练名理，学术旨趣与傅嘏《才性论》等相同。全书以名法家思想为主，兼用儒家、道家。《四库总目提要》说："盖其学虽近乎名家，其理则弗乖于儒者也。"

《人物志》原序，满篇都是赞美圣人之辞："是以圣人著爻象，则立君子小人之辞。叙诗志，则别风俗雅正之业。制礼乐，则考六艺祇庸之德。躬南面，则援俊逸辅相之材，皆所以达众善而成天功也。天功既成，则并受名誉。是以尧以克明俊德为称，舜以登庸二八为功，汤以拔有莘之贤为名，文以举渭滨之叟为贵。由此论之，圣人兴德，孰不劳聪明于求人，获安逸于任使者哉……是以敢依圣训，志序人物。"以古代圣人选拔贤才的历史，论证评论人物的重要，并且标举《人物志》，是依从"圣训"而作。

《人物志》十二篇中，讲到儒家的不少。例如第九篇《八观》："何谓观其爱敬以知通塞？盖人道之极莫过爱敬，是故《孝经》以爱为至德，以敬为要道。《易》以感为德，以谦为道。《老子》以无为德，以虚为道。礼以敬为本，乐以爱为主。然则人情之质有爱敬之诚，则与道德同体。动获人心，而道无不通也……何谓观其聪明以知所达？夫仁者德之基也，义者德之节也，礼者德之文也，信者德之固也。"《四库总目提要》指出，《人物志》虽出于名家，其理则弗乖于儒者。所说良是。

《人物志》也兼用道家。汤用彤《读〈人物志〉》说："卑弱自持，为刘劭教人立身之要道……而书末竟加有《释争》一篇，则其于《老子》之说深为契赏，可以知也。"汤先生所说亦是。在《人物志》中，儒道是融合的。《释争》一篇融合儒家的"谦德"与《老子》的处下不争。起笔就说："盖善以不伐为大，贤以自矜为损。是故舜让于德而显义登闻，汤降不迟而圣敬日跻。"文中又说："是以君子举不敢越仪准，志不敢凌轨等，内勤己以自济，外谦让以敬惧，是以怨难不在于身，而荣福通于长久也。""《老子》曰：'夫惟不争，故天下莫能与之争。'……彼君子知自损之为益，故功一而美二。小人不知自益之为损，故一伐而并失。由此论之，则不伐者伐之也，不争者争之也，让敌者胜之也，下众者上之也。"以儒家之谦德，合道家之不争，作为君子立身处世的要道。

综上所述，《人物志》以名法家为主干，辅以儒道，很典型地反映出魏初各种传统思想的复活。

刘劭《人物志》是魏初学术与清谈的标本。由于傅嘏、王粲校练名理的论文大多不传，如果不读《人物志》，则对如何校练名理的学术形态仍会模糊难明。《人物志》完整地保存了当时校练名理的原始面貌，后世学者可以借此推知，傅嘏《才性论》校练名理的形态，一定同《人物志》相去不远。

《人物志》虽为现实政治而作，但已基本脱离具体人事的评价，由人之情性入手，进行抽象的概括、综合、分析、推理，进入精微的领域。魏初的清谈，也应该是这样的境界。

三、谈《易》的流行——以管辂为中心

《周易》是群经之首，最具哲学意味，深受历代学者重视。两汉《易》学有施雠《易》、孟喜《易》、梁丘贺《易》、京房《易》、费直《易》、高相《易》。施、孟、梁丘、京氏四家皆立博士（见《后汉书》卷七九上《儒林列传》）。汉晋之际，经学大多衰微，《易》学却特盛，传授者、著述者不绝于世，著名的易学家有马融、郑玄、荀爽、宋衷、虞翻、王朗等，各家解《易》多不同。众所周知，魏晋清谈最主要是谈"三玄"，即《易》《老》《庄》，谈《易》最早也最普遍。

魏初谈《易》最著者是管辂。管辂，《魏志》有传，归在方伎一类，视管辂为著名术士。《魏志·管辂传》说：辂自称"本命在寅"。又说辂于正元三年（256）二月卒，年四十八[1]。由此推算，管辂生于建安十五年庚寅（210）。

《管辂传》裴注引《辂别传》说，辂年八九岁，便喜仰视星辰。"及成人，果明《周易》，仰观、风角、占、相之道，无不精微。"又记辂父为琅邪即丘长，"（辂）时年十五，来至官舍读书。始读《诗》《论语》及《易》本，便开渊布笔，辞义斐然。于时黉上有远方及国内诸生四百余人，皆服其才也。"按，辂时年十五岁，则在魏文帝黄初四五年（223—224）间。又记琅邪太守单子春，大会宾客百余人，座上有能言之士。子春与辂清谈，"于是唱大论之端，遂经于阴阳，文采葩流，枝叶横生，少引圣籍，多发天然。子春及众士互共攻劫，论难锋起，而辂人人答对，言皆有余。至日向暮，酒食不行。子春语众人曰：'此年少，盛有材器，听其言论，正似司马犬子游猎之赋，何其磊落雄壮，英神以茂，必能明天文地理变化之数，不徒有言也。'于是发声徐州，号之神童"。

以上《辂别传》所记，信息量很大，是了解魏初谈《易》的难得的资料。价值所在，约有数端：

1.管辂尊崇儒家经典。辂自称始读《诗》《论语》及《易》本，行为恪守儒家的忠孝信义，鄙弃"士之浮饰"，对于《老》《庄》，似不经意。可见，他不同于何晏、王弼一类口谈虚无的玄学家。

---

1 本节及下文述论管辂清谈，皆见《魏志·管辂传》、裴松之注引《辂别传》，《三国志》页811—829。

2.管辂至"官舍读书"的"官舍",是指州郡所办的学校。来自远方及国内四百多人,规模并不小。《魏志·文帝纪》载:黄初五年,夏四月,"立太学,制五经课试之法,置《春秋》《谷梁》博士"。《魏志·王肃传》裴注引《魏略》说:"至黄初元年之后,新主乃复,始扫除太学之灰炭,补旧石碑之缺坏,备博士之员录,依汉甲乙以考课。申告州郡,有欲学者,皆遣诣太学。太学始开,有子弟数百人。至太和、青龙中,中外多事,人怀避就,虽性非解学,多求诣太学,太学诸生有千数。"虽然太学的生源质量不高,但有胜于无,多少能推进文化建设,有利于学术的发展。

3.单子春善清言。后世熟知正始及东晋的清谈名士,而对魏初清谈人物就生疏多了。其实,魏初清谈之盛及谈士之多,远超后人的想象。读《辂别传》可知,单子春是琅邪郡清谈的领袖人物,大会宾客百余人,"坐上有能言之士",即清谈之士。

4.管辂与单子春清谈内容及程序。辂谦言:"未能上引圣人之道,陈秦汉之事,但欲论金木水火土鬼神之情耳。"子春回答:"此最难者,而卿以为易邪?"从两人对话可知,这次清谈不谈历史,而《易》卦象及占卜之论,义理精微,故子春说:"此最难者。"清谈程序也可得而知。先是"唱大论之端"。端,清谈的发端,即先标明所谈论题的宗旨,在《世说新语》里被称为"叙致"——叙述所论问题的大旨、纲要。尔后"遂经于阴阳,文采葩流,枝叶横生,少引圣籍,多发天然"。"阴阳"是《周易》的基本原理,《系辞》所谓"一阴一阳谓之道",乾坤两卦及以外的各卦,都是一阴一阳的对立。"文采葩流"二句形容管辂言辞华美,如枝叶映花。"少引圣籍"二句说管辂辩论少引经典,独发自得之妙。引经典是拾古人牙慧，发天然则自出机杼，不复依傍。汉末经学的新学风是抛弃原先的章句之学，而以己意说经。管辂"少引圣籍，多发天然"，显然是汉末新学风的继承者，与稍后王弼一批玄学家的作风并无不同。而"子春及众士互共攻劫"以下几句，描写众能言之士一起问难，而管辂一人答对，舌战众人，仍绰有余裕。众人一直谈至傍晚，废寝忘食。

5. 管辂清谈的特色。单子春末了赞美管辂的辩论"似司马犬子游猎之赋，何其磊落雄壮"。司马犬子指前汉著名赋家司马相如，犬子乃是相如小名。"天子游猎之赋"，指相如《子虚赋》，描写天子游猎，千军万马，场面宏大，而辞藻磊落雄壮。子春以司马相如游猎之赋，状管辂的清谈，辞藻壮丽，规模宏伟，极其铺陈之能事。子春又赞管辂"必能明天文地理变化之数，不徒有言"。言，与象一样，属于尽意的工具。数，理也，犹今语规律也，法则也。如果说似天子游猎之赋尚属于谈论的言辞之美，则"明天文地理变化之数"，是从哲学意义上阐明天地变化的规律，显现至微之理。子春赞美管辂谈《易》，已经超越言象的阶段，进入幽渺的理境。

管辂去京师之前，曾在冀州许多地方谈《易》。《辂别传》说：利漕民郭恩，字义博，"有才学，善《周易》《春秋》，又能仰观。辂就义博读《易》，数十日中，意便开发，言难逾师"。又说辂"占筮上诸生疾病死亡贫富丧衰，初无差错，莫不惊怪，谓之神人也"。此事在管辂父为利漕令时，辂当时可能年未及冠。管辂读《易》数十日就超过其师，对郭恩说："君但相语墟落处所耳，至于推运会，论灾异，自当出吾天分。"语墟落处所，属于卦象；

推运会，论灾异，入于精微。管辂与单子春谈《易》"多发天然"，这里自言"自当出吾天分"，可见管辂议论精微，源于天分之高。一年之后，师徒易位。"义博反从辂问《易》及天文事要义。博每听辂语，未尝不推机慷慨，自言登闻君至论之时，忘我笃疾，明暗之不相逮，何其远也。"平庸与天才，相去何啻天壤。

《辂别传》又记辂与鲍子春谈《易》。鲍子春为列人令，有明思才理，与辂相见，说："闻君为刘奉林卜妇死亡日，何其详妙。试为论其意义。"辂论爻象之旨，说变化之义，若规圆矩方，无不合也。子春自言："吾少好谭《易》，又喜分蓍，可谓盲者欲视白黑，聋者欲听清浊，苦而无功也。听君语后，自视体中，真为愦愦者也。"显然，子春也是《易》学家。管辂论爻象之旨意，说变化之义，是论《易》之象数的哲学意义。

《辂别传》又记辂与安平太守王基谈《易》："基与辂共论《易》，数日中，大以为喜乐，语辂言：'俱相闻善卜，定共清论。君一时异才，当上竹帛也。'"当时，信都令家妇女惊恐，又大家生病，王基就管辂筮之。辂说，君北堂西头地下，有二具男尸云云。于是掘地，徙男尸埋葬于城外，家中皆病愈。王基赞管辂："吾少好读《易》，玩之以久，不谓神明之数，其妙如此！"于是从辂学《易》。最后未成，说是"此是天授，非人力也"。学问固须时日，殚精竭虑，人力不可少。然进入精微玄妙的至高境界，确实非人力所济，须天授奇才方可。清谈与玄学的历史一再证实，唯有天才方能开辟学术新境。

《魏志·管辂传》及注引《辂别传》中，有两次清谈的场面最令人印象深刻：一次是管辂与琅邪太守单子春谈《易》，已见上述；再一次是同馆陶令诸葛原谈史。《辂别传》说：

> 诸葛原字景春，亦学士，好卜筮，数与辂共射覆，不能
> 穷之。景春与辂有荣辱之分，因辂伐之，大有高谭之客。诸
> 人多闻其善卜、仰观，不知其有大异之才，于是先与辂共论
> 圣人著作之原，又叙五帝三王受命之符。辂解景春微旨，遂
> 开张战地，示以不固，藏匿孤虚，以待来攻。景春奔北，军
> 师摧衄，自言吾睹卿旌旗、城池已坏也。其欲战之士，于此
> 鸣鼓角，举云梯，弓弩大起，牙旗雨集。然后登城曜威，开
> 门受敌，上论五帝如江如汉，下论三王如翩如翰。其英者若
> 春华之俱发，其攻者若秋风之落叶。听者眩惑，不达其义；
> 言者收声，莫不心服。虽白起之坑赵卒，项羽之塞濉水，无
> 以尚之。于时客皆欲面缚衔璧，求束手于军鼓之下。辂犹总
> 干山立，未便许之。

《辂别传》以上所记，有几点值得注意。一是清谈发生在诸葛原升
迁祖钱时，"大有高谭之客"，座上谈客很多。由此可见，当时能
清谈者不少，这是清谈普遍的基础。二是这次清谈"论圣人著作
之原，又叙五帝三王受命之符"。前者论圣人为什么著作，涉及儒
家经典的起源。后者论五帝三王受命的符瑞，即天授君权。总体
而言，是谈历史。谈史，是当时清谈的主要题目之一。三是描写
清谈的激烈过程，以攻守之战喻之。这段描写占了很大部分，意
在突出管辂谈论水平之高，当时无出其右。借此可以大致还原当
时清谈的场面。

先是诸葛原发谈端，谈的题目是"论圣人著作之原，又叙五帝三王受命之符"。管辂理解诸葛原旨意后回应，"遂开张战地，示以不固，藏匿孤虚，以待来攻"，故意露出破绽，等待对方的攻难。"景春奔北"写诸葛原失败经过：起初看到管辂战旗、城池好像已坏，战士鸣鼓角、举云梯、起弓弩，奋力攻城。管辂一方则开门迎敌。"然后登城曜威"以下写管辂辞锋凌厉。"如江如汉"，喻管辂言辞如长江、汉水，滚滚滔滔。"如翩如翰"，喻管辂气势如振翮之鸟，高不可及。"听者眩惑，不达其义，言者收声，莫不心服"四句写听者、言者的反应。义理精微，故"听者眩惑，不达其义"；辞义兼胜，故"言者收声，莫不心服"。在管辂谈锋面前，座中谈客个个一败涂地。

辩论一般都分攻难两方，似两军对垒，双方军阵。问难者犹攻，答辩者犹守，故以攻战形容辩论与清谈是最贴切生动的。《辂别传》可能是最早以攻战形容清谈双方的文字。两晋之后的清谈，以攻战形容之，就常见了。例如东晋刘琰与殷浩清谈，刘居下风，殷说："唉，你何不重起，修缮云梯仰攻呢！"（《世说·文学》二六）又殷浩偏精才性，言及《四本》，便若汤池铁城，无可攻之势（《世说·文学》三四）。《辂别传》详细描写管辂与诸葛原的清谈，颇具文学意味，后人读此，遐想当年清谈的生动场面，岂不妙哉！

管辂是魏代谈《易》的最著名人物。《魏志·管辂传》及注引《辂别传》，记录了以管辂为中心的谈《易》盛况，是研究魏晋清谈史的宝贵资料。管辂的活动时间始于黄初之末，终于高贵乡公曹髦正元三年（256），前后长达三十年。这里论魏初清谈，管辂在正始年间的清谈，后文再论。

四、言意之辨——以荀粲为中心

魏初清谈以术兼名法，校练名理为主，评论人物趋向于理论总结，表现为校练名理及论才性同异。同时，学术趋向于玄远抽象。其次是谈《易》的盛行。以管辂为代表的《易》学，继承汉代《易》学的象数学派，又有所超越，进入"性与天道"的玄妙境界。再次，继《易》《老》之后，《庄子》也成为清谈的内容。"谈尚玄远"的清谈之风，与《老》《庄》的复兴大有关系。

"谈尚玄远"的重要人物是荀粲。荀粲，出于颍川荀氏。这是东汉中期之后一个著名的望族，在汉晋之际的历史舞台上，长期占有重要地位。

荀氏家族出于战国荀卿。十一世孙荀淑，少有高行，博学而不好章句，当世名贤李固、李膺等皆师宗之。荀氏代有名人，为首屈一指的文化世家。荀淑有子八人，时人号为八龙。淑子爽，字慈明，年十二，能通《春秋》《论语》，颍川人为之语曰："荀氏八龙，慈明无双。"荀爽是东汉《易》学象数学派的代表人物，在中国易学史上声名显赫。爽兄子悦、彧，并有当世大名。悦年十二，能说《春秋》，尤好著述。汉献帝颇好文学，悦与彧及孔融侍讲禁中，日夕谈论（以上见《后汉书》卷六二《荀淑传》）。自荀彧一代始，荀氏家族在当代政治中具有举足轻重的地位。荀彧大才，初从袁绍，后去绍从曹操。操大悦，说："吾子房也。"将其比作张良，为主要谋士。曹操平定北方，彧为首功，名重天下。

彧"前后所举者，命世大才，邦邑则荀攸、钟繇、陈群，海内则司马宣王。及引致当世知名郗虑、华歆、王朗、荀悦、杜袭、辛毗、赵俨之俦，终为卿相以十数人。取士不以一揆，戏志才、郭嘉等有负俗之讥，杜畿简傲少文，皆以智策举之，终各显名。荀攸后为魏尚书令，亦推贤进士。太祖曰：'二荀令之论人，久而益信，吾没世不忘。'"（《三国志·魏志·荀彧传》裴注引《彧别传》）可见，荀彧及从子攸，都有知人之鉴，善论人物，精于选拔人才。荀彧取士皆"以智举之"，与曹操举贤勿拘品性完全一致。曹操说没世不忘二荀之论人，二荀究竟如何论人，难知其详，想来也是术兼名法，校练名理。

当然，荀氏终究以儒术名世。荀淑以下通《春秋》《论语》，善著述成为家族的文化传统。荀彧曾建议曹操"宜集天下大才通儒，考论六经，刊定传记，存古今之学，除其烦重，以一圣真，并隆礼学，渐敦教化，则王道两济。"说明荀彧之学还是以儒经为主。

荀粲字奉倩，为荀彧之子，其兄顗，精《易》学。荀粲之学，基于家族的儒学传统，融通道家学说，向虚无玄远的方向发展，成为魏晋玄学史上的先驱。这是值得注意的。《魏志·荀彧传》裴注引何劭《荀粲传》说：

> 粲诸兄并以儒术论议，而粲独好言道，常以为子贡称夫子之言性与天道，不可得闻，然则六籍虽存，固圣人之糠秕。粲兄俣难曰："《易》亦云圣人立象以尽意，系辞焉以尽言，则微言胡为不可得而闻见哉？"粲答曰："盖理之微者，非物

象之所举也。今称立象以尽意，此非通于意外者也。系辞焉以尽言，此非言乎系表者也。斯则象外之意，系表之言，固蕴而不出矣。"及当时能言者不能屈也（《三国志》，页319、320）。

荀粲与兄俣所论，即魏晋玄学及清谈的重要题目——"言意之辨"。"言意之辨"属于哲学上的认识论范畴，源于《周易·系辞上》："子曰：'书不尽言，言不尽意。然则圣人之意其不可见乎？'子曰：'圣人立象以尽意，设卦以尽情伪，系辞焉以尽其言。'"孔颖达《正义》说："此章言立象尽意，系辞尽言，易之兴废存乎其人。""书不尽言"三句是孔子设疑，"圣人立象以尽意"三句是孔子自释："圣人之意有可见之理也：'圣人立象以尽意'者，虽言不尽意，立象可以尽之也。'设卦以尽情伪'者，非唯立象以尽圣人之意，又设卦以尽百姓之情伪也。'系辞焉以尽其言'者，虽书不尽言，系辞可以尽其言也。"

荀粲持论以孔子"书不尽言，言不尽意"二语为依据。盖文字不能尽言，语言不能尽意，由此得出"性与天道不可得而闻"，六籍乃是圣人之糠秕的结论。何谓"性与天道"？指人性与宇宙变化的本质和规律，是后文所说的"理之微者"——精微的理义，超言绝象。天道之"道"，非是道家之道。其兄俣难粲，举所谓"圣人立象以尽意，系辞焉以尽言"的解释，证明圣人的微言即"性与天道"，通过卦象和系辞，是可得而闻的。荀粲反驳说，精微之理，非物象所能列举，以为立象、系辞，都不能通于象外之意。《易》所称的"立象以尽意"，不能通于意外者；"系辞焉以尽言"，此非言乎意表者。象外之意，系表之言，仍蕴而不出，以为言、象都不能尽意，且诋毁六籍是圣人之糟粕。汤用彤《言意之辨》一文于此指出："荀粲之义盖本之言不尽意，与王弼说忘言得意者不同，而弼并亦无糠秕六经之意。盖粲独好道，而弼言圣人体无（圣人谓孔子，见《世说·文学》八弼答裴徽），实阴相老庄，阳崇孔氏，表面上仍以儒家为本位，故不能如粲之攻击儒书也。"[1]汤先生分析荀粲与王弼言意之辨的不同，非常精辟，其要点有三：粲主言不尽意，弼主得意忘言，一也；粲诋毁六经为圣人之糠秕，弼尊孔子为圣人，不攻击儒书，二也；粲好道，弼表面上尊孔，实质扬老庄而抑儒经，三也。

荀粲独好言道，此"道"非老庄之道，而是"性与天道"的总名，谓理之精微者，非物象、言语所能得之，不可见亦不可闻。余英时《汉晋之际士之新自觉与新思潮》一文以为荀粲还是儒家，其"好言道"之"道"，是对"术"而言，非对"儒"而言。"玄远"乃抽象之谓，亦非老庄之意。又以为援引道家，正式建立玄学体系，仍非王（弼）何（晏）莫属（转录自唐翼明《魏晋清谈》，页147）。余先生的上述意见是大体正确的。不过，他称荀粲还是儒家，似乎欠说服力。何劭《荀粲传》说"粲诸兄并以儒术论议，而粲独好言道"，诋消儒经，否定《易》立象以尽言说，足以证明荀粲非是儒家。

再有一事，荀粲评论其父或不如其从兄攸，也可以证明荀粲不以圣教为然。《粲别传》说"或立德高整，轨仪以训物"。《魏

---

1 详见汤用彤《魏晋玄学论稿》，《汤用彤学术论文集》，页223。

志·荀彧传》说："彧及攸并贵重，皆谦冲节俭，禄赐散之宗族知旧，家无余财。"裴注引《彧别传》记彧与曹操从容论治国之道，所言皆是儒教，如"君子无终食之间违仁"，"既立德立功，而又兼立言，诚仲尼述作之意"。荀彧建议曹操召集通儒大才，考论六经，刊定传记，存古今之学，除其烦重，并隆礼学、敦教化，王道两济。《彧别传》说："彧德行周备，非正道不用心，名重天下，莫不以为仪表，海内英隽，咸宗焉。"钟繇甚至将荀彧与颜渊相提并论（以上详见《三国志》，页316—318）无疑，荀彧纯是儒家思想，是德才兼备的真君子。再说荀攸，虽也尊儒学，行为作风则明显道家化。《魏志·荀攸传》记曹操称赞荀攸说："公达外愚内智，外怯内勇，外弱内强，不伐善，无施劳，智可及，愚不可及，虽颜子、宁武不能过也。"（《三国志》，页325）很明显，荀攸行为作风来自《老子》的贵柔哲学，所谓"柔弱胜刚强"（三十六章），"知其雄，守其雌，为天下溪……知其白，守其黑，为天下式……知其荣，守其辱，为天下谷"（二十八章）。颜子（回）圣门弟子，安贫乐道；宁武子圆滑机智，愚不可及。曹操称荀攸"虽颜子、宁武不能过"，说明荀攸既有儒家之德性，又有道家之机智，而尤以慎密机智著称于世。荀粲居然以为父彧不如从兄攸，即使诸兄生气也不能改变其看法，不难看出他对《老子》贵柔哲学的体认，而与儒教已有相当距离了。

最后，荀粲对于女性美的评价，与儒家强调的女性道德规范，存在尖锐的对立。《荀粲传》说："粲常以妇人者，才智不足论，自宜以色为主。骠骑将军曹洪女有美色，粲于是聘焉，容服帏帐甚丽，专房欢宴。历年后，妇病亡，未殡，傅嘏往唁粲。粲不哭而神伤。顗问曰：'妇人才色并茂为难。子之娶也，遗才而好色。此自易遇，今何哀之甚？'粲曰：'佳人难再得，顾逝者不能有倾国之色，然未可谓之易遇。'痛悼不能已，岁余亦亡，时年二十九。"孔子说："吾未见好德如好色者也。"（《论语·子罕》）孔子不是说不能好色，是批评时人好色胜于好德。魏晋之前对于女性美的评价，始终把女德置于首位，而容色居于末。荀粲颠覆了儒家的女性美评价，以为妇人"才智不足论，自宜以色为主"。这种言论，在当时简直似石破天惊。他为美色殉情的行为，更与儒家的发乎情止于礼义的说教格格不入。

以上所述荀粲对荀彧、荀攸的评价，关于女性美的看法以及为美色殉情的行为，完全可以证明荀粲并非还是儒家。他是推崇老子贵柔哲学，主张违礼放纵情欲，并轻视功名，强调智慧与识见的人物。故诋毁儒家六经，也就合乎他的思想、个性与审美。

现在回到荀粲的清谈以及他在魏晋玄学形成过程中的地位。

《荀粲传》说："太和初到京邑，与傅嘏谈，嘏善名理，而粲尚玄远，宗致虽同，仓卒时或有格而不相得意，裴徽通彼我之怀，为二家骑驿。"这段记载，描述了魏初京师的一次重要的清谈场面，谈席上有三个重要的清谈人物——荀粲、傅嘏、裴徽。谈论的题目难知，所知者是傅嘏善谈名理，荀粲崇尚玄远。名理之学内容相当宽泛，诸如论名分、形名、才性，皆可称名理学。其学术途径是辨名析理，由名而至实，由形下而至形上，由具象而至抽象。玄远之学指不可得而闻的"性与天道"，如言意之辨之类，不再拘泥于事实，言理趋于抽象。为何一谈名理，一谈玄远，却宗致相同？汤用彤先生合《荀粲传》、《世说·文学》九"傅嘏善言虚胜，荀粲谈尚玄远"二句、刘孝标注引《傅子》所说"頠既达治好正，而有清理识要，如论才性，原本精微"等三处而论之，以为"頠所善谈者名理，而才性即名理也。虚胜者，谓不关具体实事，而注重抽象原理，注故称其所谈，原本精微也。至若玄远，乃为老庄之学，更不近于政事实际，则正始以后，谈者主要之学问也。"[1]汤先生解释"虚胜"与"玄远"，其实就回答了傅頠、荀粲虽各有擅长，宗致却能相通的问题。上文刘劭《人物志》，以为"人物本于情性之理甚微而玄"，傅頠论才性"原本精微"，荀粲探求"性与天道"，可见凡是谈论的极致，必然由粗至精，由实至虚，由形下至形上，到达精微玄妙的理论高境界。

　　裴徽也是魏初学术造诣很高的清谈大家，否则不可能在傅頠、荀粲论难有冲突时，折中其间，"常使两情相得，彼此俱畅"。《世说·文学》九刘孝标注引《管辂传》说："裴使君有高才逸度，善言玄妙也。"玄妙与虚胜、玄远意义相近，也是指谈论脱离具象，作抽象的思辨。

　　魏晋时期的河东裴氏，论声望虽不如颍川荀氏，但也是著名的文化望族。裴徽是裴氏家族清谈之祖，其子裴楷、裴绰，侄子裴頠，孙裴遐，都善清谈。现在可知裴徽的清谈始于太和初甚至更早，而多数发生在正始年间，故此处从略，后面详论。

1 汤用彤《读人物志》，载《魏晋玄学论稿》，《汤用彤学术论文集》，页206。

五、魏初清谈的沉寂——魏明帝禁浮华

太和之初的清谈是魏晋清谈的一个高潮。荀粲、傅嘏、裴徽三人在京都的清谈，可能只是当时清谈的重要场景之一。同时，后来正始玄学清谈的重要人物如夏侯玄、何晏、邓飏等，都曾在太和初活跃一时，对魏晋玄学的形成作出过重要贡献。只是由于史料的佚失，后人无从得知夏侯玄、何晏等人清谈的具体情况。可知的是，太和四年（230），魏明帝禁浮华，废黜了一批名士，以致魏晋玄学的形成被阻缓了，京都方兴未艾的清谈，由此沉寂了将近十年。通过回顾与分析这次禁止浮华事件，可以探知所谓浮华的实质，以及被禁的原因。

关于魏明帝废黜浮华之士的史迹，见于《魏志·明帝纪》：

（太和）四年春二月壬午，诏曰：

> 世之质文，随教而变。兵乱以来，经学废绝，后生进趣，不由典谟。岂训导未治，将进用者不以德显乎？其郎吏学通一经，才任牧民，博士课试，擢其高第者，亟用；其浮华不务道本者，皆罢退之。（《三国志》，页97）

在此前不久的太和二年（228），魏明帝下诏，强调"尊儒贵学"，"申敕郡国，贡士以经学为先"。太和四年的诏令，再次宣示进用人才以经学优秀者为先，同时指出后生进趋仕途"不由典谟"的倾向，一律罢退浮华不务道本者。什么是浮华？浮华主要指"不由典谟""不务道本"，其实就是不重经学。

诸葛诞，便是禁止浮华事件中的罢退者。《魏志·诸葛诞传》说："（诞）与夏侯玄、邓飏等相善，收名朝廷，京都翕然。言事者以诞、飏等修浮华，合虚誉，渐不可长。明帝恶之，免诞官。"这里，浮华之罪除"不由典谟"之外，又增加了"合虚誉"。"虚誉"是指诸葛诞与夏侯玄、邓飏等相善，互相吹捧，获取名誉。此风影响朝廷上下，以至京都翕然。

再读《诸葛诞传》裴注引《世语》，浮华之风的含义及罢退的浮华之士就更具体清楚了：

> 是时，当世俊士散骑常侍夏侯玄、尚书诸葛诞、邓飏之徒，共相题表，以玄、畴四人为"四聪"，诞、备八人为"八达"，中书监刘放子熙、孙资子密，吏部尚书卫臻子烈三人，咸不及比，以父居势位，容之为"三豫"，凡十五人。帝以构长浮华，皆免官废锢。（《三国志》，页769）

《世语》所说的浮华，主要指名士"共相题表"，即互相称扬，为之题目，有"四聪""八达""三豫"之目。此次被免官废锢的名士有十五人。

《魏志·曹爽传》中，也列出了废黜的名士名单：

> 南阳何晏、邓飏、李胜，沛国丁谧、东平毕轨，咸有声名，进趣于时，明帝以其浮华，皆抑黜之。

裴注引《魏略》说：

初，（邓）飏与李胜等为浮华友，及在中书，浮华事发，被斥出，遂不复用……胜少游京师，雅有才智，与曹爽善。明帝禁浮华，而人白胜堂有四窗八达，各有主名。用是被收，以其所连引者多，故得原，禁锢数岁。

合以上数条史料可知，浮华的含义至少涉及三个重要方面，渊源有自，皆与汉末的风气有关。

一是学风上轻视经学的繁琐章句。这种浮华的学风，早在东汉的太学中就存在。《后汉书·儒林传》叙所谓"章句渐疏，而多以浮华相尚"，是指传统的儒经章句之学渐渐不讲，多以自己的看法讲解经典。

二是言论华而不实，没有依据，不合义理。《后汉书》卷二五《鲁丕传》说："难者必明其据，说者务立其义，浮华无用之言不陈于前。"难者指辩论中的问难者或驳论文，说者指辩论或论文的立论。言辞华而伪，不切实用。

三是交游成朋党，不讲原则，互相题目，获取虚誉，名实不符。这种风气，也是汉末交游盛行，互相标榜的遗风。《后汉书》卷六七《党锢列传》说："海内希风之流，遂共相标榜，指天下名士，为之称号。上曰'三君'，次曰'八俊'，次曰'八顾'，次曰'八及'，次曰'八厨'，犹古之'八元''八凯'也。"《魏志·王昶传》说："人若不笃于至行而背本逐末，以陷浮华焉，以成朋党焉。浮华则有虚伪之累，朋党则有彼此之患。"可以肯定，当魏明帝听闻一批名士"共相题表"，有"四聪""八达"等名目时，一定会联想到汉末党锢人物的互相标榜的风气。再有一件事直接刺激了明帝：夏侯玄自以为年轻俊美，知名当时，进见明帝时，与毛皇后弟毛曾并坐，觉得如玉树临蒹葭，不悦形于色。明帝亲见玄的狂妄无礼，左迁为羽林监。告密所闻与自己亲见，导致明帝愤而痛下杀手，禁锢了一大批浮华的名士。

太和四年明帝禁浮华，同他重视形名之学大有关系。《魏志·明帝纪》裴注引《魏书》，称明帝"好学多识，特留意法理"。显然，在学问上他与祖父曹操一脉相承。曹操是喜用法术的，晋初傅玄说："近者魏武好法术，而天下贵形名。"（《晋书》卷四七《傅玄传》）而且，曹操"纠乱以尚猛"（见《傅子》），用严刑峻法。《魏志·明帝纪》裴注引《魏略》说："时明帝喜发举，数有以轻微而致大辟者。"这二句是明帝特留意法理的证据。可惜走了极端，用特务手段侦查臣子，常以轻微过失就处以重刑。以此"法理"治国治政，与儒家的仁政和道家的无为而治背道而驰。曹操固然"纠乱以尚猛"，毕竟网罗到不少人才。明帝却将形名之学引至偏重于法家的邪径，把"浮华"的帽子扣到许多才能之士的头上，无情打击之，禁锢罢退之。这种作风，与他的祖父相去亦已远了。

明帝与其父曹丕也不同。文帝慕通达，已有魏晋开放自由的新型人格特征，又是个典型的文士，是当时文坛与学术沙龙的当之无愧的领袖，经常与文学之士赋诗作文、辩论学术、品鉴人物，本人也校练名理。明帝则"与朝士素不接"（《魏志·明帝纪》裴注引《世语》），臣下难见其面。由此推测，他与文学之士的关系，必定十分隔膜。既然与朝士素不接，不了解臣下的情况，却又喜欢"发举"，以示自己明察秋毫，无幽不烛。结果，揭发、举报必然成为获取讯息最主要的来源，诬告、陷害也就无法避免。上文引裴松之注引《世语》说，明帝禁浮华，而人白李胜堂有四窗八达，各有主名，于是逮捕胜，牵连出不少人。"人白"者，便是告密者。上有明帝"喜发举"，下必有告密者。故完全有理由说：史称诸葛诞、夏侯玄、邓飏等"修浮华，合虚誉"，可能确有言论、行为不检点之处，但这种夸大其词的罪名，恐怕是历史的另一种真实。

然则，我以为更具意义的历史真实，还是在揭示魏明帝禁浮华的深层原因，以及这一事件对魏晋玄学与清谈产生怎样的影响。

如上文所说，魏明帝"特留意法理"，这一学术理念，乃是他禁浮华的主因。"魏武初霸，术兼名法"。随后，王粲、傅嘏、卢毓等校练名理。为现实政治服务的形名学逐渐转变为形上的名理学。黄初之末，太和之初，以荀粲、傅嘏、裴徽为代表的清谈人物，已在谈论《易》《老》《庄》的虚无玄远之理，离质实的儒家经学已有相当距离了。魏明帝偏重法理，既背离了"术兼名法"的家学，又不理解"校练名理"必然导致的虚无之学的学术走向，斥责夏侯玄、何晏、邓飏等人清谈为浮华。也不理解汉末以来新的人物审美，指责名士们的交游与品题为"合虚誉"。可见，禁浮华的实质，乃是对玄学的萌芽状态和汉末以来新的人物审美的全然不理解。

魏明帝禁浮华，是对魏初清谈的压抑和打击。对此，研究者已成共识。[1]不过，京都清谈基本沉寂，不等于京都以外的情况也是如此。譬如在冀州管辂谈《易》，多数发生在魏明帝时期。再说，京都公开的清谈和交游不得不停止，而个人私下的学术研究仍可进行。例如明帝时何晏为冗官，有很多的闲暇时间，又正值风华正茂的青年时期，不可能闭门无所事事。他的一些重要著作如《老子注》《论语集解》，是完全有可能始撰于正始之前的。夏侯玄的《本玄论》不知作年，他在正始年间长期戎马在外，曹爽集团于正始之末被诛灭后，他为避祸计，不蓄笔砚，以此推测，《本玄论》也有可能作于魏明帝时。魏晋玄学作为中国哲学史上的重要发展阶段，虽以正始玄学为成熟的标志，但在正始之前，走过了长达数十上百年的历程，绝非一朝一夕所能出现。从汉末的《易》学变迁，到魏初王粲、傅嘏校练名理，再到荀粲谈虚无玄远，夏侯玄作《本玄论》，魏晋玄学由萌芽而至渐渐成熟。魏明帝时期十余年间，是不可忽略的重要阶段。

六、结语

关于魏初清谈中的重要问题，概括而言，有以下一些：

一、魏初清谈的内容。汉末谈论很难知悉具体谈什么，魏初

---

1 例如唐翼明说："当时一大班名士都受到相当沉重的打击，或斥或贬，甚至禁锢不用。在这样严峻的形势下，名士中的交游与谈论的活动自然不得不停止了。"见《魏晋清谈》，页152。王葆玹说：至魏明帝太和四年，夏侯玄、何晏、邓飏等因"浮华"罪名蒙受打击，暂时不会再搞规模较大的交游活动，云云。见《正始玄学》，齐鲁书社，1987年，页112、113。

谈论的内容，可以考知的就较多了。诸如论肉刑，论人物优劣，论才性同异。其中傅嘏才性论，刘劭《人物志》是校练名理的代表性著作。不传的曹丕《士操》、卢毓《九州人士论》一卷、佚名《通古人论》，从书名推测，很可能同《人物志》一样，也是人物评论的理论性著作。此外，谈论历史，也是清谈题目，如管辂与诸葛原谈论三王五帝，授命符瑞。

二、魏初清谈著名人物。较早的是活跃在汉魏之际的重要文士及政治家。王粲是文士清谈的代表。政治家有钟繇、王朗、袁涣诸人。《魏志·荀彧传》注引《荀氏家传》说，荀闳与钟繇、王朗、袁涣议"甲乙疑论"，各不相同。魏文帝曹丕《与钟繇书》说："袁、王国士，更为唇齿，荀闳劲悍，往来锐师，真君侯之勍敌，左右之深忧也。"可见钟繇、袁涣、王朗及荀闳，皆善谈论。夏侯氏与曹氏姻亲，当时的顶级贵族，一门中颇有能言辩士。夏侯渊之子夏侯和，"清辨有才论"；另一子夏侯称，与文帝曹丕为布衣交，"每宴会，气陵一坐，辩士不能屈，世之高名者多从之游。"（《三国志·魏志·夏侯渊传》裴注引《世语》，页273）以曹丕为中心，形成一个赋诗作文及清谈辩论的文化沙龙。黄初之末及太和之初，出现更多的年轻的清谈人物，著名者有傅嘏、刘劭、裴徽、管辂、荀粲。

三、京师之外的清谈。以前研究魏晋清谈，只关注曹魏京师的清谈。其实，京师之外谈《易》很普遍，善言者也多。例如管辂前期所在的冀州南部及东南一带，如利漕、安德、清河、信都、列人、广平、馆陶，地域并不大，却出现了不少善谈者：琅邪太守单子春、利漕民郭恩、安平太守王基、安德令刘长仁、馆陶令诸葛原。这些人是郡县的主政者，也是清谈中心人物，在他们周围的谈客很多，可惜名不见经传。半个冀州的谈客已是如此之多，曹魏都城洛阳以及其他州郡，清谈人物必定难以计数。

四、太和前后，清谈风气高涨。荀粲与兄俣谈论"夫子之言性与天道"，或许在太和之前（参见王葆玹《正始玄学》，页111）。魏文帝黄初之末，管辂与琅邪太守单子春清谈，参与的谈士之众多，场面之热烈，毫不逊于稍后的正始清谈。太和初，荀粲、傅嘏、裴徽三人清谈，乃是魏晋清谈中的重要场景。太和四年魏明帝禁浮华，对京都的清谈是一次打击。但清谈并没有绝迹。管辂在冀州的清谈，多在魏明帝时。刘劭与人清谈及撰《人物志》，或时在魏明帝青龙中。

五、魏晋清谈由汉末的"谈论""清论"演变而来。谈论粗者，如论肉刑，谈政治，评论古今人物。谈论精者，谈人之情性，谈言不尽意，谈"性与天道"。前者有现实意义，后者具学术意义。蒋济论眸子、管辂论《易》阴阳之数的神妙、傅嘏论才性、刘劭《人物志》、荀粲论言不尽意，都已开始脱略具象，进入玄远的理境。其时，玄学的基础"本无"哲学虽未正式确立，然已接近玄学的藩篱。魏晋玄学的时代快要到来了。

第三章

正始之音（上）

东晋袁宏作《名士传》，以夏侯太初、何平叔、王辅嗣为正始名士，阮嗣宗、嵇叔夜、山巨源、向子期、刘伯伦、阮仲容、王濬冲为竹林名士，裴叔则、乐彦辅、庾子嵩、王安期、阮千里、卫叔宝、谢幼舆为中朝名士。（见《世说·文学》九四刘孝标注）正始名士、竹林名士、中朝名士，恰好代表魏末至西晋覆灭六十年间的魏晋玄学与清谈的几个阶段。在中国哲学史上，魏末正始年间（240—249）是一个极为重要的时期。短短十年，绽放出灿烂无比的思想之花。与之相生相伴的清谈，盛行朝野，进入精妙的理境。所谓"正始之音"，成为后世清谈家向往的典范。夏侯玄（太初）、何晏（平叔）、王弼（辅嗣）三人，是创立魏晋玄学宏大工程的杰出代表，也是正始清谈的核心人物。尤其是天才王弼，无论对魏晋玄学的创立，还是魏晋清谈的精妙，都作出了无可企及的贡献。至此，汉代的学术主流经学，终于被魏晋玄学取代了。中国哲学、文学、美学以及士风，无不受玄学的影响，发生深刻的变化。

一、夏侯玄与《本玄论》

正始名士中，夏侯玄、何晏年辈较长，官职也高，是正始之初清谈的组织者和领导者。

夏侯玄（209—254），字太初，出身高贵。父夏侯尚与魏文帝曹丕为布衣交。《魏志·夏侯尚传》裴松之注引《魏书》载文帝诏曰："尚自少侍从，尽诚竭节，虽云异姓，其犹骨肉，是以入为腹心，出当爪牙。"夏侯玄少知名，又是曹爽姑子。正始初，曹爽辅政，玄弱冠为散骑黄门侍郎，累迁散骑常侍、中护军。

夏侯玄为正始名士之冠，与他的出身高贵有关，更与他的个人魅力和杰出的才具有关。《世说·方正》六注引《魏氏春秋》说："（玄）风格高朗，弘辩博畅。"风格高朗，指玄的格调正大坦荡，自厚自重，即使身陷囹圄之时，犹凛然不可犯。刘孝标注引《名士传》说："初，玄以钟毓志趣不同，不与之交。"后夏侯玄被司马氏逮捕，钟毓为廷尉，执玄手说："太初何至于此？"玄正色道："虽复刑余之人，不可得交。"《魏志·夏侯玄》说："玄格量弘济，临斩东市，颜色不变，举动自若。"（《三国志》，页299）弘辩博畅，主要指他的学问和辩才。弘、博，称其学问；辩、畅，指其辩才。夏侯玄的人格魅力，极为时人及后人所赞誉。裴楷目夏侯太初说："肃肃如入廊庙中，不修敬而人自敬。"（《世说·赏誉》八）太初乃一堂堂士君子，渊雅有量，风节卓然，不交非类，庄严肃穆，自会令人敬重之。这是他当时被公认为名士之冠的重要原因。

可惜，现存的史料中很少有夏侯玄清谈的事迹，不清楚他究竟如何"弘辩博畅"。后人可以用来考知夏侯玄的著述和学术的资料，主要有二种。一是《魏志·夏侯玄传》裴注引《魏氏春秋》，言及夏侯玄的著述："玄尝著《乐毅》《张良》及《本无》《肉刑论》，辞旨通远，咸传于世。"（《三国志》，页302）《乐毅》《张良》二论为人物评论，属于才性论的范畴。《肉刑论》为形名之学。《本无论》为哲学著作。以上著述，大致能表明夏侯玄的学问范围以及他的论著的水准。二是《文心雕龙·论说篇》说："迄至正始，务欲守文，何晏之徒，始盛玄论。于是聃周当路，与尼父争涂矣。详观兰石之才性、仲宣之去伐、叔夜之辨声、太初之本玄、辅嗣之两例、平叔之二论，并师心独见，锋颖精密，盖人伦之英也。"刘勰以上叙魏晋论说文的嬗变，范围从魏初形名家的校练名理到正始时始盛玄论，并举出了这两个阶段的代表性论著，其中提到夏侯玄的《本玄论》，列为"师心独见，锋颖精密"的佳作。

无疑，夏侯玄的《本玄论》，是他玄学造诣的代表作。遗憾此文不传，无法详知具体内容，只能从论文的题目，探索它的学术主旨。这里有一个问题应该先辨析：《魏氏春秋》称《本无论》，《文心雕龙》称《本玄论》，究竟作《本无》还是《本玄》？王葆玹以为《本玄论》才是原名。又说：太玄学与玄学关系密切，正始玄学家中最早受到扬雄《太玄》及荆州宋衷太玄学影响的人，还不是王弼，而是夏侯玄，"玄之又玄，是《本玄》的主题思想"（详见王葆玹《正始玄学》，页23—27）。王葆玹从夏侯玄受扬雄《太玄》及荆州学派影响的角度，论定《本无论》当作《本玄论》，我以为是有道理的。

玄、无皆是道家哲学所称的万物本体，与"道"同义，同时出现在《老子》一书中。《老子》一章："道可道，非常道。名可名，非常名。无，名天地之始。有，名万物之母。……此两者同出而异名，同谓之玄。玄之又玄，众妙之门。"一切精微幽渺，无形莫测的事物及道理，皆可以玄称之。玄乃是众妙之门，即万物皆由玄门而出。夏侯玄《本玄论》的"本玄"之义，即源于《老子》的"玄之又玄，众妙之门"。作"玄"比作"无"更贴切。也许夏侯玄名"玄"，也来自《老子》的"玄之又玄"。

汉晋间太玄学的先驱扬雄，以为经莫大于《易》，故作《太玄》。桓谭《新论》评论扬雄《太玄》说："扬雄作玄书，以为玄者天也，道也，言圣贤制法作事，皆引天道以为本统，而因附续万类、王政、人事、法度。故伏羲氏谓之《易》，老子谓之道，孔子谓之元，而扬雄谓之玄。"（《后汉书》卷五九《张衡传》李贤注，页1898）当时，人们多轻视《太玄》，只有桓谭以为绝伦，必度越诸子。

然而，扬雄《太玄》自问世之后一直不显，只有张衡"常好玄经"，对崔瑗说："吾观太玄，方知子云妙极道数，乃与五经相拟，非徒传记之属，使人难论阴阳之事……汉四百岁，玄其兴矣。"（同上，页1897）预言当汉兴四百岁时，玄将兴盛。又张衡以为吉凶倚伏，幽微难期，乃作《思玄赋》。（同上，页1914）大凡著述的命运与历史相似，时来运往，盛衰有时，有显有隐。张衡所谓汉四百岁，"玄其兴矣"的预言，在汉末居然应验。注解、研究《太玄》的学者应运而生，注《太玄》者有宋衷、陆绩、虞翻、陆凯、王肃、李譔等，地域遍及魏、蜀、吴三国。这一现象，与传统儒家五经章句之学的没落，道家哲学的兴起，正是同一种趋势。自扬雄作《太玄》始，玄与道同属万物本体的理念，越来越得到人们的认同。太玄学的兴起，为魏晋玄学的形成准备着条件。

夏侯玄的《本玄论》以"本玄"为题，当有二层意义：其一，以玄为万物的本体；其二，取玄之幽远莫测之义。上述二层意义，最早始于《老子》，后由扬雄发展为"太玄"，取得与"道"相同的地位。虽然"无"与"玄"同义，但"无"不具备义理深微、幽远莫测的语意，而"玄理"的语意就明白妥帖了。若"玄理"改作"无理"，则不知所云矣。魏晋玄学以"玄"为名，而不是以"无"为名，即使从语言学的角度考量，也是绝对有道理的。

夏侯玄的论文以"太玄"为题，可见他对太玄的喜爱和用心研究。至于正始玄学的得名，是否源自夏侯玄的《本玄论》？我想，无论如何作答都仅仅是推测，无法证实。谨慎地说，《本玄论》对正始玄学的形成，可能起过相当大的作用。依据是何晏曾这样评论夏侯玄、司马师和自己："唯深也，故能通天下之志，夏侯太初是也；唯几也，故能成天下之务，司马子元是也；唯神也，不疾而速，不行而至，吾闻其语，未见其人。"盖欲以神况己也。（《三国志·魏志·何晏传》裴注引《魏氏春秋》，页293）唯深、唯几、唯神，乃《周易·系辞上》之语，韩康伯注："极未形之理则曰深。""未形之理"即为玄，玄无形，幽深不可见。何晏以"深"品目夏侯玄，应该是赞赏后者义理深微不可测。今存夏侯玄《乐毅论》《张良论》《肉刑论》，皆是校练名理之作，仍属于形下之学，只有《本玄论》这样的形上之作，才切合"深"的评价。由何晏的品目，可以推知夏侯玄必有高深的理论修养，《本玄论》必是玄之又玄的理论著作，具有理论独创性及逻辑论证的精密。否则，《文心·论说篇》不会赞誉《本玄论》"师心独见，锋颖精密"，给予极高的评价。

张湛注《列子·仲尼篇》，引用夏侯玄说："天地以自然运，圣人以自然用。自然者道也，道本无名，故老氏曰'强为之名'。仲尼称尧'荡荡无能名焉'，下云'巍巍成功'，则强为之名，取世所知而称耳，岂有名而更当云'无能名焉'者邪？夫唯无名，故可得遍以天下之名名之。然岂其名也哉？惟此足喻而终莫悟，是观泰山崇崛，而谓元气不浩茫者也。"[1] 这段文字，没有题目，有可能出于《本玄论》。文意有二层：一、体用关系。天地以自然为体，圣人以自然为用；二、道本无名，然以有名称无名，已初步涉及玄学的体用关系，具有相当的理论深度。

夏侯玄为正始名士之冠，实际上早在魏明帝时代就是当世知名的大名士。不过，如何知名的具体情况，几乎不可考。明帝太和初，有一大批名士活跃在文化界，或交游，或清谈，或品鉴人物，魏明帝讨厌他们，于太和四年（230）下诏，称之"浮华"，罢退了不少人。夏侯玄是其中之一。可见，夏侯玄在明帝初是清谈的重要人物。罢退之后，他的事迹就难知了。

后人所知夏侯玄的事迹，大多在正始之后。此时他已经是政

---

1 刘师培《中国中古文学史讲义》把"夫唯无名"以下至末的文字，看成何晏《无名论》的内容（页41），恐不太妥当。盖张湛前引何晏《无名论》后引"夏侯玄曰"，明是引两人。故"夏侯玄曰"以下，不是何晏《无名论》的内容。

军界的重要人物，善于鉴别人物，选拔了许多俊才。《魏志·夏侯玄传》裴注引《世语》说："玄世名知人，为中护军，拔用武官参戟牙门，无非俊杰，多牧州典郡。立法垂教，于今皆为后式。"《本玄论》的完成，很有可能在正始之初。这篇文章为他在理论界赢得了巨大声誉，以致何晏以"唯深"品目之。正始五年之后，夏侯玄为征西将军，离开了玄学清谈的中心洛阳。正始十年，司马氏消灭曹爽集团，名士减半，夏侯玄为避祸，不蓄笔砚。历史是胜利者书写的。夏侯玄名高当世，留存的史料非常稀少，且被胜利者泼上了不少脏水，譬如《世说·识鉴》三说夏侯玄求交傅嘏，傅嘏轻视之，对人说："夏侯太初志大心劳，能合虚誉，诚所谓利口覆国之人。"云云。读史至此，能不叹息！

二、正始清谈领袖何晏

何晏（207？—249），字平叔，魏晋玄学的奠基者之一，同时也是正始清谈的实际组织者。正始年间最重要的清谈领袖，非何晏莫属。何晏为何进孙，母尹氏被曹操纳为夫人。晏长于宫省，又尚公主，少以才秀知名，好老庄言，作《道德论》及诸文赋，著述凡数十篇。文帝曹丕颇憎"假子"何晏，故黄初时无所事任。及明帝立，颇为冗官。正始初，曹爽辅政，何晏身世与曹氏有涉，且为当时名士，亦有才能，故曹爽重用何晏，起为散骑侍郎，迁侍中，为尚书，主选举，与其有旧谊者，多被拔擢（《三国志·魏志·何晏传》及裴注引《魏略》，页292）。

何晏在正始初年就已经是清谈的领袖人物，这是客观形势和主观条件皆成熟的结果。

以前者而言，魏明帝崩，曹爽辅政（另一辅政者是司马懿），爽弟羲为中领军、训为武卫将军，其余诸弟皆以列侯侍从出入。何晏、邓飏、李胜、丁谧、毕轨都是名士，相互提携，在争夺权势与声名的路上迅跑。明帝厌恶他们，以"浮华"之名统统抑黜之。到了曹爽秉政，欲排挤司马懿，起用何晏、邓飏等名士，以为腹心。何晏为吏部尚书，掌握选举权，邓飏、李胜等昔年旧好，统统委以重任。一个以名士为基本力量，忠于曹魏政权的政治集团得以形成。这是个政治集团，又是一个名士集团，其中有许多清谈人物，有着浓厚的玄学化的特征。《世说·文学》六说："何晏为吏部尚书，有位望，时谈客盈坐。"刘孝标注引《文章叙录》说："晏能清言，而当时权势，天下谈士多宗尚之。"可见，何晏吏部尚书的职位，是他成为当时清谈中心人物的关键因素。

以后者而言，何晏是个早慧的文学家、思想家，有资格作为当时清谈领袖。《世说·文学》六注引《魏氏春秋》说："晏少有异才，善谈《易》《老》。"又《典略》称晏"有奇才"（《文选》何晏《景福殿赋》李善注引）。现存的何晏著述目录，足以说明他的学问渊博。《隋书·经籍志》著录《魏尚书何晏集》十一卷，梁十卷，录一卷。又著录何晏《论语集解》十卷。《新唐书·艺文志》著录《何晏集》十卷，《老子讲疏》四卷，又《道德问》二卷（疑《道德论》二卷）。今存何晏著作《论语集解》十卷（《四库全书》本）、《老子道德经》二卷、《景福殿赋》一卷（见《文选》）、《奏请大臣侍从游幸》《魏明帝谥议》《与夏侯太初难蒋济叔嫂无服论》《韩白论》《白起论》《冀州论》《九州论》《无为论》

《无名论》《瑞颂》（见严可均辑校《全三国文》卷三九）。何晏诗，钟嵘《诗品》将其列为中品。他年幼就读兵书，《魏略》说，晏七八岁便慧心大悟，众无愚智，莫不贵异之。"魏武帝读兵书有所未解，试以问晏，晏分散所疑，无不冰释"（《三国志补注》卷二）。何晏学问涉及《论语》、《老子》、礼经、形名学、才性论、兵书、诗赋等众多方面。此外他又服寒食散，"首获神效"，喜欢傅粉，行为举止风流，在士风渐趋通脱、崇尚形体之美的时代，自然会让天下士人仰慕不止，起而仿效。故何晏能成为魏晋玄学的奠基者与正始玄谈的领袖人物，并不是偶然的，同他慧心悟解的天分、学问渊博、俊美风流的个人条件密不可分。

从魏初重视形名之学到魏末贵尚玄远之学，是魏代学术明显的发展轨迹。年辈较长的学者如夏侯玄、何晏、裴徽，大都走着这样的学术道路。何晏论著中的《韩白论》《白起论》《冀州论》《九州论》，校练名理，论人物才性；而《论语集解》《道德论》《无为论》《无名论》等哲学著作，则倡导玄远之学，已开魏晋学术的新风。

《论语》在汉代有专门的经师教授，注解《论语》者不乏其人，最著名者是孔安国、马融、郑玄。魏末，孙邕、郑冲、曹羲、荀颢、何晏等五人"共集《论语》诸家训注之善者，名曰《论语集解》"。[1]《论语集解义疏》中凡不列诸家姓名的便是何晏集解，与汉儒孔安国等人的训注不同，有以道家贵无哲学解释《论语》

---

1 见《晋书·郑冲传》。今传《论语集解义疏》，梁皇侃疏，有《四库全书》本。另有《论语注疏》，宋邢昺疏，有十三经注疏本。

的倾向。例如以下几处。

《论语·卫灵公》：子曰："无为而治者，其舜也与！"何晏集解："言任官得其人，故无为而治也。"《论语·公冶长》：子贡曰："夫子之文章，可得而闻也；夫子之性与天道，不可得而闻也。"何晏集解："性者，人之所受以生者也。天道者，元亨日新之道也，深微故不可得而闻也。"《论语·述而》：子曰："志于道。"何晏集解："志，慕也。道不可体，故志之而已。"《论语·子罕》：颜渊喟然叹曰："仰之弥高，钻之弥坚。"何晏集解："言不可穷尽也。""瞻之在前，忽焉在后。"何晏集解："言忽恍不可为形象也。"《论语·先进》："回也其庶乎，屡空。"何晏集解："每能虚中者，唯回怀道深远。"上述几条何晏集解，几乎都把儒家的观念引向道家哲学的体无。孔子赞美舜的无为而治，何晏则称选举人才得人，就是无为而治。子贡说"夫子之性与天道，不可得而闻"，本意是性与天道抽象难言，故孔子不讲；不讲，则不可得而闻。何晏则说性是生命的来源，天道被说成《易》，变化之谓，深微故不可得而闻。性与天道，实质上等同深微难言的无。孔子说"志于道"，意为有志于道，志谓志向。何晏则训"志"为慕，道不可体，即不可描述它的形状。屡空，谓贫穷，何晏说成是虚无的精神之道。如此之类，何晏把具体可知可感的事物、道理，引向形上的道。由此体会到儒家原典，怎样道家化和玄学化。

何晏玄学理论的代表作，是《老子讲疏》《道德论》《无名论》《无为论》。《老子讲疏》《道德论》今不传。何晏作《道德论》的情况，从《世说·文学》七能知其大略："何平叔注《老子》始成，诣王辅嗣，见王注精奇，乃神伏曰：'若斯人，可与论天人

之际矣。'因以所注为《道德二论》。"又《文学》一〇说:"何晏
注《老子》未毕,见王弼自说注《老子》旨。何意多所短,不复
得作声,但应诺诺,遂不复注,因作《道德论》。"据《世说》所
说,何晏注《老子》,自以为不及王弼注精奇,故不复再注,将己
注的内容改作《道德论》。何晏注《老子》固然不如王弼,但《道
德论》还是不错的,刘勰《文心·论说篇》给以很高的评价,将
"平叔之二论"列为魏晋最佳论文之一。所谓"平叔之二论",即
《道德》二论。余嘉锡说:"河上公及王弼《老子注》,皆以上卷为
《道经》,下卷为《德经》。盖汉魏旧本如此。平叔此论亦上篇言
道,下篇言德,故为《二论》。"[1]其说是也。

何晏《道德论》的写作时间,大概在正始中期。此由何晏与
王弼的交往可以考见。《世说·文学》六记王弼未弱冠时往见正
在主持清谈的何晏,"晏闻弼名",邀请弼问难。王弼生于魏文帝
黄初七年(226),卒于魏废帝齐王曹芳嘉平元年(249),年仅
二十四。年二十冠,在正始六年。未弱冠,则在正始五年之前。
何晏注《老子》未毕,诣王辅嗣,可知此时何晏与弼已有交往,
可能弼将及冠或已及冠,当在正始中期。

何晏《道德二论》大概亡于唐末,内容难知其详。《列子·天
瑞篇》张湛注引何晏《道论》[2]一段:

---

1 余嘉锡《世说新语笺疏》,中华书局,1983年,页198。以下引此书仅注
页码。
2 张湛注《列子》卷一,上海古籍出版社影印《四部精要》本,1992年,第
12册,页927中。

何晏《道论》曰："有之为有，待无以生。事而为事，由无以成。夫道之而无语，名之而无名，视之而无形，听之而无声，则道之全焉。故能昭音响而出气物，包形神而章光影。玄以之黑，素以之白，矩以之方，规以之圆，圆方得形，而此无形。白黑得名，而此无名也。"

这一段论道之无名无形。其中比较深刻的观点是有待无生，事由无成。道即是无，无语、无名、无形、无声。音响、气物、形神、光影，乃是有。有皆待无以生，故以无为本，以无为贵。

何晏《无名论》保存在张湛《列子·仲尼篇》注中，[1] 旨在论证道是无名无誉的：

> 为民所誉，则有名者也。无誉，无名者也。若夫圣人名无名，誉无誉，谓无名为道，无誉为大。则夫无名者，可以言有名矣；无誉者，可以言有誉矣。然与夫可誉可名者，岂同用哉。此比于无所有，故皆有所有矣。而于有所有之中，当与无所有相从，而与夫有所有者不同。同类无远而相应，异类无近而不相违，譬如阴中之阳，阳中之阴，各以物类自相求从。夏日为阳，而夕夜远与冬日共为阴。冬日为阴，而朝昼远与夏日同为阳，皆异于近而同于远也。详此异同，而

---

1 张湛注《列子》卷四，上海古籍出版社影印《四部精要》本，第12册，页938上。王葆玹以为"《列子注》《晋书》所引何晏论道论无的文字肯定原出《道论》，而《列子注》所引《无名论》则应出于何晏《德论》。"见《正始玄学》，页132。其说可参考。

后无名之论可知矣。凡所以至于此者，何哉？夫道者惟无所有者也，自天地已来皆有所有矣。然犹谓之道者，以其能复用无所有也。故虽处有名之域，而没其无名之象，由以在阳之远体，而忘其自有阴之远类也。

何晏说"圣人名无名，誉无誉，谓无名为道，无誉为大"，意思是圣人之名乃民所誉，其实无名；圣人有誉，其实无誉。盖无名无誉即是道。道无形，不可名也。圣人体道，故无名。无名为道，无誉为大。大与道同义。道生万物，无名为母，有名乃生。故曰"无名者，可以言有名矣"。接着用譬喻"阴中有阳，阳中有阴"，说明"同类无远而相应，异类无近而不相违"之理，似乎肤浅而不确切。

何晏《无名论》可能与《列子·仲尼篇》有些关联，但溯其源，还是来自老子哲学。《道德经·体道》第一说："道可道，非常道。名可名，非常名。无名，天地之始；有名，万物之母。"河上公注："无名者谓道。道无形，故不可名也。"《象元》第二十五说："有物混成，先天地生，寂兮寥兮，独立而不改，周行而不殆，可以为天下母。吾不知其名，字之曰道，强为之名曰大。"河上公注："我不见道形容，不知当何以名之，见万物皆从道所生，故字之曰道也。"《圣德》第三十二说："道常无名。"……何晏《无名论》对建立魏晋玄学的贡献，主要体现在提出形下的哲学范畴"有"，并解释"有"与形上的哲学范畴"无"二者之间的对立与统一。这一理论创建，显然受到《老子》一章"无名，天地之始；有名，万物之母"论的启示。《老子》讲无名、有名的对立，但尚未精细论证二者之间的对立统一。何晏《无名论》说："夫道者惟无所有者也，自天地已来皆有所有矣。然犹谓之道者，以其能复用无所有也。故虽处有名之域，而没其无名之象。""无所有"即谓"无"，"有所有"即谓"有"。夫道者唯"无"，而自有天地以来万物无不表现为"有"。既是"有"而仍名之曰道，因道能回复为"无所有"，亦即"无"也。意思是说，道虽然表现为有，但终归为"无"也。故说，道虽处于有名的畛域，但终究无形无名。何晏以有无二者，论证道为无名、无有、无形，这对于玄学的建立是有价值的。当然，何晏的论证比较含混，意义指向不清晰，不如《道论》深刻。刘勰《文心·明诗篇》说："及正始明道，诗杂仙心，何晏之徒，率多浮浅。"《文心》以"浮浅"论何晏诗，其实何晏《无名论》尽管"有""无"并论，其实他的议论也是"浮浅"的，可能是他较早的作品。

何晏《无为论》，见于《晋书》卷四三《王衍传》：

> 魏正始中，何晏、王弼等祖述老庄，立论以为天地万物，皆以无为为本。无也者，开物成务，无往不存者也。阴阳恃以化生，万物恃以成形，贤者恃以成德，不肖恃以免身。故无之为用，无爵而贵矣。

由于何晏年长，名列于王弼之前，严可均就把这段议论归之于何

晏名下。王葆玹也以为上面一段话"应出于何晏著作"。[1]其实，
《晋书》说是"何晏、王弼等祖述老庄"，将其看作是正始玄学家
的普遍性的立论，不是何晏一家之言而他人所无。而且，这段著
名的立论与何晏"圣人无喜怒哀乐"说毫无关系。它的精要有三。
一是"祖述老庄"，指出正始清谈与玄学源于老庄。二是以"无为
为本"，无乃是天地万物的本源，无处不在。三是无之为用，无用
为大用。相比《无名论》，《无为论》明确指出魏晋玄学的理论核
心是以无为本，无用为贵。以此判断，《无为论》标志着魏晋玄学
的成熟，很有可能来自王弼的哲学观。

　　研究魏晋玄学者多以为援儒入道是玄学形成的关键。然则，
这种援儒入道，或融合儒道的工作始于何人？成熟于何时？现在
一般的意见认为儒道融合完成于王弼，魏晋玄学的成熟有待于王
弼的出世。这种看法是成立的。不过，玄学家开始援儒入道，何
晏要早于王弼，可靠的证据是《世说·文学》一〇刘孝标注引
《文章叙录》：

　　　　自儒者论以老子非圣人，绝礼弃学，晏说与圣人同，著
　　论行于世也。

这条文献资料之所以重要，在于证明自何晏开始一反"老子非圣
人"的旧说，提出了老子与圣人同的新说。"著论"，当指何晏的

---

1 王葆玹说：王衍丧子，曾称"情之所钟，正在我辈"，"异于王弼'圣人有
情''应物'等说，是沿袭何晏'圣人无喜怒哀乐论'说，则王衍所述何晏、
王弼学说应出于何晏著作"。见《正始玄学》，页131—132。

《道德论》。"自儒者论以老子非圣人，绝礼弃学"二句，是历来的儒者对老子的批评。儒者所说的圣人，即是孔子。圣人不可学、不可至，乃是汉儒的通识，至魏晋仍持这种观念。老子不能比孔子，不是圣人，理由是"绝礼弃学"。儒者的指责是有依据的。比如《老子》十九章："绝圣弃智，民利百倍；绝仁弃义，民复孝慈；绝巧弃利，盗贼无有。"《老子》二十章："绝学无忧，唯之与阿，相去几何。善之与恶，相去何若。"《老子》三十八章："夫礼者，忠信之薄而乱之首。"老子以上所言，与孔子最为看重的好学及仁义礼乐相背，故儒者以为老子非圣人。可是，何晏以为老子与圣人同。他没有说老子也是圣人，只是说老子所言，与圣人之教相同。可见，何晏一方面并不颠覆历来儒者称孔子是圣人的通识，深知孔子的崇高地位不能动摇；另一方面抬高老子的地位，说老子与圣人同。不是圣人却与圣人同，则老子起码是大贤亚圣。明里尊崇孔子，暗里推崇老子，这是玄学家综合儒道，创立玄学的策略。可惜何晏《道德论》早佚，我们只知此文的主题，不知具体内容。

贬损孔子圣人的耀眼光环，提升老子的地位，这是道家常用的策略。例如《列子·仲尼篇》，把老子的地位提到与孔子相齐甚至更高了。此文虚构陈大夫聘鲁，私见叔孙氏，两人讨论何谓圣人问题。叔孙氏说："吾国有圣人。"陈大夫问："非孔丘耶？"叔孙氏答："是也。"陈大夫问："何以知其圣乎？"叔孙氏答："吾常闻之颜回曰：'孔丘能废心而用形。'"陈大夫说："吾国亦有圣人，子弗知乎？"叔孙氏问："圣人孰谓？"陈大夫答："老聃之弟子有亢仓子者，得聃之道，能以耳视而目听……"陈大夫与叔孙氏的对话，旨在说明孔子是圣人，老聃也是圣人。后文写商太宰与孔子的对话。商太宰见孔子，问："丘圣者欤？"孔子说："圣者丘何敢。然则丘博学多识者也。"孔子不敢领受圣者的名誉。商太宰又问孔子：三皇五帝是不是圣人？孔子都答丘不知。实际上这是不承认三皇五帝是圣人。商太宰大骇，问："然则孰者为圣？""孔子动容，有间，曰：'西方之人，有圣者焉，不治而不乱，不言而自信，不化而自行，荡荡乎民无能名焉。'"《仲尼篇》虚构孔子称赞"西方之人"这一段，其实是改写了孔子对尧德的赞语。

《论语·泰伯》说："子曰：'大哉！尧之为君也，巍巍乎，唯天为大，唯尧则之。荡荡乎民无能名焉。'"孔安国注："美尧能法天而行化。"包咸注："荡荡，广远之称，言其布德广远，民无能识其名。"据孔、包二人注，孔子赞美尧法天行事，德被四方，无远弗届，以致人民不能认识尧名誉的广大。"荡荡乎"一句，乃突出尧功德广被，难以名状。《列子·仲尼篇》借孔子之口所说的"西方之人"，目的是强调"西方之人"无为无名。儒家的大圣人尧，已被道家化了。

何晏说老子与圣人同，是否受到《列子·仲尼篇》的影响呢？张湛注《列子·仲尼篇》，在"西方之人"之下引何晏《无名论》。再者，《列子·仲尼篇》不说"西方之人"就是老子，就是圣人；而何晏也未曾明言老子是圣人，只是说老子与圣人同，其推崇老子的手法与《列子·仲尼篇》如出一辙。这不能不让人思考：何晏《道德论》与《列子·仲尼篇》，两者之间是否存在关联？由于今本《列子》的真伪及成书时间都成问题，[1]故很难确定两者之间的关系。但有一点似可确定，在何晏的时代，讨论老子是否圣人，以及抬高老子的地位，是一种明显的思潮。如果说，《论语集解》是孔子的道家化，那么，何晏的《道德论》则是老子的圣人化。可惜，由于《道德论》不传，后人无法确知其融合儒道的详情。

三、资深清谈家裴徽

裴徽（约209—约249），是魏代著名的清谈家，也是京都和冀州清谈活动的组织者之一。早在魏明帝太和初，裴徽就与荀粲、傅嘏清谈。《魏志·荀粲传》说："太和初到京邑，与傅嘏谈，嘏善名理，而粲尚玄远，宗致虽同，仓卒时或有格而不相得意，裴徽通彼我之怀，为二家骑驿。"[2]傅嘏善名理，名理当指傅嘏擅长的论人物才性。玄远为形上之学，大多属于道家哲学范畴。傅嘏论才性进入"性与天道"的领域，由有形入无形，精微不减抽象的哲学问题，故说"宗致虽同"，裴徽得以"为二家骑驿"。刘孝标

---

1 关于《列子》，旧本题周列御寇撰，前有刘向序，以为列御寇为春秋郑穆公时人。唐柳宗元作《辨列子》一文，以为此书不出于列御寇。自此，《列子》真伪问题成为学术公案。《四库总目提要》以为先秦确有列子其人，《列子》非列御寇自撰，是其弟子所记。当代学者严北溟以为此书是不知名的一魏晋人以《列子》佚文为纲，抄撮古书而成，成书时间不会早于《竹书纪年》出土的太康二年（281），不晚于永嘉南渡前后（315）。见严北溟《列子译注》前言，上海古籍出版社，1986年，页1—5。

2 骑驿：本指驿站的车马。这里借指沟通甲乙双方信息的中间人。

注引《弼别传》："弼父为尚书郎，裴徽为吏部郎，徽见异之，故问。"以王弼的年龄推测，大概在正始五六年，甚至更早。[1]

正始中后期，裴徽外任冀州刺史。《魏志·管辂传》载：安平赵孔曜荐管辂于冀州刺史裴徽。"徽于是辟为文学从事，引与相见，大善友之"。裴注引《辂别传》，保存不少有关裴徽学问与清谈的史实。例如赵孔曜对管辂说："冀州裴使君才理清明，能释玄虚，每论《易》及老、庄之道，未尝不注精于严、瞿之徒也。"由此可知，裴徽有言理的才能，说理高明精微，臻于玄虚之境。又指出裴徽论《易》及《老》《庄》。这三种书后世称为"三玄"，是魏晋清谈的理论基础及最主要内容。裴徽是魏代谈"三玄"的最早几个人物之一。赵孔曜在裴徽面前称扬管辂为"士雄""士英""逸才"，裴徽一听冀州民间有如此出众人物，极为重视，慷慨而言："何乃尔邪！虽在大州，未见异才可用释人郁闷者，思还京师，得共论道耳，况草间自有清妙之才乎？如此便相为取之，莫使麒骥更为凡马，荆山反成凡石。"立即召管辂为州文学从事。"一相见，清论终日，不觉罢倦。天时大热，移床在庭前树下，乃至鸡向晨，然后出"。冀州清谈人物不少，如管辂那样的异才则难见，如今草间居然有此等清妙之才，裴徽非常兴奋，初见就终日清谈，不觉疲倦，大热天移席树荫下，直谈至第二天凌晨鸡鸣方罢。"再相见，便转为巨鹿从事。三见，转治中。四见，转为别驾"。管辂凭他的清谈才能，与裴徽谈了四次，居然升了四级官。

---

[1] 王弼生于魏文帝黄初七年（226），卒于齐王曹芳正始十年（249）。王弼未弱冠，或许在十五岁左右。

这是魏晋时期以清谈才能进入仕途的最典型例子。当然，裴徽本人是州刺史，又是清谈家，并且欣赏管辂是异才。魏晋清谈为什么盛行一时，空前绝后？原因之一乃是清谈谈得好，被执政者欣赏，也能做官。

太和年间及正始初期，冀州有不少谈客，这与州刺史裴徽喜好并清论"三玄"有很大的关系。毫无疑问，他是冀州清谈的组织者。《晋书》卷三七《裴秀传》说："叔父徽有盛名，宾客甚众。"裴徽善谈理，是当时清谈的中心人物，先是在京城，后在冀州，府中聚集了不少的谈客。

四、曹爽、曹羲及邓飏等谈士

曹爽是正始时期曹魏政权的实际执政者，自景初三年（239）正月魏明帝崩后辅政，至正始十年正月被司马懿父子诛灭，前后执政十年。这是一个平庸人物，曹魏政权由盛转衰，曹爽要负很大的责任。不过，魏晋玄学的最终确立，正始清谈空前绝后，曹爽是作出了重要贡献的。可惜的是，由于曹爽的政治头脑比司马氏父子差得远，生死关头犹豫不决，以致曹氏宗室惨遭杀戮，天下名士也因之减半。众声喧哗的正始之音，从此人亡响绝。真所谓"成也曹爽，败也曹爽"。

如上文所述，魏明帝禁浮华，何晏、邓飏等名士遭罢退，京师的清谈几乎绝迹。明帝崩，齐王曹芳即位，加曹爽侍中，改封武安侯，权高位尊。爽弟曹羲为中领军，其余诸弟也都位居要津，贵宠莫盛。明帝时皆以浮华抑黜的何晏、邓飏、李胜、丁谧、毕轨等，重新得到重用。这些名士人人都是学问家，个个善谈论。曹爽执政，起用清谈之士，是魏晋玄学与正始清谈兴盛的重要原因。魏明帝抑黜"浮华"之士，曹爽反其道而重用之，证明文化和学术的发展，同高层统治者的喜好有莫大关系。

在曹爽的亲自组织和主持下，正始玄谈轰轰烈烈地开场了。《北堂书钞》卷九八引《何晏别传》说："曹爽常大集名德，长幼莫不预会。晏清谈雅论，纷纷不竭。曹羲叹曰：'妙哉！何平叔之论道尽其理矣。'"这段记载，值得注意的有几点。一是曹爽"常大集名儒"。可见曹爽是清谈的组织者，以他尊宠莫比的地位，大集名儒自然是一件易事。"常大集"，说明常常清谈。二是"长幼莫不预会"，参加的人数很多，有长有幼。长者如刘劭、傅嘏、王肃等辈；幼者大概如王弼、钟会之流。三是何晏为清谈的主角，其谈论的特点是"纷纷不竭"——言辞滔滔，辩才极佳。曹羲称赞何晏"论道尽其理"，是说论道尽其妙理。正始初年，王弼十岁多一点，即使预会，也不太会夺长者之席。故何晏清论，得以独步当时。

曹羲是曹爽之弟，为中领军。羲有文才，喜清谈，也有相当的理论造诣，否则不可能有"何平叔之论道尽其理"的赞美性评价。据说曹羲作领军将军时，"慕周公之下士，宾客盈座"（《北堂书钞》卷六四引《傅子》）。正始初，京师清谈正盛，曹羲宾客盈门，十之八九是谈客。可见，曹羲也是正始清谈的组织者。

曹爽经常大集名儒清谈，是对魏文帝曹丕开创的集诸儒讲论文义传统的继承。刘勰《文心·论说篇》说："迄至正始，务欲守文。"曹爽、曹羲兄弟"大集名儒"清谈，便是守文的一种体现。

曹爽为曹氏政权的首辅，是清谈的主要组织者。何晏、邓飏等名士大多忠诚于曹氏政权，又是学问家，善清谈。曹爽重用这些名士，主要出于政治上的原因；同时，也一定感受到学术的新变化和新气象。可他本人不是学问家，也不是著名的清谈人物。他喜欢文义，与名士关系密切，却说不上对学术有多大的热忱。

天才王弼曾被曹爽轻视，就是很好的例证。王弼于正始中补台郎，觐见曹爽，请间——请求闲暇之时有所陈事。曹爽以为王弼有什么要事须陈述，为之屏左右。可王弼似乎忘记了请间，只管与爽论道，移时不及其他。曹爽以此嗤之。（见《三国志·魏志·钟会传》裴注引何劭作《弼别传》）为何嗤之？原因是王弼只晓得论道，而"无所他及"。曹爽毕竟是首辅，终究是政治家，总要注重政治及实际才能吧。可王弼实在太喜欢论道了，完全是书呆子气，结果把有所陈事忘了个一干二净。如果把曹爽对比裴徽，后者听闻民间有异才管辂，立即召见，清论终日，通宵达旦。与辂谈了四次，管辂随之也升迁四次。反观曹爽，王弼跑到他府上清谈不止，他却嗤笑这个年轻人不懂事。诚然，正始清谈的流行，曹爽是作出了贡献的，但他终究不是清谈家，学术上也并无建树。

邓飏年轻时就得名于京师。明帝时，散骑常侍夏侯玄，尚书诸葛诞、邓飏等，共相题表，修浮华，合虚誉，被明帝废黜（见上文）。曹爽专权，邓飏与何晏为之辅翼，是曹爽政治集团中的重要人物，也是何晏主持的清谈活动中重要人物。正始九年，管辂举为秀才，前往洛阳。临行，冀州刺史裴徽告诫辂：何晏、邓飏二尚书，有经国才略，于物理无不精也。管辂到了京师，何晏请辂谈《易》，论《易》之九事，邓飏也在坐。管辂为何晏作卦后，邓飏说:"此老生之常谭。"管辂论九事皆明,何晏称赞管辂论阴阳,此世无双。邓飏却说:"此君善《易》,而语初不论《易》中辞义,何邪?"邓飏能提出管辂不论《易》中辞义的疑问,说明他熟悉《易》学。管辂曾说,与五君谈使人"精神清发",其余不足数,而邓飏在五君之列。管辂才能卓杰,自负甚高,邓飏能入其法眼,说明邓飏确实是清谈高手。

正始时清谈最盛,谈士必多。可惜史料散佚,后世知之者极少。卫瓘是亲历正始玄谈者之一。大概在晋武帝咸宁初,卫瓘见乐广与名士清谈,大为欣赏之,说:"自昔诸人没已来,常恐微言将绝,今乃复闻斯言于君矣。"(《世说·赏誉》二三)诸人,主要指王、何。卫瓘如此向往王、何的微言,并非仅是耳闻,而是他本人昔年与何晏等人清谈过。刘孝标注引王隐《晋书》说:"卫瓘有名理,及与何晏、邓飏等数共谈讲,见广,奇之曰:'每见此人则莹然,犹廓云雾而睹青天。'"所谓"卫瓘有名理",当指他善论才性。《晋书》卷三六《卫瓘传》说:"……时权臣专政,瓘优游其间,无所亲疏,甚为傅嘏所重,谓之宁武子。"权臣专政指曹爽专权。卫瓘优游两党之间,时在正始中。傅嘏是论才性的顶级专家,卫瓘为嘏所重,大概是卫瓘亦善才性论的缘故。

其余清谈者,勉强可考的是袁涣的几个儿子。袁涣出身于陈郡阳夏袁氏,是东汉著名望族。袁涣父滂,伯父安,皆为汉司徒。袁涣本人为魏御史大夫。涣有四子:侃、寓、奥、准。《魏志·袁涣传》裴松之注引《袁氏世纪》说:侃"论议清当";寓"精辩有机理,好道家之言";奥"言约而理当";准"著书十余万言,论治世之务,为《易》《周官》《诗传》及论五经滞义、圣人之微言,以传于世"。所谓"精辩""言约而理当",都是指善于论辩。《魏志·袁涣传》说,涣从弟霸子亮,与涣子侃"齐声友善","亮贞固有学行,疾何晏、邓飏等,著论以讥切之"。这是袁侃活动时代在正始年间的证据,其"论议清当",可能也在此时。

王祥是中国历史上著名的孝子,几乎无人知道他也是正始年间的清谈人物。《世说·德行》一九:"王戎云:'太保居在正始中,不在能言之流,及与之言,理中清远,将无以德掩其言。'"王戎意思说,王祥在正始时,不在善谈之流,但与之谈,言理得中,恐怕不能因其道德高尚而掩其能言的德性。"能言之流",指王弼、何晏等善玄谈的人物。"理中",是当时评论清谈的一个好词,指理旨不偏而得当。"清远",是魏晋品藻习语,所指比较宽泛,可以指人之秉性,也可以指理旨,或指言辞的风格。理中清远,指言理得当,见识清彻而玄远。

王祥不在正始能言之流,却谈理得当清远,说明正始时除何晏、王弼、裴徽等著名的玄学家、清言家之外,能谈理者很多。这些一流的清谈家与能言却不入流的清谈者,共同创造了正始清谈的鼎盛场面。正始清谈无论规模还是理论水平,后世都难以企及。

五、魏晋玄学的奠基者王弼

时代需要天才,学术新风的开创往往有赖天才的出现。思辨的深刻,义理的卓杰,与天赋极有关系,绝非人工所能达到。古今中外的人类文化史表明,不论自然科学还是人文学科的创新,都有待天才智慧。王弼是中国哲学史上罕见的天才，是精妙玄理及玄谈的"宁馨儿"，古今皆叹为观止。魏晋玄学的形成与确立，历来认为何晏、王弼两人贡献最巨，而王弼是最后的完成者。不可思议的是，他的短短二十四年的生命，似乎只是为了高深的哲学而存在。当魏晋玄学理论体系完成，他的生命之花竟然早早地凋谢了。

理论的表述有两种：口述与著述。前者的形式为辩论或雅谈，后者的形式为论著。魏晋玄学也是如此，形式是辩论（清言，清论、雅论）和著述。两种形式虽有不同，本质上是同一的，都是理论的思辨，讲究逻辑的严密和理论的精微。由于禀赋有异，有人擅长口辩，有人擅长著述。当然，如果既善口辩，又善著述，就更完美，传播空间更广，会得到时人更多的赞赏和仰慕。天才王弼，口辩与著述兼善，历来公认他是正始谈席上首屈一指的辩才，又是造诣最高的玄学理论家。故评价王弼的玄学理论及其玄谈的高妙，是魏晋清谈研究中两个重要问题，不可偏废。

时人初识王弼这位天才少年，是在何晏主持的某一次谈席上。《世说·文学》六记载：

> 何晏为吏部尚书，有位望，时谈客盈坐，王弼未弱冠，往见之。晏闻弼名，因条向者胜理，语弼曰："此理仆以为极，可得复难不？"弼便作难，一坐人便以为屈。于是弼自为客主数番，皆一坐所不及。

这次重要的清谈大概发生在正始初年。王弼当时过了十五岁，不到二十。在何晏看来的"胜理"，王弼一作难，一座谈客皆折服；又自为客主，即自问自答，一座人皆不及。不愧是天才，十余岁的王弼，在京师的谈席上已无敌手。

遗憾有关王弼清谈的史料留存绝少。何劭所作《弼别传》，是后人了解王弼的最重要的资料。此外，《世说》及刘孝标注中也保存了几个王弼清谈的故事，殊可宝贵。例如《世说·文学》六注引《弼别传》说：

> （弼）少而察惠，十余岁便好《庄》《老》，通辩能言，为傅嘏所知。吏部尚书何晏甚奇之，题之曰："后生可畏，若斯人者，可与言天人之际矣。"

读此可知王弼学问与《庄》《老》有关，此其一；王弼博通而能辩，此其二；傅嘏、何晏、裴徽（见上文）等老一辈学者都知赏王弼，而何晏称可与之言天人之际，此其三。正始初年，尚未及冠的王弼，以其精湛的学术，通博能言的辩才，已经名满京师了。

何劭《弼别传》又说："淮南人刘陶，善论从（纵）横，为当时所推，每与弼语，常屈弼。弼天才卓出，当其所得，莫能夺也……其论道附会文辞，不如何晏，自然有所拔得，多晏也。"战国纵横术在三国时有一定程度的复活，刘陶善论纵横，而屈于王弼。可见，王弼的纵横术造诣极高。

何劭《弼别传》指出王弼、何晏两人论道，各有特点。这非常有价值。王弼论道附会文辞不如何晏。所谓"附会文辞"，指清谈言辞繁多而华美。上文引《何晏别传》说，晏清谈雅论，"纷纷不竭"。不竭，谓言辞繁多不绝也。王弼"自然有所拔得"，胜于何晏。"自然"，指出于天赋的独有会心，这就不是读书广博能做到的。拔得，指义理超拔。概括而言，何晏长于文辞，王弼精于义理。不论清谈或著述，王弼都是自然拔得，胜义纷呈。天才，终究禀赋卓绝，不可学，也不可至。

王弼的出现，是中国学术从汉代的经学嬗变为魏晋玄学的必然，完全符合学术史的内在逻辑。当然，天才的出现属于"性与天道"，不可预期，不可言说，更不可把握，甚至连上帝也不明白天才为什么出现，出现在何时何地。唯有天才能理解、言说"性与天道"，能审视历史上的学术成果，取舍并融会贯通，创立新的理论体系。详细评论王弼的理论创造，不是拙著的任务。研究魏晋玄学的前辈学者汤用彤先生，早有出色的著作，例如《言意之辨》《魏晋玄学流别略论》《王弼大衍义略释》《王弼圣人有情义释》《王弼之〈周易〉〈论语〉新义》等文，[1] 对于王弼的学术渊源及如何融合儒道等魏晋玄学中的重要问题，作出了十分深刻和精彩的分析，至今未见有人超乎其上。

以下参考汤先生著作，简述王弼学术的两个主要问题。

（一）王弼的学术渊源。汤先生指出王弼的《易》学黜爻象，专附会义理，本汉代的费氏学。这是古已有之的共识。《汉书》卷三〇《艺文志》记载汉初以降的《易》学传授史说：汉兴，田何传《易》，于宣帝、元帝时有施、孟、梁丘、京氏，列于学官，而民间有费、高二家之说，唯费氏经与古文同。《汉书》卷八八《儒

---

[1] 以上见汤用彤《魏晋玄学论稿》，载《汤用彤学术论文集》。

林传》说：费直字长翁，治《易》为郎。至单父令"长于卦筮，亡章句，徒以彖象、系辞十篇、文言解说上下经"。《易》本来就是根据卦象讲阴阳灾异，卜筮吉凶。费氏《易》以象、彖、系辞、文言解释《易》，黜爻象，偏重义理，是汉代《易》学义理一派的先驱。《隋书》卷三二《经籍志》叙费氏《易》的流传说："……汉初，又有东莱费直传《易》，其本皆古字，号曰《古文易》，以授琅邪王璜，璜授沛人高相，相以授子康及兰陵毋将永。故有费氏之学，行于人间，而未得立。后汉陈元、郑众皆传费氏之学，马融又为其传，以授郑玄。玄作《易注》，荀爽又作《易传》。魏代王肃、王弼并为之注。自是费氏大兴。"[1] 费氏《易》属于古文经学，施、孟、梁丘、京氏《易》则是今文经学。《四库全书总目提要》说："（王）弼之说《易》，源出费直。直《易》今不可见，然荀爽《易》即费氏学，李鼎祚书尚颇载其遗说，大抵究爻位之上下，辨卦德之刚柔，已与弼注略近。但弼全废象数，又变本加厉耳。平心而论，阐明义理，使《易》不杂于术数者，弼与康伯深为有功；祖尚虚无，使《易》竟入于老庄者，弼与康伯亦不能无过。瑕瑜不掩，是其定评。"[2]《提要》指出王弼《易》学源于费氏学，理由充分。评价王弼注《易》全废象数，阐明义理，但祖尚虚无，入于老庄。裁量功过，也很妥当。

汤用彤先生又说，王弼之学与汉末的荆州学派有密切关系，与宋衷（一作忠）、王肃一脉相承。（详见汤用彤《王弼之周易论

1《隋书》卷三二，中华书局，1973年，页912。
2《四库全书总目·周易注》，中华书局影印本，页3上。

语新义》）

有人不同意汤先生的见解。朱伯崑《易学哲学史》论王弼《易》学，以为"将王肃与王弼《易》学的来源，归之于宋衷特别是其《太玄注》，则是一种推测"；又说，王肃的《周易注》，是依其父王朗的旧稿而写，与宋衷《太玄注》很难说有什么联系。王肃是经学大师，王弼是玄学家，后者以玄学观点解《易》，同汉代道家解《易》的传统有一定联系。[1]

王弼与王肃究竟有没有关系？与荆州学派是否一脉相承？这些问题稍后再论。下文先略述汉末荆州学派的学风。汉末，中原兵祸、饥馑连年，位于江汉平原的荆州，在镇南将军、荆州牧刘表的治理下，相对安定。刘表有文化情怀，荆州成为乱世中的学术重镇。关西、兖、豫各地的学者盖有千数，自远而至荆州，刘表给他们以生活上的资助，"遂起立学校，博求儒术，綦毋闿、宋忠（衷）等撰立五经章句，谓之后定"（《后汉书》卷七四下《刘表传》，页2421）。所谓"后定"，是对儒家五经章句的新解释，确定一个新定本。

然则，五经章句的"后定"本，究竟有何新特点呢？《蜀志·李譔传》说：李譔之父李仁，与同县尹默俱游荆州，从司马徽、宋衷等学，"譔具传其业，又从默讲论义理，五经、诸子无不该览……著古文《易》、《尚书》、《毛诗》、三《礼》、《左氏传》、《太玄指归》，皆依准贾、马，异于郑玄，与王氏殊隔，初不见其所述，而意归多同。"（《三国志》，页1026、1027）据此可知，王

1 详见朱伯崑《易学哲学史》，华夏出版社，1995年，页246—249。

肃学术异于郑玄，与荆州学派同。《魏志·王肃传》说："年十八，从宋忠（衷）读《太玄》，而更为之解。"（《三国志》，页414）"初，肃善贾、马之学而不好郑氏……及撰定父朗所作《易传》，皆列于学官。"（《三国志》，页419）据上可知，蜀人李譔是宋衷的再传弟子，王肃则是宋衷的入门弟子。曹操平定荆州之后，宋衷徙往邺都，教授五经。建安二十四年（219），魏讽谋反被诛，宋衷也死于魏讽案。王朗先在会稽，后北归投曹操，必与宋衷有交集，切磋学问也在情理之中。王肃从宋衷读《太玄》，大概也是从其父王朗之命。朗、肃父子既同宋衷关系密切，肃未及冠就从宋衷读《太玄》，则肃撰定父朗《易传》时，不可能不受宋衷的学术观点的影响。为何李譔在蜀，与王肃殊隔，当初也看不到王肃所述，"而意归多同"？原因即是两人学术同属荆州学派。朱伯崑以为王肃《周易注》，是撰定父朗《易传》的旧稿，与宋衷《太玄注》很难说有什么联系，这种看法值得商榷。

中国古代学术，鲜不受家世的影响。王弼先人与荆州学派有关联，当不容置疑。[1]宋衷之学传至蜀、魏、吴三国，[2]而王朗、王

---

1 郝经《续后汉书》卷四下：刘表早年"受学于同郡王畅"。《博物记》曰："初，王粲与族兄凯俱避地荆州，刘表欲以女妻粲，而嫌其形陋，而用率以凯有风貌，乃以妻凯。凯生业，业即刘表外孙也。蔡邕有书近万卷，末年载数车与粲，粲亡后，相国掾魏讽谋反，粲子与焉。既被诛，邕所与书悉入业。业字长绪，位至谒者仆射。子宏，字正宗司隶校尉。宏，弼之兄也。"《魏氏春秋》曰："文帝既诛粲二子，以业嗣粲。"

2《吴志·虞翻传》裴注引《翻别传》记翻注《易》，批评宋衷："又以宋氏解玄，颇有谬错，更为立法，并著《明杨》《释宋》以理其滞。"王朗曾作会稽太守，虞翻为功曹，必了解翻之《易》注。

肃父子皆是当世大儒，与宋衷渊源很深，王弼读过王肃的著作是可以肯定的。无论是王弼家世，所处学术环境，弼受荆州学派影响，用不着怀疑。

论魏晋玄学的发生，鄙人最欣赏汤用彤先生的这句话："王氏之创新，亦不过继东汉以来自由精神之渐展耳。"所谓"自由精神"体现在两方面，一是个性的自由，意识到人的情感发生的合理性，不能全为礼教所拘。二是精神自由与学术自由。以上二者是一致的。无身心的自由，必然无精神自由，无思想自由，也就无学术自由。其中，精神与思想的自由是学术自由的前提和基础。学者思想解放了，精神自由了，突破学术旧传统、旧方法的长久束缚，渐渐废弃繁琐的章句之学，删繁就简，追求胜理的揭示，由形下之学发展为形上之学。"渐展"是精神自由的开放过程，也是旧学变化为新学的发展形态，诚如汤先生所说，"非若风雨之骤至，乃渐靡使之然"。若从东汉马融算起，至魏末正始，这种"渐展"的过程，至少有百年的历史。

以东汉学术的渐进而言，汉末以宋衷为代表的荆州学派，具有标志性的意义。那是对今文经学繁琐章句的一次比较彻底的清除，同时是对新经学文本的重新确定。《刘镇南碑》说："深愍末学远本离实，乃令诸儒改定五经章句，删划浮辞，芟除烦重。"[1]"删划浮辞，芟除烦重"八字，是经学转变为玄学的必然途径。文字上的删繁就简，即是义理上的以寡驭众。去除章句之学，

1《东汉文纪》卷二二。按，学者或怀疑此碑中年代，以为此文乃后人伪作。然"改定五经章句"云云，当是事实。

直探胜义，成为马融之后的经学注解的新学风，而尤以《易》学的变化最为明显。东吴虞翻作《易》注，上奏说，"前人通讲，多玩章句，虽有秘说，于经疏阔"，自称"蒙先师之说，依经立注"（《三国志·吴志·虞翻传》裴注引《翻别传》，页1322）。可知虞翻《易》注，继承费氏学的传统，以经解《易》，不以今文《易》学的"多玩章句"为然。汉晋《易》学上承费氏，经马融、荀爽、宋衷、虞翻、王朗、王肃，至王弼，全黜爻象，专附会义理，弃形下之器物，立形上之本无，魏晋玄学的理论基础得以最终奠定。这是精神自由状态下经学"渐展"的必然结果。

（二）王弼的玄学理论贡献。汉魏之际，不少学者通《易》《老》。汉学转变为魏晋玄学的过程中，《老》学所起的作用并不让于《易》学。上文所述夏侯玄、何晏、裴徽等前辈玄学家，无不精于《老》学，皆主贵无哲学，立论以无为本，有生于无。但从未如王弼一样，把有无关系解释得那样透彻，创造出有无、母子、始终、本末、体用、动静、多寡等一系列的哲学范畴，深入理窟，新见迭出，精密圆通，独步当时。古今公认何晏、王弼是魏晋玄学与清言的杰出代表。何晏年长于王弼，位望亦远高于后者。但哲学史上少见何、王，多称王、何，正是王弼理论成就高于何晏的真实反映。

《世说·文学》记录何晏与王弼同注《老子》的故事，就生动地反映了王弼的理论造诣高出何晏。《文学》七说："何平叔注《老子》始成，诣王辅嗣，见王注精奇，乃神伏曰：'若斯人，可与论天人之际矣。'因以所注为《道德二论》。"《文学》一〇说："何晏注《老子》未毕，见王弼自说注《老子》旨。何意多所短，不复得作声，但应诺诺，遂不复注，因作《道德论》。"可知当时何晏、王弼都在注《老子》，而何注不如王注，于是不复再注。何晏往访王弼，两人必然谈论各自注《老子》的观点。弼自说注《老子》的旨意，何觉得己意不如弼，不再作声，唯诺诺而应。读此，我们可以想见当时两人谈论《老子》意旨的情形，以及何晏折服于王弼《老子注》的精妙。"天人之际"，谓天道与人性之间的关系，义同"性与天道"。何晏叹服如王弼这样的人，才可与之谈论性与天道。

王弼的玄学理论，主要体现为三种著作：《老子道德经注》二卷（包括《老子微旨例略》[1]）、《周易注》（包括《易略例》一卷）、《论语释疑》。详论王弼玄学著作的内容及理论成就，非拙著的任务。以下只能略述三部著作的最主要的内容。

王弼《老子道德经注》，[2]用大量篇幅论述道体、道性、道用。《老子道德经》（后文简称《经》）上篇一章阐述道体，在全书中具有纲领性的意义。

《经》说："无名，天地之始；有名，万物之母。"王弼注：

> 凡有皆始于无，故未形无名之时，则为万物之始。及其
> 有形有名之时，则长之、育之、亭之、毒之，为其母也。言

---

1 《老子微旨例略》一文存于《道藏》，不署作者名。台湾严灵峰《陶鸿庆老子王弼注勘误补正》以为是王弼作。详见牟宗三《才性与玄理》，广西师范大学出版社，2006年，页114、117。
2 王弼《老子道德经》采用明华亭张氏原本，上海古籍出版社影印《四部精要》本第12册，1992年，页169—176。

道以无形无名，始成万物。以始以成，而不知其所以，玄之
又玄也。

王注先概言"有皆始于无"，然后指出道既是无名无形，又是有
形有名。无名无形，为万物之始；有形有名，是万物之母。即无
为始，有为母。始、母是两个不同的概念。始，时在先；母，时
在后。一般多以为道为无，无形无名。王弼则以为道无形无名，
又是有形有名。简言之，道是无，又是有。当代哲学家牟宗三疏
解王弼《老子注》，颇能得王弼会心，可以参考。例如疏解王弼
注"言道以无形无名，始成万物"几句，牟宗三说："无形无名
与有形有名俱指道说。无形无名是道之'无'性，有形有名是道
之'有'性……道亦是'无'，亦是'有'，因而亦为始，亦为
母。无与有，始与母，俱就道而言也。此是道之双重性。"[1]其解精
当透彻。

又《经》说："此两者，同出而异名，同谓之玄。玄之又玄，
众妙之门。"王弼注：

两者，始与母也。同出者，同出于玄也。异名，所施不
可同也。在首则谓之始，在终则谓之母。玄者，冥也，默然
无有也。始，母之所出也。不可得而名，故不可言同名曰玄。
而言谓之玄者，取于不可得而谓之然也。谓之然，则不可以

1 详见牟宗三《才性与玄理》第五章"王弼之老学——王弼《老子注》疏
解"，页112。

定乎一玄而已，则是名则失之远矣。故曰玄之又玄也。众妙皆从同而出，故曰众妙之门也。

两者，指始与母，即无与有。"在首则谓之始，在终则谓之母"，始、母，不过是异名。始为无形无名，母为有形有名，始、母同出于玄。"异名，所施不可同"，指两者的作用不同。不同而浑一，谓之玄。玄不可名，亦不可言。乃强为之名玄、名道。《经》说："道可道，非常道；名可名，非常名。"可道之道，可名之名，必会落入言诠，也为形所限，那就不是恒常不变的至道了。玄也是一样，不可定于玄这个唯一的名称。如果定于一玄，则玄此名称与玄的本来意义就远了。《老子微旨例略》说："……是以《篇》云：字之曰道，谓之曰玄，而不可名也。然则言之者，失其常；名之者，离其真；为之者，败其性；执之者，失其原矣。是以圣人不以言为主，则不违其常；不以名为常，则不离其真；不以为为事，则不败其性；不以执为制，则不失其原……"（转引自牟宗三《才性与玄理》，页118）。无、有皆非定名，可名可不名，强为之名曰玄，字之曰道。若以名为定名，则离其真。故道不名、不言、不常、不为、不执、不无、不有。

《老子道德经》四章说："道冲而用之或不盈，渊兮似万物之宗。挫其锐，解其纷，和其光，同其尘。湛兮似或存。吾不知谁之子，象帝之先。"王弼注：

冲而用之，用乃不能穷。满以造实，实来则溢。故冲而用之，又复不盈，其为无穷亦已极矣。形虽大，不能累其体；

事虽殷，不能充其量。万物舍此而求主，主其安在乎？不亦渊兮似万物之宗乎？锐挫而无损，纷解而不劳，和光而不污其体，同尘而不渝其真，不亦湛兮似或存乎？地守其形，德不能过其载；天慊其象，德不能过其覆。天地莫能及之，不亦似帝之先乎？帝，天帝也。

冲，空虚，与盈相对。道冲，谓道的性质是空虚无物。道冲却用之不能尽，说明道空虚似无用，其实有大用。"满以造实"二句，是说满、实的事物，再添加则必溢。唯有道虚不盈，才能用之无穷。道体无穷大，虽有形大之物，亦不能累其体。虽有殷多之事，亦不能充其量。意思是道能包容一切物。盖万物皆由道生，道是万物的宗主。"锐挫而无损"四句，解释道无损、不劳、不污、不渝，即道是永恒不变的，外在的一切都不能损害之。道不可见，故曰"湛"。道又似可见，故曰"似或存"。《经》一四章云："是谓无状之状，无物之象，是谓惚恍。"《经》二一章云："道之为物，惟恍惟惚。惚兮恍兮，其中有象；恍兮惚兮，其中有物。"皆可用作"不亦湛兮似或存乎"的注脚。

《经》五章说："天地不仁，以万物为刍狗。"王弼注：

> 天地任自然，无为无造，万物自相治理，故不仁也。仁者必造立施化，有恩有为。造立施化，则物失其真；有恩有为，则物不具存……地不为兽生刍，而兽食刍；不为人生狗，而人食狗。无为于万物，而万物各适其所用，则莫不赡矣。若慧由己树，未足任也。

道即自然，自然即道。自然无为，万物由自然出，并非是自然的有意造作。自然于万物无私无恩无爱，故曰"不仁"。《经》十章云："生之畜之，生而不有，为而不恃，长而不宰，是谓玄德。"万物自然而生，自然生长，各得其所，不是道施予恩惠的结果。这就是"玄德"。

《经》六章说："谷神不死，是谓玄牝。玄牝之门，是谓天地根。绵绵若存，用之不勤。"王弼注：

> 谷神，谷中央无谷也。无形无影，无逆无违，处卑不动，守静不衰，谷以之成，而不见其形，此至物也。处卑而不可得名，故谓天地之根，绵绵若存，用之不勤。门，玄牝之所由也。本其所由，与极同体，故谓之天地之根也。

谷神与道同义，"无形无影"以下描述谷神的特征，其中"守静"与"处卑"，源于老子思想，变为王弼的新创造。"门"，是有，"玄牝"是无，是道，是"万物之母"，是"天地之根"。相比何晏《道论》"有之为有，待无以生。事而为事，由无以成"的平淡论述，王弼的注释要生动、深刻得多。

又《经》十一章："三十辐共一毂，当其无，有车之用。"王弼注：

> 毂，所以能统三十辐者，无也。以其无能受物之故，故能以实统众也。

王弼以车毂为喻，说明道性虚空，无能统众，同四章"道冲，而用之不盈"同义。无能受物之故，在于无乃是虚空。有，赖无以为用。形象地解释了"贵无"哲学。

王弼以上注释深微精妙，难怪当他自说《老子》要旨时，何晏马上感觉"意多所短，不复得作声，但应诺诺"。

相比《老子道德经注》，王弼《周易注》尤其精彩绝伦。王弼注《易》的新义集中见于他所作的《周易略例》。《文心·论说篇》赞"辅嗣之两例"[1]"并师心独见，锋颖精密，盖人伦之英也"。《周易略例》的意思是《周易》主旨大略的例言，相当于序跋。《略例》上篇"明象"前面一节，就提出了一、主、众、寡、动、静等许多哲学概念："夫彖者，何也？统论一卦之体，明其所由之主者也。夫众不能治众，治众者至寡者也；夫动不能制动，制天下之动者，贞夫一者也。故众之所以得咸存者，主必致一也。动之所以得咸运者，原必无二也。物无妄然，必由其理。统之有宗，会之有元，故繁而不乱，众而不惑。故六爻相错，可举一以明也。刚柔相乘，可立主以定也。是故杂物撰德，辩是与非，则非其中爻，莫之备矣。故自统而寻之，物虽众，则知可以执一御也。由本以观之，义虽博，则知可以一名举也。"[2]万有万众，由一统之，由一治之。一为主，为宗，为元。动不能制动，制动者由静。万物不妄然而生，妄然而动，必有其理（"理"犹今语"规律""法

1 两例指《周易略例》及《老子指略例》。今本《周易注》后附《周易略例》上下篇。
2 楼宇烈《王弼集校释》下册，中华书局，1980年，页591。

则"），各安其分。故宇宙由一统之、御之，繁而不乱，秩序井然。一、主、宗、元，义同无、道。总之，天地万物以无为心，以无为本。

《略例》上篇"明象"，论述得意忘言，对于魏晋玄学的创立，作出了最重要的贡献。关于言意之辨，最早见于《周易·系辞》："子曰：书不尽言，言不尽意。然则圣人之意，其不可见乎？子曰：圣人立象以尽意，设卦以尽情伪，系辞焉以尽其言，变而通之以尽利。"此节有三层意思：一、孔子自发其问，谓圣人之意难见，原因是"书不尽言，言不尽意"，书与言不能完全表达意义。二、孔子质疑：难道圣人之意不可见吗？三、孔子自释，圣人之意是可见的。虽言不尽意，但圣人可以立象尽之；不仅立象以尽圣人之意，又设卦以尽百姓之情伪；虽书不尽言，系辞可以尽其言。（参见《周易注疏》孔颖达疏）孔子认为，固然书不尽言，言不尽意，然通过立象、设卦、系辞，圣人之意终究是可见的。后世一般都认同"言不尽意"说，因为显见的事实是：阐述精微之理或理解复杂的人性，言语的表达往往显得拙劣，甚至无能为力。

到了魏初，荀粲与诸兄曾有过关于"性与天道"可闻与否的讨论。[1]后者以为是可闻的，依据是《周易》里孔子说过立象、设卦可以尽意尽言。前者则以"书不尽意，言不尽意"为依据，称性与天道不可得而闻。荀氏兄弟之间的争论表明，言不尽意与言尽意两者之间的冲突，一时难以调和。王弼"得意忘言"说，

---

1 参见前文"魏初清谈述论"一章第四节"言意之辨——以荀粲为中心"。

则巧妙地解决了言、象、意三者的关系问题。《周易略例·明象》说：

> 夫象者出意者也，言者明象者也。尽意莫若象，尽象莫若言。言生于象，故可寻言以观象；象生于意，故可寻象以观意。意以象尽，象以言著。故言者所以明象，得象而忘言；象者所以存意，得意而忘象。犹蹄者所以在兔，得兔而忘蹄；筌者所以在鱼，得鱼而忘筌也。然则言者象之蹄也，象者意之筌也。是故存言者，非得象者也；存象者，非得意者也。象生于意而存象焉，则所存者乃非其象也。言生于象而存言焉，则所存者乃非其言也。然则忘象者乃得意者也，忘言者乃得象者也。得意在忘象，得象在忘言。故立象以尽意，而象可忘也；重画以尽情，而画可忘也。[1]

言、象、意三者，好像三级阶梯，由低到高。言者明象，象者出意；言以观象，象以观意。离开了言，无法观象；离开了象，意无由出。言、象对于意而言，是必需的。然言、象的存在，目的在存意。既已得象，则可忘言；既已得意，则可忘象。得意忘言的思想原则，扫除汉《易》的象数的芜杂，化繁就简，唯义理是求。朱彝尊《经义考》卷十引沈珩说："辅嗣明卦、明爻诸篇，举义明彻，不特扫象占之溺，亦出汉经师训诂之上。"不唯《易》学，魏晋整体学风，以王弼的出现为标志，真正告别了汉代学术

---

1 楼宇烈《王弼集校释》下册，页609.

的繁琐，呈现全新的风貌。[1]

王弼儒道并重，他的《周易注》《老子注》两部重要著作，代表了魏晋玄学的最高理论水准。魏晋玄学的创立有赖《老子》的新解，也源于《周易注》的创获。

中国哲学史上的新篇章——魏晋玄学，真正翻开了。

---

1 关于王弼的得意忘言之说对魏晋学风的影响，可参看汤用彤《言意之辨》，载《魏晋玄学论稿》。

第四章

正始之音（下）

　　正始清谈的论题很多，涉及刑法、历史、儒经、哲学、人物评论、才性四本等众多方面。有的与当代政治密切相关，例如群臣议论肉刑的废除还是恢复，前代就讨论不休。汉末以后儒学总体上衰落了，可是礼经的讲授，始终是魏晋南北朝的显学。原因是儒家的礼仪，对于社会秩序的维系与稳定，关系实在太大。尤其是丧礼，成为专门的学问。何晏、夏侯玄、蒋济等在如何确定叔嫂丧服问题上，互相问难不断。何晏作《与夏侯太初难蒋济无服论》，蒋济则以《答何晏夏侯玄叔嫂服难》作答。而王朗有《论丧服书》，曹羲作《申蒋济叔嫂服议》。可知叔嫂有服还是无服的问题，当时曾有过激烈的辩论。何晏《韩白论》《白起论》，夏侯玄《乐毅论》，虽是评论历史人物的论文，但有可能在下笔前谈论过。当然，正始时最有价值的清谈，是谈抽象的哲学问题，论有无本末，谈《易》《老》《庄》。其中谈《庄》在当时还不普遍，而谈《易》谈《老》，则自汉末之后就是谈论的老题目了。再有谈圣人与凡人的区别，才性同异。洛阳谈席上，言者胜义纷呈，听者叹息绝倒。思想的花朵灿然绽放，结出了魏晋玄学的硕果。以下选择正始清谈的几个重要论题缕述之。

一、谈《易》

魏晋清谈，以谈《易》为最早。这与汉代《易》学列于学官，广泛流行于太学及民间有密切关系。汉末，荆州、洛阳、建邺为三大学术中心，《易》学研究者和谈《易》者难以遍举。谈《易》长盛不衰，甚至出现了以《易》学为家学的文化世家。这是中国哲学史上罕见的现象。我们先来绘制一幅汉末至魏末《易》学流行的简略图。

北方的《易》学专家，郑玄之后以荀爽最著名，作《易注》。东吴的《易》学家虞翻推崇荀爽《易》学，《吴志·虞翻传》裴注引《翻别传》说，虞翻上奏称："自汉初以来，海内英才，其读《易》者，解之率少。至孝灵之际，颍川荀谞（爽一名谞）号为知《易》，臣得其注，有愈俗儒。"（《三国志》，页1322）颍川荀氏为著名的文化世家，世代有精通五经的学者，而尤以精《易》学者最多。荀爽从孙辈恽、俣、顗、粲，皆通《易》学，[1]顗"尝难钟会《易》无互体"（《魏志·荀彧传》裴注引《晋阳秋》）。爽从曾孙荀融与王弼、钟会齐名，[2]曾共论《易》《老》。汉晋之间，颍川荀氏《易》学家辈出，在《易》学哲学史上留下了深刻印记。

---

1 恽、俣、顗、粲，皆荀彧子。或乃荀爽从子。
2 融乃衍孙，衍为荀爽从子。

魏初，北方的《易》学家以王朗、王肃父子为代表。王朗同东吴《易》学家虞翻和荆州学派的领袖宋衷，都有学术上的联系。王朗作《易》传，生前不及定稿。后来，其子王肃是宋衷的入门弟子，依父亲的旧稿，撰《周易注》。汉末的大名士孔融，不以《易》学名世，却也喜读《易》。虞翻曾将自己所撰《易》注寄给孔融，融大加叹赏。

王朗、王肃父子之外，魏末的《易》学家有颍川钟毓、钟会兄弟。钟氏也是北方著名的文化世家。钟繇先祖钟皓，是东汉著名学者，"博学诗律，教授门生千有余人"。（《三国志·魏志·钟繇传》裴注引《先贤行状》，页391）钟繇为魏国名臣，拜太尉，魏文帝曹丕称其"一代之伟人"。《魏略》说"繇为人机捷，善持论"，是魏初著名书法家、学者，也是有数的清谈家。据《世说·言语》一一注引《魏志》，钟繇撰有《周易》《老子训》。这里所说的钟繇撰《周易》，当指繇的《易记》。《魏志·钟会传》裴注引钟会所作《母传》说，在母张氏的指导下，钟会年十一，诵《易》；年十四，"诵成侯《易记》"。成侯，钟繇也。钟繇长子钟毓，"机捷谈笑，有父风"。幼子钟会更有名，为正始时期重要的玄学家，善论才性，校练名理，撰有《周易尽神论》一卷，《周易无互体论》三卷（《隋书》卷三二《经籍志》，页910）。

荆州牧刘表，作有《周易章句》五卷（《隋书·经籍志》卷三二，页909）。荆州学派的代表人物宋衷，是研究扬雄《太玄》的大师，作有《太玄注》，流传到魏都和东吴，影响了当时的不少学者，纷纷为《太玄》作注。[1]《太玄》学的流行，加速了汉末《易》学的传播与发展。宋衷的弟子李仁子譔，传父业，撰古文《易》《太玄指归》等（《三国志·蜀志·李譔传》，页1027）。

东吴《易》学，以虞翻、陆绩、陆凯为代表。《吴志·虞翻传》说，虞翻致书孔融，示以所著《易注》，孔融答书评论："闻延陵之理乐，睹吾子之治《易》，乃知东南之美者，非徒会稽之竹箭也。又观象云物，察应寒温，原其祸福，与神合契，可谓探赜穷通者也。"张纮又与孔融书说："虞仲翔前颇为论者所侵，美宝为质，雕摩益光，不足以损。"（《三国志》，页1320）虞翻自称：自高祖父光治孟氏《易》，世传其业，至翻已有五世。[2]可见东吴虞氏是积淀非常深厚的《易》学世家。虞翻本来是会稽太守王朗的功曹。王朗也治《易》，二人必定谈《易》。张纮说，"虞仲翔前颇为论者所侵"云云，由此可知东吴谈《易》的情况。

虞氏之外，东吴望族陆氏是最重要的文化世家。《吴志·陆绩传》说："（绩）虽有军事，著述不废，作《浑天图》，注《易》释《玄》，皆传于世。"[3]稍后，陆凯"虽统军众，手不释书，好

1《隋书》卷三四《经籍志》著录有《扬子太玄经》九卷，宋衷注。《扬子太玄经》十卷，宋衷、陆绩并撰。《扬子太玄经》十卷，蔡文邵撰。《扬子太玄经》十四卷，虞翻注。《扬子太玄经》十三卷，陆凯注。《扬子太玄经》七卷，王肃注，亡。页998。

2《吴志·虞翻传》裴注引《翻别传》："臣高祖父故零陵太守光，少治孟氏《易》，曾祖父故平舆令成，缵述其业，至臣祖父凤为之最密。臣亡考故日南太守歆，受本于凤，最有旧书，世传其业，至臣五世。"《三国志》，页1322。《隋书》卷三二《经籍志》著录虞翻《周易注》九卷，页909。

3《隋书》卷三二《经籍志》著录陆绩《周易注》十五卷，页909。《经典释文序录》陆绩《周易述》十三卷。

《太玄》，论演其意，以筮辄验"。(《三国志·《吴志·陆凯传》，页1400)。其余有姚信撰《周易注》十卷(《隋书》卷三二《经籍志》，页909)。

以上简略的《易》学地图，反映出汉魏之际《易》学的传播地域之广，读《易》者遍及魏蜀吴三国，出现了很多的《易》学著作。可惜，有关谈《易》的史料却非常稀少。

现存正始年间谈《易》资料最多最详者，不是王弼、何晏，也不是某一文化世家的《易》学家，倒是被看作术士的管辂。管辂太幸运了。他先前在冀州谈《易》(详见第二章"魏初清谈述论")，后来大概在正始六年之后，经友人赵孔曜的推荐，大得冀州刺史裴徽的赏识。曾在京师洛阳经常主持清谈的裴徽，外任冀州刺史，一时找不到可以共谈的异才，未免觉得郁闷，思量回京师，好继续与一流的清言家共谈玄虚。想不到草野之地还有像管辂那样的英才，大喜过望，日夜与之清谈。

正始九年十月，管辂举为秀才，告别裴徽，前往洛阳。裴徽告诫辂："何、邓二尚书，有经国才略，于物理无不精也。何尚书神明精微，言皆巧妙，巧妙之志，殆破秋毫，君当慎之！自言不解《易》九事，必当以相问。比至洛，宜善精其理也。"(《三国志·魏志·管辂传》裴注引《辂别传》，页819) 据裴徽之言，徽在洛阳必同何晏谈《易》，也谈《庄》《老》。否则，不会准确评价何晏"神明精微，言皆巧妙"的优长，也不会知晓何晏"自言不解《易》九事"，[1]并预言管辂此去洛阳，何晏必以《易》九事相问。

管辂从未与何晏共谈过，经裴徽的介绍，他评论何晏谈《易》"未入于神"，说："何若巧妙，以攻难之才，游形之表，未入于神。夫入神者，当步天元，推阴阳，探玄虚，极幽明，然后览道无穷，未暇细言。若欲差次老、庄而参爻象，爰微辩而兴浮藻，可谓射侯之巧，非能破秋毫之妙也。若九事皆至义者，不足劳思也。若阴阳者，精之以久……"（《三国志》，页819、820）裴徽称赞何晏"神明精微，言皆巧妙"，是指思维及心思精深细微，谈辞巧妙，义理和言辞二者皆优。管辂则完全不以裴徽所言为然，以为何晏的巧妙，不过是攻难之才。言外之意，何晏不是自创新义的异才，不过游辞于形体之表，未入于阴阳变化的神妙境界。何谓神?《易·系辞上》说："阴阳不测之谓神。"韩康伯注："神也者，变化之极妙，万物而为言，不可以形诘者也。"何谓"入神"? 管辂解释说："测算岁时的运行，推究阴阳变化，探求玄虚之道，穷究有形与无形，然后观览道之无穷，何有空闲说一些意义不大的言辞? 如果想以分别老、庄的次序而领悟爻象，喜欢小辩论而兴浮浅的辞藻，可以说这是用箭射靶，并不是破秋毫之妙。"正始之初，何晏的清谈雅论，为世人一致宗仰，以致曹羲赞叹"妙哉! 何平叔之论道尽其理矣"，现在竟然被管辂批评得一无是处。

---

[1]《南齐书》卷三三《张绪传》："绪长于《周易》，言精理奥，见宗一时。常云何平叔不解《易》七事，诸卦中所有时义，是其一也。"页601。按，"七事"乃"九事"之误。

正始九年十二月二十八日，管辂为何晏所请，果然共同谈《易》九事。九事既明，何晏对管辂说："听闻君蓍爻神妙，试为作一卦，知位至三公不？"又请管辂解梦："连梦见青蝇数十头，来在鼻上，驱之不肯去，有何意故？"管辂用元凯辅弼重华（舜）、周公之翼成王的故事，以为这是"履道休应"——履道而行，好事相应，非是卦爻所明示的。言外之意，是以圣道警示何晏。《辂别传》说：管辂"常谓忠孝信义，人之根本，不可少厚。廉介细直，士之浮饰，不足为务也……其事父母孝笃、兄弟顺爱、士友，皆仁和发中，终无所阙"。管辂服膺儒家圣人之教，劝勉何晏"履道休应"，告诫何："今君侯位重山岳，势若雷电，而怀德者鲜，畏威者众，殆非小心翼翼，多福之仁。"又解何晏鼻上青蝇，驱之不去之梦，推究爻象立义，希望何"上追文王六爻之旨，下思尼父象象之义，然后三公可决，青蝇可驱也"。管辂据爻象以卜吉凶，说明其《易》学，仍属汉《易》象数一派。邓飏因之微讽管辂乃"老生之常谭"。（上见《三国志·魏志·管辂传》，页820）

《辂别传》又记邓飏问管辂："君见谓善《易》，而语不及《易》中辞义，何故也？"辂答之曰："夫善《易》者不论《易》也。"晏含笑而赞之："可谓要言不烦也。"因请辂为卦，云云。"善《易》者不论《易》"，意思是注重《易》理，不可仅游于爻象之表，应合道入神，其意与玄学家的"得意忘言"之意相同。

"善《易》者不论《易》"一句，对于评价管辂的《易》学，十分重要。不可以因管辂精于爻象占卜，认为他纯属《易》学象数派。其实，管辂《易》学既重爻象，亦重《易》义，例如《辂别传》记辂与安平太守王基论《易》道说："苟非性与天道，何由背爻象而任胸心者乎？夫万物之化，无有常形；人之变异，无有常体。或大为小，或小为大，固无优劣。夫万物之化，一例之道也。"以为性与天道，正是察爻象而得的主旨。换言之，不能背离爻象而任意谈论性与天道。至于管辂论万物之化，无有常形；人之变化，无有常体，显然是超越了固定的爻象，忘象得意，一律归之于道，更是非常精辟的见解。

《辂别传》所记裴徽与管辂共论何晏之才及清谈的特点，是了解正始清谈人物优劣长短的重要史料。裴使君问："何平叔一代才名，其实如何？"辂说："其才若盆盎之水，所见者清，所不见者浊。神在广博，志不务学，弗能成才。欲以盆盎之水，求一山之形，形不可得，则智由此惑。故说《老》《庄》则巧而多华，说《易》生义则美而多伪。华则道浮，伪则神虚。得上才则浅而流绝，得中才则游精而独出。辂以为少功之才也。"裴使君说："诚如来论，吾数与平叔共说《老》《庄》及《易》，常觉其辞妙于理，不能折之。又时人吸习，皆归服之焉。益令不了，相见得清言，然后灼灼耳。"管辂以盆盎之水，喻何晏之才。"所见者清"，谓论有形为清；"不见者浊"，谓论无形则浊。这二句即批评何晏之才，"游形之表，未入于神"之意，以为何晏不是大才，不广博，不务学。后面又指出何晏说《老》《庄》《易》的短处是"巧而多华""美而多伪"，结果"道浮""神虚"，乃是"少功之才"。裴徽同意管辂的评价，并指出何晏清谈"辞妙于理，不能折之"，也就是言辞巧妙、华美，而析理不足。

大约管辂与何晏谈《易》后不久，过魏郡太守钟毓，共论《易》义。《辂别传》说："魏郡太守钟毓，清逸有才，难辂《易》

二十余事，自以为难之至精也。辂寻声投响，言无留滞，分张爻象，义皆殊妙，毓即谢辂。"不知钟毓以《易》中二十余事难辂的详情，所知者钟毓虽竭尽其才，以为自己的问难已是精妙之极了，想不到管辂有问即答，有疑即解，势如破竹，义皆殊妙。钟毓自称不如，甘拜下风。

《辂别传》又记石苞与管辂相见，辂为苞论数："夫物不精不为神，数不妙不为术。故精者神之所合，妙者智之所遇。合之几微，可以性通，难以言论。是故鲁班不能说其手，离朱不能说其目，非言之难。孔子曰，书不尽言，言之细也；言不尽意，意之微也。斯皆神妙之谓也……"这里的数，指术数，如卜筮之类。神妙之数，可以通道，难以言论。故管辂引孔子所说书不尽言，言不尽意，旨在说明术数的神妙，是可以与道相通，难以言论的。上文说，管辂论《易》与得意忘言之说相通，这里管辂论数，又得一印证。

《魏志·管辂传》及辂弟管辰所撰的《辂别传》，详细记载了管辂始自十五岁至正始之末三十年间的读《易》、占卜、谈《易》的经历，据此可以考见管辂本人的《易》学之精、术数之神，同时也可了解他与当时善《易》者谈《易》的具体场景，对于理解汉魏之际《易》学的发展与派别特别有意义。关于管辂先前在冀州谈《易》，上章已详述，以下论管辂在正始年间谈《易》的几个问题。

（一）管辂为主的谈《易》群。《辂别传》说：裴徽、何晏、邓飏及乡里刘太常颍川兄弟[1]，五人认为管辂禀受天才，明阴阳之道，吉凶之情，倘若学到他的法门，也能够像他一样，不是很难的事，平常皆服贴管辂的《易》学。管辂则自称与裴徽等五人一起清谈，使人精神清发，夜里也无睡意。与五君之外的人共谈，白天也想睡觉。可见五君入管辂法眼，其余不足数。而《魏志·管辂传》记辂与何、邓二尚书清谈，说后者是"与死人语"。又《辂别传》记辂称何、邓是"鬼躁""鬼幽"。一面说与五君清谈使人精神清发，一面又说何、邓二人的谈论是"死人语"，显然是矛盾的。或许何、邓被司马氏诛杀后，忠于司马氏的史家曾展开过一轮对失败者的"污名化"运动，肆意贬损何晏及邓飏等忠魏的名士。历史的真实不当如此。

（二）汉末，谈《易》风气已经相当普遍，谈《老》《庄》则稍后。正始时，谈论"三玄"已成常态。夏侯玄作《本玄论》，何晏注《老子》，作《无名论》，可能在正始之前。若这个判断成立，则称魏明帝末年，已经开始谈《老》，恐怕与事实相近。王弼弱冠诣裴徽，两人谈"无"及《老》《庄》，证明正始之初，《老》《庄》进入谈席。《辂别传》载：管辂在裴徽面前评价何晏清谈，"故说《老》《庄》则巧而伪"，云云。裴徽同意管辂的看法，说："吾数与平叔共说《老》《庄》及《易》。"说明至迟在正始之初，管辂、裴徽、何晏等已经经常清谈"三玄"了。

（三）管辂的《易》学造诣。管辂属于魏国著名的术士，他的

1《晋书》卷四一《刘寔传》，寔弟刘智。弟智为颍川太守，迁太常。寔、智兄弟为平原人，与管辂同乡。

《易》学与王弼、何晏不一样。后者为玄学家，其《易》学摈弃爻象，专重义理。管辂《易》学，宗尚京房《易》，"明《周易》、仰观、风角、占相之道"（《辂别传》）。《周易》本来就是卜筮之书，管辂精《易》之爻象，以占吉凶，自是分内之事，题中之义。但他的《易》学又高于一般的占卜之术，能够从爻象出发，进而探究性与天道。故管辂《易》学虽属汉《易》的象数学派，但又超越爻象，兼善《易》义。他以为何晏谈《易》，"游形于表，未入于神"，即停留在有形之表，尚未达到道之神妙之境。何晏不明《易》之九事，辂为之指明；钟毓难辂二十余事，自以为所难至精，辂寻声即答，钟叹息不如。证明管辂爻象与《易》义兼精，为魏代一流《易》学家；也说明汉末以后的《易》学，虽有象数、义理两派之区别，但二者可以相通，可以兼善，并非水火不容，非此即彼。

论正始《易》学及重要的《易》学家，钟会是不可忽略的。钟会（225—264），钟繇之幼子，为魏末重要的政治家、军事家及著名学者。《魏志·钟会传》说："及壮，有才数技艺而博学，精练名理，以夜续昼，由是获声誉。……会尝论《易》无互体，才性同异。及会死后，于会家得书二十篇，名曰《道论》，而实刑（形）名家也，其文似会。初，会弱冠与山阳王弼并知名。"钟会的学术涵盖三个方面：《老》学、《易》学、才性论，曾注《老子道德经》二卷，撰《周易尽神论》一卷、《周易无互体论》三卷（见上引《隋书·经籍志》）。上述三种书早佚，难知其详。钟会论才性同异见下文，先论其《易》学。

《周易尽神论》之"尽神"二字，出于《周易·系辞上》孔子所言："鼓之舞之以尽神。"这二句的解释颇有歧说。荀爽解释"鼓之"一句说："鼓者动也，舞者行也。谓三百八十四爻动行相反，其卦所以尽易之神也。"（李鼎祚《周易集解》卷一四，文渊阁《四库全书》本）孔颖达疏："圣人立象以尽其意，系辞则尽其言，可以说化百姓之心，百姓之心，自然乐顺，若鼓舞然，而天下从之。"（《周易注疏》卷十一，文渊阁《四库全书》本）张载说："天下之动，神鼓之也。神则主于动，故天下之动，皆神为之也。"（《横渠易说》卷三，文渊阁《四库全书》本）以上三家解释"尽神"，其中荀爽所言"尽易之神"可能接近原意。《周易》中的"神"，义同道、无、一，乃是万物的本体。

所谓互体，指卦上下两体相互交错取象而成新卦，又名"互卦""变卦"。例如观卦为坤下巽上，取其二至四爻则为《艮》，三至五爻则为《坤》。互体属于象数之学；无互体，实质是不论象数，专重《易》义。兹举例说明之：《观卦》（坤下巽上）。卦辞："观：盥而不荐，有孚颙若。"郑玄解释："坤为地为众，巽为木为风。九五天子之爻，互体有艮，艮为鬼门，又为宫阙。地上有木而为鬼门宫阙者，天子宗庙之象也。"王弼解释："王道之可观者，莫盛乎宗庙。宗庙之可观者，莫盛乎盥也。至荐简略，不足复观，故观盥而不荐也。"（李鼎祚《周易集解》卷五）郑玄以卦象、互体解释卦辞；王弼则摈落爻象，纯以义理解释卦辞，甚至称互体是"伪说"："伪说滋漫，难可纪矣。互体不足，遂及卦变。变又不足，推致五行。"（《周易略例·明象》）

钟会论《易》无互体，因文本不传而不知其详。从王弼《易》学，可以推知钟会论《易》，当接近王弼，也属于义理派。

钟会论《易》无互体的主张，虽有王弼同声相和，但问难者不乏其人。例如荀顗就曾难钟会《易》无互体论（见《晋书》卷三九《荀顗传》）。如前所述，颍川文化世家荀氏，出了不少《易》学家。一门之中，在学术上有人守旧，有人创新，这种情况十分正常。荀粲论性与天道不可得而闻，趋于抽象，而粲诸兄并以儒术议论，与粲不同。荀顗为荀粲之兄，学术观点比较保守。钟会论《易》无互体，荀顗则难钟会，认同《易》有互体。由此可见魏正始中，《易》学象数派与义理派的分歧。

王弼是当时最有成就的《易》学家，注《周易》忽略爻象，胜义迭见，精妙绝伦。守护汉《易》旧学的《易》学家，必然起而责难王弼新《易》学。现知颍川荀氏《易》学家荀融，难王弼《大衍义》（见《三国志·魏志·钟会传》裴注引何劭作《王弼传》，页795、796）。融字伯雅，从曾祖爽，从父顗，都是著名《易》学家。融与王弼、钟会俱知名，为洛阳令，参大将军曹爽军事，与弼、会论《易》《老》义，传于世。荀融《易》学属于守旧的一派，与王弼争论是必然的。

《旧唐书》卷六四《经籍志》著录王弼《周易大演论》一卷。《新唐书》卷五七《艺文志》著录王弼《大衍论》三卷（衍，演也）。王弼的《大衍义》，当出于《周易大衍论》。[1]

---

1 王葆玹《正始玄学》说："何劭《王弼传》提到的'大衍义'，指王弼所释《系辞》'大衍'之义，原非书名，可见《周易大演论》并非直接成书于王弼之手，而是后人纂集而成的。"又说："考察何劭《传》中'弼注《易》，颍川人荀融难弼大衍义'一句，也可看出'大衍义'是王弼《周易注》的一项内容。"页176。其说可参考。

"大衍义"指《系辞上》："大衍之数五十，其用四十有九。"王弼注："演天地之数，所赖者五十也。其用四十有九，则其一不用也。不用而用以之通，非数而数以之成，斯《易》之太极也。四十有九，数之极也。夫无不可以无明，必因于有，故常于有物之极，而必明其所由之宗也。"郑玄注："大衍之数五十，天地之数五十有五，以五行气通，凡五行减五，大衍又减一，故四十九也。衍，演也，揲，取也。天一生水于北，地二生火于南，天三生木于东，地四生金于西，天五生土于中。阳无耦，阴无配，未得相成。地六成水于北，与天一并。天七成火于南，与地二并。地八成木于东，与天三并。天九成金于西，与地四并。地十成土于中，与天五并也。大衍之数五十有五，五行各气并，气并而减五，惟有五十。以五十之数，不可以为七八九六卜筮之占以用之，故更减其一，故四十有九也。"（《周易郑康成注》，文渊阁《四库全书》本）比较王弼、郑玄解释"大衍义"，前者纯以玄理，如"不用而用以之通，非数而数以之成"，"夫无不可以无明，必因于有。故常于有物之极，而必明其所由之宗也。"从有无、体用关系解释"大衍义"。[1]后者以气、阴阳、五行、筮法，解释其一不用，元气为万物生成之源，阴阳万物变化之体，属于汉代宇宙生成论。

　　荀融难王弼"大衍义"的详情不知。汤用彤由荀氏家传《易》学推测："按，魏晋恒家世其学，荀氏治《易》者如爽、如颛、如菘，均主旧学。然则荀融之《易》，恐亦本之汉儒，其于王弼创

---

1 关于王弼释"大衍义"，可参看汤用彤《王弼大衍义略释》，载《汤用彤学术论文集》，页245—253。

新之玄言加以非议，似为新旧学冲突之又一例欤。"（见《王弼大衍义略释》）汤先生的推测是有道理的。汉魏之际，荀氏一门的《易》学家，多数秉持汉《易》旧学，唯有荀粲喜论道，具有玄学的新倾向。

二、谈《老子》

《老子》一书在中国文化史上留下深刻印记，影响深远，几乎可以同《论语》相提并论。汉初流行黄老之学，崇尚无为而治。两汉数百年间，爱好、教授、注释《老子》者不少。到了汉末，危机四伏，人命危浅，《老子》的玄虚学说和养生之术，成为某些士大夫处世的信条。例如仲长统议论说："安神闺房，思老氏之玄虚；呼吸精和，求至人之仿佛。"（《后汉书》卷四九《仲长统传》，页1644）向栩"恒读《老子》，状如学道"（《后汉书》卷八一《向栩传》，页2693）。

魏晋玄学最主要的学术渊源，即是《老子》。玄风大畅，《老》学起到关键性的作用。可以推测，魏末玄谈，谈《老子》必定是重要的题目。然而，现存史料中少见谈《老子》的记载，只有在《魏志·管辂传》裴松之注引《辂别传》及《世说》中，记录了当时谈《老子》的几个玄学家。《辂别传》说：裴徽"每论《易》及《老》《庄》之道，未尝不注，精于严、瞿之徒也"。裴徽评论何晏的清谈，说，"吾数与平叔共说《老》《庄》及《易》"云云。《辂别传》又记管辂、裴徽评论何晏，辂以为何晏"说《老》《庄》，则巧而多华"。由上可知，裴徽、何晏、管辂曾多次共谈

《老子》，唯具体情况难知。

至于王弼，注《老子》精妙无比，不可能不与他人谈论《老子》。《世说·文学》六刘孝标注引《弼别传》说弼"少而察惠，十余岁便好《庄》《老》，通辩能言"。可见王弼十余岁就好谈《老》《庄》，会通善辩。《世说·文学》一〇说："何晏注《老子》未毕，见王弼自说注《老子》旨。"自说一论题，也是清谈的一种形式。王弼谈《老子》最生动具体的一次，是与裴徽谈"圣人体无"问题。《世说·文学》八详细记录了两人谈论的经过，给后人留下难忘的印象：

> 王辅嗣弱冠诣裴徽，徽问曰："夫无者，诚万物之所资，圣人莫肯致言，而老子申之无已，何邪？"弼曰："圣人体无，无又不可以训，故言必及有。老庄未免于有，恒训其所不足。"

裴徽所言"无者，诚万物之所资"，说明无生万物，为万物之本体的哲学观，当时已是玄学家的共识。上文述论何晏玄学著作《道论》《无名论》《无用论》，立论"以无为本"（见《道论》）。与何晏同辈的清谈家夏侯玄和裴徽，同样持"以无为本"的哲学见解，在时间上都早于王弼。《老子》一书中讲到无的地方很多，从中推导出以无为本的结论，其实并不难。难的是圣人（孔子）所说皆有关社会人生，为什么对无莫肯致言？而《老子》却不断申说无？裴徽所问，反映出当时不能会通孔、老之间显著的矛盾。王弼之前的玄学家，皆在这一理论困境面前止步。

王弼则非常轻松地突破了孔、老矛盾无法调和的困境。他直截了当地说，"圣人体无"。这一哲学思想，源于《老子》。《老子》书中讲到的圣人，是法地法天法道法自然的。例如《老子道德经》二章："是以圣人处无为之事，行不言之教。"王弼注："自然已足，为则败也。"意思圣人法自然已足够了，有为反而败事。同上五章："圣人不仁，以百姓为刍狗。"同上十七章："功成事遂，百姓皆谓我自然。"王弼注："居无为之事，行不言之教，不以形立物，故功成事遂，而百姓不知其所以然也。"同上二十二章："是以圣人抱一为天下式。"王弼注："一，少之极也。式，犹则之也。"一，即道，同自然。抱一，同"执一"，执持道，效法自然。毫无疑义，《老子》所说的圣人是"体无"的，而且不断讲"无"，没完没了。但裴徽所说的圣人指孔子，非是《老子》所讲的圣人。自汉以来，凡言圣人，皆指孔子。孔子"莫肯致言"者指"无"，即子贡所说："夫子之文章可得而闻也，夫子之言性与天道，不可得而闻也。"（《论语·公冶长》）王弼解答裴徽的疑问，先移花接木，称"圣人体无"，立刻把儒家圣人孔子，道家化为《老子》所讲的圣人。

"圣人体无"说以前不曾有过，完全是王弼的创新。然而，问题来了：既然"圣人体无"，为什么"莫肯致言"呢？王弼对之作了非常巧妙的回答："无又不可以训，故言必及有"。意思无为无形无名，不可以解释的。无即是道，道无形，圣人不名，故言必及有。无乃是极其抽象的虚无之体，虽不可以训，然要明白地解释它，必得以有物之境，即可名可见可道之物描述之。《周易·系辞上》韩康伯注引王弼说："夫无不可以无明，必因于有，故常于有物之极，而必明其所由之宗也。"此数语可作"无又不可以训，故言必及有"二语的注脚。

"老庄未免于有，恒训其所不足"二语，回答裴徽"老子申之无已"的疑问。《老子》一书，讲到无的地方触目皆见。无，诚是万物之所自出，圣人却不言无，老子则不断言说无。如此，圣人还是圣人吗？圣人在什么地方高出老子呢？裴徽的疑问，也是当时玄学家难以会通儒道的棘手问题。王弼的回答是"老庄未免于有，恒训其所不足"。解释老庄不断说无，是因为未免于有。王弼的解释，可以说是张冠李戴。孔子是有，莫肯致言无，王弼说是"圣人体无"；体无而不讲无，原因是"无又不可以训，故言必及有"。而老子是彻底的体无，并不断讲无，反被说成"未免于有"，盖无之不足，故常常申论无。经过一番移花接木，原本不是体无的孔子，却体无了。此所谓孔子的道家化。老庄原本是无，却被说成未免于有，因为无不足，故不断讲无。如此，既维护了孔子依旧高于老子的尊崇地位，又消融了儒家与老庄哲学之间存在的冲突。

在魏晋玄学的创造工程中，比"以无为本"的概念更难、更复杂的理论问题，在于如何融通儒道。具体说来，儒家的圣人如何道家化？道家的鼻祖老子如何圣人化？在王弼之前，都说老子非圣人，圣人是孔子，不可学，也不可企及。调和孔、老，是玄学家面临的一个哲学难题。如果纯以老子哲学建立玄学新理论，则历时千年、数量巨大、作为社会和人生准则的儒家经典如何处理？地位崇高无比，誉为至圣先师的孔子，难道要屈尊与老子相齐？面对这一哲学难题，何晏曾作过会通儒道的努力。他的路径是提升老子的地位，作《道德论》，说老子与圣人同，亦即老子的圣人化。然而，孔子学说事实上是有，老子事实上是无，既然"有之为有，待无以生。事而为事，由无以成"（何晏《道论》），则有由无生。显然，儒道仍是无法调和。

儒道难以会通的理论困境，只有等到天才的王弼出世，才迎刃而解。《魏志·钟会传》说："弼好论儒道，辞才逸辩，注《易》及《老子》。"王弼回答裴徽之疑问，为会通儒道作出了重大贡献，奠定了魏晋玄学的基础，中国哲学由此开辟新天地。同时，也可体会到王弼的清谈，"自然出拔"，颖悟独绝。他有极高的理论造诣，儒学、《易》学、《老》学无不精通，对抽象的理论世界有深刻的领悟。他不需引经据典，不必滔滔不绝地论证，而是得意而忘言，以简洁精妙的语言，瞬间点化出一片理论新境，令人折服，使人绝倒。王弼的清谈，古今一致认为是正始之音的最高境界。

三、论圣人无情有情

圣人无情还是有情，是正始玄谈的题目之一。何晏等以为圣人无情，王弼以为圣人有情。《魏志·钟会传》裴注引何劭作《王弼传》说：

> 何晏以为圣人无喜怒哀乐，其论甚精，钟会等述之。弼与不同，以为圣人茂于人者，神明也，同于人者，五情也。神明茂故能体冲和以通无，五情同故不能无哀乐以应物，然则圣人之情，应物而无累于物者也。今以其无累，便谓不复

应物，失之多矣。

可知何晏、钟会主张圣人无喜怒哀乐，即圣人无情。至于何晏论圣人无情说"甚精"，可惜后人早看不到他的具体论述。"钟会等述之"，也早已散佚。

圣人无情说，可以追溯到先秦学术。圣人一开始就被规定为智者、明者、通者，他无所不明，无所不知，无所不通，具有常人不可企及的完美人格。圣之所以为圣，根本原因是法天，依天道而行事。《老子》多次讲到圣人处无为之事，效法天道。例如二章："圣人处无为之事，行不言之教。"无为即道。河上公注："以道治也。"不言之教指天道。孔子说："天何言哉！四时行焉，百物生焉，天何言哉！"(《论语·阳虎》) 天不言不语，无私无偏，四时依照无形的规则运行，万物自然生长。天何言哉，便是天道。圣人法天，亦何言哉！《老子》二十五章："人法地，地法天，天法道，道法自然。"《老子》六十五章："是以圣人无为，故无败；无执，故无失。"人法天，即法自然。圣人依道而行，处无为之事，行不言之教，那么，无情便是合乎逻辑的结论。

不过，《老子》毕竟没有说过圣人无情。到了《庄子》，明确论述"真人"无思无虑及"至人无己"。《庄子·德充符》写圣人游于自得之场，禀之自然，任之而无不利。

有人之形，无人之情。有人之形，故群于人；无人之情，故是非不得于身。眇乎小哉，所以属于人也。謷乎大哉，独成其天。

圣人有人之形貌，故同常人聚群；圣人无人之情感，故是非不会沾身。渺小啊！有形类同于人。高大啊！无情独成于天。

以下写惠子与庄子讨论圣人无情问题。

惠子谓庄子曰："人故无情乎？"

庄子曰："然。"

惠子曰："人而无情，何以谓之人？"

庄子曰："道与之貌，天与之形，恶得不谓之人？"

惠子曰："既谓之人，恶得无情？"

庄子曰："是非吾所谓情也。吾所谓无情者，言人之不以好恶内伤其身，常因自然而不益生也。"

惠子曰："不益生，何以有其身？"

庄子曰："道与之貌，天与之形，不以好恶内伤其身。今子外乎子之神，劳乎子之精，倚树而吟，据槁梧而瞑。天选子之形，子以坚白鸣。"[1]

惠子持人有情论，质疑庄子的"人故无情"说。以为既然称之人，哪得无情？人无情，何以称之人？庄子回答惠子，以为他所说的无情者，是指人不以好恶内伤己身，依自然之理而行，不思虑有益自己的生命。意思是人之生命，非情之所生，皆自然而生，有情也不会益生。总之，庄子的圣人无情说，旨在说明人应忘情忘

1 郭庆藩《庄子集释》第一册，中华书局，1961年，页217—222。

形，一切顺应自然。

《庄子·大宗师》又说"真人"不梦："古之真人，其寝不梦，其觉无忧，其食不甘，其息深深……古之真人，不知说生，不知恶死。其出不欣，其入不距，翛然而往，翛然而来而已矣。"（《庄子集释》，页228、229）真人无情无虑，绝思想，睡而不梦，醒而无忧。真人与大化为一体，不悦生，不恶死。生，翛然而来；死，翛然而往。如此而已。真人寄身于至理（自然），与变化为一，生可忘，死亦可忘，万事都是物情，有何忧喜存于心间哉！

何晏等人的圣人无情说，虽与汉代圣德法天的天人感应哲学有一些联系，但不宜高估。[1]如上所述圣人无情说源于先秦学术，尤与道家哲学，特别是《庄子》有关。《老子》说，圣人处无为之事，行不言之教；《庄子》所谓"有人之形，无人之情"，都明白无误地指出了圣人无情说的哲学依据，即合道而行，与自然为一。《老子》哲学在汉代不绝如缕，《庄》学则于汉魏之际复兴。如果说，何晏等人的圣人无情说与《老》《庄》无关，那是不可思议的。何晏、钟会博学，都曾注过《老子》，也不可能不读《庄子》，不可能不知惠子与庄子有过圣人有情无情的讨论。虽然，何晏等人仍持圣人无情说，主要原因还是传统学术的强大影响力，深信圣人至高无上的地位，喜怒哀乐不能动其心，随心所欲而不违天理。

---

[1] 汤用彤《王弼圣人有情义释》说："……汉学之中心主义所谓天人感应，亦言圣人则天之德，不过汉人之天道，究不离于有意志之天道，而未专以自然解释。故汉代虽有顺自然与法天道之说，而圣人无情一义仍未见流行。"《汤用彤学术论文集》，页255。

何晏解释《论语·雍也》"有颜回者，好学不迁怒"句说：
"凡人任情，喜怒违理。颜渊任道，怒不过分。迁者移也，怒当其
理，不移易也。"（《论语集解》卷三，文渊阁《四库全书》本）以
为常人任情，喜怒违理，颜渊任道，怒不过分。其怒有理，不移
易。孔颖达《正义》解释"怒当其理"二句说："言颜回好学既
深，信用至道，故怒不过分，理也。"汤用彤解释说："推平叔之
意，至人纯乎天道未尝有情，贤人以情当理，而未尝无情。"以上
二解看似不同，其实一致，皆以为颜回喜怒任道。汤先生说颜子
是贤人，非圣人。圣人无情，而贤人如颜子，未尝无情，意即有
情。此解符合孔子原意。孔子说颜回"不迁怒"，说明颜回也发
怒，唯怒当其道，不移易而已。

何晏、钟会等持圣人无情说，固然深受传统学术的影响，但
更值得注意的是汉魏之际思想解放、人性觉醒的大背景。不揭示
圣人无情有情说的时代原因，是无法理解这一论题的重大意义的。

凡人皆有情，与其说是哲学问题，毋宁说是常识问题。惠子
质疑："人而无情，何以谓之人？""既谓之人，恶得无情？"若人
不到完全丧失情感的地步，必定以惠子所说为是。喜、怒、哀、
乐、怨，乃是人性的自然表现，生来即具。《礼记·礼运》："何谓
七情？喜、怒、哀、惧、爱、恶、欲，七者弗学而能。"弗学而能
者，人之天性也。《老》《庄》所说"圣人无为""法天贵真""真
人不梦"云云，无非是论证以无为本、以化为体的道。至于汉儒
圣人法天的政治哲学，旨在神化圣人的同时，把人生来就具的五
情，关在儒家礼教的牢笼里，以利于维持和稳固统治阶级规定的
社会秩序。

汉末，社会政治制度处于崩塌的前夜，加上经学的衰落，维系人心及控制人们思想的力量急剧衰弱。人性觉醒了，情感的正当性越来越得到肯定，遂出现不少言行放达的任情之士，与圣人无情的通识格格不入。例如著名《易》学家荀爽说："人当道情，爱我者一何可爱，憎我者一何可憎。"（见前已引《魏志·钟繇传》裴松之注引《魏略》）张升"任情不羁，其意相合者，则倾身交结，不问穷贱。如乖其志好者，虽王公大人终不屈从"（《后汉书》卷八〇下《文苑·张升传》，页2627）。情感完全支配了行为。荀粲妇色美，粲笃爱之。妇亡，粲后少时亦卒。（《世说·惑溺》二）佳人难得的爱欲、为色殉情的大哀，千载之下犹令人感动。面对汉魏之际重情思潮的流行，圣人无情的旧说就特别显得苍白无力了，遭到冲击是可以想见的。如何调和情、理二者的矛盾和冲突，是当时的思想家面临的重要问题。何晏、钟会等仍持传统的圣人无情说，说明他们缺乏会通儒道的理论创造力。

这时，王弼又一次表现出天才思想家的本色。他解析理论难点的刀，锋利无比。"圣人茂于人者神明也，同于人者五情也"二句，立刻切中了圣人无情说的肯綮，将之分解为两部分：茂于人者之神明，同于人者之五情。前者维护了圣人的崇高地位，后者揭示了圣人一样有人的自然属性。神明是智慧，五情为自然。圣人智慧超群，理解万物生于无，人之行止合乎天道；人性有善恶，情由性生，故情有正有伪。圣人的神明，是常人不可企及的。故圣人独禀异质，常人不可学不可至。然圣人亦是人，与常人一样，亦有五情，这是生而即具的自然天性。圣人无情说是违反自然的，"真人不梦"是违反常识的臆说，不管如何理论包装，终究难以服人。

王弼致荀融书，以游戏笔墨，论证圣人茂于神明然也有五情。何劭《王弼传》说："弼注《易》，颍川人荀融难弼《大衍义》。弼答其意，白书以戏之曰：'夫明足以寻极幽微，而不能去自然之性。颜子之量，孔父之所预在，然遇之不能无乐，丧之不能无哀。又常狭斯人，以为未能以情从理者也，而今乃知自然之不可革。足下之量，虽已定乎胸怀之内，然而隔踰旬朔，何其相思之多乎？故知尼父之于颜子，可以无大过矣。'""明足以寻极幽微"，指"圣人茂于人者神明"。唯圣人能知性与天道，此所谓"足以寻极幽微"也。"不能去自然之性"，义同"同于人者五情"。五情发乎人性，人性出于自然。"颜子之量"二句，即指"颜回任道，怒不过分"，孔子称赞其"怒当其理，不移易也"。即便如圣人孔子，也不能无乐无哀，譬如见颜渊有乐，丧颜渊有哀。可证圣人同于人者五情。"常狭斯人"，狭，小看也，斯人，指孔子。常小看孔子，以为他"未能以情从理"（因孔子也有乐哀），于今乃知出于自然的五情不可革除。接着戏语荀融：足下无情之量，虽定于胸怀之内，然时隔仅过旬朔，何以相思如此之多乎？别离之日不过十天半月，相思已经如此之多了。由此看来，孔子之于颜子，并无大过矣。

读王弼致荀融书，有助于理解他的圣人有情说。圣人"神明茂，故能体冲和以通无"。这一思想源于《老子》：圣人无为、无执；圣人法天、法道、法自然，具有以自然为体的大智慧，心神澹泊谦和。此为圣人无情之由。圣人五情同于常人，盖五情出于人之自然之性，自然之性不能去。此为圣人有情之源。圣人有五情，"故不能无哀乐以应物"，如孔子于颜子，见之则喜，丧之则哀。然圣人之情应物,毕竟异于常人,能"应物而无累于物",以情从理,动不违理,合道而行。此为"圣人茂于人者神明也"。今因圣人无累,便称圣人无情不复应物,失误实在是太多了。王弼圣人有情说,深思入微,环环相扣,逻辑严密,语言极简,其理论造诣之高,表达之精密圆融,无懈可击。想当初,何晏、钟会等听王弼此番议论,必诺诺而心悦诚服矣。

王弼圣人有情说,突破旧说,是全新的理论创造,既有非凡的哲学意义,也有适应潮流的现实意义。圣人有情说,化解了圣人无情说的长久的困境。后者在理论上和在实践上都不能圆满解释圣人既是人,何以无情的问题。如前所说,汉末人性觉醒,人的情感得到释放与张扬,思想与精神领域的巨变,是圣人无情说既难以阻挡,也无法解释的。王弼的圣人有情说,应精神自由的思潮而起,并为之推波助澜。当然,圣人有情说,含有以情从理的意思,即人禀五情以应物,然应物之情不能放纵无度,不能突破理的约束,否则,情为外物所累。从魏晋玄学形成的角度看,王弼的圣人有情说,会通儒道两者。与天地合德为儒家,不能去自然之性属道家,"应物而无累于物"则为玄学之新义。魏晋张扬情感的风气,名士自我标榜深情,以至称"情之所钟,正在我辈",显然与圣人有情说有关。魏晋以降文学艺术领域重在情感的抒发,更是明显的事实,与圣人有情说有莫大的关系。

四、论才性四本

所谓才性论是论人之才能与德行二者的关系。追溯魏晋才性论的起源，早在后汉灵帝时郭太品鉴人物，就已深入到人物的才能与性情关系（见本书第一章）。汉末，各路英雄竞逐天下，网罗才智之士成为当务之急，才性问题的现实意义就凸现出来了。曹操再三下令"唯才是举"，实质正是才性论。魏初品鉴人物，论今人和古人的优劣长短，形名之学流行，核心问题在校练人之才性二者关系。其实，人之才性问题与任何时代的社会现实都有直接关系，小至日常待人接物，大至国家选举用人，都会涉及人物的才性，随之产生才性统一和才性乖离两种相反的见解，这是合乎讨论问题的逻辑的。

大约在魏明帝太和年间，傅嘏喜欢论才性，原本精微，鲜能及之。由于《世说》刘孝标注才性四本论，后世多知傅嘏、李丰、王广及稍后的钟会是才性四本论的代表人物，而鲜有人知荀粲早就同傅嘏论才性。据何劭《粲别传》，荀粲与傅嘏、夏侯玄友好，粲对傅嘏说："子等在世涂间功名必胜我，但识劣我耳。"意谓你们功名胜我，但识量比我差。傅嘏责难说："能盛功名者，识也，天下孰有本不足而末有余者邪？"意思说，功名盛大，正是识量的缘故，世上哪有本不足而末有余的事？粲说："功名者，志局之所奖也，然则志局自一物耳，固非识之所独济也，我以能使子等为贵，然未必齐子等所为也。"意思说，功名是志气器量所成，但志局只是一物，本来就不是识量所能独成。志局能使你们富贵，但我未必与你们一样。荀粲与傅嘏所论，其实就是论才性。功名属于志局，志大器宏，能致功名，此是才能。识量属于德行。识量是本，功名为末。傅嘏也持这种看法，与荀粲并无不同。知，义同智，智慧，聪明，属于人之德行，为自古以来的通识。《论语·子罕》："子曰：知者不惑，仁者不忧，勇者不惧。"知、仁、勇三种德行，知列于首位。刘劭《人物志》原序说："夫圣贤之所美，莫美乎聪明，聪明之所贵，莫贵乎知人，知人诚智，则众材得其序，而庶绩之业兴矣。"以为知人是最大的智慧，能知人，各种才具之人得其所，得其用，事业就兴旺了。汉末推崇智略之士，智识、智术是人物鉴赏的重要标准。《世说》一书专设《识鉴》一门，就很能说明汉末之后对识量和智慧的推崇。

荀粲、傅嘏都赞同识量是人之德行，是根本；不同在于傅嘏持才性统一论，以为识量成就了功名，前者是本，后者是末。天下从未有智量不足，而才具太多，而功名盛大的事。荀粲则是才性分离论者，以为功名固然是才具所成，但以为志局是一物，识量另是一物，两者是分离的。

魏代讨论才性论，固然有它的哲学意义，但更重要的是才性论的现实意义。中正品评人物，朝廷选官用人，都说明才性论在当时直接服务现实。前文对此问题有过论述，这里不重复。

正始时，才性论发展到成熟的阶段，青年才俊钟会是才性论的集大成者。《世说·文学》九刘孝标注引《魏志》说："（傅）嘏尝论才性同异，钟会集而论之。"又注引《傅子》说："司隶钟会年甚少，嘏以明知交会。"《世说·文学》五载，钟会撰《四本论》始毕，往访嵇康。刘孝标注引《魏志》说："会论才性同异，传于世。"接着解释《四本论》："《四本》者，言才性同，才性异，才性合，才性离也。尚书傅嘏论同，中书令李丰论异，侍郎钟会论合，屯骑校尉王广论离。"合以上几处文献，大体能了解才性四本是指才性论有四派，以及各派的代表人物。而嵇康亦善论才性，否则钟会不会怀挟《四本论》造访之。

关于傅嘏论才性，前文已有述论，此处叙论李丰、王广、钟会三人。

李丰字安国，始为白衣，时年十七八，在邺下亦有清名。他精于识别、鉴赏人物，海内翕然称之。后随曹叡军在许昌，声誉日隆。曹叡为太子，李丰为文学。及叡即位（明帝），得吴降人，问江东闻中国名士为谁。降者答："闻有李安国者。"是时丰为黄门侍郎，明帝问左右安国所在，左右公卿以丰对。明帝说："丰名乃被于吴越耶？"（《魏志·夏侯玄传》裴注引《魏略》）明帝时，李丰与卢毓曾论才性（见第二章"魏初清谈述论"），由此可知李丰论才性异。

王广为王凌之子，"有风量才学，名重当世。与傅嘏等论才性同异，行于世。"（《世说·贤媛》九刘孝标注引《魏氏春秋》）刘孝标说王广论才性离。离，指才与性两者不合而离也。至于王广论离的详情，无可考见。又《魏志·王凌传》说："广有志尚学行，死时年四十余。"王凌于嘉平三年（251）自杀，广亦被诛。据此推算，王广当生于建安中，年龄与何晏、傅嘏相近。既然傅嘏、卢毓、李丰等早在魏明帝时就已论才性，广年龄又与傅嘏等相若，则广始论才性，时在正始之前。

钟会年辈小于傅嘏等，其论才性，必在正始之初，年龄大概刚及冠。傅嘏欣赏钟会聪慧，才智出众，乐与之为忘年交。傅嘏为当世名臣，又精练名理，钟会自然也乐与长者交。傅嘏论才性同异，钟会集而论之，主张才性合，与傅嘏论才性同相契合，受长者的影响是无疑的。

上文说过钟会的学术涵盖三个领域：《易》、《老》、才性论。这里述论他的才性论。《世说·文学》刘孝标注引《魏志》说，钟会论才性同异，传于世。可惜，"传于世"的才性论早已不传了。《魏志·钟会传》介绍钟会的学术，说："会尝论《易》无互体，才性同异。及会死后，于会家得书二十篇，名曰《道论》，而实刑名家也。"遗憾《道论》也早不传，留下的只有对《道论》的评价"实刑名家"一语。《钟会传》说："（会）及壮，有才数技艺，而博学精练名理，以夜继昼，由是获声誉。"精练名理当指才性论，才性论属于形名之学。可以肯定，不传的《道论》，当论才性同异。钟会虽是名公之子，可他的声誉，主要是通过日夜精练名理获得的，并非凭藉父亲钟繇的声名。钟会一生潜心于政治、军事、权谋，才智杰出，司马师赞其为"王佐才"，这同他的精练名理的学术志趣极有关系。

关于魏末论才性四本的政治文化背景，陈寅恪先生《书〈世说新语·文学类〉"钟会撰〈四本论〉始毕"条后》一文，揭示《四本论》同异离合的政治派别，以为傅嘏、钟会皆司马氏之死党，其持论与东汉士大夫理想相合，故主才性同、合；王广、李丰乃司马氏之政敌，其持论与孟德求才三令之主旨符合。[1]简言之，才性统一论者党司马氏，才性离异论者党曹氏。寅恪先生又指出："当魏晋兴亡递嬗之际，曹氏、司马氏两党皆作殊死之斗争，不独见于其所行所为，亦见于其所言所著……清谈在其前期乃一政治

---

1 孟德求才三令，指建安十五年（210）春曹操下求贤令，"唯才是举"。建安十九年、建安二十二年又两次下令，举"或不仁不孝而有治国用兵之术者"。

上党派分野向背从违之宣言，而非空谈或纸上之文学，亦可以无疑矣。"

寅恪先生目光如炬，看出魏末才性四本论者的党派之分，可谓发千年未发之覆。才性论原来就与汉魏之际的授官制度密不可分，曹操求贤三令是最典型的才性不统一论。"有行之士，未必能进取；进取之士，未必能有行也。"[1]"负污辱之名，见笑之行，或不仁不孝而有治国用兵之术。其各举所知，勿有所遗。"曹操的"唯才是举"，与东汉举孝廉的取士制度背道而驰。曹操之所以主张才性离异，举贤勿拘品性，原因是汉魏之际，各方政治军事集团逐鹿中原，迫切需求英雄及才智之士。此点众所周知，不赘述。

以曹党、司马党争斗的政治背景，解释才性四本论，参证傅嘏、李丰、王广、钟会四人的整体上的政治站队，寅恪先生的论断，是有说服力的。不过，一概以党派背景解释才性四本论，恐怕也有滞碍难通的地方。例如曹党重要人物夏侯玄，正始初，曹爽辅政，玄为中护军，掌握选拔武官之权。司马懿曾问玄时事，玄议论选举用人问题，说："夫孝行著于家门，岂不忠恪于在官乎？仁恕称于九族，岂不达于为政乎？义断行于乡党，岂不堪于事任乎？三者之类，取于中正，虽不处其官名，斯任官可知矣。"（详见《三国志·魏志·夏侯玄传》，页295）夏侯玄所议三者（仁、孝、义）可以做官，实际上主张才性同，且置才性优为第一位。所以，才性四本论的分野原因是复杂的。

鄙人觉得探讨才性四本论，有二点尚须补充：一是考察才性

---

[1] 以上二句中的"行"，指品行、德行。才性，义同才行。

论时，须注意先后时间的因素；二是不能忽略才性论本身的学术性质。

谈论才性问题的时间较长。不算曹操、曹丕执政时期，就从魏明帝太和初算起，至正始之末，也至少历时二十余年。明帝时，卢毓与李丰论才性同异，此时朝臣尚未到必须站队曹氏或司马氏的时候。卢毓以为才性同，非是司马党；李丰持论才性异，亦非曹党。李丰虽与卢毓持论不同，但当卢毓解释选举人物"先举性行，而后言才"的道理之后，李丰又服卢毓之言。说明此时论才性同异的背后，还不存在明显的党派分野。

又比如钟会，在正始之初因精练名理而获声誉。钟会当时很年轻，未必就是司马党人。再者，何晏论圣人无喜怒哀乐，其论甚精，钟会述之。何晏此时已是曹党中重要人物，钟会聪敏，不会不察。若钟会已是司马党人，恐怕不太会佩服何晏，且与之同一论调，述圣人无情说。《世说·文学》五记钟会撰《四本论》始毕，怀之而诣嵇康。不知此事发生的确切时间，其在正始之后则可肯定。嵇康特别讨厌钟会，可见后者已是司马党无疑。举钟会的例子，意在说明讨论才性《四本论》的政治背景时，要考虑时间先后的问题。凡是与当代政治有内在关联的学术问题，都必须注意并确定学者辩论的时间坐标。

才性论一开始就与现实有关。当这个论题从形下的性质，慢慢趋向义理精微，而学者又日夜不息精练它的人性奥秘内涵的时候，它的学术性的内核就越来越突出了。常识性的事实是：人性非常复杂，现实生活中有德无才，有才无德者比比皆是。才性不统一的现象，远远多于才性合、才性同者。曹操以陈平、苏秦为例，说明才性不合："陈平岂笃行，苏秦岂守信耶？而陈平定汉业，苏秦济弱燕，由此言之，士有偏短，庸可废乎？"谁能说曹操所言非事实？谁能说清楚陈平、苏秦为何性短才长？才性四本，在魏末确有现实政治的背景，不过，也不能忽略它的学术意义，即属于"性与天道"的形上哲学问题。只有具有学术意义的论题，才会引起世代学者不断探究的兴趣。甚至在东晋和南朝，《四本论》仍是清谈家的老题目。说明这个论题义理精微，具有不断探索的空间和长久的学术价值。

五、如何评价正始玄学及清谈

如前所述，魏晋玄学与清谈是汉代旧学合乎逻辑的嬗变的结果。嬗变的过程是渐进的，经历了长达百年的时光。其间在不同地域，出现了许多政治身份不同、家世各异，学术喜好不一的学者和思想者。因此，梳理、评价正始玄学与清谈，应该考虑时间性及学者的学术背景。当然，学术背景包括政治立场。譬如在魏末，忠于曹氏，还是依附司马氏。同时也要注意，政治立场固然会影响学术取舍，甚至在一定的条件下起到决定性的作用，即使如此，也不可以在政治立场与学术取舍之间划等号。这样说，依据以下几个理由。

其一，最高统治者若有气度，理解学术并不完全等同于政治的道理，则自会宽容异见，容忍不同的学术观点。其二，并不是所有的学术领域都与当代政治有联系。譬如《周易》本是卜筮之书，不是为某一个朝代量身定制的政治辅助纲领。汉代众多的《易》学派别，如孟喜《易》、京房《易》、费直《易》、郑玄《易》，还有卦气说、太易说……如果非要追索每个学派的政治背景，终究是穿凿，吃力不讨好。其三，朝代短命，学术长久。传统学术如儒家五经、道家《老》《庄》，源远流长，积淀深厚，早已形成相对稳固的注释传统，影响了一代代的学人。相比学术传统，朝代的生命短促得多。生命力强大、持久的学术传统，能穿越政治制度不同的朝代，依其自身的逻辑，不断变化发展。尽管有时受政治的或大或小的影响，但它的道统与学统，如千年老树，虽经风雨摧折，犹能萌发新枝。其四，纯粹的哲学家，喜爱形上之学，思索性与天道，乃是他们的生命的全部意义。研究魏晋玄学和正始清谈盛行的原因，至少不能忽略以上所说的几个理由。

讨论正始玄学及清谈流行的原因，多数著作从传统学术由汉至魏的嬗变，加以解释。只有王葆玹《正始玄学》一书，花了大量篇幅，叙述正始玄学的社会政治背景，提出正始玄学的政治基础是"正始改制"[1]。王氏用心探索正始玄学与彼时政治的关系，得出了不少前人未及的见解，于魏晋玄学研究者来说，不无启发意义。然而，魏晋玄学的兴起原因相当复杂，早在魏明帝太和初，玄学就已处萌芽中。王氏所说的"正始改制"仅有短短四年，就能作为正始玄学的政治基础，恐怕是缺乏说服力的。何况，何晏、王弼、钟会等人的玄学著作的写作年代，很难确定。再者，陈寿《三国志》及裴注引的《傅子》《魏略》《魏志》等书，站在胜利者

---

1 王葆玹说："正始改制"刺激了玄学的兴起，"正始玄学的政治基础是正始五年至八年的正始改制"。详见《正始玄学》，页106—107。

司马氏一边，评价夏侯玄、何晏及其他属于曹爽集团的众多名士，多有不实之词。上述种种因素，都会影响到真实历史的复原。而精神世界"玄之又玄"，比魏末的政治形势更加复杂。

魏晋清谈的有些论题，与现实政治相关。例如论肉刑、论仁孝、论君父先后、论三皇五帝、论古今人物优劣。魏初形名之学和论人物情性，为现实政治服务，尚属于形下之学。而刘劭《人物志》和傅嘏校练名理，开始趋于抽象。正始年间钟会承傅嘏之后，论才性四本，是正始玄学的重要内容。考察才性论的发生发展史，从选举制度的需要，发展为抽象玄远之学，就很难说与所谓正始五年之后的改制有关。至于另外一些论题，如论以无为本、言意之辨、圣人无情有情，都属于玄远之学，虚无之谈，不见得与"正始改制"有关。何况夏侯玄论玄，何晏论无名无为，时在正始之前。

正始玄学的代表人物王弼，注《老子》与《易》，源于学术传统，又能会通儒道。称他的玄学为所谓的改制服务，好像他的《易》注多为陈述时弊，为改制指明了方向，那简直辱没了这位史上罕见的天才。王弼的玄学，是一朵空灵的思想之花，为什么要把她插在争夺权位、党派互殴的粪土上呢？真实的王弼为思想而生，不是为政治而活。他的年轻的生命意识，太过于痴迷性与天道，对俗世几乎无感。哪有兴趣为所谓的改制，提供什么理论呢？王弼觐见曹爽，好像完全忘记了此行须要陈述的事，却长时间同爽大谈虚无之道，以致被对方嗤笑。这个很有点可笑的故事，最能说明王弼不懂人情世故。何劭《王弼传》说："时（曹）爽专朝政，党与共相进用，弼通俊不治名高。"别人都在结党营私向上爬，王弼却不想获取虚誉。原先，何晏打算让王弼做黄门侍郎，结果，曹爽用了王黎。不久，王黎病亡，曹爽用王沈代王黎，而以王弼补台郎。何晏为之叹恨。王弼在官场物情既浅，办事能力又非擅长，就更加不留意仕宦得失。他擅长论儒道，乐游宴，解音律，善投壶，而且"颇以所长笑人，故时为士君子所疾"。这么一个痴迷精微哲理，入世浅又不谙人情，淡薄虚名，没有实干之才，喜欢游玩，又颇以所长讥笑别人的呆子，怎么可能挂怀什么"正始改制"，充当改制的精神领袖呢？

汤用彤先生在谈到"魏晋玄学之发生与发展"问题时说："我不打算从历史上实际政治影响等去分析这个时代的背景，当作思潮发生的原因，却想专就这个思潮的本身来试行解剖。"[1]汤先生不谈当时的政治如何影响魏晋玄学，而是专就汉魏之际学术思潮本身来剖析玄学的发生与发展，原因恐怕不是顾忌实际政治的影响过于复杂而有意避开，而是认识到从思想史、学术史的进程去剖析，更合乎思想演进的逻辑。魏晋玄学由汉学嬗变为新学，梳理它的源流，分析学术链上出现的代表性思想家的学术成就，清理其间的传承与变化，远比论证什么实际政治的一时影响来得深刻和有价值。

历来关于正始玄学及清谈的评价，异说纷纭。众所周知，魏晋玄学与清谈，鼎盛于正始，也衰落于正始。思想之花，一时盛开，转瞬凋零，堪称历史的奇观。为什么如此？是司马氏毁灭曹爽集团，以至"名士减半"？还是魏晋玄学盛极而衰？

魏晋清谈史

---

1 详见汤用彤《魏晋思想的发展》，载《汤用彤学术论文集》，页297。

鄙人以为，上面二个原因都可以成立。司马氏诛灭曹爽集团，目的是篡夺政权，并不是要终止处于鼎盛的玄学及清谈。曹爽、何晏、邓飏等人，是曹氏政权的主柱，同时是当时玄谈的组织者。何晏是一流的玄学家，清谈领袖。邓飏、李丰等名士，也多属曹党中人。司马氏杀戮政治对手的同时，"名士减半"，洛阳的谈席，随之烟消云散，那是必然的结果。洛阳之外的清谈，也许还有，那也只是小小的爝火而已，史书中已看不见了。随着司马氏实际控制了政权，学风随之改变。《魏志·王昶传》说："嘉平初，太傅司马宣王既诛曹爽，乃奏博问大臣得失。昶陈治略五事，其一欲崇道笃学，抑绝浮华，使国子入太学而修庠序。""崇道笃学"之道，谓儒道；学，谓儒学。"抑绝浮华"之浮华，当指热衷谈论虚无。如果说，实际政治影响思想与学术，则司马氏诛灭曹爽集团，致使正始清谈声消光绝，是非常典型的事例。

正始清谈一时消失，从玄学本身分析，乃是因为魏晋玄学业已完成并发展至鼎盛。盛极而衰是宇宙的普遍规律，无论物质或精神皆如此。王弼的玄学理论，已至严密精妙的境界，来者难以为继。历史的形态在许多时候表现为偶然和匪夷所思。王弼的生命，如夜晚的流星，灿烂而短促，便是一桩匪夷所思之事。在短短的不到十年的时间里，王弼注《老子》、注《易》，快手做绝活，无论玄理和玄谈，都独步当时。然曾几何时，王弼遇疾而亡，年仅二十余。天才一旦消失，魏晋玄学止步不前。后人徘徊在由他构筑的玄学殿堂里，觉得精致玄妙，深邃难测。遐想着王弼的年轻而睿智的面影，还有夏侯玄、何晏、管辂等人的神韵各异，未免会多情良久。

后人评价正始玄学与清谈，毁誉参半。誉之者如晋初王衍，十分看重何晏、王弼的贵无之论。西晋永嘉末，卫玠渡江投豫章王敦，与敦长史谢鲲清谈。敦对鲲说："不意永嘉之中，复闻正始之音。"东晋初期丞相王导与殷浩清谈，叹曰："正始之音正当尔耳！"唐初陈子昂称赞东方虬的《咏孤桐篇》诗有金石声，说："不图正始之音，复睹于兹。"正始之音，被悬为谈论与诗文的高标，可见其正面影响巨大。

相反，诋毁正始之音者亦历代有之。例如东晋范宁，激烈攻击王弼、何晏，以为"二人之罪深于桀、纣"。说他们"蔑弃典文"，"不遵礼度"，并将他们比作为孔子所诛的少正卯，太公所戮的华士，甚至把中原倾覆的历史巨变的责任也归咎于玄学和清谈。范宁无视事实，诋毁王、何亦太过分了！王、何固然贵虚无，推崇老子，但不诋毁孔子和儒学。正始名士并非如后来的元康之徒，蔑视礼法，以任诞为高。王弼的玄学理论，讲有无本末，对精神世界的认识，比儒学深刻得多，成为与汉学及后来的宋学鼎足而三的学问，是中国思想史上的重要阶段。中国美学，以及诗文、书法、绘画等领域，吸取玄学的营养，具有独特的美学风貌，更是无可否认的事实。至于西晋覆灭，中原沦丧，根本原因在西晋王室内乱内斗，岂是正始玄学之罪？把历史上的大灾难归咎于思想家或是某一种思潮，往往有违历史真实，不能解释历史进程的真正原因。从来的哲学家，尤其如王弼那种纯粹的哲学家，不过是以他的卓杰的智慧和深刻的思考影响精神世界，岂有改造物质世界的能力？

六、结语

所谓正始之音，是指发生在曹魏正始年间的清谈高峰。这时，魏晋玄学趋于成熟，出现了王弼、何晏、夏侯玄为代表的杰出的哲学家。他们热衷于谈本末有无，谈"三玄"，谈凡圣的区别，谈才性四本，无不义理精微，言辞高妙。早在西晋末年，正始之音就成为清谈家赞美和向往的典范。唐宋之后，正始之音成为中国学术史和艺术史上的熟典，其含义不断扩大。[1]正确地描述并理解正始之音，我以为应该注意以下几点。

一、正始之音的出现，是汉代学术与谈论风气的合乎逻辑的发展结果，绝非突然而起。儒学的变化及其与道家学说的会通，标志着魏晋玄学建构的完成。从此，中国哲学进入以玄学为主流的历史发展阶段。正始思想家王弼、何晏、夏侯玄，都不诋毁儒学，儒学依旧保持着原有的尊严，孔子的圣人地位巍然不动，但他在一定程度上被改造过了。

二、王弼、何晏是魏晋玄学的奠基者。其实，夏侯玄也是玄学的奠基者。他年辈较长，出身高贵，地位尊崇，为正始名士之冠。他的《本玄论》同样是魏晋玄学的奠基石。可惜此文早佚，其内容不得其详。

三、正始清谈主要发生在京师洛阳。曹爽、曹羲、何晏、夏侯玄是京师清谈的组织者与主持人。王弼则是首屈一指的清谈家。

---

1 关于正始之音的本义及在后世含义的变化，可参看刘小兵《唐代文学与竹林七贤》一书的附录《正始之音考辨》，郑州大学出版社，2016年，页239—253。

容易忽略的则是裴徽。正始前期，裴徽在京师，谈客盈门。正始后期，裴徽外任冀州刺史，是冀州清谈的组织者。冀州清谈人物最著名者管辂，还有管辂的同乡刘寔、刘智兄弟。故正始清谈之盛，也体现在洛阳之外的其他州郡。当时清谈的地域之广，人数之多，超出今人的想象。

四、正始时期谈"三玄"，已成气候。其中，谈《易》的历史最长，《易》学家最多。汉末之后，《易》学大致分象数、义理两派。何晏、邓飏、王弼、钟会属义理派，荀融、荀顗为象数派。管辂为魏代一流《易》学家，依据爻象占卜，可归之为象数派。但他又兼善《易》义，超越爻象。说明爻象与义理可以相通，亦能兼善。

五、正始清谈高潮的出现，主要是魏晋玄学形成所致，应该多从汉魏学术的嬗变，儒道的会通等方面加以阐释。玄学的成熟固然与现实政治文化有所关联，但这种关联是间接的，隐蔽的。不宜以某人的党派归属，来解释他的学术观点。把王弼说成是正始政体改革的"精神领袖"，那是不真实的。即或才性四本有明显的党派纷争的背景，也不宜机械地看问题。应该以学术随时而变的角度，从人物的思想渊源、学术个性等方面解释问题，可能更为妥当。

第五章

微言未绝正始后

　　魏齐王曹芳嘉平元年（249）春正月，司马懿父子发动高平陵政变，一举歼灭曹爽集团，顷刻间名士减半。不久，玄学的精神领袖王弼病亡，大名士夏侯玄为避祸计，不畜笔砚。突如其来的狂风暴雨，洛阳的谈席扫荡殆尽。幸存的谈玄之士，在严酷的政治文化氛围中，闭嘴都来不及，何来兴致辩论有无本末？曾经亲历正始玄谈难忘岁月的卫瓘，赞叹晋初的一流清谈家乐广："自昔诸人没已来，常恐微言将绝，今乃复闻斯言于君矣。"（《世说·赏誉》二三）卫瓘之言，反映了何晏、王弼既没之后，玄谈将要断绝的真相。然"将绝"并非"已绝"，正始之后清谈确实式微了，可是傅嘏、卢毓、钟会等才性论者还在，这些人得到司马氏信任，有着很高的政治地位，经常共谈的场面或许难得，三三两两的谈论想必不会绝迹。如果把视域扩大到洛阳之外，会发现在大河之北的竹林中，栖隐着以嵇康为首的小小的一群名士，他们在饮酒、游览的同时，谈论各种学术问题。这些竹林中的隐士，成了魏晋玄学与清谈的主要代表。与正始之音相比，竹林名士开拓并丰富了玄学与清谈的内容，表现出新的文化意义，从而有力地证明：正始之后的微言，将绝而未绝。

一、洛阳清谈考述

魏国初建，出身低贱的曹氏，开始向文化世家转变。魏之三祖，即魏武帝曹操、魏文帝曹丕、魏明帝曹叡，诗文创作的成绩彪炳千古，文采风流，其他文化大族望尘莫及，真可谓蝶化庄周，匪夷所思。文帝曹丕特具文士气质，其为太子之后，有意识地充当学术研究及文学创作的中心人物，经常召集幕僚辩论文义，评论古今人物，形名之学盛行一时，在中国思想史上影响深远。明帝曹叡、齐王曹芳、高贵乡公曹髦，继承父祖遗风，与臣僚中的学士谈论经学，评论人物。由执政者曹氏主持的君臣共谈，多谈儒家经典，与玄学家一味谈论玄虚不同，属于所谓"金华殿语"，目的在于引领学风，经世致用。即使在玄风鼎盛的正始年间，齐王曹芳于正始五年讲"《尚书》经通"。七年，讲《礼记通》。八年，何晏上奏"讲论经义"。（以上见《魏志·齐王曹芳纪》）何晏之奏说明，玄学家在大谈《老子》的同时，仍然不忘诵圣宗经。当然，后者是政治的需要。

高贵乡公曹髦，年少好学。甘露元年（256），宴群臣于太极殿东堂，与荀顗、崔赞、袁亮、钟毓、虞松等讲述礼典，评论古代帝王优劣。曹髦因问荀顗等：夏少康与汉高祖，谁宜为先？顗答高祖为先。曹髦以为"宜高夏康而下汉祖"，并命荀顗诸人详论之。明日，荀顗、袁亮等再议，以为"少康布德，仁者之英也；

高祖任力，智者之俊也"。结论是少康为优。但崔赞、钟毓、虞松等所议与荀顗、袁亮等不同，以为"论德则少康优，课功则高祖多，语资则少康易，校时则高祖难"，以为高祖功多且创业难，宜为优。听完双方不同议论，曹髦裁断，仍以少康为优，依据是"太上立德，其次立功"，汉祖功高，未若少康盛德之茂；又说旧文残缺，若古时坟典俱存，岂有异同之论？于是群臣咸悦服，侍郎钟会退论其次。[1]

曹髦与群臣评论夏少康与汉高祖的优劣，与乃祖文帝曹丕集诸儒讲论大义，论汉文帝贤及贾谊聪明，由是著《太宗论》一脉相承。曹髦在史料不存的情况下，从德、仁、勇等方面论夏少康与汉高祖二君孰先孰后，理完气足，由此可见这位少帝确实好学聪敏。此次讲论古代帝王，在座者还有钟会。讲理完毕，钟会退论其次，也就是回去整理成文。[2]我猜测所以由钟会执笔，原因是钟会以精练名理著称，而论帝王优劣，属于才性论范畴，由他执笔成文，是最佳人选。《魏氏春秋》记述曹髦与诸臣议论，详细有条理，完全抄录经钟会整理编辑的论文。

同一年，曹髦幸太学，问诸儒有关《易》学的几个问题，《易》博士淳于俊或能答，或不能答。说明曹髦所提的问题有一定深度，对《易》学有研究，不是仅得皮毛而已。讲《易》毕，曹髦又命讲《尚书》，对郑玄注异于王肃注，提出疑问。博士庾峻应

---

[1] 以上见《三国志·三少帝纪》裴松之注引《魏氏春秋》，《三国志》，页134、135。
[2] 钟会《太极东堂夏少康汉高祖论》（见严可均校辑《全三国文》卷二五），即是这次辩论经整理而成的记录。

对。《尚书》云："知人则哲，能官人。"曹髦表示疑问："若尧疑鲧，试之九年，官人失叙，何得谓之圣哲？"又质疑《尚书》"知人则哲"的说法。庾峻答："此皆先贤所疑，非臣寡见所能究论。"接着，曹髦又提出"尧既闻舜而不登用，又时忠臣亦不进达"的问题。庾峻没法回答，老实承认："非臣愚见所能逮及。"曹髦当时年仅十五，[1]已经非常熟悉儒家的经典，所提出的问题，博士也不能对，其深思好学是罕见的。裴松之又注引傅畅《晋诸公赞》说："帝尝与中护军司马望、侍中王沈、散骑常侍裴秀、黄门侍郎钟会等讲宴于东堂，并属文论。名秀为儒林丈人，沈为文籍先生，（司马）望、（钟）会亦各有名号。帝性急，请召欲速。（裴）秀等在内职，到得及时，以望在外，特给追锋车，虎贲卒五人，每有集会，望辄奔驰而至。"由于曹髦好学，宫内的东堂成为讲论经义和赋诗作文的文化中心，周围有司马望、裴秀等著名文士与谈客。君臣讲论儒家经义，评论古代帝王长短，属于魏初形名学的余绪。

　　魏末，司马昭掌控朝政，是实际上的君王。他也喜欢与府中的臣僚清谈，或谈历史，或谈政治，或评论人物。《魏志·李通传》注引王隐《晋书》，记曹魏功勋李通之兄绪子李秉，有俊才，曾答司马文王（昭）之问。李秉昔年曾侍坐于司马昭，当时有三长吏都在场。临辞别，司马昭说："为官长当清，当慎，当勤，修此三者，何患不治乎？"三长史并受诏。既出，司马昭回头问李秉等："我刚赐的诫敕，是否应该如此？"侍坐臣僚，无不赞善。司

1《魏志·三少帝纪》裴松之注引《帝集》载帝（曹髦）自述生年为正始三年（242）九月，至甘露元年（256），为十五岁。

马昭又问："必不得已，于斯三者何先？"有人回答："清固为本。"
接着又问李秉，秉回答："清慎之道，相须而成，必不得已，慎乃
为大。夫清者不必慎，慎者必自清，亦由仁者必有勇，勇者不必
有仁。是以《易》称括囊无咎，藉用白茅，皆慎之至也。"司马昭
赞许说："卿言说对了。可举近世能慎者是谁啊？"众人未知所对。
李秉乃举故太尉荀景倩、尚书董仲连、仆射王公仲，以为三人皆
可称慎。司马昭说："此诸人者，温恭朝夕，执事有恪，亦各其
慎也。然天下之至慎，其惟阮嗣宗乎！每与之言，言及玄远，而
未曾评论时事，臧否人物，真可谓至慎矣。"（《三国志》，页536）
以上记司马昭与李秉关于为官当清、慎、勤三者的修养，当以慎
为大，前者并认为阮籍为"天下之至慎"。司马昭与李秉谈论人之
修养当以慎为先，是典型的雅谈美论，属于名理之学的范畴。

何晏、王弼既没之后，贵尚虚无的玄谈肯定式微了。卫瓘所
说的将绝之"微言"，无疑指虚无之谈。至于论才性及人物评论，
往往与政治有关联；假若再举起诵圣宗经的旗帜，得到统治者的
宽容，一般是不会断绝的。论才性的先辈傅嘏，卒于高贵乡公曹
髦正元二年（255），而其时思想界的新星钟会，集傅嘏论才性
同异而论之。从钟会撰《四本论》始毕，怀之欲会嵇康一事（见
《世说·文学》五）推测，时间大概在正始之后的嘉平或正元初，
傅嘏尚在，钟会与这位前辈关系甚好，两人讨论才性论是完全可
能的。

魏代论才性的主要人物除傅嘏、李丰、王广、钟会之外，尚
有袁准，也撰有《才性论》，说："凡万物生于天地之间，有美
有恶。物何故美？清气之所生也。物何故恶？浊气之所施也……

贤不肖者，人之性也。贤者为师，不肖者为资，师资之材也。然则性言其质，才名其用，明矣。"（《艺文类聚》卷二一，文渊阁《四库全书本》）以为人之美恶，源于气之清浊。人之性有贤与不肖，性言其质，质为本，才名其用。才性是体用关系。袁准字孝尼，所作《才性论》不知在何年。考袁准同阮籍、嵇康都有交往。景元三年（262），魏朝封司马昭为公，昭故作谦让，公卿劝进，司空郑冲派人求阮籍写劝进文，籍时在袁孝尼家，宿醉扶起，挥笔作劝进文，时人以为神笔。（《世说·文学》六七）景元四年（263），嵇康被杀，临刑索琴奏《广陵散》，曲终，叹息道："袁孝尼尝请学此散，吾靳固不与，《广陵散》于今绝矣！"以上二事，说明阮籍、嵇康与袁准关系甚密，据此判断，袁准作《才性论》最有可能在嘉平之后。

再者，中朝清谈名士中的几个年长者如裴楷、乐广，若考述他们早期的经历，也能证明嘉平至晋初约二十年间的清谈，虽大不如王、何的精微玄妙，但总是将绝而未绝。

二、竹林清谈事迹考论

继何晏、夏侯玄、王弼等正始名士之后，出现阮籍、嵇康为首的一群名士，史称"竹林七贤"。在嵇、阮生活的时代，不存在所谓"竹林七贤"之名。"竹林七贤"之名见诸世，可能迟至东晋中期。孙盛《魏氏春秋》说："（嵇）康寓居河内之山阳县，与之游者，未尝见其喜愠之色。与陈留阮籍、河内山涛、河南向秀、籍兄子咸、琅邪王戎、沛县刘伶相与友善，游于竹林，号为七贤。"（《三国志·魏志·王粲传》裴注引，页606）又陶渊明《圣贤群附录》下称阮籍、嵇康等七人，"魏嘉平中，并居河内山阳，共为竹林之游，世号'竹林七贤'。"上述二书之外，江左记载竹林七贤的著作还有各家《晋书》、戴逵《竹林七贤传》、袁宏《名士传》、孟仲晖《七贤传》、谢万《七贤嵇中散传》、顾恺之《画赞》、孙统《七贤传》等，可见竹林七贤在东晋时影响已经很普遍了。[1]

东晋袁宏《名士传》以时间先后区分魏晋名士为正始名士、竹林名士、中朝名士，大体上符合这三个历史阶段的名士行为与思想的时代特点，因之后世基本认同，少有异议。但若以某个名士而言，这样的区分就显得有点笼统。譬如竹林名士王戎，生于魏明帝青龙二年（234），嘉平中嵇康、阮籍、向秀等游于康所居山阳县时，王戎年未弱冠。王戎一生的主要活动在西晋，清谈也在西晋为多，把他归为中朝名士亦未尝不可。又譬如竹林七贤中最年长者山涛，年龄比夏侯玄还要大，在魏代生活长达四十余年，到了西晋官越做越大。可是袁宏既不称山涛为正始名士，也不把他放在中朝名士之列，而称其为竹林名士。也许袁宏觉得山涛与嵇康、阮籍交游的故事，比他为司马氏荐举人才的业绩更有趣。

---

[1] 近世陈寅恪先生撰《陶渊明之思想与清谈之关系》一文，论竹林七贤始有新见，以为"竹林七贤"之名乃是天竺佛教名词和中土"事数"风气的混合体，东晋初年乃取天竺竹林之名加于"七贤"之上，再附会地方名胜如《水经注》、郭缘生《述征记》中嵇康故居有遗竹之类。后有杨勇《世说新语校笺》引寅恪先生说，谓"竹林"乃"寺院代名词"。鄙人昔年先校释《世说》，后撰《世说新语索解》一书，质疑上述说法，以为竹林乃是实有之景，竹林之游为实录。

竹林名士聚于竹林的时间不长，随着嵇康杀、阮籍亡，七贤风流云散。即使从嘉平之初算起，至景元之末，也不过十余年时间。他们真正在一起的时间更短，真是聚散匆匆。魏晋文史资料，少有竹林名士聚而清谈的记载。史籍阙如，必然会影响到后人对竹林清谈的认识与评价，有的甚至认为竹林七贤与魏晋清谈无关。例如台湾学者何启民撰《竹林七贤研究》，就持此种看法。他说："谈、理并得，有如何晏、王弼者是。若但说而无才理，斯为下矣。犹有谈名，有如丁谧、邓飏者是。若但笔之于书，若阮籍、嵇康、向秀，将何足名为谈家？何足以代表魏时谈风之名士？"[1] 以为阮籍、嵇康、向秀只是写理论文章而不谈论，不足以称清谈家，不足以代表魏时清谈之群士。

何氏又举卫瓘赞叹乐广清谈之言："昔何平叔诸人没，常谓清言尽矣，今复闻之于君。"以此为依据，称嵇康等非是谈中人；若嵇康等是谈中人，卫瓘必不会这样说。何氏又说，嵇康入仕，大概在正始之朝，与何晏有戚属关系，凭藉长乐亭主婿的身份，做了中散大夫，若稍稍能谈，也容易得名，而今无有谈名，是何原因呢？何氏最后又据王戎评论王祥，"居在正始中，不在能言之流，及与之言，理中清远"，得出"不仅可证谈非易事，且可证戎亦非其类也"的结论。（《竹林七贤研究》，页169、170）

总之，何氏以为阮籍、嵇康、向秀，甚至王戎，在魏时都不足以称谈客。何氏的上述看法，与竹林七贤的事实不符，推论也

1 何启民《竹林七贤研究》，台湾学生书局有限公司，1978年6月三版，页169。

是缺乏说服力的。

以下依次考论嵇康、阮籍、山涛、向秀、王戎五人的清谈事迹。刘伶、阮咸二人留给后世的只有饮酒任诞的故事，本文存而不论。同时，对所谓竹林七贤与清谈无关的说法进行辨析。

1.嵇康（223—262）。嵇康在整个魏晋清谈史上算得是一流人物。他的玄学理论涉及到多个领域，诸如论养生、论声无哀乐、论才性、论宅无吉凶、论神仙有无。关于他的理论造诣，拟在后文再论，先考述其清谈事迹。

《晋书》卷四九《嵇康传》说："康善谈理，又能属文，其高情远趣，率然玄远。"善谈理，能属文，汉末以来就成为人物品鉴的完美标准。何启民以为何晏、王弼等谈论的代表，"莫不骋辞设论，应机说理，而谈、理并得"，而嵇康只是笔之于书，不谈说。《嵇康传》明明说"康善谈理，又能属文"，何氏为什么视而不见？真是怪事。

嵇康的仕宦经历很简单，《晋书·嵇康传》唯有"与魏宗室婚，拜中散大夫"二句。正始时何晏、王弼清谈正盛，而正值青春年华的嵇康，这时在洛阳呢，还是在别的地方？何启民《竹林七贤研究》书后附录《竹林七贤年谱》，正始年间的嵇康除正始十年（249）生女一事之外，其余年份皆无事可书。史籍遗落，只能这样编年。这好理解。但不能因为无有史料，就说嵇康在正始时只是作论文而不谈说。这个结论不合逻辑。

"高情远致，率然玄远"二语，既是嵇康的自由精神，也是他的理论旨趣。《嵇康传》说康"长好《老》《庄》"，他作书与山涛，自称"老子、庄子，吾之师也"，可知他的向往隐逸和性好自然的情趣，皆源于《老》《庄》。

实际上细读《世说》及刘孝标注，会发现嵇康清谈的事迹。例如《世说·言语》一五：

> 嵇中散语赵景真："卿瞳子白黑分明，有白起之风，恨量小狭。"赵云："尺表能审玑衡之度，寸管能测往复之气。何必在大，但问识何如耳。"

嵇康与赵至谈论瞳子，实质是论人物品鉴中的形神及本末问题。刘劭《人物志》说："征神见貌，情发于目。"观人之瞳子，可以知人之心灵。这也是蒋济《眸子论》的主旨。嵇康由赵至的眸子白黑分明之形，以为有白起之风，得出才具狭小的评价。"恨量小狭"之"量"，当指才能。《蜀志·诸葛亮传》说，刘备以亮有"殊量"，乃三顾亮于草庐之中。刘孝标注引严尤《三将叙》，有"瞳子白黑分明者，见事明也"的说法。"见事明"，属于才能。赵至以为"何必在大，但问识何如耳"，主张论人以"识"为第一。识，识量，属于人之智力、智慧，乃是人之性。故嵇康、赵至论瞳子，实质是论人之才性，属于汉魏之际的形名之学。

分析刘孝标注引嵇绍《赵至叙》，能约略考知嵇康的清谈活动。嵇康大约于高贵乡公曹髦正元或甘露年间至洛阳太学抄录石经，得遇赵至。[1]约二年后，赵至随嵇康来山阳经年。"至论议清辩，有纵横才，然亦不以自长也"。可见赵至善清谈，有纵横之术。则其与嵇康谈论纵横术或其他问题，当是情理中事。

再如《世说·简傲》三刘孝标注引《文士传》："康性绝巧，能锻铁……唯亲旧以鸡酒往，与共饮啖，清言而已。"有一段时间，嵇康锻铁，向秀鼓排，两人形影不离。则与嵇康一起饮酒、清言的亲旧，向秀必在其中。又吕安与嵇康一同灌园于山阳，则安与嵇康清谈也是可以肯定的。

从《世说》所记嵇康与钟会的二次交集，可以推测嵇康的玄学造诣精深，而且善清谈，谈锋凌厉。《世说·简傲》三：钟会精辩有才理，先不识嵇康，邀于时贤俊之士，俱往寻康。《魏氏春秋》说："钟会为大将军兄弟所昵，闻康名而造焉。"大将军兄弟，指司马师、司马昭。司马师死于正元二年（255），钟会初访嵇康，当在齐王曹芳嘉平之末。嵇康奇才俊辩，博学而无不该通，善谈名理，文辞壮丽。《晋书·嵇康传》说，嵇康临刑东市，太学生三千人请以为师。可见嵇康在士人中影响之大。钟会必定早闻嵇康大名，也不会不知后者所作《养生论》《声无哀乐论》。他带着一大帮人寻康，是欲识嵇康，未必没有欲与后者清谈名理的念头。嵇康一看钟会宾从如云，气就上来了，照旧锻铁，移时不交一言。

---

1 王国维《魏石经书法考》说："马氏国翰复据《晋书·赵至传》：'至年十二，诣洛阳，游太学，遇嵇康于学写石经。'以为即嵇康辈所书。然至卒于太康中，年三十七，则其遇嵇康写石经，当在永元、甘露间。"转引自戴明扬《嵇康集校注》（中华书局，2014年）附录。按，王国维说嵇康写石经，"当在永元、甘露间"，永元，乃正元之误。

钟会无趣要走，嵇康又揶揄之。嵇康对钟会简傲无礼，为他后来的悲剧埋下祸根。又《世说·文学》五记钟会撰《四本论》始毕，很想给嵇康看，到了嵇宅，害怕对方问难，怀中的文稿不敢拿出来，远远掷过去，掉头急回。钟会是研究《四本论》的专家，尚且心畏嵇康问难，由此推知嵇康必定精于才性论，谈锋甚厉如其个性。假若嵇康不谙人物才性问题，钟会何必怀携自己的新著去见他？关于这条记载的真实性，陈寅恪先生以为"未必尽为实录，即令真有其事，亦非仅由嵇公之理窟词锋，使士季震慑避走，不敢面谈，恐亦因士季此时别有企图，尚不欲以面争过激，遂使绝交之故欤"[1]。有人进而猜测寅恪先生所谓钟会的"别有企图"，或许"欲窥测嵇的意向如何"[2]。

　　嵇康与其好友的赠答诗中，也有涉及清谈的只言片语。嵇康《与阮德如》诗说："良时遘君子，谈慰臭如兰……郢人忽已逝，匠石寝不言。""谈慰"，指清言。不意郢人忽然走了，无有知音，匠人就不谈了。阮侃《答嵇康》诗其一："洙泗久已往，微言谁为听。"微言，指嵇康清言，一旦分离，谁听友人之微言呢？《世说·贤媛》六刘孝标注引《陈留志》："（阮共）少子侃，字德如，有俊才，而饬以名理，风仪雅润，与嵇康为友。"阮侃既善名理，嵇康又俊辩，按常理推测，两人不可能不谈论。嵇康《四言诗·清风微扇》写明月之夜，"造我友庐"；欢宴之后，"流咏太素，俯赞玄虚"。流咏之"咏"，指言咏，即玄谈。俯赞之"赞"，

1　陈寅恪《书〈世说新语·文学类〉"钟会撰〈四本论〉始毕"条后》，见《金明馆丛稿初编》，页47。
2　见萧艾《〈世说〉探幽》，湖南出版社，1992年，页263。

义同"咏"。太素，李善注："《列子》曰：'太初形之始，太素质之始。'"太素为万物（有形）之始。玄虚，谓"道"。李善注："《老子》曰：'玄之又玄，众妙之门。'"（见《文选》嵇康《杂诗》）"流咏太素"二句，是写嵇康与友人谈论《老子》之道。

现存有关魏晋清谈的史料少之又少，只有在《世说》一书中记录了几十条。不过，《世说》记录清谈终究是简略的，有的仅有只言片语，很难复原当时辩论双方一争胜负的激烈场面。譬如后人不了解清谈如何展开论题，论者如何"自为客主数番"？双方如何"达旦微言"？宾主双方如何往复，何以竟至不饶不让，废寝忘食？所有这些，后人唯有遐想而已。即使《世说》中有少数清谈的记载，譬如《世说·文学》三六记支道林论《庄子·逍遥游》，"作数千言，才藻新奇，花烂映发，王（羲之）遂披襟解带，留连不能已"。这则故事的描写还算具体生动，但还是不知支道林的"数千言"说什么；"才藻新奇，花烂映发"二语也就难以给人以具体的感受。读嵇康的许多论文，如《养生论》《声无哀乐论》《难自然好学论》《难宅无吉凶摄生论》等，可以在很大程度上弥补人无从想象的遗憾。

记录圣哲的言论，再经整理成文，本来就是某一类论文的起源或是形成过程。例如《论语》，便是孔子微言的记录。《文心雕龙·论说》说："述经叙理曰论。"论是讲解经文和叙述义理的。又说："昔仲尼微言，门人追记，故仰其经目，称为《论语》。"论与语，常常融为一体。鄙人曾在前面言及，魏晋论说文，有许多可能是口辩之后整理而成。上文曾叙曹髦与群臣论夏少康与汉高祖优劣，完后，命钟会整理成文。这是先口辩，后整理成文的实例。嵇康善谈名理，又写得一手好文章，他的多篇论说文，以宾主双方辩论的口吻叙写，反复往来，析理绵密，可见论辩激烈。我疑心这些论文在成文之前，作者曾与人反复辩论过文章的内容和意旨。嵇康与向秀、吕安友善，"其趣舍进止，无不毕同，造事营生，业亦不异"（《太平御览》卷四〇九引《向秀别传》，文渊阁《四库全书》本）。试想嵇康先前不曾在向秀面前谈过养生问题，突然有一天以《养生论》示秀。而向秀读了不与嵇康口辩，也忽然有一天以《难养生论》作答。好友朝夕相处，互相讨论学问，问难答辩，这是最便捷，也是最省事的交流方式。都善于表达的两个好友，有问题当面不讨论，全用"哑巴式"的笔谈，恐怕是不合情理的。

　　兹以《声无哀乐论》为例，说明嵇康如何"善谈理"。此文假设秦客与东野主人辩论音乐与人心的关系问题。前者问难，后者应答。前者持儒家乐论的观念，以为音声与人心相通，"治世之音安以乐，亡国之音哀以思。夫治乱在政，而音声应之。"[1]后者以为音声与哀乐无关，"声之与心，殊途异轨，不相经纬"。两人往复有八九次之多。宾主谈论，一问一答，名为"番"。例如王弼先与何晏等清谈，后来"自为客主数番"（《世说·文学》六）。今若想象秦客与东野主人促膝而谈，往复不已，必定会觉得义理层层深入，而且不到三更不会结束。《声无哀乐论》其实是魏晋清谈的绝佳记录。它的行文极有层次，议论精密，逻辑严密，主客反复缠绵，且才藻独异，引人入胜。读者据此能想象当年宾主共谈

1 嵇康论文皆引自戴明扬《嵇康集校注》，中华书局，2014年。

的场面，理解清谈如"析理精微""微言达旦""屡设疑难"等词的具体含义，也就明白为什么王羲之听支道林清谈，会"披襟解带，流连不能已"。

嵇康的清谈，早在东晋就得到很高的评价。《世说·品藻》六七说：郗超曾问谢安："林公谈何如嵇公？"意谓支道林清言，相比嵇康如何？谢安答："嵇公勤著脚，裁可得去耳。"意谓嵇康须努力向前，方可赶得上支道林。这是谢安从支道林道佛兼胜的视角得出的评价，似说嵇公清谈不如林公。郗超极为推崇林公的谈论佛理，以至说"数百年来绍明大法，令真理不绝，一人而已"。但他还是将林公、嵇公相提并论，说明郗超以为嵇康玄理精深，堪比支道林绍明佛法。

2.阮籍（210—263）。有关阮籍清谈的史料，比嵇康还少。其实阮籍清谈，可能早于嵇康。《晋书》卷四三《王戎传》说，阮籍与王戎父王浑为友。戎年十五，随父在郎舍，阮籍与之谈，常常好久才出来，而与王浑见面，俄顷即毕。阮籍自道其中原因："濬冲清赏，非卿伦也。共卿言，不如共阿戎谈。"以为论清谈的清明可赏玩等方面，你都不如濬冲。与你谈，还不如与阿戎谈。可见，王戎的谈论比其父高明得多。《晋书》说王戎于惠帝永兴二年（305）卒，年七十二。则戎生于魏明帝青龙二年（234）。戎年十五，时在正始九年（248）。可见阮籍与王戎清谈，早在正始之末就开始了。阮籍在竹林七贤中年龄仅次于山涛，与正始名士夏侯玄、裴徽等人相若。假若说阮籍清谈不会迟于正始，应该与事实相去不远。

何、王殁后，阮籍仍在清谈。《晋书》卷四九《阮籍传》说：

"籍虽不拘礼教，然发言玄远，口不臧否人物。"《世说·德行》一五说："晋文王称阮嗣宗至慎，每与之言，言皆玄远，未尝臧否人物。"然则何谓"发言玄远"？玄远，指深幽玄妙的哲理。魏晋喜好《老》《庄》的清谈家，谈无谈玄，以发言玄远为特色。譬如孙盛《晋阳秋》说：傅嘏善名理，而荀粲尚玄远。西晋庾敳《幽人赋》说："幽人守虚，仰钻玄远。"玄远指道，虚无莫测，玄远才算是"入微"了。阮籍在司马昭座上口不臧否人物，只谈虚无玄远之道，可以看作正始之后微言不绝的一个例证。

陈寅恪先生解释阮籍口不臧否人物的原因，并评价其在魏晋清谈史上的地位，说："又其言必玄远，不评论时事，臧否人物，则不独用此免杀身之祸，并且将东汉末年党锢诸名士具体指斥政治表示天下是非之言论，一变而为完全抽象玄理之研究，遂开西晋以降清谈之风派。然则世之所谓清谈，实始于郭林宗，而成于阮嗣宗也。"（陈寅恪《陶渊明之思想与清谈之关系》，《金明馆丛稿初编》）寅恪先生得出上述结论，同他对于清谈的成因及性质的理解有关。他认为汉末党锢诸名士"处士横议"，批判社会与政治的弊病，遭致朝廷的大肆拘捕，郭太有鉴于此，不作危言覈论，一变为"抽象玄理之研究"，开了西晋之后清谈偏重谈玄的风气，此所谓"实始于郭林宗"也。而魏末阮籍，为避祸起见，不评论时事，不臧否人物，而为完全抽象玄理的谈论，故称"成于阮嗣宗"。

寅恪先生纯粹从社会政治角度解释清谈的起因，未免有点简单化了。汉末党锢之士横议朝政污秽，仅是清谈初兴的一个间接原因，更深刻的原因是经学由于自身的繁琐而衰微，不遵家法、不守师法的新学风正在兴起，道家哲学、形名之学复活并流行。总之，新学在旧学中萌发并壮大，抽象玄理的讲说和研究，如裴徽、荀粲谈"三玄"，何晏谈贵无，王弼注《老子》《周易》，都早在阮籍之前。如果说，由于时代险恶，名士多遭不测，阮籍有意"言皆玄远，口不臧否人物"，从这层意义上说，阮籍开了魏晋清谈远离政治，变为纯粹口辩义理的风气，还是大体可以成立的。

阮籍清谈的具体场面，最精彩的是与苏门先生谈论。《世说·栖逸》一说：

> 阮步兵啸闻数百步。苏门山中，忽有真人，樵伐者咸共传说。阮籍往观，见其人拥膝岩侧。籍登岭就之，箕踞相对。籍商略终古，上陈黄农玄寂之道，下考三代盛德之美以问之，仡然不应。复叙有为之教、栖神导气之术以观之，彼犹如前，凝瞩不转。籍因对之长啸。良久，乃笑曰："可更作。"籍复啸，意尽，退还半岭许，闻上嗷然有声，如数部鼓吹，林谷传响，顾看，乃向人啸也。

阮籍面对苏门先生大谈上古寂寞之道，三代圣人之美，以及有为之教和养生之术。这些内容，为魏晋清谈常有。譬如馆陶令诸葛原与管辂清言，"先与辂共论圣人著作之原，又叙五帝三王受命之符"（《魏志·管辂传》注引《辂别传》）。有为之教，即名教，为圣人之用。栖神导气之术为养生术，也是魏晋清谈的题目。阮籍几乎无所不谈，可惜苏门先生一概不感兴趣，连眼珠也不转一转。阮籍谈了许多，却成了内心独白，末了只得对着苏门先生长啸，表达心中复杂的情感。良久，苏门先生笑道："可更作。"阮籍复啸，尽意了，退回到半山腰，听到苏门先生的啸声，林谷传响。两人最终以啸声寄意，也可算是无言之谈。"大音希声"，善言者不言，善谈者不谈，得意而忘言。魏晋清谈的场景多多，阮籍与苏门先生的谈论最是独特：一人谈，一人不谈。末了以啸声相和。谈者与不谈者，皆由啸声理解对方的意趣。阮籍下苏门山后，作《大人先生论》，以笔谈形式表达自然之旨（详见下文）。

3.山涛（205—283）。[1] 山涛在竹林名士之列，理由大概是他早年与好友嵇康、阮籍、吕安等，共游于竹林。《晋书》卷四三《山涛传》说他"性好《庄》《老》，每隐身自晦"，思想行为显然与正始名士不同。

探讨山涛的清谈事迹，《世说》是唯一可用的资料。《世说·赏誉》二一说：

> 人问王夷甫："山巨源义理何如？是谁辈？"王曰："此人初不肯以谈自居，然不读《老》《庄》，时闻其咏，往往与其旨合。"

人问王衍及王衍之答，时间已在晋初了。《晋书》卷四三《王衍传》说："（衍）总角尝造山涛，涛嗟叹良久，既去，目而送之曰：'何物老妪生宁馨儿？然误天下苍生者，未必非此人也。'"王衍总

1《晋书》卷四三《山涛传》说，涛以太康四年（283）卒，时年七十九。以此推算，涛生于建安十年（205）年。

角时就认识山涛这位老前辈，而山涛称叹衍为"宁馨儿"。可以想见，王衍年轻就时闻山涛清谈，也有可能同山涛谈过几次。那个问王夷甫的人，知晓王衍是山涛的真正知情者，可以说是找对了人。而王衍对山涛清谈的评价，绝对真实。

山涛在竹林七贤中，确实不以谈客自居，也找不到他与好友嵇康、阮籍等人清谈的记载。不过，不以能谈自居，并不是不能谈。譬如王戎曾评论王祥，在正始年代"不在能言之流，及与之言，理中清远"（《世说·德行》一九）。能言之流指何晏、王弼等一流的清谈家。"能言"之"能"，表示"能"的很高的级别、层次，不作"能够"解。不在能言之流，意谓不属善谈之列，并不意味不能谈。王祥虽不以能言名世，却是"理中清远"，可见他实际上是能谈的。山涛不以谈客自居，主要原因是自晦不露真面。

山涛初不肯以谈者自居，也可能与他的家庭背景有关。魏晋清谈名士，大多出身文化世家，例如何晏、荀粲、夏侯玄、裴徽、王弼、钟会诸人，无不身世显赫，很早就知名天下。山涛早孤居贫、门第不显，司马懿称之为"小族"（《世说·政事》五注引虞预《晋书》）。年四十，始仕为郡主簿，上计掾，举孝廉，州辟部河南从事。此年，已是正始五年（244）了。山涛在地方为官，不在洛阳，无从得见何晏、王弼等人的清谈，即或到了洛阳，大概也无缘出现在谈席上。正始末期，何晏、王弼等人仍在清谈不辍，而山涛已察知司马懿假装老迈无用的意图，嗅出了洛阳空气中已有血腥味，深感前途恐怖，以至夜不能寐，断然弃官而去。

山涛初不肯以谈者自居，还与他的个性有关。山涛的个性，可以二语概括之：一是《晋书·山涛传》所谓"每隐身自晦"，一是顾恺之《画赞》说"涛有而不恃"（《世说·赏誉》二一注引）。"隐身自晦"是指自身的言行隐蔽不露。东晋孙绰"尝鄙山涛，而谓人曰：'山涛吾所不解，吏非吏，隐非隐。'"（《晋书》卷五六《孙绰传》，页 1544）。非吏非隐，不露真实面目，使人不明也不解其迹。顾恺之"涛有而不恃"的赞语，源于《老子》十章："生而不有，为而不恃，长而不宰，是谓玄德。"王弼注"为而不恃"句："不禁其性，则物自济，何为之恃。"意谓不能禁锢万物的固有之性，它是一个自成自足的圆满世界，何须有意作为而自负？顾恺之赞山涛有智慧、识量，却不以此自负，不有意地表现。很明显，"有而不恃"与"隐身自晦"两者其实相通，都是说山涛行为言语，出乎幽冥，有智有才但不显露，犹俗语云"真人不露相"。

再回到山涛的学问和清谈。王衍说山涛初不肯以谈者自居，其实是涛不肯以能言者面目示人。《世说·品藻》七一刘孝标注引《魏氏春秋》说："于时之谈，以阮（籍）为首，王戎次之，山、向之徒，皆其伦也。"可见，山涛在能谈之列。但他能谈却装得好像不能谈，此所谓"有而不恃"。他性好《庄》《老》，却不谈《庄》《老》，也是"有而不恃"。"时闻其咏，往往与其旨合"，是说有时听到山涛清谈，往往能谈出义理来。说明山涛毕竟能谈。

山涛能谈，《世说·政事》五也是一条证据："山公以器重朝望，年逾七十，犹知管时任。贵胜年少若和、裴、王之徒，并共言咏。"[1]山涛年逾七十，当在武帝咸宁初。和，和峤；裴，裴楷；王，王济。裴楷、王济是晋初有名的清谈人物。山涛已老，仍旧与比他年少几十岁的贵胜少年清谈。王衍说，时闻山涛其咏，是非常真实的记录。

然则，山涛究竟谈什么？《晋书》卷四三《山涛传》说：吴平之后，晋武帝欲偃武修文，山涛以为不可，"因与卢钦论用兵之本，以为不宜去州郡武备，其论甚精。于是咸以涛不学孙、吴，而暗与之合。帝称之曰：'天下名言也。'"《世说·识鉴》四亦记山涛论用兵事，文字略有不同。刘孝标注引《竹林七贤论》说："时京师犹讲武，山涛因论孙、吴用兵本意。涛为人常简默，盖以为国者不可以忘战，故及之。"又注引《名士传》说："王夷甫推叹：'涛晻晻为与道合，其深不可测。'皆此类也。"综合《晋书·山涛传》《世说·识鉴》四及刘孝标注引《竹林七贤论》等书，似有几点可以议论。一是山涛确有识量，以为吴平之后州郡的兵备不可撤销。二是深谙孙、吴兵法，论用兵本意甚精，以致晋武帝赞其为"天下之名言"。可知山涛也善于校练名理。三是所谓山涛不学孙、吴，而暗与道合，正与王衍说山涛"不读《老》《庄》，时闻其咏，往往与其旨合"同一伎俩。依照常理，山涛既然性喜《老》《庄》，则不会不读《老》《庄》；既然论孙、吴用兵甚精，则不会不学孙、吴。只是他善于"隐身自晦"，读了不在人前说，不显露，不以才学自负，"有而不恃"罢了。故给人的印象

---

1 言咏，宋本《世说》作"宗咏"，王先谦《世说》刻本作"言咏"。言咏，言谈也。今从之。

或如王衍所说，"其深不可测"；或如《名士传》所说，山涛"无所标明"。其深藏不露的功夫，当世无匹，后世也少有人能及。在魏晋清谈史上，山涛算不上一流清谈家，这与他"隐身自晦"的个性有莫大的关系。

4. 向秀（生卒年不详）。向秀是竹林名士中的读书种子。《晋书》卷四九《向秀传》说："（秀）清悟有远识，少为山涛所知，雅好《老》《庄》之学。庄周著内外数十篇，历世才士虽有观者，莫适论其旨统也。秀乃为之隐解，发明奇趣，振起玄风，读之者超然心悟，莫不自足一时也。惠帝之世，郭象又述而广之，儒墨之迹见鄙，道家之言遂盛焉。"向秀悟性高，具有解释玄理的识力。向秀之前，人们当然也读《庄》，注《庄》者已有数十家，然无人能论此书的整体义旨。向秀能解悟《庄子》的奥义，显明它的奇趣，振起玄风，使读《庄》者超然心悟，无不心慊于一时。后来郭象又传述、阐发向秀注，竟然使"儒墨之迹见鄙，道家之言遂盛"。向秀注《庄》，是《庄子》学术史上的重要篇章，对于魏晋玄学与清谈，作出了杰出贡献。

《庄子》作为清谈内容，至迟不会晚于正始。但现存正始名士的著作，有《易》注、《老子》注，却不见《庄子》注。据传向秀之前有数十家《庄子》注，却没有一家能流传下来，说明《庄子》的影响大不如《易》《老》。只有到了向秀《庄子》注出现，振起玄风，谈《庄》风气由此盛行，《易》《老》《庄》才真正成为鼎足之势。

读有关竹林七贤的传记及记载，发现他们几乎都喜好《老》《庄》。例如嵇康"长好《庄》《老》"（《晋书》卷四九《嵇康传》，页1369），《与山涛书》说："老子、庄周，吾之师也。……又读《庄》《老》，重增其放。"阮籍"尤好《庄》《老》"（同上《阮籍传》，页1359）。山涛"性好《庄》《老》"（《晋书》卷四三《山涛传》，页1223）。然而有一不可解处：不见竹林七贤谈《庄》《老》的记录。于是，就有人怀疑竹林七贤不一定是清谈人物，在魏晋清谈史上没有什么影响。上述看法既与历史真实不符，也低估了竹林名士的历史地位。魏晋清谈史料佚失太多，要复原当初谈论的生动场面是做不到了，但还是可以依据有限的史料及逻辑推论，复原某些历史图景。竹林七贤相聚时日短，别离时光长。若从嘉平元年（249）始，到嵇康被杀的景元四年（263）止，毕竟也有十多年的时聚时散。若聚在一起，出现的生活场景就是饮酒、灌园、游览、清谈。

以下考论向秀的清谈。

上文已引《世说·简傲》和刘孝标注引《文士传》，记述嵇康与向秀锻铁，与亲旧一起饮酒、清言的生活。《文选》颜延之《五君咏·向常侍》诗李善注引《向秀别传》也说："秀常与嵇康偶锻于洛邑，与吕子灌园于山阳。"可以肯定，向秀、嵇康、吕安等在锻铁、灌园之余，清言雅论是他们隐居生活的重要内容。

《世说·文学》一七刘孝标注引《秀别传》说：后来，向秀将要注《庄子》，先把自己的想法告诉嵇康、吕安。两人都说："这部书哪里用得到注？作注等于把人们作乐的事情丢弃了。"意思是《庄子》根本不须注。读《庄》本来是一件乐事，你一作注，人们读起来就不快乐了。等到向秀注完《庄子》，拿出来给两个朋友看，嵇康对向秀说："你觉得能胜过庄子吗?"吕安则惊叹道："庄周不死了!"以为向秀注《庄》,必将传至永远。《晋书》卷四九《向秀传》记秀注《庄》,与上略同。吕安能作出"庄周不死"的评价,说明他也熟悉《庄子》及前人的《庄子》注,绝不是《庄子》的门外汉。向秀既与嵇康、吕安生活在一起,又都喜好《庄子》,则平日谈《庄》当是意料中事。而嵇康有"尔故复胜不"之问,则谈论向秀注《庄》,何处胜过旧义,何处发明奇趣,也是必定会发生的事。

《向秀传》又说秀"与康论养生,辞难往复,盖欲发康高致也"。"辞难往复"之"辞",可以是言辞,也可以是文辞。《嵇康集》中《难养生论》《答向子期难养生论》,很有可能是嵇康先与向秀辩论养生,后来整理成文。向秀欲发嵇康养生论之高致,先坐而论道,往复辩论,然后各自整理成文,以扩大受众。

5.王戎(234—305)。竹林名士中,王戎年纪最小,预竹林七贤之末。竹林七贤风流云散时,他不过三十岁。他的大半生是在晋朝度过的,称他是中朝名士也未尝不可。这里,先叙述他在魏末的清谈事迹。他在西晋的清谈,下文再述。

上文考论,王戎十五岁就与阮籍清谈,时在正始之末。又自称曾与王祥清谈,赞誉对方"理中清远"。可知王戎最早的清谈,始于正始之末或稍后。与之共谈的人物,所能考见者一是阮籍,二是王祥。

《晋书》卷四三《王戎传》记载:戎晚年尝经黄公酒垆下过,顾谓后车客说:"吾昔与嵇叔夜、阮嗣宗酣畅于此,竹林之游亦预其末。自嵇、阮云亡,吾便为时之所羁绁。今日视之虽近,邈若山河!"王戎早年从竹林之游,与嵇、阮清谈。景元末,嵇、阮先后辞世，王戎经钟会的推荐，做了司马氏的官，为世俗所羁绁，清谈也随之中断。

《王戎传》评王戎清谈有"善发谈端，赏其要会"二语（《晋书》卷四三《王戎传》，页1232），特别值得注意。"谈端"指清谈的发端，即在清谈开始之初，先概述一段所谈内容的大旨，当时称为"叙致""宗会"等，例如《世说·文学》四二：支道林与王濛清谈，"王叙致作数百语，自谓是名理奇藻"。同篇五五：支道林与许询、谢安等清谈，"支道林先通，作七百许语，叙致精丽"。《高僧传》四《支遁传》："每至讲肆，善标宗会，而章句或有所遗。""叙致""宗会"，义同宗致、旨要、纲要。数人清谈，各先标明所论大旨。"赏其要会"之"要"，指纲要、指归。"会"，谓理解、领悟。钟会品目"王戎简要，裴楷清通"，简要者，可以指行为举止的简略不繁，也可以指谈论简明扼要。王戎"善发谈端，赏其会要"，正合简要之义。谈端若旨意超拔，辞藻精丽，一开始就占了上风，因此魏晋清谈家无不重视并精构谈端。

三、名教与自然之辨：竹林清谈的核心意义

名教与自然之辨，是魏晋玄学与清谈的核心意义。一般认为，名教与自然的关系存在三个发展阶段：王弼的"名教出于自然"，嵇康、阮籍"越名教而任自然"，向秀、郭象"名教即自然"。[1]关

---

1 可参看唐翼明《魏晋清谈》，页103、104。孙述圻《六朝思想史》第三章"名教与自然之争"，南京出版社，1992年，页63—82。

于名教的含义，许多思想史、哲学史著作都作过讨论，无须赘述。王弼及正始玄学家立论"圣人贵无"，是名教出于自然论的最简洁、最精要的概括。此问题上文已作过分析，兹不重复。这里集中论述竹林名士的玄学与清谈，指出他们何以将名教与自然二者对立起来，而以自然为旨归。

嵇康是魏晋玄学的重要理论家，他的著名论题"越名教而任自然"，[1] 成为一面以自然对抗名教的高扬的旗帜。阮籍、山涛、向秀、王戎，虽然对司马氏政权的政治态度有差异，但宗仰自然，疏离名教的立场大致相似。刘伶、阮咸二人则以饮酒、任达著称于世，是行动上的反抗名教者。

前面已言及，魏晋玄学由汉代的旧学转变而来，它的形成有其学术发展的内在逻辑，完全以曹氏、司马氏之间争斗的现实政治，来解释正始玄学兴起，诠释王弼玄学理论的意义，并不全面。然则，魏晋玄学在正始时期成熟之后，它的未来的发展，就不再受时事、政治的影响，变成纯抽象的学问了吗？不是的。魏晋玄学发展史的真实历史并非如此。尤其是竹林名士的玄学，非常不同于正始名士的玄学。之前王弼、何晏等意识到名教与自然存在矛盾，开始融通儒道，论证"有""无"统一，名教出于自然。王、何他们做的是纯理论性的工作，弥缝儒道两种学派之间的矛盾，给"圣人"涂上了自然的色彩。世俗统治者十分欢迎儒道一体的玄学，因为名教从此有了合理合法的基础。

竹林名士所处的时代与王、何完全不一样。即使现实世界

---

1 见《释私论》，戴明扬《嵇康集校注》卷六，页402。

的统治者被圣人化，也会露出非圣人的真面目。名教一旦被赋予天然的合理性，它就无所不能，最终无恶不作，钳制并戕害一切不服从它的思考者。在它遭到怀疑并抵制时，必定会使用终极武器——暴力。竹林名士为何一反正始名士的学术路径，把名教与自然对立起来，宣扬自然之贵的同时，嘲讽甚至攻击名教？在整个魏晋玄学与清谈史上，名教与自然二者之间的紧张与对峙，为什么竹林时期最严重、更致命？究其原因，仍然是统治者掌控的名教，本质上都会压制自由精神，对离经叛道者绝不宽容。当时，竹林名士正受着现实政治的空前敌视与胁迫。名教的绳索，紧紧勒住了嵇康等人的咽喉。

大凡历史上的阴谋家、窃国贼、独裁者，几乎都会把自己打扮成圣人之徒，化装为维护名教的救世主。司马懿父子就是善于玩弄名教的阴谋家，名教蜕变为骨子里的虚伪，成了胁迫和杀戮异己的工具。当初诛灭曹爽，罪名是"背弃顾命，败乱国典，内则僭拟，外专威权……看察至尊，候伺神器，离间二宫，伤害骨肉，天下汹汹，人怀危惧。"（《三国志·魏志·曹爽传》，页286）接着，司马兄弟先后杀害忠于曹魏的大臣王凌、诸葛诞、毋丘俭、夏侯玄等。从钟会在朝廷上论嵇康之罪的言论，就能看出名教在阴谋家手里，不过是诛杀异端的刀与枪。钟会说："今皇道开明，四海风靡，边鄙无诡随之民，街巷无异口之议，而康上不臣天子，下不事王侯，轻时傲世，不为物用，无益于今，有败于俗。昔太公诛华士，孔子戮少正卯，以其复才乱群惑众也，今不诛康，无以清洁王道。"（杭世骏《三国志补注》卷三，文渊阁《四库全书》本）于是逮捕嵇康，关进大牢。

毋庸说，司马氏挥舞虚伪的名教大旗，杀戮企图阻碍他们前进的所有人，在篡夺最高权力的路上狂奔。对此，嵇康的感受无比真切。他的许多论文和诗歌，都是讨伐名教的檄文，自称"每非汤武而薄周孔"（《与山涛书》）。嵇康《太师箴》激烈批判名教，《难自然好学论》嘲讽和攻击六经，在整个中国思想史上都是罕见的。

嵇康的《声无哀乐论》和《养生论》，[1]是魏晋清谈中的两个大题目，凸显出名教与自然的尖锐对立。

《声无哀乐论》假设秦客与东野主人两人辩论。秦客信奉儒家乐论，以为音声与人心相通，能反映政治的治乱，最宜移风易俗，教化人民。东野主人则称音声与人心是不相干的二物，与社会治乱无关。经此论证，儒家乐论所谓"治世之音安以乐，其政和；乱世之音怨以怒，其政乖；亡国之音哀以思，其民困。声音之道，与政通矣"的金科玉律（见《礼记·乐记》），从根本上被颠覆。

《养生论》是嵇康与向秀辩论养生问题的记录，其大旨是："夫神仙虽不目见，然记籍所载，前史所传，较而论之，其有必矣。似特受异气，禀之自然，非积学所能致也。至于导养得理，以尽性命，上获千余岁，下可数百年，可有之耳。"并论绝五谷、去滋味、窒情欲、抑富贵，为养生之道。

嵇康《养生论》完成后，向秀作《难养生论》，以发康之"高致"（《晋书》卷四九《向秀传》）。向秀说："有生则有情，称

1《声无哀乐论》，见戴明扬校注《嵇康集校注》卷五，页345—359。《养生论》见《嵇康集校注》卷三，页252—255。

情则自然得，若绝而外之，与无生同，何贵于有生哉？且夫嗜欲，好荣恶辱，好逸恶劳，皆生于自然。"又说："富与贵，是人之所欲也，但当求之以道义……夫人含五行而生，口思五味，目思五色，感而思室，饥而求食，自然之理也，但当节之以礼耳。"[1]既肯定嗜欲出于自然，又主张用道义和礼仪节制嗜欲。可见，向秀是儒道合一的，自然与名教并不冲突。

嵇康以为神仙必有，向秀则否认神仙存在：何人见过神仙？神仙何在？"此殆影响之论，可言而不可得。纵时有耆寿耆老，此自特受异气，犹木之有松柏，非导养之所致。"以为神仙之说并无依据，即使有长寿者，也是受之于自然之"异气"，并非导养的结果。

嵇康遂作《答难养生论》，洋洋洒洒数千言，一一应答向秀的问难，充分表现他在养生问题上的"高致"：以为名利、富贵是养生的大患，尽情嘲讽礼法之士，勾画他们口头上标榜仁义，自诩信奉名教，实质争名夺利的虚伪，甚至有意无意地贬损儒家的圣人。例如应答向秀"圣人穷理尽性"一节，描述圣人的各种行为："或奇谋潜称，爰及干戈，威武杀伐，功利争奋。或修身以明污，显智以惊愚，藉名高于一世，取准的于天下。又勤诲善诱，聚徒三千，口倦谈议，身疲磬折，形若救孺子，视若营四海。神驰于利害之端，心骛于荣辱之塗，俛仰之间，已再抚于宇宙之外者。""奇谋潜称"四句指周武王伐商纣，太公阴谋（见《论衡》卷一九《恢国篇》）。"显智以惊愚"以下写孔子奔走施教，好像

---

1 向秀《难养生论》，戴明扬《嵇康集校注》卷四，页284、285。

在辛苦地教育孺子，其实心系于利害与荣辱。大胆妄议圣人，对孔子大不敬。

向秀说："夫天地之大德曰生，圣人之大宝曰位，崇高莫大于富贵。然富贵，天地之情也。"把富贵说成出于自然。嵇康反驳道："且圣人宝位，以富贵为崇高者，盖谓人君贵为天子，富有四海，民不可无主而存，主不能无尊而立，故为天下而尊君位，不为一人而重富贵也。"意谓圣人之位是大宝，圣人之崇高是富贵。人民须有一个好君主，才能存在；君主不能没有尊贵而立为君。故为了天下众生才尊崇君位，不是为了一人而看重富贵。圣人是"穆然以无事为业，坦尔以天下为公……岂劝百姓之尊己，割天下以自私，以富贵为崇高，心欲之而不已哉！"这些言论，与其说是讲说君位之所以尊崇的道理，还不如说是对圣人的非议和讽刺。在嵇康看来，从来的君主占有天子的宝位之后，富有四海，威加八荒，几乎都是"割天下以自私，以富贵为崇高"。

《答难养生论》讽刺"圣人之大宝曰位"，与《太师箴》批判大道沉沦之后名教的虚伪，是完全一致的。嵇康论养生，在围绕养生的要诀作层层分析的同时，时不时菲薄圣人汤武周孔，尽其揭露、讽刺名教之能事，也是显而易见的。

阮籍是竹林名士中对名教最具破坏力的人物。如果说嵇康主要以理论武器批判名教，那么，阮籍主要以任诞放达、不拘礼节的行为，公然蔑视名教，从而对名教造成实质性的破坏。例如醋饮为常；能为青白眼；嫂归宁，籍相见与别，或讥之，籍说："礼，岂为我辈设耶？"史言籍个性"外坦荡而内淳至"。坦荡，光明磊落也；淳至，不虚饰而至真也。只有宗仰自然的人，才会有如此至真性情。牟宗三评阮籍的此类举止，"为一浪漫文人之性格，所谓酒色之徒也"（牟宗三《才性与玄理》，页250）。前句指出阮籍的浪漫性格，比较可取；后句说阮籍是"酒色之徒"，就有点轻率了。

当然，与其说阮籍不敬名教，对抗名教，不如说名教压迫阮籍。《晋书》卷四九《阮籍传》说："籍本有济世志，属魏晋之际，天下多故，名士少有全者，籍由是不与世事，遂酣饮为常。"有志之士阮籍，目睹司马氏以名教之名大肆杀戮名士，遂酣饮放达。可见是残酷的现实迫使他不满名教，对抗名教。而礼法之士对阮籍恨之入骨。何曾对司马昭说："明公方以孝治天下，而阮籍以重丧显于公坐饮酒食肉，宜流之海外，以正风教。"（《世说·任诞》二）幸亏司马昭爱阮籍之通伟，常保护之，阮籍才得以善终。

阮籍著有《乐论》《大人先生传》《通易论》《通老论》《达庄论》等，总体来说，因袭汉学的传统，理论创新远不如嵇康。

《乐论》基本上因袭《礼记·乐记》，与嵇康《声无哀乐论》相去甚远。比如阮籍以为音乐与社会风俗、人情相通："楚越之风好勇，故其俗轻死。郑卫之风好淫，故其俗轻荡。轻死，故有蹈火赴水之歌；轻荡，故有桑间濮上之典。各歌其所好，各咏其所为。""刑教一体，礼乐内外也。""刑弛则教不独行，礼废则乐无所立……礼逾其制，则尊卑乖；乐失其序，则亲疏乱。礼定其象，乐平其心。礼治其外，乐化其内，礼乐正而天下平。"[1]所论与《礼记·乐记》一脉相承，散发出浓厚的陈腐气息。一个以任诞纵放

<hr />

1 严可均辑校《全三国文》卷四五。以下引阮籍文皆出于此书。

行为对抗名教的代表人物，本质仍是儒家礼乐的拥护者，是否有点匪夷所思，让人大失所望？

然而，阮籍毕竟是"越名教而任自然"的，所作《大人先生传》便是证据。大人先生是自然的化身——"与自然齐光"，"与造化推移"。不与世同好的结果，必然是"自好者非之，无识者怪之"。可是，大人先生我行我素。有人致书大人先生，以世俗之君子为贵，以为大人先生不足效法。阮籍则借有人遗大人先生书，描绘世俗君子的陈腐形象，尽情嘲讽之："（君子）服有常色，貌有常则，言有常度，行有常式。立则磬折，拱若抱鼓，动静有节，趋步商羽。进退周旋，咸有规矩。心若怀冰，战战栗栗。束身修行，日慎一日。择地而行，唯恐遗失。诵周礼之遗训，叹唐虞之道德。唯法是修，唯礼是克。手执珪璧，足履绳墨。行欲为目前检，言欲为无穷则……"阮籍笔下的君子，是深受名教戕害的丧失灵魂的卫道者，胆怯、猥琐、虚伪、自私。君子却自以为得计，以为大人先生穷居海上，为世之所笑，行为不足取。大人先生则讽刺世俗君子似虱躲在人之裤裆里，自以为吉宅也，一遇大火，群虱死于裤中而不能出。

大人先生又陈述古今历史之变，赞美上古社会无君无臣，批判今世名教造成的种种危害："今汝造音以乱声，作色以诡形。外易其貌，内隐其情。怀欲以求多，诈伪以要名。君立而虐兴，臣设而贼生。坐制礼法，束缚下民。欺愚诳拙，藏智自神。强者睽眠而凌暴，弱者憔悴而事人。假廉以成贪，内险而外仁。罪至不悔过，幸遇则自矜……"并剥下了名教虚伪的"美行"的外衣。大人先生责问道："汝君子之礼法，诚天下残贼乱危死亡之术耳，而乃目以为美行不易之道，不亦过乎！"阮籍所谓的圣人，是法自然的，"以道德为心，不以富贵为志。以无为用，不以人物为事。尊显不加重，贫贱不自轻。失不自以为辱，得不自以为荣"，与正始名士所说的"圣人体无"并无区别，是道家化的圣人。文末歌唱大人先生与真人游，简直与游仙类似了。

阮籍《达庄论》假设好事之徒造访隐居先生，愿闻至道之要。先生申述《老子》义："天地生于自然，万物生于天地。自然者无外，故天地名焉。天地者有内，故万物生焉。"自何晏、王弼等立论以无为本之后，无生万物的哲学观早已成为大多数学者的共识。阮籍所论，并无新意。牟宗三说阮籍"此谈粗疏而不成熟……不及王弼、向、郭远甚"（牟宗三《才性与玄理》，页257），不算苛刻之论。隐居先生又申述《庄子》义："人生天地之中，体自然之形。身者，阴阳之精气也；性者，五行之正性也；情者，游魂之变欲也；神者，天地之所以驭者也。以生言之，则物无不寿。推之以死，则物无不夭。自小视之，则万物莫不小。由大观之，则万物莫不大。殇子为寿，彭祖为夭。秋毫为大，泰山为小。故以死生为一贯，是非为一条也。"上述大体是《庄子·齐物论》意旨。牟宗三评论说："掇拾陈言而为浮谈，并不明其所以。"（同上，页258）

明乎《老》《庄》至要之后，正确的人生态度就是清虚、不争、不求、无欲，"故求得者丧，争明者失，无欲者自足，空虚者受实"，"清净寂寞，空豁以俟。善恶莫之分，是非无所争。故万物反其所而得其情也"。《达庄论》表达了阮籍以《老》《庄》为指归的人生哲学，"越名教而任自然"。所谈之理，缺少新意。对抗名教的力度，远不如嵇康。

末了说向秀。向秀学术意趣与嵇、阮不同。谢灵运称"向子期以儒道为一"，即调和名教与自然。向秀"儒道为一"，可能体现在他的《儒道论》里。此文早佚，不知其详。故只能从向秀、郭象的《庄子注》一窥其大略。这里暂不评《庄子注》，后面讲到郭象哲学时再论。

《世说·言语》一八说：

> 嵇中散既被诛，向子期举郡计入洛，文王引进，问曰："闻君有箕山之志，何以在此？"对曰："巢、许狷介之士，不足多慕。"王大咨嗟。

刘孝标注引《向秀别传》中，向秀对曰二句作"常谓彼人不达尧意，本非所慕也"。这二句表达向秀的思想，比《世说》正文更明白。向秀本与嵇康同隐，康被杀后，向秀不知路在何方，无奈郡计入洛。司马昭之问，揶揄之意十分明显，那是最高权力者对不合作者的羞辱。向秀所答，不唯见其口辩敏捷，更主要是体现出他的思想转向。面对暴力，向秀以自我贬损回答。至此，向秀应该彻底明白，知识的批判不及暴力的批判。自然与名教的对抗，名教胜利了，因为名教有杀手锏——暴力。在咄咄逼人的恐怖包围中，向秀必须服软。除了服软，无路可走。

另外，向秀的回答，确实同他"儒道合一"的哲学观点有关。他巧妙地恭维司马昭为尧。然则，向秀所谓"不达尧意"之"尧意"指什么？余嘉锡《世说新语笺疏》引《庄子·逍遥游》："尧让天下于许由曰：'……夫子立而天下治，而我犹尸之，吾自视缺然，请致天下。'许由曰：'子治天下，天下既已治也。'"郭象注："夫能令天下治，不治天下者也。故尧以不治治之，非治之而治者也。今许由方明既治，则无所代之，而治实由尧，故有子治之言，宜忘言以寻其所况。而或者遂云：'治之而治者，尧也。不治而尧得以治者，许由也。'斯失之远矣！夫治之由乎不治，为之出乎无为也。取于尧而足，岂借之许由哉！若谓拱默乎山林之中而后得称无为者，此庄老之谈所以见弃于当涂，当涂者自必于有为之域而不反者，斯由之也。"历来认为郭象注《逍遥游》出于向秀注，体现的是向秀思想。"故尧以不治治之，非治之而治者也"二句，是说尧无为而治。隐士许由、巢父，不达尧意，不理解庙堂之上的尧，不治天下而天下治。显然，这是调和了名教与自然的冲突，所谓"儒道为一"，而且置名教于自然之上。包括上文所述向秀《难嵇康养生论》，以为人之嗜欲和求富贵皆出于自然，同样是调和了名教与自然的冲突。

四、结语

继正始之后，以竹林名士为代表的玄学与清谈，呈现出不同于正始及稍后晋初的独特面目。这与玄学自身的发展有关，更主要的是与魏晋之际天下多故的政治背景有关。竹林名士的玄学与清谈，有以下几个问题须重新认识。

一、司马氏发动高平陵政变之后，作为玄学与清谈中心的洛阳，由大名士主持的人数众多的清谈基本绝迹。但朝廷的讲经与研讨经义的活动并非断绝，这是有别于虚无之谈的另一种谈论，宣示国家的意识形态以儒经为依归。至于才性论与选拔人才的现实政治紧密相关，在洛阳应该仍有谈论的空间。

二、在洛阳周边的郡县，例如嵇康所居的山阳县，民间的清谈还是存在的。竹林名士的清谈，是正始之后唯一有学术价值的清谈。嵇康《声无哀乐论》、《养生论》、《自然好学论》、《宅无吉凶论》、论眸子、论神仙有无等，不少新的清谈题目，前所未有。特别如《声无哀乐论》《养生论》，成为后世清谈的经典论题。卫瓘之所以认为何晏诸人没后，微言将绝，原因是他只关注洛阳的玄谈，竹林名士的清谈不在他的视野之内。

三、一般认为，竹林名士的行为与清谈，核心意义是"越名教而任自然"，具有对抗司马氏虚伪名教的战斗品格。这是对竹林名士的总体评价。假若注意到竹林七贤的个性各异与出处不同，则七贤思想、行为的差异很大。嵇康的师心遣论，阮籍、阮咸的任诞不羁，刘伶的纵酒，确实有着"越名教而任自然"的意味。山涛、王戎、向秀三人早期性好《庄》《老》，也是宗仰自然的。但他们并不攻击名教。山涛隐居了七八年，后见司马师，遂举秀才，除郎中。王戎约于甘露二年（257），经钟会推荐，被司马昭辟为掾。向秀则于嵇康被杀后，格于形势，去做司马氏的臣僚。若再称他们"越名教而任自然"，就很勉强了。虽然竹林名士相聚时间不长，清谈的事迹多湮没不闻，但"竹林七贤"的名字在中国思想文化史上留下深刻印记。诸如嵇康的论文，阮籍的饮酒与任诞，向秀的《庄子注》的精微，对魏晋玄学的发展，魏晋风度的形成及流行，清谈题目的丰富，无不影响深远。

第六章

西晋清谈

　　泰始元年（265）冬，司马炎即位，建立西晋王朝。散而聚，分而合，新的历史时代开始了。魏晋玄学与清谈，随之进入新阶段。原先属于竹林名士的山涛、王戎、向秀，如今成了新王朝的臣僚。其中山涛和王戎，地位很高，时有清谈雅论。新一代名士则层出不穷，代表人物裴楷、乐广、王衍、王承、阮瞻、卫玠、谢鲲等人，袁宏《名士传》称之为"中朝名士"。不在"中朝名士"之列，却是海内知名的大名士还有不少，例如王济、张华、胡毋辅之、裴遐、郭象、王澄、裴頠等。新兴的文化世家裴氏、王氏、阮氏、庾氏，清谈名士辈出。众多的文化知识界的名流，以及传承有序、文化积淀极为丰厚的世家大族，共同创造了西晋玄学与清谈的盛大局面。贵无论、崇有论、言尽意论、鬼神有无论、自然与名教异同论……论难应答，继承和发展了正始玄谈精神，进一步拓展了清谈的边界。

一、乐广：何晏、王弼之后的一流清谈家

上文考论何晏、王弼既没，微言其实并无断绝。从嘉平之初至稽康、阮籍相继亡殁的景元之末，竹林名士的清谈，证明洛阳之外民间的清谈，不绝如缕。晋武帝泰始至咸宁十余年间，洛阳并非无人清谈，不存在所谓"清谈的空白"。[1]只不过正始清谈如钟鼓，铿锵相应；嘉平之后的清谈如远泉，幽咽独绝。一者以显，一者以隐。唐翼明先生称乐广是何、王之后清谈的继承者，是颇具学术眼光的判断。

以下先考论乐广清谈始于何时。

《晋书》卷四三《乐广传》说："父方，参魏征西将军夏侯玄军事。广时年八岁，玄常见广在路，因呼与语，还谓方曰：'向见广神姿朗彻，当为名士。卿家虽贫，可令专学，必能兴卿门户也。'"考《通鉴》卷七四《魏纪》六，魏正始五年（244），征西将军夏侯玄与曹爽共兴伐蜀之役。夏侯玄见广当在其时。以正始五年乐广八岁推算，广生于魏明帝青龙五年（237）。《乐广传》又说："方早卒。广孤贫，侨居山阳，寒素为业，人无知者……尤善谈论，每以约言析理，以厌人之心，其所不知，默如也。"假设乐广二十岁开始谈论，则时在魏高贵乡公甘露年间。《乐广传》又说："裴楷尝引广共谈，自夕申旦，雅相钦挹，叹曰：'我所不如也。'王戎为荆州刺史，闻广为夏侯玄所赏，乃举为秀才。楷又荐

---

1 唐翼明《魏晋清谈》一书，依据卫瓘赞叹乐广，"何平叔诸人没，常谓清言尽矣，今复闻之于君"一语，以为自嘉平末（254）至太康初（280）将近三十年中，为"清谈的空白"。这种看法，似乎有讨论的必要。

广于贾充，遂辟太尉掾，转太子舍人。尚书令卫瓘，朝之耆旧，逮与魏正始中诸名士谈论，见广而奇之，曰：'自昔诸贤既没，常恐微言将绝，而今乃复闻斯言于君矣。'"

以上记叙乐广得到裴楷、王戎、卫瓘三位重要人物的欣赏和提携。

据《晋书·乐广传》可知，乐广始谈，早在魏甘露年间，侨居山阳，少有人知。约十年之后的晋泰始初，河内太守裴楷引乐广清谈，为楷所欣赏，荐广于贾充。考《晋书》卷三五《裴楷传》，楷于武帝即位不久，拜散骑侍郎，累迁散骑常侍、河内太守。时在泰始初。此时乐广年约三十，侨居山阳。山阳属河内郡所辖，故裴楷得以引乐广清谈。据《晋书》卷四〇《贾充传》：充转太尉，行太子太保。虽不知确切年月，但必在咸宁三年（277）之前。裴楷荐乐广于贾充，贾充辟其为太子掾，也当在此时。王戎为荆州刺史举乐广为秀才，大概在晋武帝咸宁二年，[1]与裴楷荐广于贾充同时或稍后。王戎之所以荐乐广为秀才，原因居然是"闻广为夏侯玄所赏"，可见夏侯玄的影响何其深远！

乐广由山阳来到京师，与大名士周旋、清谈，很快就得到卫瓘的赞叹，称广"人之水镜，见之若披云雾睹青天"，意谓乐广如静水一般的明镜，映照出云开雾散，青天莹然。这是以审美语言描述乐广清谈义理的精微，足以祛疑解惑。至于具体的清谈场景，史所阙载。《世说》中记载乐广清谈有两处，一处是《世说·文

---

1 何启民《竹林七贤年谱》"咸宁二年丙申"条：王戎四十三岁，为荆州刺史。又说："今所以置戎刺荆州于是年者，从万斯同《晋方镇年表》也。"见何著《竹林七贤研究》页271、272。

学》十六：

> 客问乐令"旨不至"者，乐亦不复剖析文句，直以麈尾柄确几曰："至不？"客曰："至。"乐因又举麈尾曰："若至者，那得去？"于是客乃悟服。乐辞约而旨达，皆此类。

由问"旨不至"者可知，这次是谈论《庄子·天下篇》。此篇记载惠施晓辩者二十一事，其一为"指不至，指不绝"。关于"指不至"二句，向来难解。与乐广同时的司马彪《庄子注》，已经不能确解，说："夫指之取物，不能自至，要假物故至也。然假物由指不绝也。一云指之取火以钳，刺鼠以锥，故假以物，指是不至也。"（陆德明《庄子释文》引）乐广则"不复剖析文句"，因为难解的问题，往往言不尽意，随即用麈尾柄抵几，说："至不？"客说"至"；乐广又举起麈尾说："若至者，那得去？"于是客乃悟服。按，乐广以麈尾柄抵几，是谓"至"；又举麈尾，是谓"去"。"至"者为静，"去"者为动。然至者非至，去者非去——世间一切物，皆为"至"，又皆为"去"，无一刻停息。刘孝标注非常精到："一息不留，忽焉生灭。故飞鸟之影，莫见其移，驰车之轮，曾不掩地。是以去不去矣，庸有至乎？至不至矣，庸有去乎？然则前至不异后至，至名所以生；前去不异后去，去名所以立。今天下无去矣，而去者非假哉？既为假矣，而至者岂实哉？"世间一切物，都处在不停的运动中，至者非至，去者非去，皆是假象而非实。犹如佛经所言，一切法皆不住，假而非实相。

乐广谈《庄子》不复剖析文句，仅以麈尾柄抵几又举起的两个动作，解答"旨不至"之问，极似佛教禅宗的机锋。刘辰翁批

《世说》，说："此时诸道人乃未知此。此乃我辈禅也，在达摩前。"王世懋说："此乃禅机转语，注名理甚精。"余嘉锡《世说新语笺疏》指出："乐令未闻学佛，又晋时禅学未兴，然此与禅宗机锋，抑何神似？盖老、佛同源，其顿悟固有相类者。"大凡学问与技能的由粗至精，一般来说，都靠不断的修炼，循序渐进。然天才或颖悟者，以顿悟就能达到很高的境界。譬如王弼，便是悟解"性与天道"的天才。乐广解释"旨不至"，也是天才式的直探理窟。

汤用彤《言意之辨》一文说，王弼得意忘言之说，魏晋人士用之极广，其一是"用于经籍之解释"。乐广谈《庄》不复剖析文句，是得意忘言解释经典的佳例。《世说》说，乐广"辞约而旨达皆此类"。可见，辞约旨达是乐广清谈的风格。言谈有人多言，有人少言，历来如此。而魏晋清谈自正始起，谈风隐然有简至、辞繁两派。《魏氏春秋》评论何晏、王弼的清谈特点，说："弼论道约，美不如（何）晏，自然出拔过之。"意谓王弼论道，辞约无藻饰之美，言辞不如何晏，然解悟出众，出乎天才，超过何晏。概言之，何晏言皆巧妙华丽，王弼理旨自然出拔。

乐广辞约旨达，与王弼一脉相承。当时，一流的清谈家王衍、裴楷，皆佩服乐广的谈辞简至。《世说·赏誉》二五说：王夷甫自叹："我与乐令谈，未尝不觉我言为烦。"注引《晋阳秋》说："乐广善以约言厌人心，其所不知，默如也。太尉王夷甫、光禄大夫裴叔则能清言，常曰：'与乐君言，觉其简至，吾等皆烦。'"当然，乐广是王弼的继承者，主要体现在乐广清谈义理的精微，辞虽约而义旨胜。卫瓘听乐广清谈，赞正始微言复闻于君，所指即是他谈理的精微，能给人一种理性的满足感。

然则，须追问的是：乐广清谈，究竟谈何义理？

《世说·文学》一二刘孝标注引《晋诸公赞》说："自魏太常夏侯玄、步兵校尉阮籍等，皆著《道德论》，于时侍中乐广、吏部郎刘汉亦体道而言约（刘汉，当作"刘漠"，字形近而误），尚书令王夷甫讲理而才虚，散骑常侍戴奥以学道为业，后进庾敳之徒，皆希慕简旷。颇疾世俗尚虚无之理，故著《崇有》二论以折之。才博喻广，学者不能究。后乐广与裴頠清闲欲说理，而颓辞喻丰博，广自以体虚无，笑而不复言。"这里是记晋惠帝元康年间的学风与士风，乐广、刘漠、王衍、戴奥、庾敳等，皆宗仰《老子》的虚无之道，唯有裴頠"崇有"。其中与乐广清谈有关的记述是"体道而言约"和"以体虚无"，即乐广好虚无之谈，且风格简至。面对裴頠的"辞喻丰博"，乐广"笑而不复言"。这不是屈服于对方滔滔不绝的辞锋，而是"以无当有"，正是乐广谈风简至的表现。贺昌群谈论乐广的辞约旨达时说："大凡说究竟义，沉默胜于雄辩，否定之力大于肯定。""究竟"为佛教语，犹言"至极。""究竟"义即是"道"，是"至理"。乐广"体无"，一时以沉默笑对裴頠的雄辩，何等雍容自在。

《世说·德行》二三也记载乐广的清谈：王平子、胡毋彦国诸人，皆以任放为达，或有裸体者。乐广笑曰："名教中自有乐地，何为乃尔也！"乐广此言，说明他虽"以体虚无"，却并不偏废名教，以为名教与自然并不冲突，名教中自有乐地，何必越礼放荡、裸体如禽兽才觉得是快乐呢！

何谓"名教"？何以"名教中自有乐地"？这里稍作解释。关于"名教"的含义，一般认为是指规范社会秩序以及人伦道德的一整套制度、法规和礼仪。例如陈寅恪《陶渊明之思想与清谈之关系》一文，引《老子》"始制有名"句王弼注和《庄子·天下篇》"春秋以道名分"句，解释道："故名教者，依魏晋人解释，以名为教，即以官长君臣之义为教，亦即入世求仕者所宜奉行者也。其主张与崇尚自然即避世不仕者适相违反，此两者之不同，明白已甚。"[1]唐长孺说："所谓名教即是因名立教，内容包括政治制度、职官设置、人才配合以及礼乐教化等等。"[2]

汉代重经学，是独尊名教的时代。魏晋老庄之学兴盛，重自然之风流行，名教、自然同异之辨成了思想界争论的重大问题。面对名教与自然二者之间固有的矛盾，先是以王弼为代表的思想家出来融通儒道二家，称"圣人体无"，意思说，孔子也是以无为体，也就是"名教"出乎"自然"，而且"自然"是本，是母，"名教"是末，是子。到了嵇康，痛恨司马氏借名教杀人，遂宣扬"越名教而任自然"，攻击名教不遗余力。嵇康的理论之所以很偏激，显然是现实政治引起的好恶起了根本性的作用。嵇康被杀后，他的好友向秀格以形势，主张"儒道为一"了。稍后的郭象，完全调和名教与自然的矛盾，创造"名教即自然"的新理论，即名教与自然相同。

乐广"名教中自有乐地"说，本质即是郭象的"名教即自然"说。名教、自然同一，是当时的思想界的主流，也是玄谈的主要论题。可是，上文刘孝标引《晋诸公赞》，称乐广"自以体虚

1 详见陈寅恪《金明馆丛稿初编》，页182。
2 唐长孺《魏晋南北朝隋唐史三论》第一篇《论魏晋时期的变化》，中华书局，2011年，页62。

无"，则乐广属于"贵无派"，与"崇有派"不同。贵无尚自然，王平子、胡毋彦国诸人，任达裸体，正是尚自然的极端表现，而乐广为何嗤笑之？根本原因在乐广既尚自然，更重名教，以为王平子之流只知服膺自然，放纵情欲，而不理解名教对人之情性的规范。其实名教不仅不妨碍作乐，甚至名教本身也是可乐的。譬如父子天伦之乐，夫妇琴瑟之乐，友朋相聚之乐，仁智山水之乐，学道日新之乐，礼乐融融之乐……名教中的乐地，同样产生于自然，但已经摆脱了肉欲的纵放，而上升为内心的精神快乐，具有澄明、优雅，甚至圣洁的理性色彩。戴逵《竹林七贤论》说："……是时竹林诸贤之风虽高，而礼教尚峻，迨元康中，遂至放荡越礼。乐广讥之曰：'名教中自有乐地，何至于此！'乐令之言有旨哉！谓彼非玄心，徒利其纵恣而已。"戴逵说"乐令之言有旨"，有旨，谓有意思，有意义，正是指名教固有的得道之乐，圣人之乐。名教之乐，源于理性，源于心的澄明。而元康之徒虽贵无尚自然，然不是真正的得道之士（彼非玄心），误以为自然便是纵恣情欲而已。

我的同道刘强教授，作长文对乐广"名教中自有乐地"一语作新解。他通过追溯儒家经典对"乐"的来源及内涵的分析，指出乐广所谓的名教，大而言之指"圣教"，小而言之实即"乐教"；又指出"宋儒的'名教可乐'说，明显是从乐广'名教乐地'中转而来"。[1]解析深刻精彩，读者自可参看。

---

1 详见刘强《〈世说新语〉"名教乐地"说新解——兼论西晋玄学家乐广的玄学立场及思想史意义》，载胡晓明主编《古代文学理论研究》第五十五辑《中国文学思想的跨域探索》，华东师范大学出版社，2022年12月。

乐广是西晋首屈一指的清谈家，"名教中自有乐地"一句，堪称魏晋玄谈中难得的胜理，可与王弼"圣人贵无"一语并论，体现出理论创造的深度与高度，即使在中国思想史上，也有资格占有一席之地。难怪卫瓘听到乐广微言，立刻为之折服；清谈名家裴楷，自叹"吾所不如"。称乐广清谈水平之高，可与王弼、何晏比肩，应该不算过分。

　　纵观魏晋清谈史上的一流人物，能言善辩固然是进至第一流的重要因素，但更重要者，必然是学问广博，义理精微。魏晋玄谈的先驱如夏侯玄、何晏、王弼之流，皆学问广博精深。虽然，自汉末清谈流行之后，口齿伶俐者往往占到更多的优势，更为受众所欢迎，但清谈本质上是与学问紧密相关的雅事，学识和义理，终究是谈论的灵魂。为什么一流的清谈家从来都重视读书？盖学问是谈论的基础。谈《易》不读《易》，谈《老》不研《老》，何从谈起？

　　乐广曾劝潘京读书，说明清谈须学问乃是当时通识。《晋书》卷九〇《潘京传》说：潘京举秀才，到洛，尚书令乐广与之共谈累日，深叹其才，谓京曰："君天才过人，恨不学耳。若学必为一代谈宗。"京感其言，遂勤学不倦。时武陵太守戴昌亦善谈论，与京共谈，京假借之，昌以为不如己，笑而遣之。令过其子若思，京方极其言论。昌窃听之，乃叹服曰："才不可假。"遂父子俱屈焉。乐广劝潘京学问的故事，最能说明学问是清谈的根本。本不深不丰，机敏有口才者虽也能谈，但不可能成为"谈宗"。

　　同类的故事还有王衍劝诸葛宏读书。《世说·文学》一三："诸葛宏年少不肯学问，始与王夷甫谈，便已超诣。王叹曰：'卿天才卓出，若复小加研寻，一无所愧。'乐后看《庄》《老》，更与王语。便足相抗衡。"可见，王衍与乐广一样，也很重视读书，主张对清谈的题目作一番研究。潘京、诸葛玄凭藉语言天赋，虽然也可以同清谈高手过几招，然终究不能成为"谈宗"。乐广言辞简约，乃是以学问为基础的简至，由博返约，以少胜多；当然，也与乐广性格平和，耽于深思，不喜多言有关。后世清谈以简约为特色者，往往比之乐广。例如过江名士王承，言理辩物，但明其旨要，不为费辞，有识伏其约而能通，太尉王夷甫雅重之，以比南阳乐广。(《世说·品藻》一〇注引《江左名士传》)

二、洛滨清谈活动简论

太康元年（280）平吴之后，晋武帝偃武修文，汉末以降将近百年的战火终于熄灭，"国泰民安"的盛世似乎来临了。自正始之后清谈这朵干枯衰弱的思想之花，沐浴着时雨，绽放出充满生机的迷人光彩。

晋武帝太康时期，洛水之滨是京师最佳的游览胜地，也是谈论学问的无可比拟的场所。可惜，文字记载下来的极少见。唯有《世说·言语》二三，记载在某一年的春天，一群中朝名士相聚洛滨，享受良辰美景的同时，畅谈名理、历史与人物，沉浸在清谈胜理的愉悦里，是极为难得的描述洛滨清谈场景的资料：

> 诸名士共至洛水戏。还，乐令问王夷甫曰："今日戏乐乎？"王曰："裴仆射善谈名理，混混有雅致。张茂先论《史》

x

《汉》，靡靡可听。我与王安丰说延陵、子房，亦超超玄著。"

刘孝标注引《竹林七贤论》说："王济诸人尝至洛水解禊事，明日，或问济曰：'昨游有何语议？'济云云。"与《世说·文学》记载不同，不是乐广与王夷甫两人之间的问答，而是有人问王济，王济云云。《晋书》卷四三《王戎传》同《竹林七贤论》，也作"或问王济"，后文"裴仆射善谈名理"云云，皆为王济所答。按，洛水之滨自后汉起就是著名的游览胜地，诸名士至洛水游观，乃是常事。而王济、王衍皆善清谈，难以确定究竟是王济还是王衍所答。但《竹林七贤论》、唐修《晋书》皆称王济云云，故姑且从《竹林七贤论》所说。

此则王济诸人至洛水解禊的故事，保存了晋初清谈中的不少信息，解读其中的信息，有助于认识和理解西晋的清谈史。兹从两方面分析之。

1. 洛水戏、解禊与清谈

《竹林七贤论》说，"王济诸人尝至洛水解禊事"。可知王济诸人至洛水，非特地为清谈。《世说·言语》写成"诸名士共至洛水戏"。戏，游戏、游览。可是王衍所答，皆是清谈。因之有人就把"洛水戏"与清谈划了等号，例如钱穆就看作是"时人以谈作戏"进而说诸名士的清谈是"互骋才锋"的一种风致的显示，仅是日常人生中的一种"游戏"而已。这种看法，可取的成分虽有却小，譬如"互骋才锋"；而大部分是不可取的，因为魏晋清谈的根本价值，是研核义理的学术活动，并非仅仅是"游戏"（参见本书第一章第四节）。

单以这次洛滨清谈来说，裴頠善谈名理，张华论《史》《汉》，王戎说延陵、子房，涉及到形名学研究、史学名著及古代贤人的评价，相当于今天专门的学术演讲，学术价值显而易见，岂可轻描淡写地说这仅是日常人生的一种游戏？清谈者自然会"各标风致，互骋才锋"，但绝不是无意义的标榜风流与才华，而是表现学问与识见。

若问：清谈有乐趣吗？当然有。譬如卫瓘听了乐广清谈，感叹说，何晏等人既没之后，微言将绝，如今得以复闻。他的语气是欣慰的，快乐的。这种快乐，与来自嘲戏和调笑的快乐是有区别的。后者例如邓艾口吃，语称"艾艾"，晋文王戏之曰："卿云艾艾，定是几艾？"对曰："凤兮凤兮，故是一凤。"（《世说·言语》一七）嘲戏的快乐，纯粹是语言的游戏，绝大多数言不及义。清谈的快乐，则来自学问的进阶而心生愉悦。作为谈者，事先经过研寻，辩论时，犹如披坚执锐。若对手拱手认输之时，执戟四顾，若不可一世者，内心自然是快乐的。作为旁听者，惊叹理论的殿堂何其幽深玄妙，理障清除，豁然开朗，也不觉手舞足蹈。故清谈的快乐是理性的，与排调、嘲戏等语言游戏的快乐，二者不可混而一谈。当代《世说》研究者杨勇，或许受钱穆的影响，以为"清谈即简称为'戏'矣"，又举《世说》中"戏"字者，一概说成是清谈。[1]这是非常不妥的。

如果从《竹林七贤论》所记，王济诸人尝至洛水解禊事，则

---

1 详见杨勇《论清谈之起源、原义、语言特色及其影响》，载《杨勇学术论文集》，中华书局，2006年。

不存在"洛水戏",也就避免了"洛水戏"就是清谈的误解。解禊原来是一种祈求吉祥的仪式,后来成为古老的习俗。在三月上巳日临水,被除不祥,称为"解禊"或"被禊"。农历三月三日,中国北方正是暮春季节。洛水汤汤,水边柳条低拂,两岸莺飞草长。这天在洛水解禊,是洛阳一年一度的盛大节日。"晋中朝公卿以下至于庶人,皆禊洛水之侧。"(《晋书》卷二一《礼志》下,页671)那是全民的狂欢,连庶民一时间也把贫贱的苦恼放在一边,满怀希望地捧起洛水,洗去命运上的晦气不祥。真正风光的当然是一群名士,轻裘肥马,随从如云。

王济等诸名士解禊洛川,并非至洛水专门为清谈。然诸名士赏玩良辰美景之余,有人唱导清谈自是情理中事。何况,王济、裴頠、张华、王衍、王戎等人,都是当世有名的清谈家。解禊仪式既毕,遂清谈不已。

2. 洛滨清谈内容述略

清谈内容之一,是裴頠谈名理。魏晋清谈的早期,主要谈名理。名士中善谈名理者甚多,例如《魏志·荀彧传》注引何劭《荀粲传》:"(傅)嘏善名理。"《魏志·钟会传》:"博学而精练名理。"《晋书》卷三六《卫瓘传》:"性贞静有名理。"《晋书》卷四九《阮瞻传》:"忽有一客通名诣瞻,寒温毕,聊谈名理。"《晋书》卷五六《孙统传》:"腾弟登,少善名理,注《老子》。"《世说·文学》一九注引邓粲《晋纪》:裴遐"善叙名理"……难以遍举。名理的含义非常宽泛。汤用彤说:"名理者,名分也。晋人谓善谈名理,言玄理也,此非原来之意义。"又说:"一如名理之学,为汉人清议之进一步,玄学亦为名理之更进一步,故名理之学,可谓准玄学。"（汤用彤《魏晋玄学论》四则）牟宗三列举《晋书》《世说》中有关名理的例子十余条，区分为"才性名理""玄学名理"，说："'名理'一词乃概括之通称，而'才性'与'玄理'则是指谓之殊目。"[1]汤用彤所说的名理涵盖的范围很广，包括政治理论、识鉴人物、论才性、言玄理。又以为名理一词是发展的，由汉末清议而至名理，而至玄理。牟宗三也以为名理是发展的，先是论"才性名理"，至钟会注《老》论《易》，"才性名理"转变为"玄学名理"。以上二家意见，都有参考价值。

那么，裴𬱟善谈之名理，究竟是政治理论，还是识鉴人物？是论才性，抑或谈玄理？下面作一点探索。《艺文类聚》卷四引《竹林七贤论》说："裴逸民叙前言往行，衮衮可听。"而《世说·言语》二三作"裴仆射善谈名理"。"前言往行"，当指古代圣贤的言论与品德。行，品行、操守也。读《晋书》卷三五《裴秀传》《裴𬱟传》，可知秀、𬱟父子皆崇尚儒学。"秀儒学洽闻，且留心政事，当禅代之际，总纳言之要，其所裁当，礼无违者"。"秀创制朝仪，广陈刑政，朝廷多遵用之，以为故事"。《晋书·裴𬱟传》说𬱟"博学稽古"，"奏修国学，刻石写经，皇太子既讲，释奠祀孔子，饮飨射侯，甚有仪序"。《世说·言语》二三注引《冀州记》说："𬱟弘济有清识，稽古善言名理。"可见，裴𬱟叙"前言往行"，必定是陈述古圣先贤的嘉言懿行，有益于治国理政，不是虚无之玄谈，亦非品鉴人物。

清谈内容之二，是张华论《史》《汉》。司马迁《史记》、班

1 详见牟宗三《才性与玄理》第七章"魏晋名理正名"，页198—208。

固《汉书》，为中国史学史上伟大的历史著作。对这两部杰作的评论，自后汉以来从未中断。《史记》是纪传体的通史，《汉书》是纪传体的断代史，叙事各有优长。以文字而言，《史记》感情浓郁，疏朗有奇气。《汉书》详赡严整。魏晋时期，讲论《汉书》很普遍，对它的评价之高甚至超过《史记》。例如权贵贾谧周围聚集了许多文士，有一次讲论《汉书》，潘岳作《于贾谧坐讲〈汉书〉》诗说："治道在儒，弘儒由人。显允鲁侯，文质彬彬。笔下摛藻，席上敷珍。前疑既辨，旧史惟新。惟新尔史，既辨尔疑。延我寮友，讲此微辞。"（《艺文类聚》卷五五）此诗写贾谧与众文士辨别《汉书》中的疑义。张华论《史》《汉》，大概与贾谧坐讲《汉书》相似，"前疑既辨，旧史惟新"，辨析古已有之的疑义，从旧史中得出新意。张华是当时非常博学的学者，《晋书》卷三六《张华传》说："华学业优博，辞藻温丽，朗赡多通，图纬方伎之书莫不详览。"又说："武帝尝问汉宫室制度及建章千门万户，华应对如流，听者忘倦，画地成图，左右属目。"可见，张华是出色的史学家，非常熟悉汉代的历史和掌故。熟读《史》《汉》，学问渊博，辞藻温丽，谈论之际，听者自会觉得"靡靡可听"。

清谈内容之三，是评论古代人物。延陵，春秋时吴公子季札，封于延陵，号曰延陵季子。（见《史记》卷三一《吴太伯世家》）子房，汉初智士张良也。王戎说延陵、张良，评论古贤的行事功业，属于才性论。

这次洛滨清谈人物，皆偏重儒学，所谈内容为形名学。这可能与被禊的文化性质有关。后汉杜笃《被禊赋》说："谈《诗》《书》，咏伊、吕，歌唐虞。"由此可知，洛水被禊保存了远古遗风，谈《诗》《书》，咏伊、吕，歌唐虞，是被褐的内容。洛滨清谈的内容，与被褐是非常契合的。

三、清谈世家裴氏

魏晋是士族门阀制度形成并确立的时代。世家大族掌握了政权，掌握了物质财富，同样也掌握了精神财富。研究魏晋玄学与清谈的形成与演变，必须重视文化世家的作用及贡献。他们是思想、文化、精神的生产者，社会风气的引领者。当然，随着时代的变迁，旧贵族衰落，新贵族兴起。可不管政权如何更迭，思想与学术的弄潮儿，始终是士族子弟。

《世说·品藻》六记正始中人士谈论汉末至晋初的四大文化世家：

> 正始中人士比论，以五荀方五陈：荀淑方陈寔，荀靖方陈谌，荀爽方陈纪，荀彧方陈群，荀顗方陈泰。又以八裴方八王：裴徽方王祥，裴楷方王夷甫，裴康方王绥，裴绰方王澄，裴瓒方王敦，裴遐方王导，裴頠方王戎，裴邈方王玄。

起笔交代比论的时间是"正始中"，是指"以五荀方五陈"。五荀、五陈的生活年代自汉末至魏末，正始中人可以比论。而八裴八王是中朝人物，年代晚了，正始中人不可能比论。

五荀、五陈，八裴、八王，是东汉至西晋的四大文化世家的代表人物。颍川颍阴荀氏，颍川许昌陈氏，是东汉两个著名的大族，有着深厚的文化积淀。尤其是荀氏一门，出了政治家荀彧、荀攸，哲学家荀爽，清谈家荀粲、荀顗，而《易》学家尤多。关于荀氏在汉魏间的文化地位，上文论汉末魏初《易》学流行时已言及。颍川许昌陈氏始祖陈寔、子陈纪、纪弟谌，皆有高名。纪子群，群子泰，在魏代地位极其尊隆。若论文化贡献，许昌陈氏学者较少，不如荀氏。

至魏末晋初，荀氏、陈氏渐趋式微。新贵族琅邪王氏及太原王氏、河东裴氏兴起，成为新时代的士族代表。这两大家族中出现了许多才智杰出的人物，在魏晋玄学、清谈及文化艺术领域都作出了非凡贡献，影响中国文化极为深远。

以下先论河东裴氏，后面再论王氏及其他文化世家。

裴氏成为魏晋文化世家，始于裴徽（详见前文）。他的学问及清言才能，在裴氏一门中得到完美的传承。袁宏《名士传》列"中朝名士"八人，以裴楷为首，大概是楷年龄最长（约237—约291）的缘故。《晋书》卷三五《裴楷传》说："楷明悟有识量，弱冠知名，尤精《老》《易》，少与王戎齐名。"裴楷即裴徽之子。裴徽才理清明，善论《易》及老庄之道。裴楷颖悟有识的个性来自其父裴徽，喜好"三玄"的学问也与其父一脉相承。钟会赏识裴楷，荐之于司马昭，称"裴楷清通"。"清通"与裴徽的"才理清明"，意思相近，指个性识鉴高明，对理论的解悟通达。

《世说·任诞》一一记阮籍丧母，裴楷前往吊丧。籍方醉，散发箕踞不哭。裴楷哭泣，尽哀而退。有人问裴："凡吊，主人哭，客乃为礼。阮既不哭，君何为哭？"裴答："阮方外之人，故不崇礼制。我辈俗中人，故以仪轨自居。"裴所谓"方外方内"，出自

《庄子·大宗师》："孔子曰：'彼游方之外者也，而丘游方之内者也。'"可见，裴楷非常熟悉《庄子》。

又《世说·言语》一九：晋武帝始登阼，探策得一。帝既不悦，群臣失色，皆默不作声。侍中裴楷说："臣闻天得一以清，地得一以宁，侯王得一以为天下贞。"武帝大悦，群臣叹服。裴楷机悟非凡，无人可及。所谓"天得一以清"云云，来自《老子》三十九章。刘孝标注引王弼《老子注》："一者，数之始，物之极也，各是一物，所以为主也。各以其一，致此清、宁、贞。"裴楷所答，也与王弼《老子注》有关。以上二例，证明裴楷确实"明悟"异常，应对之中见其精于《老》《庄》及王弼玄学。

《晋书·裴楷传》说："诏楷于御前执读，平议当否。楷善宣吐，左右属目，听者忘倦。"裴楷御前所执之经，不会是《老》《庄》，应该是儒经，包括《易》经。看来楷精于"三玄"之外，亦精儒家经典。经学的造诣高，才有可能平议解经者当否。"善宣吐"，指口才佳，善言论应对，譬如化解晋武帝探策得一的尴尬事，充分证明了裴楷的"善宣吐"。如此明悟卓荦，经学精湛，尤精《老》《易》，言辞敏捷，听者忘倦地谈论儒家经典，是魏晋清谈雅论的标准程式。不可因为谈讲儒经，不是玄谈，就把讲说经典排除在清谈之外。何况，谈论儒经并不是一概形下的，完全可以上升到形上的层面，譬如《周易》，本来就是儒经之首，最具抽象的哲学著作。裴楷清通，既谈三玄，也谈儒经，明悟非常，加之容仪俊美，几乎成为魏晋名士十全十美的典型，时人称为"玉人"。

裴楷有五子：舆、瓒、宪、礼、逊，不闻有善清谈者。楷弟绰，绰子遐（字叔道），善清言。《世说·文学》一九记裴遐新婚后三日，与郭象清谈。于时裴、王子弟及当时名士悉集。这是西晋时期一次非常精彩的清谈场面：

> 裴散骑娶王太尉女。婚后三日，诸婿大会，当时名士，王、裴子弟悉集。郭子玄在坐，挑与裴谈。子玄才甚丰赡，始数交未快，郭陈张甚盛，裴徐理前语，理致甚微，四坐咨嗟称快。王亦以为奇，谓诸人曰："君辈勿为尔，将受困寡人女婿！"

王衍势重位高，名重于时，天下言风流者，谓王衍、乐广为首。裴遐祖裴徽，从父裴秀、裴楷皆有重名。王、裴子弟，多有才俊。名士悉集，必有不少谈客。而裴遐新婚之后，心情愉悦。在此喜庆日子里，新郎与郭象清谈，自是一桩快事。《世说》描写这次清谈过程，很有层次：先是郭象技痒，挑起了同裴遐的清谈，表现了郭"才甚丰赡"的自信与自负。开始"数交未快"，双方数番往复，未令人满足。然后，"郭陈张甚盛"。陈张，指辞理的布局似军阵，严整浩大，以此比喻郭象的清谈风格。郭"才甚丰赡"，谈辞滔滔不绝，言辞与义理的布局规模宏伟。裴遐则徐理前语，理致甚微。这是写裴遐的清谈风格。如果说，郭象以义理丰赡见长，则裴遐以理致甚微取胜，在理论的细微处见功力。谈论自此进入高潮——"四坐咨嗟称快"，一变"始数交未快"的场面。最后，王衍亦以郭、裴的清谈为奇，对诸人说："君辈勿为尔，将受困寡人女婿！"对女婿才具的夸赞之情溢于言表，颇具戏剧色彩。

关于裴遐的清谈特色，刘孝标注引邓粲《晋纪》说："遐以辩论为业，善叙名理，辞气清畅，泠然若琴瑟。闻其言者，知与不知，无不叹服。"这段简介裴遐清谈的文字有三点值得注意。一、裴遐以辩论为业。以辩论义理为专门学业的现象，可能始于汉末。例证如孔公绪没有行军打仗的才能，唯一的擅长是"清谈高论，嘘枯吹生"，却受到时人的普遍欢迎。原因就在汉末谈论之风流行，成了一种技艺，善辩论者为时人仰慕。追溯辩论的远源，言语为孔门四科之一。清谈本质是义理的较量，已如前述。它同时又是语言艺术，表现为辩论双方的对峙，最终决出胜负。二、裴遐善叙名理。此名理具体指形名之学，还是虚无之理？很难确定。据王衍为学贵虚无之论，而此日听郭象、裴遐清谈，"亦以为奇"判断，遐"善叙名理"之名理，有可能是玄理。三、裴遐"辞气清畅，泠然若琴瑟"，颇有音乐感，清越动听。余嘉锡笺疏《世说》此条说："晋、宋人清谈，不惟善言名理，其音响轻重疾徐，皆自有一种风韵。"余氏所言极中肯。衡量清谈的价值，是否有拔新之见固然是根本标准，而语言音韵之美，也是重要的考量。至理名言且音辞清美，才是最佳的清谈境界。

裴遐是魏晋清谈史上的重要人物。《世说·品藻》三三：有人问殷浩："当世王公，以卿比裴叔道，云何？"殷曰："故当以识通暗处。"刘孝标注："遐与浩并能清言。"殷浩是东晋中期大名士，一流清谈家。时人以殷浩比裴遐，说明遐也是西晋一流清谈家，可与殷浩相提并论。

西晋裴氏家族中最有影响的清谈人物，当推裴頠。上文析论洛滨清谈，裴頠"善谈名理"，名理指古圣先贤的嘉言懿行，非指虚无玄言。裴頠是当时清谈高手，与王衍不相上下。有人曾诣王衍咨疑，王因昨天清谈时间长了，感觉疲倦，不接待，对来客说，裴逸民在附近，君可往问。(《世说·文学》一一)《晋书·裴頠传》说："乐广尝与頠清言，欲以理服之，而頠辞论丰博，广笑而不言。时人谓頠为言谈之林薮。"(《晋书》，页 1042)这是清谈风格殊异的两个高手之间的过招。如上文所言，乐广"约言析理"，而裴頠"辞论丰博"，正如御史中丞周弼赞叹："頠若武库，五兵纵横，一时之杰也。"(《晋书》，页 1041)又《世说·赏誉》一八注引《惠帝起居注》说："頠理甚渊博，赡于论难。"不论义理与辞藻，皆宏博浩荡，若无始无终。故约言析理的乐广遇上如"五兵纵横"的裴頠，即使有胜义，也会陷在对方辞理丰繁的林薮里。何必彼此缠斗不已，难分胜负呢？性格平和的乐广，"笑而不言"，以温柔的沉默，对抗"五兵纵横"，别具一种风采。而裴頠在魏晋清谈史上影响最大的业绩，是作《贵无》《崇有》二论(见下文详论)。

裴頠从弟裴邈(字景声)也善清谈。《世说·雅量》一一注引《晋诸公赞》说："(邈)少有通才，从兄頠器赏之，每与清言，终日达曙。自谓理构多如，辄每谢之，然未能出也。"[1]两人清言终日达曙，当是頠"辞理丰赡"之故。而邈每谢不如，未能出于頠之上。

---

[1] 日人《世说抄撮》释"自谓"三句说："自谓，邈自谓也。谢之，頠谢之也。未能出，邈未能出頠之上也。"

四、清谈世家王氏及其他

琅邪王氏、太原王氏，是兴起于魏代的新贵族。前者始祖王祥、王览，后者始祖王昶。[1]王祥亲历魏晋易代的大事件，也亲见何晏、王弼等人的玄谈。不过，找不到他曾参与正始清谈的文献记载。族人王戎曾说王祥虽不在能言之流，但与之清言，感觉"理中清远"，说明王祥也是能言的，而且言理得中，不偏不激，不过是不太谈论罢了。王祥临终前，遗令子孙薄葬，又以"五者"立身之本激励子孙："夫言行可覆，信之至也；推美引过，德之至也；扬名显亲，孝之至也；兄弟怡怡，宗族欣欣，悌之至也；临财莫过乎让：此五者，立身之本。"其子皆奉而行之。王祥遗令及子孙的奉行，为琅邪王氏的兴旺发达，奠定了精神文化的基础。

太原王氏的始祖王昶有实在的文化业绩，著有《治论》二十余篇，兵书十余篇。嘉平初，司马懿诛曹爽之后，上奏博问大臣得失。王昶陈治国大略五事，其中"欲用考试"，居官者有治绩则增位赐爵，"使撰百官考课事"等，多为形名之学，校练名理。王昶为兄子及子命名，"皆依谦实，以见其意。故兄子默字处静，沈字处道，其子浑字玄冲，深字道冲"，遂作《戒子书》。

之所以简略介绍王氏二家的始祖王祥、王昶的事迹，旨在说明中古时期的文化世家的传承，是完全符合因果律的。王氏始祖王祥和王昶，德行高尚，并以儒家的文化理念训诫子孙，所播下

---

1 宋人汪藻《世说人名谱》中《琅邪临沂王氏谱》，列一世祖是王融，《太原晋阳王氏谱》，列一世祖咸、二世祖柔、泽。这不过是追溯王氏的远祖，对太原王氏的兴起，无实际作用。

的精神种子，在家族的历史上开花结果，子孙绵延数百年，出现的杰出人物灿若繁星，成为中古时期首屈一指的望族，在魏晋玄学、清谈、艺术等方面都作出了无与伦比的贡献。仅以玄学和清谈而论，自王祥、王昶之后短短数十年，二支王氏的廊庑和玉阶之下，佳木葱茜，玉树临风，出现了很多文化名士。

以下不再分二家王氏的郡望，以年代前后，考论王氏家族中的清谈人物。

王沦。沦字太冲，王昶之子，司徒王浑之弟。《世说·排调》八注引《王氏家谱》："（沦）醇粹简远，贵老庄之学，用心淡如也。为《老子例略》《周纪》……年二十五卒。"王沦或许早卒之故，事迹仅见于此。不知他是否善谈论，为玄学家当可确定。

王湛（249—295），字处冲，沦弟。《世说·赏誉》一七及刘孝标注引邓粲《晋纪》、《晋书》卷七五《王湛传》，皆记湛与侄子王济谈论《周易》的故事。《世说》所记曲折尽情，极有情趣：

> 王汝南既除所生服，遂停墓所。兄子济每来拜墓，略不过叔，叔亦不候。济脱时过，止寒温而已。后聊试问近事，答对甚有音辞，出济意外。济极愧愕，仍与语，转造精微。济先略无子侄之敬，既闻其言，不觉懔然，心形俱肃，遂留共语，弥日累夜。济虽俊爽，自视缺然，乃喟然叹曰："家有名士，三十年而不知！"……既还，浑问济："何以暂行累日？"济曰："始得一叔。"浑问其故，济具叹述如此。浑曰："何如我？"济曰："济以上人。"武帝每见济，辄以湛调之曰："卿家痴叔死未？"济常无以答。既而得叔，后武帝又问如前，济

曰："臣叔不痴。"称其实美。帝曰："谁比?"济曰："山涛以下，魏舒以上。"

《世说》记王济与叔王湛清谈，但未曾说谈什么。邓粲《晋纪》则说二人谈《易》:

> 昶丧，居墓次。兄子济往省湛，见床头有《周易》，谓湛曰："叔父用此何为? 颇曾看不?"湛笑曰："体中佳时，脱复看耳。今日当与汝言。"因共谈《易》，剖析入微，妙言奇趣，济所未闻，叹不能测。

王湛与王济谈《易》的故事，说明湛、济叔侄好读《易》，而湛论《易》精妙，有逾于济。

王济(246—291)，字平子，王浑次子，事迹见《晋书》卷四二《王济传》，袁宏《名士传》列济为"中朝名士"。王济是晋初大名士，与裴楷齐名，又尚常山公主，以其才能得到晋武帝的宠幸。《王济传》说："(济)善《易》及《庄》《老》，文词俊茂，伎艺过人，有名当世，与姊夫和峤及裴楷齐名。""每侍见，未尝不咨论人物及万机得失。济善于清言，修饰辞令，讽议将顺，朝臣莫能尚焉，帝益亲贵之。"

毫无疑问，王济是西晋前期的清言大家，善谈三玄，也精于评论人物及现实政治的得失。可惜，他的清谈事迹史多遗落。鄙人在前面说过，魏晋清谈的人物之众多，谈论内容之丰富，清谈地域之广阔，完全超乎今人的想象，不能仅仅以《世说·文学》

所存的几十条玄谈，概括当年清谈盛况，那不过是以管窥天。王济当年几乎无所不谈，侍见武帝时，几乎无物不论，可惜今人只能勉强想象这位风流才俊的声容了。

王济与叔父王湛谈《易》的故事，只不过是他善《易》的证据之一。《魏志·钟会传》注引何劭《王弼传》，其中说到王济的《易》学："太原王济好谈，病《老》《庄》，常云'见弼《易》注，所误者多。'"[1]王济发此议论，大概是不满王弼《易》注，摈落爻象，纯以义理释之。由此判断，王济《易》学，当是继承汉《易》象数一派。

《世说·言语》二四记王济与孙楚各言土地人物之美，也是其善清言的例子。王说："其地坦而平，其水淡而清，其人廉且贞。"孙说："其山崔巍以嵯峨，其水㳽漫而扬波，其人磊砢而英多。"刘孝标注："按《三秦记》《语林》载蜀人伊籍称吴土地人物，与此语同。"据刘注判断，王济、孙楚，一言吴地风土人物之美，一言蜀地风土人物之美。考察、评论土地人物之美，是汉末以后的学术风气之一。其兴起的原因，与取士制度有关。学者渐渐认识到，人物才性的形成，除不可知的禀赋之外，与人才出生地的土地、山川、习俗等人文地理有关。汉末之后出现的许多地理类、人物类著作，即是此种学术的直接反映。例如孔融《汝颍优劣论》（《艺文类聚》二二引）、卢毓《冀州记》（《初学记》八引）和《九州人士论》（《隋书》卷三四《经籍志》）、周斐《汝南先贤

---

1 误，通常作"悟"。王应麟《郑氏易序》引陆澄《与王俭书》作"误"。汤用彤《王弼大衍义》一文说：《南齐书》卷三十九《陆澄传》则作"悟"，但玩陆、王二书语气，悟必为误之舛。

传》五卷、圈称《陈留耆旧传》二卷、苏林《陈留耆旧传》一卷、朱育《会稽土地志》一卷、贺循《会稽记》一卷（以上见《隋书》卷三三《经籍志》，页974、975、983）。

早于王济、孙楚的谈论各地风土人物之美的事迹，能考见者如王朗、朱育、虞翻等论会稽风土人物。《吴志·虞翻传》裴注引《会稽典录》：朱育对太守濮阳兴说："昔初平末年，王府君以渊妙之才，超迁临郡，思贤嘉善，乐采名俊，问功曹虞翻曰：'闻玉出昆山，珠生南海，远方异域，各生珍宝。且曾闻士人叹美贵邦，旧多英俊，徒以远于京畿，含香未越耳。功曹雅好博古，宁识其人邪？'翻对曰：'夫会稽上应牵牛之宿，下当少阳之位，东渐巨海，西通五湖，南畅无垠，北渚浙江，南山攸居，实为州镇，昔禹会群臣，因以命之。山有金木鸟兽之殷，水有鱼盐珠蚌之饶，海岳精液，善生俊异，是以忠臣继踵，孝子连间，下及贤女，靡不育焉。'王府君笑曰：'地势然矣，士女之名可悉闻乎？'翻对曰：'不敢及远，略言其近者耳……'"以董黯等十余人对之。王朗所说"玉出昆山，珠生南海"，虞翻所对"海岳精液，善生俊异"，皆阐明地域与物产、民性之关系。可见，地域差异同人物之美有关，此在汉末之后已成共识。王朗、朱育、虞翻三人共论会稽人物土地之美，堪称汉末最著名的清谈之一。

王济大约卒于晋惠帝元康元年（291），年仅四十六，未尽其才。他的清谈活动都发生在晋武帝时期。王济卒后，好友孙楚作《王骠骑诔》说："逍遥芒阿，阖门下帷，研精六艺，探赜钩微。"（《太平御览》卷五六）写王济晚年宅于洛阳北芒山，闭门研精六艺，探索玄理的情形。可惜，王济的著述早已散佚，[1]后人完全不知道他当年如何研精六艺，《晋书》和《世说》中只留下他俊爽和善谈的印象，如沧海之遗粟。

《晋书·王济传》说济有二弟：澄，字道深；汶，字茂深。皆辩慧有才藻，可见都是清谈人物。

与乐广齐名，实际影响更大的是王衍（256—311）。衍字夷甫，与乐广俱宅心事外，名重于时，公认二人是天下风流之首。王衍在儿童时代就已表现出出色的语言才能。《世说·识鉴》五说：王衍父王乂为平北将军，有公事，一时找不到人去见羊祜、山涛，只好让衍代致辞。"夷甫时总角，姿才秀异，叙致既快，事加有理，涛甚奇之。既退，看之不辍，乃叹曰：'生儿不当如王夷甫邪？'"叙致，前已解释过，指言论的宗旨、大旨。叙致极快且合乎道理，山涛非常欣赏乃叹曰云云。晋武帝闻王衍其名，问王戎："夷甫当世谁比？"戎答："未见其比。当从古人中求之。"（《晋书》卷四三《王衍传》，页1236）评价之高，匪夷所思。

王衍开头喜欢谈论纵横之术，尚书卢钦荐举他作辽东太守，不就。"于是口不论世事，唯雅咏玄虚而已"（同上）。又《世说·言语》二三注引虞预《晋书》说："夷甫蚤知名，以清虚通理称。"《世说·文学》一二注引《晋诸公赞》说："尚书令王夷甫讲理而才虚。"《世说·规箴》九说："王夷甫雅尚玄远。"玄虚、清虚、玄远，都是说明王衍的学问与清谈，以《老》《庄》的贵无哲学为指归，远离当代政治与时事。

1《隋书》卷三五《经籍志》：梁有晋骠骑将军《王济集》二卷，亡。

魏晋清谈作为名士风流的主要特征之一，在王衍身上得到完美体现。《晋书·王衍传》说："衍既有盛才美貌，明悟若神，常自比子贡。兼声明籍甚，倾动当世，妙善玄言，唯谈《老》《庄》为事，每捉玉柄麈尾，与手同色。义理有所不安，随即改更，世号口中雌黄。朝野翕然，谓之一世龙门矣。累居显职，后进之士莫不景慕仿效，选举登朝，皆以为称首，矜高浮诞，遂成风俗焉。"魏晋清谈名士多如过江之鲫，然谁人比得了王衍？与王衍风度最近的可能是正始清谈领袖何晏，后者也是"盛才美貌，明悟若神"，可不捉玉柄麈尾——或许彼时尚未有谈客捉麈尾的习气，而何晏也不会"义理有所不安，随即改更"，他同王弼谈《老子》注，自以为不及弼，便"不复得作声，但应诺诺"，（《世说·文学》一〇）在学问上很诚实，绝不"口中雌黄"。何晏当年一定也有后进之士景慕之，但还达不到"朝野翕然"的地步。论对当世士风影响之大，王衍无人可及。难怪王戎赞叹衍"神姿高彻，如瑶林琼树，自然是风尘外物"，（《世说·赏誉》一六）说他像神仙，不是世间人。王衍最终落在石勒手里，最后的风度神韵，仍使杀人如麻的石勒惊奇："吾行天下多矣，未尝见如此人！"（《世说·赏誉》一六注引《八王故事》）

诚然，王衍是魏晋清谈名士风流之冠，论其对当世后进之士的影响，甚至连正始时的何晏、王弼也稍逊一筹。但若论清谈义理的精微，王衍与何晏、王弼相比就差远了。既然信口雌黄，就说明他的义理摇摆不定，不是固若金汤，难以撼动。后人只知他"雅咏玄虚"，谈《老》《庄》贵无哲学。至于他在魏晋玄学史上留下什么有价值的东西，却数不出来。

王衍弟王澄，字平子，喜好评论人物。《晋书》卷四三《王澄传》说："有经澄所题目者，衍不复有言，辄云：'已经平子矣。'"品鉴人物，从来就是清谈的重要内容之一。王澄是否也谈理？不见记载。《世说·赏誉》四五说："王平子迈世有俊才，少所推服，每闻卫玠言，辄叹息绝倒。"刘孝标注引《玠别传》说："琅邪王平子高气不群，迈世独傲，每闻玠之语议，至于理会之间，要妙之际，辄绝倒于坐。前后三闻，为之三倒。时人遂曰：'卫君谈道，平子三倒。'"据此看来，即使王澄清谈平平，但称他是一个绝好的听者，对玄学有相当的研究，应该不成问题。否则，他不可能欣赏卫玠义理的精妙处。更有意义的是，王澄对于清谈，可谓一往情深。正因为有了如平子那样的情深于清谈者，对精微义理的理解者，魏晋清谈才有可能成为中国思想史上的奇异花朵，让后人向往不已。

王衍从弟王敦、王导，是西晋后期的清谈人物。后来过江，传承了中朝清谈风气。尤其是王导，成为东晋初年清谈的组织者和引领者。关于王导、王敦的清谈事迹，拟放到东晋清谈时期一并叙述。

太原王氏一支中的王承，名高当世，善清谈。王承是王湛之子，王济从弟，累迁东海内史。《世说·品藻》一〇说："王夷甫以王东海比乐令，故王中郎作碑云：'当时标榜，为乐广之俪。'"刘孝标注引《江左名士传》说："承言理辩物，但明其旨要，不为辞费，有识伏其约而能通。太尉王夷甫一世龙门，见而雅重之，以比南阳乐广。"王承清谈，仅见于《世说》此条及注引《江左名士传》。具体谈什么，已无从考见。前文已言及，西晋清谈显然已有简约、繁辞两派，王承属于简约派，故王衍以王承比乐广。

西晋世家大族清谈人物较多者除裴氏、王氏之外，尚有阮氏、庾氏、刘氏。这些正处于崛起中的文化望族，对魏晋玄学与中古文化，作出了重要贡献。

阮氏清谈、饮酒、任诞的门风，是由阮籍开创的，在魏晋文化版图上，表现出不同于他族的别样色彩。

与阮籍同时的阮侃（字德如），善名理，曾与嵇康清谈。本书前面考论嵇康清谈时，已经介绍过阮侃。阮侃与阮籍皆是陈留尉氏人，很可能同宗，可是找不到二人交游的事实。

阮瞻，字千里，竹林七贤之一阮咸的长子。从辈份上说，阮籍是阮瞻的从祖。袁宏《名士传》列瞻为"中朝名士"。《晋书》卷四九《阮瞻传》说他"性清虚寡欲，自得于怀，读书不甚研求，而默识其要。遇理而辩，辞不足而旨有余"。可见，阮瞻以魏晋玄学的得意忘言之旨读书和清谈。谈论"辞不足而旨有余"，显然属于简约派，与乐广相类。

阮瞻有名的一次清谈是与王戎谈名教与自然同异。《晋书·阮瞻传》载：司徒王戎问曰："圣人贵名教，《老》《庄》明自然，其旨同异？"瞻曰："将无同。"戎咨嗟良久，即命辟之，时人谓之"三语掾"。太尉王衍亦雅重之。[1]"将无同"，是大概相同的意思，以为名教与自然并无不同。阮瞻仅以"将无同"三语回答如此难以说清的问题，是"辞不足而旨有余"的极佳例子。上文指出，

1《世说·文学》一八谓阮宣子（阮修），非阮瞻。问者为王衍，非王戎。按，《艺文类聚》卷一九、《太平御览》卷二〇九引《卫玠别传》谓"太尉王君"问"阮千里"。此仍从《晋书》。

魏晋玄学与清谈的核心意义是名教与自然之辨。嵇康、阮籍等"越名教而任自然"，激烈批判虚伪的名教，而宗仰《老》《庄》之自然。至西晋，天下一统，名教在现实世界取得了胜利，证明世俗的秩序不可能离开名教。但在另一方面，《老》《庄》的贵无哲学经正始时王弼、何晏的论证，正始后由嵇康、阮籍等竹林名士宣扬，在元康时期仍然具有强大的影响力。之所以如此，根本原因是人出于自然情性，总是厌恶人为制定的种种规矩和戒律，而向往自由纵放。故无须详细论证，只要体会自身的欲望常常得不到满足，就很容易得出名教与自然必然冲突，且难以调和的结论。可是，维护名教的权威，实质就是维持现实社会秩序的稳定。为统治阶级服务的哲学家，或者是负有社会责任的思想者，总会想方设法调和名教与自然之间的冲突。从何晏、王弼，到乐广、郭象，历史场景在变化，而弥合、融通名教与自然的努力总是在继续。"三语掾"的故事，不过是再一次触及清谈的核心意义，表明如何融通名教与自然，不仅是清谈家难以释怀的理论问题，更是现实问题。"将无同"三字，大而化之，不解之解，顷刻抹去名教与自然的同异，何等省力！故王戎咨嗟良久，辟阮瞻为掾。

阮瞻还善谈无鬼论。《晋书》卷四九《阮瞻传》说："瞻素执无鬼论，物莫能难，每自谓此理足可以辩正幽明。忽有一客通名诣瞻，寒温毕，聊谈名理。客甚有才辩，瞻与之言。良久，及鬼神之事，反覆甚苦。客遂屈，乃作色曰：'鬼神古今圣贤所共传，君何得独言无？即仆便是鬼。'于是变为异形，须臾消灭。瞻默然，意色大恶。后岁余病卒于仓垣，时年三十。"上面的故事，很像志怪小说。

鬼神有无，属于性与天道的问题，幽昧莫测，自古圣贤莫肯致言。人死为鬼的观念起源甚早。《礼记·祭义》："众生必死，死必归土，此之谓鬼。"战国之世，神仙家思想流行，方士称海上有仙山和不死之神仙。两汉神仙方术盛行，《汉书》卷三〇《艺文志》著录神仙共十家。汉末道教流行，加之外来的佛教大讲因果报应，宣扬不灭，六道轮回。张皇鬼神，追求长生的风气遂盛行于上层社会。当然也有清醒明理者，东汉王充作《论衡》，其中《论死篇》《死伪篇》《纪妖篇》《订鬼篇》，详论人死不能为鬼。但人死归于何处，终究是人类追问的终极问题。因之，论鬼神有无，也就成为谈论的题目之一，历久不衰。《吴志·虞翻传》说："（孙）权与张昭论及神仙，翻指昭曰：'彼皆死人而语神仙，世岂有仙人也！'"可知虞翻持无鬼神论。管辂则持有鬼论，曾说："夫得数者妙，得神者灵，非徒生者有验，死亦有征。是以杜伯乘火气以流精，彭生托水变而立形……数使之然也。"（《世说·赏誉》一六注引《八王故事》）。

嵇康《养生论》说："夫神仙虽不目见，然记籍所载，前史所传，较而论之，其有必矣；似特受异气，禀之自然，非积学所能致也。"阮瞻素执无鬼论，而"物莫能难"，自诩"此理足可以辨正幽明"。可惜"此理"不传，所传的反倒是阮瞻的无鬼论破产了——原来与瞻辩论的来客就是鬼。

阮氏家族中执无鬼论的不止阮瞻，阮修（字宣子）也是。《晋书》卷四九《阮修传》说："好《易》《老》，善清言，尝有论鬼神有无者，皆以人死者有鬼，修独以为无，曰：'今见鬼者云着生时衣服，若人死有鬼，衣服有鬼邪？'论者服焉。"

阮修善谈《易》。《阮修传》说："王衍当时谈宗，自以论《易》略尽，然有所未了，研之终莫悟，每云'不知比没当见能通之者不'。衍族子敦谓衍曰：'阮宣子可与言。'衍曰：'吾亦闻之，但未知其瞝瞝之处定何如耳。'及与修谈，言寡而旨畅，衍乃叹服焉。"王衍为谈宗，对《易》深有研究，然其中仍有未了之义。阮修"言寡而旨畅"，衍乃叹服，可见阮修研《易》之精，足以抗衡王衍。他的谈论风格与乐广同类，可归入简约一派。

颍川庾氏，也是正在崛起的新兴文化世家。庾氏之兴，始于服膺儒学的庾峻。峻在魏末高贵乡公时为博士。《晋书》卷五〇《庾峻传》说："高贵乡公幸太学，问《尚书》义于峻，峻援引师说，发明经旨，申畅疑滞，对答悉详。"庾峻是个传统的儒家经师。晋武帝即位，"常侍帝讲《诗》，中庶子何劭论《风》《雅》正变之义，峻起难往反，四坐莫能屈之"（《晋书》卷五〇《庾峻传》）。这是一场关于《诗经》变《风》变《雅》的辩论，庾峻责难何劭，四座不能屈，可见他的辩才不凡。

庾峻，是颍川文化世家庾氏崛起的关键人物。而庾氏清谈门风的形成，则以庾峻幼子庾敳（子嵩）为标志性人物。庾峻为经学博士，潜心儒家经典；庾敳自称老、庄之徒，门风改变了。《世说·文学》一五说："庾子嵩读《庄子》，开卷一尺许便放去，曰：'了不异人意。'"刘孝标注引《晋阳秋》说："（庾敳）恢廓有度量，自谓是老、庄之徒，曰：'昔未读此书，意尝谓至理如此，今见之正与人意暗同。'"可知庾敳以前未曾读过《庄子》，谈理不过凭意说。而读《庄子》的作风，也是用玄学的得意忘言的方法，不重章句的剖析。

庾敳清谈，在《世说》一书里留有一些痕迹。例如《世说·赏誉》四一说：

> 庾太尉目庾中郎："家从谈谈之许。"

刘孝标注引《名士传》说：

> （庾）敳不为辨析之谈，而举其旨要，太尉王夷甫雅重之也。

庾太尉指庾亮，庾中郎指庾敳，后者曾作太傅司马越从事中郎。"家从谈谈之许"一句，一作"家从谈之祖"，是。庾敳为庾亮从父，故称"家从"。"谈之祖"，谓清谈之祖。庾亮赞誉从父庾敳为庾氏一门的清谈之祖。

又《世说·赏誉》三八："庾太尉在洛下，闻讯中郎。中郎留之云：'诸人当来。'寻温元甫、刘王乔、裴叔则俱至，畴酢终日。庾公犹忆刘、裴之才俊，元甫之清中。"这个故事是庾亮回忆幼时从父庾敳、温几（元甫）、刘畴（王乔）、裴楷（叔则）等人清谈终日的往事。裴楷在世时，庾亮只有四五岁，他的回忆可能并不可靠。即便如此，庾敳当年同刘畴等人的清谈，也是完全可以相信的事实。

又庾敳与从子庾亮谈论他所作的《意赋》，其实也是清谈，而且很有美学意义。《世说·文学》七五："庾子嵩作《意赋》成，从子文康见问曰：'若有意邪，非赋之所尽；若无意邪，复何所赋？’答曰：‘正在有意无意之间。’”刘孝标注引《晋阳秋》曰：
“敳永嘉中为石勒所害。先是，敳见王室多难，知终婴其祸，乃
作《意赋》以寄怀。”《意赋》载于《晋书》卷五〇《庾敳传》，所
寄之意出于《庄子》，如云“存亡既已均齐兮，正尽死复何叹”，
“且安有寿之与夭兮，或者情横多恋”，“天地短于朝生兮，亿代
促于始旦。顾瞻宇宙微细兮，眇若豪锋之半”。以为寿夭、时间的
长短、宇宙与微细，都是不必感慨的。显然，这是《庄子》齐物
的思想。庾亮（谥曰文康）之问，也是“言不尽意”的通识。庾
子嵩“正在有意无意之间”之答，是王弼得意忘言的新解。有意
则有言，所谓尽意莫若象，尽象莫若言。无意则无言，所谓存言
者非得象者也，存象者非得意者也，意在言象之外。不执着于有，
不执着于无，寄意在有无之间，言象之表。文章之妙，正妙在寄
意有无之间。庾亮、庾敳的问答，其实是谈玄学的言意之辨。然
庾敳之答，不仅仅是深邃的哲思，更重要的是成了中国文学艺术
的至高境界。

庾敳之兄庾琮（子躬），《晋书》遗落，《世说》记有三条。
其中《赏誉》四〇说：“丞相目子躬云：‘入理泓然，我已上人。’”
丞相指王导。入理，犹得理。泓然，水深貌。王导品鉴庾琮，说
他的谈理深邃，超乎自己之上。可知庾琮也能清谈，而且水平
很高。

庾氏始于庾敳的清谈门风，至东晋蔚为大观，出现了很多善
清谈的人物。其中庾亮是东晋初期的清谈中心人物之一，亮子庾
龢是东晋中期知名的清谈家。

彭城刘氏也出过一些清谈人物。现知最早的有刘讷（字令

言），彭城丛亭人，有人物识鉴。《世说·品藻》八说："刘令言始入洛，见诸名士而叹曰：'王夷甫太解明，乐彦辅我所敬，张茂先我所不解，周弘武巧于用短，杜方叔拙于用长。'"

刘讷子刘畴（字王乔），善谈论。上文引《世说·赏誉》三八说，庾亮多年犹能记得幼时见到温元甫、刘王乔、裴叔则从父庾敳处来，终日清谈。刘孝标注引曹嘉之《晋纪》说，"畴善谈名理"。

刘氏另一支刘邠，三子刘宏、刘粹、刘漠（一作潢）皆有名当世。《晋书》七五《刘惔传》说："（惔）祖宏，字终嘏，光禄勋。宏兄粹，字纯嘏，侍中。宏弟潢（漠），字冲嘏，吏部尚书，并有名中朝，时人语曰：'洛中雅雅有三嘏。'"其中，刘漠善清谈，与王衍友善，喜欢评论人物。《世说·赏誉》二二注引《晋后略》说："（漠）少以清识为名，与王夷甫友善，并好以人伦为意，故世人许以才智之名……以贵简称。"《世说·文学》一二注引《晋诸公赞》介绍中朝清谈之士的特点，说，"于时侍中乐广、吏部郎刘汉（漠）亦体道而言约"。由上述文献可知，刘漠长于评论人物，属于贵无一派，而语言简约，风格同乐广。

五、"贵无""崇有"二派论难及其意义

晋惠帝元康年间，魏晋玄学史上发生"贵无"和"崇有"二派哲学思想的大辩论。"贵无"派以王衍为首，人多势众。"崇有"派以裴頠为代表，舌战群儒。《魏志·裴潜传》裴注引陆机《惠

帝起居注》说："（裴）頠理具渊博，赡于论难，故著《崇有》二论，以矫虚诞之弊，文辞精富，为世名论。"《世说·文学》一二注引《晋诸公赞》说："頠疾世俗尚虚无之理，故著《崇有》二论以折之。才博喻广，学者不能究。"《惠帝起居注》《晋诸公赞》都说裴頠著有《崇有》《贵无》二论。然《贵无论》不传，只存《崇有论》，于是有人怀疑裴頠只作有《崇有论》。对此，余嘉锡《世说新语笺疏》说："頠《贵无论》即附《崇有论》后，此引无'贵无'二字，盖宋人不考《晋书》，以为頠既'崇有'，不应复'贵无'，遂妄行删去。不知《崇有》只一篇，安得谓之二论乎？"孙述圻说："除陆机《起居注》以外，晋代孙盛的《老聃非大贤论》一文中也说：'昔裴逸民（頠）作《崇有》《贵无》二论。'（《广弘明集》卷五）这里也有'贵无'，也作'二论'，很难说都是笔误和后人妄加的。"（见孙述圻《六朝思想史》，页3）得孙盛之文的佐证，则《惠帝起居注》《晋诸公赞》说頠作《崇有》《贵无》二论，当是不容怀疑的事实。

裴頠作《崇有论》的背景与原因，《晋书》卷三五《裴頠传》说得最明确："頠深患时俗放荡，不尊儒术，何晏、阮籍素有高名于世，口谈浮虚，不遵礼法，尸禄耽宠，仕不事事。至王衍之徒，声誉太盛，位高势重，不以物务自婴，遂相仿效，风教陵迟。乃著《崇有》之论，以释其弊。"又《晋书》四三《王衍传》说：王衍非常看重何晏、王弼立论以无为本，独有裴頠不赞同，著论讥刺王衍。王衍唯谈老庄为事，且"口中雌黄"，后见之士纷纷仿效，矜高浮诞，遂成风俗，云云。

合此二传所言，裴頠作《崇有论》起因有二：一是魏晋玄学的主体贵无哲学泛滥，王衍等人口谈浮虚，而裴頠以为非；二是贵无哲学对礼法的破坏，官场"矜高浮诞"，在官不理官事。裴頠作《崇有论》有着两重目的，理论上批判《老》《庄》的贵无哲学，实践上要扭转任诞放荡的士风和尸位素餐的官场弊病，重新确立名教的中心地位。

魏晋玄学奠基于《老》《庄》的贵无哲学。王弼、何晏玄学以无为本的核心理论，正始之后成为玄学家的主流意识，证据是喜好《老》《庄》的口谈玄虚者越来越多。"贵无论"大行于世的根本原因，是这种哲学比儒家经典更好地解释了世界的产生、形成及运行的现象。换言之，玄学比儒学精致得多。儒学讲政治理论、治国方略、礼仪人情，为形下之学。玄学讲性与天道、万物本源、生死有无，义理精微，为形上之学。前者是旧学，为言之粗者。后者是新学，为言之精者。凡是读过儒经也读过《老》《庄》的读者，一般都会觉得前者切合社会人生，后者乃是理性与精神的依归之所，有着别样的魅力，为知识人打开了通向新理境的大门。

"贵无论"盛行的另外一个原因，是竹林名士作风的影响。如上所述，嵇康、阮籍等"越名教而任自然"，即以"自然"为武器，对抗虚伪的"名教"。嵇康师心遣论，大胆新颖的论文，阮籍的不遵礼法，饮酒任诞的作风，是对名教的极大冲击。尤其是阮籍，是魏晋放达士风的肇始者，影响巨大深远。不过，看似一样的任诞放达，竹林名士与元康之徒有着本质上的不同。嵇康、阮籍是深感礼教的虚伪和礼教的胁迫，内心痛苦却无奈，只能作文攻击名教，或纵酒任放以示反抗。惠帝元康年间，礼教本身已经松弛，后进之士口谈虚无、越礼放荡，并不是内心痛苦引起的对现实的反抗，只不过放纵自己的情欲罢了。东晋人戴逵早已指出，竹林名士是西施有疾而颦，元康之徒是东施效颦，不可同日而语。

元康中放荡越礼的风气，即使在千年之下的今天看来，也是够骇人听闻的。风流首领王衍"口不论世事，唯雅咏玄虚"的行为，史籍中多有记载。为王衍所亲近的胡毋辅之、王澄、王敦、庾敳，号称"四友"。《世说·德行》二三说："王平子、胡毋彦国诸人，皆以任放为达，或有裸体者。"刘孝标注引王隐《晋书》说："魏末阮籍，嗜酒荒放，露头散发，裸袒箕踞。其后贵游子弟阮瞻、王澄、谢鲲、胡毋辅之之徒，皆祖述于籍，谓得大道之本。故去巾帻，脱衣服，露丑恶，同禽兽。甚者名之为通，次者名之为达也。"庾敳"雅有远韵，为陈留相，未尝以事婴心，从容酺畅，寄通而已"。（《晋书》卷五〇《庾敳传》，页1395）谢鲲"少知名，通简有高识，不修威仪，好《老》《易》"。他最有名的故事是调戏邻家女子，女子投梭，折了他的门牙，可他照镜自嘲："犹不废我啸歌。"（《晋书》卷四九《谢鲲传》，页1377）至于不知名的后进之士，莫不祖述前辈阮籍的酗饮任诞，仿效当世王衍等大名士的口谈浮虚。元康时期"贵无论"对学风、士风的影响之广，并产生重大的负面效果，这在魏晋玄学史和清谈史上均是空前的。

"贵无论"的盛行以及浮虚之风遍及朝野，对名教造成空前的冲击与侵蚀。干宝《晋纪总论》说："学者以《庄》《老》为宗而黜六经，谈者以虚薄为辩而贱名检，行身者以放浊为通而狭节信，进士者以苟得为贵而鄙居正，当官者以望空为高而笑勤恪……刘颂屡言治道，傅咸每纠邪正，皆谓之俗吏。其倚仗虚旷、依阿无心者，皆名重海内。"[1]李善注引干宝《晋纪》、王隐《晋书》等，有更多史料记述以王衍为标志的虚无之谈，如何影响到社会风气。例如刘弘教曰："太康以来，天下共尚无为，贵谈《庄》《老》，少有说事。"王隐《晋书》说："王衍不治经史，唯以《庄》《老》，虚谈惑众。"刘谦《晋纪》说："《应瞻表》曰：'元康以来，望白署空，显以台衡之量，寻文谨案，目以兰薰之器。'"王隐《晋书》说："傅玄曰：'论经理者，谓之俗生。说法理者，名为俗吏。'"自太康以来的"贵无论"的泛滥，儒经被严重边缘化，以名教为行为准则的官吏成了俗吏，人物品鉴颠倒，吏治正邪易位，社会出现了普遍性的错乱。

上述情况引起具有儒者品格的官员及学者的批评，前有傅玄、傅咸、刘颂、应瞻，后有乐广、裴頠。后起的裴頠是上述一系列批评者中的最有名者。凭藉清谈世家裴氏的名望，"言谈之林薮"的盛名，裴頠足以同王衍之徒抗衡。《惠帝起居注》称裴頠二论"文词精富，为世名论"。正始王、何以来，"贵无论"风头越来越健，裴頠二论是一次力度最大的阻击，成为魏晋玄学与清谈史上的著名事件。

《崇有论》保存在《晋书》卷三五《裴頠传》中，长约千余字。[2]以下简释此文中有关"有""无"的哲学意义，及与名教、

1《文选》卷四九干宝《晋纪总论》，中华书局影印本，1977年，页692下。
2 详见《晋书》页1046—1047。唐翼明认为《晋书·裴頠传》保存的《崇有论》，"正文其实只有最后一段，两百余字而已。前面的都只是序言"。唐氏又在注释中说："历来引用者都把序言误读为《崇有论》正文……我怀疑只是节选而已。"《魏晋清谈》，页100。

自然有何关联。

《崇有论》说:"是以生而可寻,所谓理也。理之所体,所谓有也。"万物之生可寻其源,即所谓"理";理之轨迹或显现而有形,即所谓"有"。"生而可寻",与王弼《老子注》不同。王弼以为万物生于无,无不可寻,不可名。《老子》一章说:"无名,天地之始;有名,万物之母。"王弼注:"言道以无形无名始成万物。以始以成,而不知其所以,玄之又玄也。"依王弼注,道始成万物,不知其由,无迹可求,玄之又玄。

《崇有论》又说:"众理并而无害,故贵贱形焉。失得由乎所接,故吉凶兆焉。是以贤人君子,知欲不可绝,而交物有会。观乎往复,稽中定务。惟夫用天之道,分地之利,躬其力任,劳而后飨。居以仁顺,守以恭俭,率以忠信,行以敬让,志无盈求,事无过用,乃可济乎!故大建厥极,绥理群生,训物垂范,于是乎在,斯则圣人为政之由也。"此节说明名教的由来。"仁顺、恭俭、忠信、敬让",皆是圣人之训,是谓"有"。

《崇有论》又说:"形器之故有征,空无之义难检,辩巧之文可悦,似象之言足惑,众听眩焉,溺其成说。虽颇有异此心者,辞不获济,屈于所狃,因谓虚无之理,诚不可盖。唱而有和,多往弗反,遂薄综世之务,贱功烈之用,高浮游之业,埤经实之贤……是以立言藉于虚无,谓之玄妙;处官不亲所司,谓之雅远;奉身散其廉操,谓之旷达。故砥砺之风,弥以陵迟。放者因斯,或悖吉凶之礼,而忽容止之表,渎弃长幼之序,混漫贵贱之级。其甚者至于裸裎,言笑忘宜,以不惜为弘,士行又亏矣。"此节论"贵无"之论辩巧,听者受其眩惑而沉溺也。加上信从"贵无论"

者人多势众，于是士风薄综世务，口谈浮虚，仕不事事，不遵礼法，纵情任诞的风气盛行。

《崇有论》又说："夫有非有，[1]于无非无；于无非无，于有非有。是以申纵播之累，而著贵无之文……而虚无之言，日以广衍，众家扇起，各列其说。上及造化，下被万事。莫不贵无，所存金同。情以众固，乃号凡有之理皆义之坤者，薄而鄙焉。辩论人伦及经明之业，遂易门肆。頠用矍然，申其所怀，而攻者盈集。或以为一时口言。有客幸过，咸见命著文，摘列虚无不允之征。若未能每事释正，则无家之义弗可夺也。頠退而思之，虽君子宅情，无求于显，及其立言，在乎达旨而已。然去圣久远，异同纷纠，苟少有仿佛，可以崇济先典，扶明大业。有益于时，则惟患言之不能，焉得静默，及未举一隅，略示所存而已哉！"于有非有"四句概括"贵无之文"的大意，显然有不以为然的意思。以下叙贵无之言流行之盛，"上及造化，下被万事"，彻底占了上风，而崇有之理为人鄙薄。面对这样的情势，裴頠觉得自己应该有理论上的担当，不能沉默，遂作《崇有论》，目的是显扬儒家经典，扶明大业，有益当代。

文末，再申崇有之旨："夫至无者无以能生，故始生者自生也。自生而必体有，则有遗而生亏矣。生以有为已分，则虚无是有之所谓遗者也。故养既化之有，非无用之所能全也；理既有之众，非无为之所能循也。心非事也，而制事必由于心，然不可以制事以非事，谓心为无也。匠非器也，而制器必须于匠，然不可

---

1 此句中华书局排印版《晋书》校勘记："'夫'下疑脱'于'字。页1054。

以制器以非器，谓匠非有也。是以欲收重泉之鳞，非偃息之所能获也；陨高墉之禽，非静拱之所能捷也。审投弦饵之用，非无知之所能览也。由此而观，济有者皆有也，虚无奚益于已有之群生哉！"这一节论有无问题，以为无不能生有，生者自生。自生之体必体有，虚无则是有之遗者。治理众生，贵无是不能的。并举心与匠为喻，论证"济有者皆有也"，虚无无益于群生。

裴𬱃以《崇有论》攻难王衍为代表的"贵无论"，表现出极大的理论勇气。当时，贵无论者众，崇有论者寡，如裴𬱃所说，"攻者盈集"。《晋书·裴𬱃传》说："王衍之徒，攻难交至，并莫能屈。"《世说·文学》一二："裴成公作《崇有论》，时人攻难之，莫能折。唯王夷甫来，如小屈。时人即以王理难裴，理还复申。"刘孝标注引《晋诸公赞》所说的当时清谈高手，如乐广、刘漠、戴奥、庾敳之徒，皆是贵无论者，亦即"时人攻难之"之"时人"。相反，能与裴𬱃抗衡者，也就是王衍、乐广一二人而已。

裴𬱃《崇有论》为当时名论，独立于虚无论的滚滚潮流之上。当代学者牟宗三却对这篇名论评价平平："裴𬱃之'无'，只是一个逻辑概念之'非有'，此绝非道家所言之'无'也。"又评《崇有论》"故养既化之有，非无用之所能全者"一节，说："此等语句皆极精炼。然老子却说：'无之以为用，有之以为利。'裴𬱃对于道家'无用'、'无为'，以下下文所提之'静拱'、'无知'皆不能解。故彼所理解之'无'，只是'非有'也。"（牟宗三《才性与玄理》，页323）现存《崇有论》对《老》《庄》"无"的解释，确实没有抵达作为万物本体的"无"的深刻内涵，但也并非仅仅表示"非有"。裴𬱃立论之"有"，同样不是逻辑概念"存在"，而是世间万物，包含了名教的有形无形的状态。可以肯定地说，现存的《崇有论》，绝非当年《崇有论》的原始面貌。唐翼明怀疑今天所见的《崇有论》只是"节选"，前面都是序言，后面一段二百余字才是正文。这一看法不无道理。《崇有论》既是当时名论，攻难者交至而不能折。《晋诸公赞》说：裴頠《崇有》二论，"才博喻广，学者不能究"（已见上文）。其文校练名理必定深刻精致，如刘劭《人物志》；结构必定宏大繁复、层转层深，如嵇康《声无哀乐论》。如果只是今天所见的短篇，而集中论及无有的文字只有两百多字，其内容并不难究，根本看不到"才博喻广"的才能渊博，文章繁富。当年被誉为"清谈之渊薮"的裴頠，写出的名论的文意如此简单，那是不可思议的。

再者，裴頠二论，《崇有》之外，还有《贵无》。依逻辑判断，《崇有》偏重论"有"，则《贵无》必偏重论"无"。汤一介从《资治通鉴》中保存的一段不同于《晋书·裴頠传》的《崇有论》，[1]推测佚失的《贵无论》的意旨和内容："一方面承认有一个无形的世界（无），另一方面却把这无形的世界架空，认为在有形世界产生之后，无形世界对有形世界就无意义，无形世界就被有形世界抛弃了，而有形世界就独立运作。"[2]汤一介的推测，可作参考。现存的《崇有论》，一种可能是唐修《晋书》作者的节选，一种可能是《崇有》二论很早就佚失不全。

1《晋书》卷三五《裴頠传》载《崇有论》"生以有为已分，则虚无是有之所谓遗者也"，中华书局《晋书》排印本校勘记："《通鉴》八二引作'夫万物之有形者，虽生于无，然生以有为已分，则无是有之所遗者也。'"页1054。
2 汤一介《魏晋玄学论讲义》，鹭江出版社，2006年，页142。

裴頠的《崇有论》，是玄学与清谈干预社会现实的典型例子。魏初以来校练名理的传统，裴頠把它发扬光大了。

六、欧阳建《言尽意论》

《晋书》卷三三《欧阳建传》说："欧阳建字坚石，世为冀方右族，雅有理思，才藻美赡，擅名北州，时人为之语曰：'渤海赫赫，欧阳坚石。'辟公府，历山阳令、尚书郎、冯翊太守，甚得时誉。及遇祸，莫不悼惜之。"遇祸，指为赵王伦所杀。《世说·仇隙》一注引《晋阳秋》说："初，建为冯翊太守，赵王伦为征西将军，孙秀为腹心，扰乱关中。建每匡正，由是有隙。"又注引王隐《晋书》说，石崇、潘岳与贾谧相友善，贾废，石、潘与淮南王谋诛赵王伦。事泄，欧阳建、石崇、潘岳同日遇害，时在晋惠帝永宁元年（301）。

欧阳建《言尽意论》见于《艺文类聚》卷十九：

> 有雷同君子问于违众先生曰："世之论者，以为言不尽意，由来尚矣。至乎通才达识，咸以为然。若夫蒋公之论眸子，钟傅之言才性，莫不引此为谈证。而先生以为不然，何哉？"先生曰："夫天不言，而四时行焉；圣人不言，而鉴识存焉。形不待名，而方圆已著；色不俟称，而黑白以彰。然则名之于物，无施者也；言之于理，无为者也。而古今务于正名，圣贤不能去言，其故何也？诚以理得于心，非言不畅；物定于彼，非名不辩。言不畅志，则无以相接；名不辩物，

则鉴识不显。鉴识显而名品殊，言称接而情志畅。原其所以，本其所由，非物有自然之名理，有必定之称也。欲辩其实，则殊其名。欲宣其志，则立其称。名逐物而迁，言因理而变。此犹声发响应，形存影附，不得相与为二。苟其不二，则无不尽，吾故以为尽矣。

言意之辨，早在魏初就是清谈的重要题目。上文讲到魏初清谈时，曾专门评述过荀粲与诸兄谈论"言不尽意"的故事，此处不赘述。欧阳建《言尽意论》中的雷同先生说，言不尽意论，由来尚矣，通才达识，咸以为然，指出言不尽意，乃是自来通识。雷同先生所言符合事实。例如《蜀志·秦宓传》：有人对秦宓说："足下欲自比于巢、许、四皓，何故扬文藻见瑰颖乎？"宓答曰："仆文不能尽言，言不能尽意，何文藻之有扬乎？"石苞与管辂清谈，苞问辂："欲闻其妙，君且善论其数也。"辂说："夫物不精不为神，数不妙不为术，故精者神之所合，妙者智之所遇，合之几微，可以性通，难以言论。是故鲁班不能说其手，离朱不能说其目，非言之难，孔子曰：'书不尽言'，言之细也；'言不尽意'，意之微也，斯皆神妙之谓也……"（《魏志·管辂传》注引《辂别传》，页822）

又西晋末年卢谌致书刘琨，感叹道："然则书非尽言之器，言非尽意之具矣，况言有不得至于尽意，书有不得至于尽言邪！"可证言不尽意，确实是自来通识。至于蒋济论眸子，其文不传，不得其详，或许是论观眸子而知人之精神。钟会、傅嘏言才性，才易见，性难识，类似言意关系。蒋济论眸子，傅嘏、钟会言才性，都是校练名理之学。言意之辨，也是校练名理，辨析形名。

违众先生所答，辨析言意问题，以三层意思尽之。

先是举"天不言，而四时行焉"等四个例子，说明"名之于物，无施者也；言之于理，无为者也"，即名、言不是非得依赖物、理而成立。无名之物，物还是物；不言之理，理仍然是理。

次论"古今务于正名，圣贤不能去言"的原因，乃是理非言不畅，物非名不辨。即言论是为畅理，定名乃为辨物。物状不定名，物理不言说，则无法鉴识众物之殊异，无从知悉至理之玄妙。

终论"名逐物而迁，言因理而变"。即事物的名称，随物之殊品而定；言语因道理的不同而变。物、理为实，名与言不过反映物、理之实。二者不可为二，即名、实同一。既然名实相符，则言可尽意。

违众先生之论，乃是循名责实，以为言能尽意，为校练名理之作。

平心而论，欧阳建《言尽意论》是肤浅的，与人类的认识史不太相符，也与王弼"得意忘言"之说的精妙相去甚远。人们认识一些简单的事物，解释某些浅显的道理，确实可以言尽意。但解释"性与天道"，探寻幽渺难征的世界，语言就显得拙劣，言不达意，这种情况是常见的。

《言尽意论》在后世影响不小。《世说·文学》二一说："旧云王丞相过江左，止道《声无哀乐》《养生》《言尽意》三理而已。然宛转关生，无所不入。"令人困惑的是，欧阳建《言尽意论》不过一短论，论证简单直白，文辞亦少藻丽，与嵇康《声无哀乐论》《养生论》师心遣论相去太远，何以王导赞其"宛转关生，无所不入"。难道另有《言尽意论》？恐无此可能。因为刘孝标于《言尽意》下注明"欧阳坚石《言尽意论》"。《晋书·欧阳建传》说："（建）雅有理思，才藻美赡"。然读《言尽意论》，理旨未见高明，文辞并不美赡，很难想象如何"宛转关生"。唯一的解释是，今天看到的欧阳建《言尽意论》，非常有可能是残存。

七、郭象《庄子注》

郭象（约253—312），字子玄，《晋书》有传。他是魏晋著名的玄学家，也是一流的清谈家。《晋书》卷五〇《郭象传》说："少有才理，好《老》《庄》，能清言。太尉王衍每云：'听象语，如悬河泻水，注而不竭。'"上文曾言及裴遐婚后三日，与郭象清谈。这场喜剧色彩很浓的谈论，由郭象挑起——"郭子玄在坐，挑与裴谈"。郭象清谈的才能与特点，在这次清谈中表现得淋漓尽致。他属于繁辞一派的清谈家，不仅王衍赞赏不已，庾敳也非常佩服郭象的清言才能。《世说·赏誉》二六说："郭子玄有俊才，能言《老》《庄》，庾敳尝称之，每曰：'郭子玄何必减庾子嵩！'"刘孝标注引《名士传》说：郭象为太傅司马越主簿，"任事用势，倾动一府。敳谓象曰：'卿自是当世大才，我畴昔之意，都已尽矣。'其伏理推心，皆此类也。"郭象既能清谈《老》《庄》，又有办事干练的实才，庾敳佩服至极。

郭象在魏晋思想史上占有重要地位，终究因为他的《庄子注》。西晋最有成就的玄学家，一是裴頠，作有《崇有》二论；二是郭象，注《庄》独绝。至于王衍，固然为名士之首，清谈领袖，但在理论上并无重大建树。郭象《庄子注》，是《庄子》学史上划时代的伟大著作。

当然，郭象是否窃取向秀注《庄》，从来就是《庄子》学史上的一桩公案，迄今无定论。《世说》《晋书·郭象传》都说郭象窃取向秀注《庄》。[1]《晋书》卷四九《向秀传》说向秀注《庄》，"惠帝之世，郭象又述而广之"，即郭象注在向秀注的基础上述而广之。述为传述继承，广为增广、扩充。当今学者多倾向郭象"述而广之"说。《隋书》卷三四《经籍志》三著录："《庄子》二十卷。梁漆园吏庄周撰，晋散骑常侍向秀注本二十卷。今阙。《庄子》三十卷，目一卷。晋太傅主簿郭象注。梁《七录》三十三卷。《庄子音》三卷，郭象注，梁有向秀《庄子音》一卷。"由《隋书》可知，梁代向秀注《庄》二十卷，郭象注《庄》三十卷，各自行世，"述而广之"说是可信的。唐陆德明《经典释文叙录》说："惟子玄所注，特会庄生之旨，故为世所贵。徐仙民、李弘范作《音》，皆依郭本。今以郭为主。"陆德明《庄子叙录》文后，列出曾读过的《庄子》注本，其中有向秀注二十卷，郭象注三十三卷，而十分推崇郭注。看来郭象注并非窃向注，也不是多数篇目"点定文句而已"。

然汤用彤先生以为"郭抄向注，其例至多"，"《世说》所载，

1《世说·文学》一七："初，注《庄子》者数十家，莫能究其旨要。向秀于旧注外为解义，妙析奇致，大畅玄风。唯《秋水》《至乐》二篇未竟而秀卒。秀子幼，义遂零落，然犹有别本。郭象者，为人薄行，有俊才，见秀义不传于世，遂窃以为己注。乃自注《秋水》《至乐》二篇，又易《马蹄》一篇，其余众篇，或点定文句而已。后秀义别本出，故今有向、郭二《庄》，其义一也。"《晋书·郭象传》所说与《世说》同。

并非诬枉"，"《晋书·向秀传》所谓郭因向注'述而广之'，固是事实。而向秀作注，自成一家，时人誉为庄周不死（《世说》注）。依今所知，郭氏精义，似均源出向之《隐解》。虽述而广之，然根本论据，恐无差异。故《世说》曰：'向、郭二《庄》，其义一也。'[1]又台湾学者何启民通过"向、郭注比照"，发现"有文义皆同者，有文异而义同者，有向注之而郭无有者，有向有而郭增补者。然则象窃秀《注》之嫌疑终不可脱矣"。[2]可叹向秀注《庄》零落殆尽，后人终究无从详细比较向、郭注《庄》之异同，而古人著述不如今人规范，抄、引他人不注明，以致这桩公案永无了结之日。

对郭象《庄子注》的研究，已有许多专著和论文，拙文没有必要再去讨论他的哲学思想。以下略述郭象有关名教与自然的言论，因为魏晋玄学与清谈的核心问题，终究在于二者的关系如何处理。

现存郭象《庄子序》，称赞《庄子》一书说："通天地之统，序万物之性，达死生之变，而明内圣外王之道，上知造物无物，下知有物之自造也。"以为显明"内圣外王之道"是《庄子》的至理，并说物乃自造，否定了王弼"无生有"的著名论断。《庄子序》又说："至人极乎无亲，孝慈终于兼忘，礼乐复乎已能，忠信发乎天光。用其光则其朴自成，是以神器独化于玄冥之境而源深流长也。"以上几句是说名教出于自然。"孝慈""礼乐""忠信"

---

1 汤用彤《向郭义之周庄与孔子》，载《汤用彤学术论文集》，页280。
2 详见何启民《竹林七贤研究》，页119—126。

等观念为名教的礼仪内容，也是自然之用。"神器"指名教，"玄冥之境"为自然。名教化于自然之中，则源远流长。

郭象"内圣外王"的思想，集中体现在《庄子·逍遥游》"尧让天下于许由"一节的注释。这段注释的全文，已在前文论及向秀思想时引用过，这里不再引。郭象所谓"内圣"者，是治天下者由于不治而治。不治即无为，治之即有为。所谓"外王"者，指圣人尧舜治天下而为王者。"内圣外王"代表儒家的最高人格，即圣人与帝王的合一，是圣人、导师、君王为一体。而无为者，并非隐士式的"拱默乎山林之中"，而是后文郭象所注的"神人"，即今所谓圣人。圣人体现出"内圣外王"的至高人格。圣人居庙堂之上，戴黄屋、佩玉玺，经历山川，治理民事，是为"外王"形象；然圣人之心无异于山林之中，一任自然而变化，"至至者不亏"，是为"内圣"形象。《庄子·大宗师》郭象注："故圣人常游外以冥内，无心于顺有，故虽终日见形，而神气无变。俯仰万机，然淡然自若。"很显然，郭象所说的圣人，已经不同于王弼所说的"圣人体无"的人格，而是居于庙堂之上，成了万民之王，然后"俯仰万机"，淡然悠然，不知不觉中就把天下治理好了。

郭象注《逍遥游》，与《庄子》原意正相反。成玄英疏："然睹庄文则贬尧而推许（由），寻郭《注》则乃劣许而优尧者，何邪？欲明放勋大圣，仲武大贤，贤圣二途，相去远矣。"《庄子》贬尧而推许，实质是贬名教而重自然。郭《注》劣许而优尧，乃辨圣贤之别。贤者许由，以隐居山林为高，不解圣人尧在庙堂之上，无心万物而天下治。圣人是自然名教合一，而贤者以自然为上，不屑名教。郭象推崇尧、舜、孔子，视之为圣人，而以庄子非圣人，乃贤人也。郭《注》说："若谓拱默乎山林之中，而后得称无为者，此庄老之谈，所以见弃于当涂。"认为在山林中静默无事，才称得上是无为，这是庄老的"老生常谈"，误解了圣人，所以被掌权者抛弃。名教与自然，于此统一了。但这里必须指出：在郭《注》之前，向秀晚年入洛，在回答司马昭"闻君有箕山之志，何以在此"时说过："巢、许之士，不足多慕。"认为巢、许不达尧意。于是，被奉承为"尧"的外王——世俗政权的最高统治者司马昭，极其欣赏向秀的回答。显然，向秀之答司马昭，与郭象注《庄子·逍遥游》，证明向、郭"其义一也"。

如何化解自然与名教的对立与冲突，这一理论难题由来尚矣。正始时以王弼为代表，融通儒道，采用的学术途径一是"圣人体无"论，二是抬高老子的地位。竹林名士嵇康、阮籍受假名教的刺激与迫害，攻击虚伪的名教，主张"越名教而任自然"。因之，自然与名教的对立更加尖锐，影响下的士风更趋于放达。西晋太康之后，贵无之论盛行，反名教、任自然的末流，不遵礼法，行为狂诞。遂有重名教一派的玄学家如乐广，称"名教中自有乐地"，贵无而偏向于名教。裴頠作《崇有》二论，抗衡虚无之谈与任达之风。稍后，郭象注《庄》，远承王弼，近述向秀，论证名教即自然，即无心任物，亦不废名教，确立"内圣外王"的至高人格，对中国的政治理论产生长久的影响。不过，仍须指出：郭象主张自然、名教合一，是自然为本为体，名教为末为用。汤用彤《魏晋思想的发展》一文（载《汤用彤学术论文集》，页300—303），对魏晋时期自然与名教之辨及体用本末关系，有详细的论证，足资参考。

八、"不意永嘉之中，复闻正始之音"

晋惠帝元康年间的清谈很快结束了。永康元年（300），晋室内乱，拉开了血腥的幕布。最先被杀害的竟然是两位著名学者：张华和裴頠。永兴元年（304），乐广逝世。八王之间互相残杀，北中国无数人头落地。晋怀帝立，匈奴刘渊、刘聪、石勒先后起兵反晋。建兴元年（313），怀帝崩，愍帝立。建兴四年，刘聪杀愍帝，西晋灭亡。

有的历史学家感叹：西晋灭亡，是盛谈《老》《庄》所致。其实，中朝倾覆，晋室的内乱是主因，其次是北方的匈奴后裔乘机反晋。唯有权力与阴谋，杀戮和鲜血，才有可能颠覆某个政权的大厦。历史从来如此。清谈贵无哲学，固然对士风有所影响，但不会谈出刀枪与鲜血。何况，惠帝之末，张华、裴頠、乐广、王戎等清谈家已因各种原因相继故世。余者王衍、王澄、郭象等，处于八王之乱的险恶中，恐怕也少有坐而论道的闲暇了。

那么，惠帝之后，难道清谈完全销声匿迹了？

不是的，在那片土地上，清谈人物总是会有的。最年轻最出名的美少年卫玠，就是两晋之际最优秀的清谈家。卫玠（286—312），字叔宝，《晋书》有传。他出生在颇有艺术氛围与清谈传统的家庭里。祖父卫瓘，是魏晋之际著名的书法家，善谈名理（已见上文）。卫玠之父卫恒，也是著名的书法家，善草书、隶书，作有《四体书势》，是中国书法史上的经典之作，保存在《晋书》卷三六他的传记中。卫玠自幼就有秀异之气，不同凡童。《世说·识鉴》八说:"卫玠年五岁,[1]神衿可爱,祖太保曰:'此儿有异,顾吾老,不见其大耳。'"刘孝标注引《玠别传》说:"玠有虚令之秀,清胜之气,在群伍之中,有异人之望。"卫瓘确实识鉴高明。卫玠有异,异在"虚令之秀,清胜之气",于义理有天生的爱好,成为西晋末年清谈的殿军。可惜,年老的祖父看不到孙儿来日的秀异和光华。

卫玠美貌。《世说·容止》一四说:"骠骑将军王武子是卫玠之舅,俊爽有风姿。见玠,辄叹曰:'珠玉在侧,觉我形秽。'"刘孝标注引《玠别传》说:"(王济)尝与同游,语人曰:'昨日与外生共坐,若明珠之在侧,朗然来照人。'"又说:"龆龀时乘白羊车于洛阳市上,咸曰:'谁家璧人?'于是家门州党号为'璧人'。"(《世说·容止》十九)

卫玠钟天地之灵气,灵气蕴结为入微的清言。《晋书·卫玠传》说:"(玠)及长,好言玄理。其后多病体羸,母恒禁其语。遇有胜日,亲友时请一言,无不咨嗟,以为入微。"遇到好日子,亲友时常请卫玠清谈,欣赏他的精妙的谈论。但清谈是颇费心力的,卫玠素来体弱,母亲就一直禁止儿子谈论。

亲友之中有名士王澄(平子),最佩服卫玠的清谈。《世说·赏誉》四五说:"王平子迈世有俊才,少所推服,每闻卫玠言,辄叹息绝倒。"刘孝标注引《玠别传》说:王平子每闻卫玠清谈,"至于理会之间,要妙之际,辄绝倒于坐。前后三闻,为之三

1《晋书》卷三六《卫玠传》谓玠永嘉六年(312)卒,时年二十七。则玠五岁在晋武帝太熙元年(290)。

倒。时人遂曰：'卫君谈道，平子三倒。'"所谓"理会之间，要妙之际"，即《晋书·卫玠传》所说的"入微"之时。据《晋书》卷四三《王澄传》，惠帝末，王衍白东海王司马越，命王澄为荆州刺史，则平子闻卫君谈道，辄叹息绝倒之时，大概在永兴年间（304—306），卫玠时年二十左右。当时，王澄、澄侄子王玄（眉子）及王济，并有盛名，然皆出卫玠之下。世云"王家三子，不如卫家一儿"。[1]

卫玠善谈名理，大有渊源。玠祖父卫瓘善谈名理，虽然老祖父未必对幼孙耳提面命，但家风自会有所影响。卫玠妻父乐广，对女婿卫玠的清谈有直接影响。如前所述，乐广为中朝最有名的清谈家之一，年长于王衍、裴頠、郭象，且年寿较长，将近七十岁去世。卫玠自幼至长，听闻乐广清谈是可以肯定的事。而乐广也必定喜欢这位风神秀异的后生，以至招为乘龙快婿。议者以为"妇公冰清，女婿玉润"。翁、婿二人，皆是世间少见的清言家，真是天作之合。魏晋时期世家大族之间的联姻虽说是常见的社会现象，然"妇公冰清，女婿玉润"，珠联璧合，也是不多见的美事。

不久，历史上千年难遇的大悲剧到来了！中国北方狼烟滚滚，晋王朝在连年不息的战火中轰然坍塌！多少王公大臣死于非命。时代悲剧爆出的即使是火星与灰尘，落到每一个人头上也都沉重无比。中原士族纷纷渡江。顷刻之间，天地变色，财富化为乌有，

---

1 王济为卫玠舅父，约卒于元康初，时卫玠仅有五六岁。称王济不如卫玠，揆之情理，不太可信。

田园荒芜，家庭破碎，从此生离死别。然而，有些东西并没有随西晋的覆灭而丢失，那就是传承千年的丰厚无比的中国文化——儒家经典，《易》《老》《庄》，玄学与清谈，还有洛下的风流，被保留下来了。

晋怀帝永嘉四年（310），卫玠告别兄长，带着母亲，移家南行。先至江夏，再进豫章。到达豫章的第一件事就是清谈，似乎清谈是疗治家国覆灭痛苦的良药。《世说·赏誉》五一记录了初到江南的卫玠与王敦、谢鲲的清谈：

> 王敦为大将军，镇豫章。卫玠避乱，从洛投敦，相见欣然，谈话弥日。于是谢鲲为长史，敦谓鲲曰："不意永嘉之中，复闻正始之音，阿平若在，当复绝倒。"

刘孝标注引《玠别传》与《世说》所记稍有不同："玠至武昌见王敦，敦与之谈论，弥日信宿。敦顾谓僚属曰：'昔王辅嗣吐金声于中朝，此子今复玉振于江表，微言之绪，绝而复续。不悟永嘉之中，复闻正始之音，阿平若在，当复绝倒。'"

王敦赞叹卫玠之语，对于理解两晋之际的清谈历史，具有重要的意义。

主要意义是玄学与清谈，随着晋室南渡，移植到了江南。人能弘道，魏晋玄谈，并没有因为西晋的灭亡而成绝响。世族中的清谈人物如王敦、谢鲲诸人，将玄学与清谈带到了南方。历史再次证明，中古时代文化的保存与传播，世家大族起到了根本性的作用。

其次，时代环境是文化学术发展与繁荣的土壤。同是永嘉时期，洛阳毁灭，西晋政权倾覆，中国北方的文化几乎变为一片废墟。南方虽然百废待兴，一切草创，然环境相对安定，清谈名士经颠簸之后，重获闲暇，得以重开谈席。

卫玠渡江，意味着正始之音在江南绝而复续。当年，他的祖父卫瓘听闻乐广清言，赞叹何晏、王弼没后微言将绝，今复闻于君。如今，微言又绝，又复闻于卫玠。翁、婿二人，在不同时代都担当了正始之音的守护人。若卫瓘健在，"不悟永嘉之中，复闻正始之音"的赞叹，必先出于其口。正始之音，确实是魏晋玄谈的永恒典范，为后来的清谈家所向往并接续。

遗憾天妒其才，卫玠过江不久，不幸病殁。《晋书·卫玠传》说，卫玠求向建邺，京师人士闻其姿容，观者如堵。玠劳疾遂甚，永嘉六年卒，时人谓"看杀卫玠"。这则佳话自然不可信。卫玠自幼多病体羸，如今从洛阳移家江南途中，颠簸劳疾，使一代天才过早凋零，岂不痛哉！

若问卫玠谈何名理？言理"入微"到何等地步，竟至平子辄为之绝倒？皆无具体事迹可考。能见出卫玠言语之妙的，唯有《世说·言语》三二所记的故事："卫洗马初欲渡江，形神惨悴，语左右曰：'见此茫茫，不觉百端交集，苟未免有情，亦复谁能遣此！'"卫玠之语，景、情、理交融一片，千年之下犹令人感动不已。景是茫茫江水，不见涯涘；情是家国倾覆，亲友生离死别，此去前途茫茫，犹如江水，内心百端交集；理是圣人无情，而我等非圣人，未免有情，谁能遣此？晋室南渡之初的百感交集的情绪，由卫玠之语极好地表达出来。刘应登评点说："此匆匆出语耳，而微词逸旨，超然风尘之表。江左诸公，叔宝真言语之科也。"王世懋说："至今读之欲绝，况在当时德音面聆者耶？"细品卫玠渡江时所语，我们定会觉得这是世界上最合情理、最美的语言。不妨由此推测，卫玠清谈的义理入微，言语情理并至，此所以众人听卫玠谈论，"无不咨嗟"，平子"前后三闻，为之三倒"之缘由也。

九、结语

继竹林七贤之后的西晋清谈，是魏晋清谈史上的重要阶段。王弼、何晏创立的贵无哲学，盛行中原，深刻影响当时的哲学思想及士人的行为作风。同时，魏晋玄学的核心问题，即自然与名教的关系，经郭象《庄子注》的熔铸，得到圆满的调和。出于文化大族的清谈人物不断涌现，清谈的内容越来越丰富多样。有关西晋清谈的以下事实及变化，是值得指出的。

一、当年清谈的普遍及场景生动的历史真相，非今人所能想象。我们尽其所能描述的，只是历史真实的极小部分。西晋建立之初至太康元年前后二十年间，清谈似乎断绝了。其实，有人仍在清谈。裴楷、乐广、王戎，即是晋初清谈的代表人物。乐广的清谈，甚至早在魏甘露年间。晋武帝即位后，洛阳的清谈人物看不到了，但在洛阳之外，清谈还是存在的。乐广侨居山阳，裴楷作河内太守，山阳归河内管辖，裴得以招乐清谈，并推荐给贾充。于是乐广至京，开始在上流社会中清谈，得到卫瓘的赞叹，以为王、何之后，复闻正始之音。

二、魏晋清谈人物大多出自著名的文化世家。自东汉以降，世家大族不仅是各级政府官员的主要来源，同时也是文化的创造者，学术发展的引领者。与魏初清谈关系密切的文化世家有颍川颍阴荀氏、颍川长社钟氏、颍川许昌陈氏。到了西晋，荀氏、钟氏趋于衰落，新文化世家崛起，例如琅邪王氏、太原王氏、河东闻喜裴氏、颍川鄢陵庾氏、陈留尉氏阮氏、安东安邑卫氏。来自上述新文化世家的清谈人物，创造了西晋清谈的历史。故谈论魏晋清谈，不能忽略魏晋文化世家所起的重要作用。

三、有一种意见认为：早期的清谈与实际政治有关，魏末之后的清谈皆发言玄远，与政治无关了。甚至说，两晋的清谈不过是名士风度的一种装饰，或者是用以交游的方式。这些意见须被认真审视。说早期清谈与政治关系紧密，大体不错。但说竹林之后的清谈似乎完全远离政治，或仅仅是风度的装饰物，这些说法不合乎历史事实。其实，清谈的题目不同，与现实政治的关系自然也不同。有些论题偏重政治，有些则偏重义理。西晋元康年间发生"贵无论"与"崇有论"二派的大辩论，既与当代政治密切相关，也与哲学上的分歧有关。故称西晋之后的清谈都是抽象玄远，不具有现实意义，这种意见不可从。

四、裴𬳽《崇有论》当时被称为"名论"，今天来看，它对"无"的分析并不深刻。今天所见文本有可能是唐人修《晋书》时的节选，更有可能是《崇有论》的残篇。欧阳建《言尽意论》与裴𬳽《崇有论》相似，看来也无深意。而后来的王导过江后仅谈三论，其中之一即是欧阳建《言尽意论》，说是"宛转关生，无所不入"。比较浅近的论文，何以王导评价如此之高？甚不可解。可能此篇也不是完帙。研究魏晋清谈的最主要的困难，即是史料的缺失。故从人物传记及留存的文学作品中钩沉，再加以推断，庶几能挖掘一点历史真相，并对一些疑问作出较为圆通的解释。

第七章

东晋初期清谈

晋怀帝永嘉元年（307），八王之乱越来越疯狂。东海王司马越在争斗中渐渐占据上风，成为权力最大的辅政。当年七月，以平东将军、琅邪王司马睿为安东将军，都督江南诸军事、假节，镇建邺。沧海横流之际，王导担当起中兴晋室的伟大角色。这位乱世中的大智者，在黑暗中看到前行的路径，谋划并实现他的宏图大略。《晋书》卷七五《王导传》说："时元帝为琅邪王，与导素相亲善。导知天下已乱，遂倾心推奉，潜有兴复之志。"《晋书》卷六《元帝纪》说；"永嘉初，用王导计，始镇建邺。"司马睿听从王导之计，经营建邺，为东晋百年基业奠定了基础。当北方的血色染红天地，鸟兽都无可逃遁之时，王导发现了江南的沃土和清流，还有佳山水可以避乱，可以栖身，可以建国，可以清谈。永嘉之末，北方的衣冠追随琅邪王和王导的脚步，纷纷渡江。他们带着国破家亡的失败与耻辱，同时也带着儒经，带着《易》《老》《庄》《列》，带着任诞啸咏的名士风流，居然在江南生根发芽，绽放繁花如锦，绵延不绝，风姿绰约。

一、难忘洛水边上清谈时

王导不愧是东晋第一名臣，不仅以大智慧缔造了东晋政权，同时，也是北方中原文化的存亡继绝者。晋惠帝元康年间的清谈，仍旧比较热闹。永康之后，八王之乱开始，不久匈奴乘机而起，乱世中人命危浅，不少名士死于非命，清谈几乎沉寂了。多亏世家大族中的文化名流，把将要断绝的玄学与清谈，移植到江南。天翻地覆的历史巨变，可以毁灭繁荣了数百年的东方大都市洛阳，让往昔欢乐的洛水浮尸横流，却无法毁灭玄学、清谈和名士的风流。营建在淮水边的建邺，恍若消失的洛阳。

看似断绝的文化，何以能够再造？

王导有关中朝时在洛水边清谈的记忆，或许是解开上述疑问的钥匙。《世说·企羡》二说：

> 王丞相过江，自说昔在洛水边，数与裴成公、阮千里诸贤共谈道。羊曼曰："人久以此许卿，何须复尔?"王曰："亦不言我须此，但欲尔时不可得耳。"

关于中朝洛滨清谈的盛况，上文已有详细的介绍和分析，这里不重复。王导是洛水边清谈的常客，此由"数与"二字可知。裴成公指裴頠，阮千里是阮瞻，两人都是中朝名士，清谈高手。

考裴頠卒于惠帝永康元年（300），[1]而王导生于晋武帝咸宁二年（276）。[2]则王导与裴頠、阮千里诸贤于洛滨清谈，必在永康元年之前，而以元康中最有可能。

王导和羊曼的对话发生在何时，难以确定。唐翼明据羊曼的卒年，考证说："按羊曼死于328年苏峻之乱，王、羊对话显然是318至328年之间的事。"（《魏晋清谈》，页200）这一看法，大体是可以成立的；不过，时段长达十年，似乎太宽泛了，有必要进一步讨论。

《晋书》卷四九《羊曼传》说："（羊）避乱渡江，元帝以为镇东参军，转丞相主簿，委以机密。"《晋书》卷六五《王导传》说："俄而洛京倾覆，中州士女避乱江左者十六七。导劝帝收其贤人君子，与之图事。"洛京陷落在永嘉五年（311）六月（《晋书》卷五《孝怀帝纪》），羊曼避乱渡江，可能也在此时。建兴元年（313）五月，以镇东大将军、琅邪王睿为侍中、左丞相。（《晋书》卷五《孝愍帝纪》）岁余，睿进位丞相、大都督中外诸军事（见《晋书》卷六《元帝纪》）。则羊曼为元帝镇东参军，转丞相主簿，时间当在建兴元年至二年。王导自说昔在洛水边清谈的话，羊曼不止一次听到，时间最有可能在建兴年间。此时虽说仍是东晋政权的草创时期，元帝尚未正式即位，但自永嘉元年徙镇建邺以来，得王导、王敦的辅助，经七八年的悉心治理，东吴大族已

1《世说·言语》二三注引《冀州记》，頠为赵王伦所害。《晋书》卷三五《裴頠传》说：頠被害，时年三十四。

2《晋书》卷六五《王导传》谓导卒于晋成帝咸康五年（339），时年六十四。由此上推，导生于晋武帝咸宁二年（276）。

经归附，政权结构已经稳定。整体局面正如《晋书·王导传》所说："由是吴会风靡，百姓归心焉。自此之后，渐相崇奉，君臣之礼始定。"北来士族在江南建立政权，其实比人们一般的想象快得多。《晋书·王导传》又说："时荆、扬晏安，户口殷实，导为政务在清静……朝野倾心，号为'仲父'。"所叙是永嘉六年之后的情况。故羊曼与王导的对话，不会迟至司马睿即位之后的建武或成帝咸和之初。

再说，"王丞相过江"，"过江"表示时间，与后面发生的事，时间上是连贯的，二者不会相距太远。例如《高僧传》卷一《帛尸梨蜜传》："晋永嘉中，始到中国，值乱仍过江，止建初寺。"意谓过江后不久即住在建初寺。《晋书》卷四三《王衍传》："王敦过江，常称之曰：'夷甫处众中，如珠玉在瓦石间。'"《世说·文学》二一："旧云王丞相过江左，止道《声无哀乐》《养生》《言尽意》三理而已。"意谓过江之后，止说上述三论。《世说·文学》四七："康僧渊初过江，未有知者，恒周旋市肆，乞索以自营。"以上例子，皆叙人物过江之后的行为，与过江的时间是连贯的，至少相去不太久。王导过江，自说昔年在洛水边与中朝名士谈道的话，也应该发生在过江之后不久。

以下分析王导与羊曼对话的意义，大致有三层意思：

一、王导过江之后，自说从前常在洛水边与裴頠、阮瞻共谈道，乃是难忘中朝曾经繁荣一时的文化景观。裴頠、阮瞻为中朝名士，清谈高手，洛水边是游览、清谈的佳胜之地。王导感叹往昔洛水边的美好时光一去不返，裴頠等一代清谈名士皆已作古。

二、从羊曼"人久以此许卿，何须复尔"的话推测，王导自说昔年在洛水边清谈，当不止说过一次，羊曼也必定听过多次。羊曼不明白：既然众人都推许你王导是清谈的前辈，你何必说个不休？烦不烦？显然，羊曼不解王导缅怀中朝清谈文化的情怀。凡是已经消失了的珍贵东西，总让人难以忘怀。然浅人几个能解？

三、王导解答羊曼的不解，说是我常说此事，不是希望得到什么，而是感叹往事不可再现了。可见，凭吊中朝的文化盛况是王导难解的情怀。在他的喋喋不休中，无疑蕴藏着深衷隐曲：尔时固然不可再得，难道不可再造吗？

可以不夸张地说，王导是晋室中兴的最大功臣。假若有天命，那么，王导就是天命的托付者。他对随着中朝灭亡而消失的清谈文化念兹在兹，难以忘怀。这与他年轻时深受魏晋玄学与清谈文化的熏陶有关，也与他欲发扬王氏家族的文化引领者角色的执念有关。王氏家族中的一流大名士王衍，还有裴頠、阮瞻等清谈高手，都曾深刻影响了年轻的王导，这是完全可以肯定的。《世说·雅量》八记王衍曾托族人办事，而族人一直不办。王衍问起族人为何不办。族人大怒，举樏掷王衍之面，"夷甫都无言，盥洗毕，牵王丞相臂与共载去"。王衍年长王导二十岁，同族，二人牵臂共载，亲密之状可见。而王衍"车中照镜，语丞相曰：'汝看我眼光乃出牛背上。'"那份被人攻击后的雅量，也必会使王导佩服。故王导品藻王衍，极尽赞美之词，例如《世说·赏誉》三七："王公目太尉：岩岩清峙，壁立千仞。"《世说·品藻》二〇："王丞相云：'顷下论以我比安期、千里，亦推此二人；唯共推太尉，此君特秀。'"[1]以上二例可见王导对王衍的推重。而洛下以王导同王承（安期）、阮瞻（千里）相提并论，说明他在中朝末年名声已很大了。

据《世说·品藻》六，当时以八裴方八王，将裴氏、王氏两个大族比匹，其中裴遐方王导。按，裴遐是王衍女婿，以辩论为业，善叙名理。为何以王导比裴遐？或许王导亦善谈名理之故。以上现象可以说明，惠帝元康年间，王导已进入清谈名流之列，是琅邪王氏的后起之秀。

了解王导在西晋末年清谈名士中的位置，就比较容易理解他在魏晋清谈史上的贡献。他在过江之后，念念不忘昔年在洛川的清谈情景，感叹不可复得之余，是否设想过在建邺的淮水边重开谈席，以江南玉振回应洛阳消逝的金声？我想会的。王导一定想：既然能够在陌生的江南建立一个新政权，那么，再现当年洛水边的清谈风流，有何难哉！

二、微言复闻在江南：以王导为中心

西晋覆灭，清谈从北方移植至江南。这是由历史条件决定的，同时也是魏晋玄学与清谈文化，依次展现它们的发展阶段的结果。经历了血与火的洗礼，魏晋清谈的高潮即将到来。在山川明媚的江南大地上，迎接清谈高潮的到来，是再合适不过了。

---

1 余嘉锡《世说新语笺疏》："《御览》四四七引《郭注》，'顷下'作'雒下'，'亦推此二人'作'我亦不推此二人'，皆于义为长，《世说》传写误耳。"

先要讨论一个问题：东晋的清谈始于何时？唐翼明认为东晋成立之初，江南仍受到北方胡人的威胁，吴人及江南士族对于南迁的士族怀有强烈的不信任感，而南迁的北方士族，有浓厚的悲观失望情绪。再者，东晋政权一切草创，统治阶级内部，南迁士族与江东旧族之间、与东晋王族之间、南迁士族彼此之间都有矛盾。这些矛盾爆发引起王敦之乱，接着是苏峻之乱。此后，东晋境内渐渐平静，到咸康（335—342）年间，"清谈活动大约在这个期间重新频繁起来"。唐翼明又说：永嘉以后，王导是第一忙人，"恐怕都叫王导无心于清谈"，但技痒而偶一为之，当然也有可能。（详见《魏晋清谈》，页196—202）

唐先生梳理东晋之初南北士族之间的矛盾，以及南迁士人的心态，指出王导在东晋建立伊始时的贡献，是两晋之际承前启后的清谈领袖，皆为事实。不过，他对东晋之初王导及其他名士的清谈事迹的挖掘与考察，稍嫌不够。自汉魏以来的历史证明，清谈固然与社会的动乱或安定之间有一定的联系，但清谈盛衰的主要因素，还是在人，即清谈家的作用。晋室南渡，是中国历史上翻天覆地的大事件。它一方面倾覆了以洛阳为中心的清谈，另一方面，却造就了江南清谈的兴盛。原因就在清谈文化的生产者和掌握者，始终是北方的文化世家。尤其是西晋的清谈世家王氏，南迁之后以王导为领袖，保存了清谈的文化种子，将之播种在江南的沃土里，很快就绽放出繁花处处。

然则，东晋的清谈究竟始于何时？

我以为始于怀帝永嘉之末。如上所述，北方士族南迁与东晋清谈的兴起有直接的因果关系。在某种程度上说，北方士族南渡之时，就是东晋清谈之始。以王导、王敦为首领的琅邪王氏，是最早南迁的士族，时在永嘉元年。随后南渡的高潮，发生在永嘉五年洛京倾覆之后，居于洛阳及其周边的高等士族，十之六七避乱江南（见上文）。正是这批掌握文化的士族名士，把中朝的玄学与清谈，包括任达放纵的士风，移植到南方。至永嘉之末，洛阳一片废墟，西晋政权名存实亡，而东晋政权实已成形。王导运用高超的政治技巧，放下顶级士族的高贵身段，亲自造访吴地士族名流，诸如顾荣、贺循等，由是吴会风靡，百姓归心。北方士族与江南士族的妥协与联合，在不长的时间里就奠定了东晋政权长达百年的基业。至于南北方政权之间的矛盾，南迁士族之间的矛盾，终东晋一朝，此起彼伏，始终存在。东晋末年的内乱实际上也是司马氏与其他大族之间矛盾的结果。但统治阶级不同利益集团之间的错综矛盾，并不妨碍东晋的清谈文化。清谈，终究是一种口舌之辩，一种学问上的较量，一种使心情愉悦的雅论美谈。权力的分配，凭藉经济及军事实力，与清谈的胜负终究无关。

《世说·言语》三一说："过江诸人，每至美日，辄相邀新亭，藉卉饮宴。周侯中坐而叹曰：'风景不殊，正自有山河之异！'皆相视流泪。唯王丞相愀然变色曰：'当共戮力王室，克复神州，何至作楚囚相对？'"著名的"新亭对泣"的故事，固然表现出渡江之初，南迁士族的悲观失望的情绪，但王导积极有为的精神，更为突出。而且，我们从这个故事也能读出过江诸贤的真实生活状态：尽管处在一切草创阶段，却不是后人想象中的忙得一塌糊涂。及时享受良辰美景的生活情趣一如往昔，不同的只是中朝的洛滨，如今换作淮水边罢了。至于王导诸人"新亭对泣"的时间，

《通鉴》卷八七《晋纪》九系于永嘉五年十一月。不久之前，周
顗、桓彝才渡江奔琅邪王司马睿。中朝南渡名士的生活情趣与审
美活动，虽经家国覆灭而不变。"每至美日，辄相邀新亭"，说明
享受闲暇是经常的。既有藉卉饮宴，则清谈论道，当然也就容易
想见了。

上文叙述卫玠于永嘉四年渡江，永嘉六年至豫章投奔王敦，
相见欣然，清谈弥日。王敦顾谓长史谢鲲说："不意永嘉之中，复
闻正始之音。"这个故事反映了永嘉之末，江南重开谈席的重要事
实。证明北来的名士，渡江之初就又清谈了。亡国与清谈毕竟是
两码事。再说，颠沛流离之后继续清谈，重续中朝旧梦，未必不
是寄托故国之思的一种方式。

召集渡江胜流，在江南再续往昔洛水边清谈的佳话，王导是
一关键人物，这是无可置疑的。

以下考述王导领袖南迁士族名流，清谈不已的事迹。

《世说·赏誉》五七说：

> 王丞相招祖约夜语，至晓不眠，明旦有客，公头鬓未
> 理，亦小倦。客曰："公昨如是，似失眠。"公曰："昨与士少
> 语，遂使人忘疲。"

这个故事讲王导招祖约通宵达旦清谈。"招"字表明，王导是这次
清谈的发起者。他回答客人的话，说明祖约言理甚有趣味，使人
忘倦。

祖约是何许人？何以王导招其清谈？这次清谈大概发生在何

时？这些问题有必要解答。

祖约，字士少，祖逖同母弟。《晋书》卷六二《祖逖传》说：祖逖是范阳遒人，"世吏二千石，为北州旧姓。父武，晋王掾，上谷太守。"《世说·雅量》一五注引《祖约别传》说："约本幽州冠族，宾客填门。"可知祖氏世代为官，是北州著名的士族世家。《晋书》卷一〇〇《祖约传》说："永嘉末，随逖过江。元帝称制，引为掾属，与陈留阮孚齐名。后转从事中郎，典选举。""及逖有功于谯沛，约渐见任遇。逖卒，自侍中代逖为平西将军。""元帝称制"，指司马睿秉承皇帝意旨执政。《晋书》卷六《元帝纪》说，愍帝即位，岁余"承制赦荆、扬"，时在建兴二年（314）。王导招祖约夜语，大概就在元帝称制后不久。也有另一种可能：祖约兄祖逖有功于谯郡，约渐为元帝所信任。据《元帝纪》，建武元年（317）七月，祖逖击走石勒，攻克谯城。则祖约渐见任遇也有可能在这个时候。

由以上所考，王导招祖约夜语的时间，在建兴二年至建武元年这三四年中。因祖约后来附同苏峻叛乱，后世就有人讽刺王导与叛臣周旋。譬如凌濛初说："丞相每与作逆者倾注。"这种批评是不妥当的。王导招祖约夜语时，祖约正被朝廷信任，还不是谋反者。何况，祖约有名当时，后来的名声也不坏。《世说·赏誉》八八说：王羲之赞誉"祖士少风领毛骨，恐没世不复见如此人"。意思说，祖约悟解超群，风骨不凡。同篇一三二记王子猷说："世目士少为朗，我家亦以为彻朗。"意思说，我王家也觉得祖约为人通透明朗。刘孝标注引《晋诸公赞》说："祖约少有清称。"当年祖约是极有风度美和非凡悟解力的名士，王导与他清谈，有何不可？

至于王导与祖约谈什么，其详难知。考《文选》卷三八任彦昇《为萧扬州荐士表》说："势门上品，犹当格以清谈。"李善注引王隐《晋书》说："祖约清谈平裁，老而不倦。"所谓"清谈"，指人物的评论与品鉴；"平裁"，主要是带有批评、裁断意义的人物评价。由此可知，祖约最喜欢并擅长品鉴人物。王导与祖约共谈至晓不眠，也可能是在"清谈平裁"人物吧。

祖约善清言，其异母兄祖纳也在能言之流。《晋书》卷六二《祖纳传》说："（纳）能清言，文义可观。"《世说·德行》二六刘孝标注引王隐《晋书》说："九世孝廉，纳诸母三兄，最治行操，能清言。"宋人汪藻《世说考异》"祖光禄少孤贫"条敬胤注引《晋诸公赞》说："纳以名理称，历清职，大安中为左丞，累官至护军、詹事、廷尉。洛阳破，入吴。"合以上几条史料，祖氏一族的情况就大体可知了。北地幽州文化名族祖氏，乃是儒学世家。祖纳与异母弟逖、逖弟约，皆能清言。纳以名理称，在惠帝大安中已累官至廷尉。由此推知，他可能也是元康中的清谈人物，以善谈名理知名。洛阳陷落，祖纳避乱渡江。

祖纳诸兄弟不出于一母，就难免有矛盾。《祖纳传》说：纳与约异母，颇有不平，密启示于帝，称约有陵上之心云云。不料祖纳的告密，不仅不奏效，自己反而被朝廷抛弃。"纳既闲居，但清谈、披阅文史而已"（《晋书》卷六二《祖纳传》，页1699）。正当祖纳搬起石头砸了自己脚的时候，同乡温峤帮了他的忙。温峤此时正为明帝所大用，"以纳州里父党，敬而拜之。峤既为时用，盛言纳有名理，除光禄大夫"（同上）。温峤之所以推荐祖纳为光禄大夫，一是纳为州里父党，是同乡中的长辈。二是赏识祖纳有名理，而温峤本人"美于谈论"，也是清谈人物，大概与祖纳请谈过，故"盛言纳有名理"。否则，何以能了解且一再称赞纳有名理？

王导既与祖约清谈，则与祖纳，甚至与温峤清谈都在情理之中，时间必在后者南渡之后不久。

东晋初期规模最大、人数众多的一次清谈，是王导召集殷浩、桓温、谢尚、王濛、王述诸人的清谈。《世说·文学》二二说：

> 殷中军为庾公长史，下都，王丞相为之集，桓公、王长史、王兰田、谢镇西并在，丞相自起解帐带麈尾，语殷曰："身今日当与君共谈析理。"既共清言，遂达三更。丞相与殷共相往反，其余诸贤，略无所关。既彼我相尽，丞相乃叹曰："向来语，乃竟未知理源所归，至于辞喻不相负。正始之音，正当尔耳。"明旦，桓宣武语人曰："昨夜听殷、王清言甚佳，仁祖亦不寂寞，我亦时复造心，顾看两王掾，辄翣如生母狗馨。

殷中军为殷浩，后为中军将军，当时作庾公（亮）长史。晋成帝咸和九年（334）六月，陶侃薨，迁平西将军庾亮都督江荆豫益梁雍六州诸军事，进号征西将军，镇武昌，庾亮引殷浩为记室参军。

王导与殷浩清谈的时间可能在咸康三年（337）。[1]

　　这次重要的清谈由王导发起。王导对殷浩说："身今日当与君共谈析理。"由此语可以体会，王导早闻殷浩善谈论，很想同对方认真地谈一次，以考察殷浩义理究竟如何。两人清谈的时间相当长，"遂达三更"。谈完，王导感叹道："刚才所谈，竟不知胜理归于何方，不过喻（阐述或表达）、辞（言辞）两者不相背弃。"意思说，我俩各自的意旨的表达与言辞二者是相配的。他不曾明言两人谈论什么论题，也不说谁胜谁负；只是肯定双方的辞义都不错。最后说："正始之音，正当尔耳。"这二句是对清谈的理论要求，言外之意说，我们两人的清谈，与正始之音是一样的。正始之音是魏晋玄学与清谈的典范，王导如此说，有自负的意味，当然也说明他是正始之音的赞美者，是自觉的中原文化的继往开来者。

　　王导、殷浩清谈，其余人旁听，虽说"略无所关"，其实人人都入耳入心。次日，桓温评论说，昨夜殷、王清言甚佳，谢尚亦时有所动，我亦时复会心，王述、王濛听着，身体摇动，不复安静。[2]

　　王导心仪正始之音，也精熟前人清谈中的一些重要论题。《世说·文学》二一说：

----

1 唐翼明据《晋书》卷八《穆帝纪》、《晋书》卷七七《殷浩传》，考定殷浩于咸康三年父丧，下都，王导与之清谈当在其时。其说可从。详见《魏晋清谈》页201—204。

2 桓温最后说："辄翣如生母狗馨。"此句颇难解。日人《世说抄撮》说："此言两王在侧，不能开口，徒为手容，犹如母狗顺弱摇尾之状也。"可作参考。

旧云王丞相过江左，止道《声无哀乐》《养生》《言尽意论》三理而已。然宛转关生，无所不入。

　　前文已述，《声无哀乐论》《养生论》是嵇康名论。《言尽意论》为欧阳建所作。这是一条有关王导清谈的重要资料，说明嵇康在东晋已有崇高的声望，他的学术与清谈深刻影响了东晋士人。兹举一例：《世说·言语》四〇："周仆射（顗）雍容好仪形，诣王公，初下车，隐数人，王公含笑看之。既坐，傲然啸咏。王公曰：'卿欲希嵇、阮邪？'答曰：'何敢近舍明公，远希嵇、阮。'"周顗傲坐啸咏，颇类嵇、阮风度，故王导说"卿欲希嵇、阮邪"。周顗所答为调笑，然不掩希慕嵇、阮的意味。王导本人过江止道三理，其希慕嵇康，再明显不过了。

　　王丞相过江，止道三理，指明了王导清谈的范围，即以三理为限。王导与殷浩清谈的内容，或许是三理中的某一理。"宛转关生，无所不入"二句，是他人评论王导谈论三理的熟练与入微。

　　王导幕府中，有不少年轻的清谈人物。殷浩、桓温、王濛等，在不久的将来，他们会成为清谈的主角。此外，还有一批南迁的名士，以所谓"八达"为代表，把元康时期纵放任达的风气带到了江南。《晋书》卷四九《光逸传》："寻以世难，避乱渡江，复依辅之。初至，属辅之与谢鲲、阮放、毕卓、羊曼、桓彝、阮孚散发裸裎，闭室酣饮已累日……时人谓之'八达'。"同篇《胡毋辅之传》："性嗜酒，任纵不拘小节。与王澄、王敦、庾敳俱为太尉王衍所昵，号曰'四友'。"其中毕卓、王尼、羊曼等人，只是饮酒放达，实在无益于时用，对清谈殊少贡献，不足挂齿。但也应该看到，任诞之士中也有谈士、才士和节士，不可因其任达过甚，一概斥为酒囊饭袋。

例如胡毋辅之，字彦国，性嗜酒，任诞不拘小节，早在中朝时就成为王衍"四友"之一。《晋书》卷四九《胡毋辅之传》说，司马越薨，避乱渡江，元帝以为安东将军、湘州刺史。未几卒，年四十九。卒时约在建兴年间，上推其生年，当在晋武帝泰始时。辅之既然为王衍所昵，而衍是当时清谈领袖，则辅之必善谈论。《胡毋辅之传》中有辅之推荐河南郡府役卒王子博的故事：辅之曾在河南郡门下饮酒，郡府役卒王子博箕坐其旁。辅之大声呼唤子博给自己取火。子博说，我是役卒，是我的事情，做完就是了，安能被人使唤！辅之因与子博谈论，称叹说："我不及也！"推荐子博给河南乐广。广召见子博，甚悦之，提拔为功曹。这个故事说明辅之善谈论，也能识别善谈人才。辅之与乐广熟悉，而广又是一代谈宗，两人清谈是必定有的事。辅之朋友王澄致信他人说："彦国吐佳言如锯木屑，霏霏不绝，诚为后进领袖也。"可见辅之清谈属于言辞繁富一派。

永嘉五年五月，洛中大饥荒，人相食，百官流亡者十之八九。（见《晋书》卷五《孝怀帝纪》）胡毋辅之大概于此时渡江，不久卒。估计他渡江之后的清谈，时间不会长。

再有阮放（字思度）。《晋书》卷四九《阮放传》说，放与阮籍同族。阮放早年与阮孚并知名，中兴，除太学博士、太子中舍人、庶子。太子，即后来的晋明帝司马绍。"时虽戎车屡驾，而放侍太子，常说《老》《庄》，不及军国。明帝甚友爱之。"《晋书》

卷六《明帝纪》说：明帝钦贤爱客，当时名臣，咸见亲待。阮放是被明帝亲待的名臣之一。喜好《老》《庄》，是阮氏的门风。阮放常说《老》《庄》，不及军国大事，很有一点阮籍"发言玄远，口不臧否人物"的遗风。只是难知阮放常说《老》《庄》，是与明帝谈说呢，还是与明帝身边的其他名臣共谈，如王导、庾亮诸人？

上文多次言及，自汉末以来，品藻人物就是清谈的重要内容。王导作为清谈的中心人物，关注与评论当时清谈人物的长短优劣，是非常自然的事。可以考见的是王导评论当代人物谢尚与何充。《世说·品藻》二六："王丞相云：'见谢仁祖，恒令人得上。'与何次道语，唯举手指地曰：'正自尔馨。'"读懂这个故事有一点难度，难在王导举手指地的动作，还有"正自尔馨"这句话，究竟表达什么？刘孝标以为王丞相"以手指地，意如轻诋。或清言析理，何不逮自谢故邪"？猜测王导的动作与语言，大概是瞧不起何充的清言，不及谢尚。孝标的解读是允当的。王导以为谢尚的风度，令人意气超拔，而何充义理卑下。

王导渡江之后至晚年，不忘中朝的清谈盛况，仰慕王衍、裴頠、阮瞻等逝去的一流清谈家，并优待避乱渡江的风流名士如谢鲲、胡毋辅之等任达人物。成帝咸和中，王导下令改迁南昌卫玠墓至江宁，向故世的清谈天才，表示最后的敬意。《世说·伤逝》六说：

> 咸和中，丞相王公教曰："卫洗马当改葬，此君风流名士，海内所瞻，可修薄祭，以敦旧好。"

卫玠死于永嘉六年，距咸和中近二十年。王导改葬卫玠至京师附近，"以敦旧好"之外，是为了便利海内之士，瞻仰这位著名的风流名士。《建康实录》卷五说："玠卒，葬新亭东，今在县南十里。"卫玠卒于豫章，墓原在南昌。新亭东乃卫玠改葬之处，《建康实录》未明卫玠墓之变迁。新亭，是东晋胜流游宴之所，迁卫玠墓于此，京师更添风流胜景，海内人士瞻仰名士风流之余，会遐想中朝的文化盛况。这是王导迁卫玠墓的深远用意，也是希望在江南再造中朝名士风流的实例。

三、晋明帝与名臣的清谈

仔细考察东晋初期的清谈，会得出这样的结论：当时的清谈固然以王导为中心，但不能说清谈者唯有王导及其僚属。实际上，中兴之初的皇族以及一些举足轻重的名臣，也是喜欢清谈的，由此形成几个规模较小、为时不长的清谈中心。晋明帝为太子时所在的东宫，便是一个重要的文化沙龙，聚集了不少名臣和名士，甚至有些名僧也参与其中。

晋明帝司马绍，字道几，元帝长子，元帝为晋王时，立为晋王太子。建武元年，司马睿即皇帝位，封绍为皇太子。《晋书》卷六《明帝纪》说，明帝"性至孝，有文武才略，钦贤爱客，雅好文辞。当时名臣，自王导、庾亮、温峤、桓彝、阮放等，咸见亲待。尝论圣人真假之意，导等不能屈。又习武艺，善抚将士。于时东朝济济，远近属心焉"。《太平御览》卷八九引《晋阳秋》，也记明帝为皇太子时的文化活动："自王导、庾亮、温峤、桓彝、阮放，皆见亲待，分好绸缪，雅好辞章谈论，辨明理义，与二三君子并著诗论，粲然可观，于时东宫号为多士。"所记比《晋书》具体详细。

晋明帝初以储君的至尊地位，雅好辞章、谈论著述，同百年之前的魏文帝曹丕相似。可惜明帝作皇太子时间短，只有四五年。嗣位即遇王敦之乱，戎马倥偬，三年后故世。在位时间既短，恐怕不会有太多的闲暇，谈论辞章和理义。他留下的辞章仅有《蝉赋》一篇（见严可均辑《全晋文》卷九），至于谈论什么题目，史所阙载，所知甚少。《晋书·阮放传》说，放常与明帝谈《老》《庄》。可见明帝亦喜好《老》《庄》，否则没法谈。《晋书》本纪说，"尝论圣人真假之意"。圣人，是魏晋玄学家推崇的至高人格，为自然与名教的体现者。"真假"何所指？无从得知。所知"导等不能屈"，说明明帝谈论有相当水平。

再有《世说》保存了明帝在东宫，与诸名士谈论当世名流的几个故事。例如《世说·品藻》一七：

> 明帝问谢鲲："君自谓何如庾亮？"答曰："端委庙堂，使百僚准则，臣不如亮；一丘一壑，自谓过之。"

刘孝标注引《晋阳秋》说："鲲随王敦下，入朝见太子于东宫，语及夕。太子从容问鲲曰：'论者以君方庾亮，自谓孰愈？'对曰：'宗庙之美，百官之富，臣不如亮；纵意丘壑，自谓过之。'"又注引邓粲《晋纪》说："鲲与王澄之徒，慕竹林诸人，散首披发，裸祖箕踞,谓之'八达'。故邻家之女,折其两齿,世为谣曰:'任达不已,幼舆折齿。'鲲有胜情远概,为朝廷之望,故时以庾亮方焉。"

上面这个故事蕴含较多的意义,这里仅分析晋明帝的品藻人物。孝标注引《晋阳秋》,交代了故事发生的背景:谢鲲随王敦下都,当在敦谋反之前。[1]谢鲲时为王敦长史,下京师,入朝见太子于东宫。"语及夕",是说谈论到夜晚。"语",语议,即清谈也。太子问谢鲲:"君自谓何如庾亮?"明帝既然尊贤爱客,自然很在意身边诸贤的优劣长短。除问谢鲲之外,明帝还问周顗:"卿自谓何如郗鉴?"周答:"鉴方臣如有功夫。"复问郗鉴,郗答:"周顗比臣有国士门风。"(《世说·品藻》一四)明帝曾与王导等论"圣人真假之意",则不难想象,他也会同臣僚论人物优劣及才性问题,不会只是一问一答,简单了事。

上文多次言及,自汉末以来,人物品题与鉴赏,是清谈的主要源头及谈论内容,由此演变为刘劭《人物志》及傅嘏、钟会的才性四本论。西晋之后,人物品藻之风越来越盛。若读《世说·品藻》篇,会发现人物品藻的记录远多于魏末之前。魏代品题人物,比较多地注意人物的品性、智力和事功。例如《世说·品藻》五:"司马文王问武陔:'陈玄伯何如其父司空?'陔曰:'通雅博畅,能以天下声教为己任者,不如也。明练简至,立功立事,过之。'"西晋之后,品藻人物较多的着眼于人物的个性、言语、神韵,由具象变为抽象,具有美学价值。我之所以一再强

---

1 据《晋书》卷六《元帝纪》,王敦作乱下都,在永昌元年(322)。

调人物品题不可以被排除在魏晋清谈之外，原因就在于它本身是一种雅论美谈，上升到哲学高度是对人物的审美，是中国美学的重要部分。当然，人物评论由具象至抽象的变化，在汉末就已经萌芽，但由附庸变为大国，总是始于西晋。仅举一例，以见一斑。

《世说·品藻》七：冀州刺史杨准有二子乔与髦，俱总角为成器。杨遣二子见裴頠、乐广。"頠性弘方，爱乔之有高韵，谓准曰：'乔当及卿，髦小减也。'广性清淳，爱髦之有神检，谓准曰：'乔自及卿，然髦尤精出。'"一目"高韵"，一目"神检"，皆从人物的气质、神韵着眼，只可意会，难以言传。

如上所述，晋明帝被立为太子的四五年中，东宫成为诗赋创作、议论辞章、清言义理的中心。由于史料阙如，后人看到的多是明帝与诸名臣的品藻人物。历史的真相远非如此寂寥。这实在是魏晋清谈研究者的无奈。无奈之余，仍须指出：皇室成为学术与艺术中心的现象，在中国历史上绝非个别。东晋初期的明帝，中期的简文帝，前后相映，都曾以清谈组织者的地位，引领学术文化的前行。故皇室对于魏晋清谈的贡献，必须给予充分的重视。

四、王敦与庾亮

王敦与庾亮，都是东晋初期叱咤风云的人物。他们创造历史，曾一度改变了历史的走向。

王敦（266—324），字处仲，为王导从兄。《晋书》卷九八《王敦传》说："敦少有奇人之目。"同辈的群从兄弟中，他成名最早。《世说·品藻》一一刘孝标注引《晋阳秋》说："兄夷甫有盛名，时人许以人伦鉴识。常为天下士目曰：'阿平第一，子嵩第二，处仲第三。'"虽有人以为王敦无有风流，甚至鄙称他为"田舍郎"，可实际上其人并非如此不堪。《晋书·王敦传》说："初，敦务自矫厉，雅尚清谈，口不言财色……敦眉目疏朗，性简脱，有鉴裁，学通《左氏》，口不言财利，尤好清谈。时人莫知，唯族兄戎异之。"（《晋书》，页2557、2566）《世说·文学》二〇刘孝标注引《敦别传》说敦"少有名理"。以王敦生平行事及学通《左传》判断，他的名理恐怕不会是虚无之道。

王敦既是王衍等"四友"之一，本人"尤好清谈"，而夷甫是清谈领袖，则王敦清谈，不会迟于西晋元康时。永嘉六年，卫玠避乱过江，至豫章投王敦（见《世说·赏誉》五一）。这个故事，上文已言及。王敦幕府中，最重要的清谈家是谢鲲。《世说·文学》二〇说：

> 卫玠始度江，见王大将军。因夜坐，大将军命谢幼舆。玠见谢，甚说之，都不复顾王，遂达旦微言，王永夕不得豫。玠体素羸，恒为母所禁，尔夕忽极，于此病笃，遂不起。

刘孝标注引《玠别传》："玠少有名理，善《老》《易》，自抱羸疾，初不于外擅相酬对，时友叹曰：'卫君不言，言必入真。'武昌见大将军王敦，敦与谈论，咨嗟不能自已。"这次夜坐清谈，王敦命谢鲲作陪。而卫玠一见谢，就很欣赏谢的风度与谈吐，与之达旦微言，把王敦晾在一边。卫玠喜欢谢，盖谢之清谈胜于王敦。故事的后半写卫玠体羸，而清谈太累人，由此病笃不起。看来，卫玠之死的真实原因不是因貌美被人"看杀",而是"谈"死的。

现在试从王敦的角度,揭示他与东晋初期清谈的关系。

一、卫玠过江投王敦,相见欣然,清谈弥日,并称"阿平若在,当复绝倒"。由此推测,王敦在中朝时,即使未必与卫玠清谈过,但必定听闻"卫君谈道,平子三倒"的佳话。而卫玠应该知道王敦"尤好清谈",他过江不往别处跑,而投了王敦,主要原因是王敦能谈。

二、王敦以为卫玠的清谈,与"正始之音"一脉相承,是"微言之绪,绝而复续",说明他对魏晋清谈历史有正确的评价,史称他"有鉴裁",此语不虚。

三、王敦与卫玠清谈弥日,此事发生在永嘉六年六月卫玠之死的前夕,比王导与祖约清谈还要早一些。王敦、卫玠、敦之长史谢鲲,是京师之外又一个清谈群体,为时较短。王敦以其最高军事长官的地位,自然而然成了这个清谈群体的首领。

再说庾亮。庾亮(289—340),字元规,明帝穆皇后之兄,事见《晋书》卷七三《庾亮传》。《庾亮传》说:"亮美姿容,善谈论,性好《庄》《老》。风格峻整,动由礼节,闺门之内不肃而成,时人或以为夏侯太初、陈长文之伦也。"美姿容,善谈论,性好《庄》《老》,这是魏晋风流名士的主要特征。风格峻整,动由礼节,与阮籍及其追随者的任诞行为很不相同,表现出尊重名教的人格内涵。故儒道兼备,重名教,宗自然,庾亮为一典型人格。这样一种性格与风度,在任何人看来都是非常迷人的,难怪元帝闻庾亮之名,引见时见亮"风情都雅,过于所望,甚器重之"。

庾亮儒道兼具的品格与风度,是庾氏二支门风的完美结合。

如上文所言，庾亮从父庾敳，是袁宏《名士传》所称的"中朝名士"。敳自称《老》《庄》之徒，善清谈。庾亮称这位从父是庾氏一门的清谈之祖。他善谈论，性好《庄》《老》，应该多少受到从父的影响。庾亮的伯父庾衮，则是纯粹的儒者，世号"异行"。《晋书》卷八八《孝友传》说："衮学通《诗》《书》，非法不言，非道不行，尊事耆老，惠训蒙幼，临人之丧必尽哀，会人之葬必躬筑，劳则先之，逸则后之，言必行之，行必安之。是以宗族乡党莫不崇仰，门人咸慕，为之竖碑焉。"庾衮思想、言行无不遵循儒家礼仪，简直成了完人。庾亮"风格峻整，动由礼节，闺门之内不肃而成"的品格与门风，与伯父庾衮的纯儒之风大有渊源。庾敳作风偏于道，庾衮作风纯为儒，庾亮融从父敳之道，取伯父衮之儒，儒道互不偏废，修炼成堪称完美的人格。

史称庾亮"善谈论"。如何善谈？谈论什么？有关记载少之又少。唯有《世说》中有几条庾亮谈论的记录。例如《世说·容止》二四：

> 庾太尉在武昌，秋夜气佳景清，使吏殷浩、王胡之之徒登南楼理咏。音调始遒，闻函道中有屐声甚厉，定是庾公。俄而率左右十许人步来，诸贤欲起避之。公徐云："诸君少住，老子于此处兴复不浅。"因便据胡床，与诸人咏谑，竟坐甚得任乐。后王逸少下，与丞相言及此事，丞相曰："元规尔时风范不得不小颓。"右军答曰："惟丘壑独存。"

解读这个故事之前，有必要简要介绍庾亮在武昌的背景。《晋书》

卷七三《庾亮传》说，陶侃薨，迁亮都督江、荆、豫、益、梁、雍六州诸军事，领荆、江、豫三州刺史，进号征西将军，开府仪同三司，假节。亮固辞，乃迁镇武昌。陶侃卒于咸和九年，庾亮镇武昌即在其时。晋明帝崩，由明穆皇后辅政。庾亮为帝舅，地位尊崇无人可及。然苏峻之乱所以起，庾亮负有重大责任。平定苏峻后，庾亮自责不已，一度甚至想"遁逃山海"，结果成帝诏有司夺其船。庾亮乃求外镇自效，受命镇芜湖。陶侃卒，庾亮迁镇武昌，是地位最高的军事长官，权重毫不逊于王导。

庾亮的幕府同样济济多士，有名者如殷浩、王胡之、孙盛、范汪[1]、王羲之等。历史上的幕府，往往成为学术与文学创作的中心。如果府主风流且喜好文义，则此幕府就成了文化沙龙。征西将军庾亮镇武昌，其幕府便是清谈的又一中心，与京师建邺王导的幕府遥相呼应。

庾亮幕府中最有名的佳话，是上文所引的"南楼理咏"。佐吏殷浩是清谈高手，王胡之也喜清谈。南楼，是庾亮与僚佐谈论咏谑的武昌南楼，后世称为"庾楼"。理咏，前人或解释为咏诗，即诵诗。[2] 理咏之后，庾亮来，"与诸人共咏谑"。如果理咏为咏诗，则咏谑就可解释为以咏诗的方式嘲戏取乐。但我觉得理咏是咏诗的解释，总有疑问。理咏之"咏"，如果是咏诗，则"理"又作何解？《世说》中有咏言、咏语、理咏、谈咏、言咏，其中的

1《晋书》卷七五《范汪传》：范汪博学多通，善谈名理，为庾亮佐吏十有余年，甚相钦待。

2 毛奇龄《西河集》卷四七《冯使君伐湖倡和诗序》："即良时高燕，宾朋满前，有若庾公在武昌欢饮达旦，然只称理咏。理咏者，咏诗也。"

"咏"字，恐不作咏诗解。例如《世说·品藻》四八注引《刘惔别传》："其谈咏虚胜。"谈咏，即清谈。咏，非指咏诗。《世说·文学》五五：谢安说："此集固亦难常，当共言咏。"言咏，即清言。咏，也非指咏诗。故理咏者，是义理的谈论，还是解释为清谈比较妥当。[1]

庾亮与僚佐"南楼理咏"具体谈什么？实在难知。庾亮与孙盛两个年幼儿子之间的对话，则是主题明确的标准清谈。《世说·言语》五〇记载：

> 孙齐由、齐庄二人小时诣庾公。公问齐由何字，答曰："字齐由。"公曰："欲何齐邪？"曰："齐许由。""齐庄何字？"答曰："字齐庄。"公曰："欲何齐？""齐庄周。"公曰："何不慕仲尼而慕庄周？"对曰："圣人生知，故难企慕。"公大喜小儿对。

刘孝标注引《孙放别传》，比《世说》的记载更详细曲折："放字齐庄，监君（孙盛）次子也。年八岁，太尉庾公召见之。放清秀，欲观试，乃授纸笔令书，放便自疏名字。公题后问之曰：'为欲慕庄周邪？'放书答曰：'意欲慕之。'公曰：'何故不慕仲尼而慕庄

---

1 亡友萧华荣解释"南楼理咏"之"理咏"，说："至于'理咏'，其实就是清谈。魏晋清谈，不但讲究义理的通达，词采的华美，还讲究声调的抑扬顿挫，富有音乐美，如同歌咏似的。如古书记载，王衍的女婿裴遐清谈，'善叙名理，辞气清扬，泠然若琴瑟'，说他清谈简直像弹琴一样动听。把这几句话概括起来说，不正是'理咏'吗？"见萧华荣《魏晋名士链》，上海人民出版社，2014年，页282。按，此解通达，可从。

周？'放曰：'仲尼生而知之，非希企所及。至于庄周，是其次者，故慕耳。'公谓宾客曰：'王辅嗣应答，恐不能胜之。'"当时孙盛为庾亮记室参军，两个儿子，年约八九岁。大概庾公先已知二小儿聪颖，召见欲观试。故事的重点在庾公与齐庄的对话，对话的中心问题是：为什么不慕仲尼而慕庄周？庾亮难，齐庄答。一问一答，涉及到魏晋玄学的重要问题，即圣人与贤人的区别。孔子是圣人，庄周是大贤，非圣人。圣人生而知之，不可学，不可企及。齐庄的回答，其实也是魏晋人士对于圣人、贤人问题的共识。八岁的小儿，有如此深刻的理解，故庾亮大喜，以为即使王弼的应答，恐怕也不能胜过齐庄。

庾亮的清谈事迹，还有戏称刘遵祖为"羊公鹤"的故事，见于《世说·排调》四七注引《晋纪》：刘遵祖"少有才学，能言理"，年轻时就为清谈大家殷浩所知。殷在庾亮面前介绍刘清谈如何如何。庾公听了很高兴，便取用刘为幕僚。既召见刘，命其坐在独榻上，以示优待。二人便开始清谈。可不知为什么，刘这一天谈论的状态十分不佳，与殷浩的介绍，大不相称。庾亮未免有点失望了，于是戏称刘是"羊公鹤"。"羊公鹤"的典故有来历：往昔羊叔子（羊祜）有鹤，善跳舞，羊公曾向客人称叹鹤，客人说，把鹤驱使来试试看。鹤驱来了，却毛羽松散，无精打采，就是不肯舞蹈，令主客大失所望。庾亮把刘遵祖比作"羊公鹤"，贴切有趣，令人绝倒。这个颇具喜剧色彩的故事，说明庾亮很尊重清谈之士。当然，清谈有时发挥大不如平日，出现"羊公鹤"，也是常见的现象。或许他日，"羊公鹤"状态佳，会舞蹈不停，让人大喜过望。

以上取自《世说》中有关庾亮清谈的三例，足可以说明当时的武昌，是长江中游的一个清谈中心。武昌与建邺，互通声气，人员上下往来，共同描绘出东晋初期清谈流行的景观。

不过，庾亮清谈的水准实在不敢恭维，《世说·品藻》七〇注引《殷羡言行》说："时有人称庾太尉理者，羡曰：'此公好举宗本槌人。'"这是殷羡等人评论庾亮言理的特点。宗本，指义理的根本、宗旨。"好举宗本槌人"，形容庾亮清谈，以根本问题问难。虽然很有力度，使人感觉沉重，但离义理精微，言辞巧妙的境界，还远着呢。

五、谢鲲：谢氏清谈门风的开创者

上文不少地方都言及谢鲲。他是活跃于两晋之际的重要人物，既是中朝名士，也是渡江之初的名士。中古时期最著名的世家大族，一是琅邪王氏，一是陈郡阳夏谢氏，都在中国政治史、文化史上留下深深印记。谢鲲，乃是谢氏兴盛的关键人物，尤其是他开创的清谈门风，以及纵情山水的名士风流，成为谢氏的鲜明标记，影响中国文学与艺术特别深远。

谢鲲（281—323），字幼舆，《晋书》卷四九有传。《谢鲲传》说："祖缵，典农中郎将。父衡，以儒素显，仕至国子祭酒。鲲少知名，通简有高识，不修威仪，不著喜怒，恬于荣辱，任达不已，好《老》《易》，能歌善鼓琴，王衍、嵇绍并奇之。"《世说·文学》二〇注引《晋阳秋》说：鲲"父衡，晋硕儒"。父亲是硕儒，儿子"不修威仪，好《老》《易》"，遗传明显发生了突变。谢鲲改变了谢氏宗儒的门风。他传承的不是父亲硕儒的学问，而是追慕竹林七贤的任达啸歌。《谢鲲传》记录他的任达故事，令后人印象最深的是他调戏女邻居大遭挫折："邻家高氏女有美色，鲲尝挑之，女投梭，折其两齿。时人为之语曰：'任达不已，幼舆折齿。'鲲闻之，傲然长啸曰：'犹不废我啸歌。'"谢鲲与竹林七贤列于同一传，说明《晋书》的作者，把他看作是竹林七贤同一类人物。他身上显然有嵇康、阮籍的影子。谢鲲的后辈谢安评谢鲲说："若遇七贤，必自把臂入林。"意谓谢鲲与竹林七贤一样，亦有隐逸情怀。又《世说·品藻》一七注引邓粲《晋纪》说："鲲与王澄之徒，慕竹林诸人，散首披发，裸袒箕踞，谓之'八达'。"证明谢鲲的任达，祖述阮籍的任诞。

谢鲲任达归任达，清谈却不差，深受新学风的影响，算得上是两晋之际的一流名士。相比同为"八达"的毕卓、羊曼、光逸之流，唯有放荡不羁，而不闻口谈胜理，他显然高明多了。

谢鲲清谈，在东晋初期可入胜流。上文介绍卫玠喜欢与谢鲲清谈，不复顾王敦。《晋书·谢鲲传》也说："时王澄在敦坐，见鲲谈话无倦，惟叹谢长史可与言，都不昒敦，其为人所慕如此。"证明谢鲲清谈水平确实高于王敦。然则，谢鲲与卫玠、王澄谈论什么题目？后世全不知悉。只有《世说·品藻》一七，记录明帝与谢鲲品藻当代人物（详见上文所引），才知评论人物是谢鲲清谈内容之一。谢鲲回答明帝"君自谓何如庾亮？"的问题，涉及他的自我评价，是了解名教与自然关系的宝贵资料。谢鲲说："宗庙之美，百官之富，臣不如亮；纵意丘壑，自谓过之。"意思说，廊庙之才，治国之臣，但无清远之概，不是风流。一丘一壑，啸咏山水，自得于怀，方是风流名士。在他看来，风流名士一点也不输于治国能臣。上文已述，自西晋贵无论盛行，"矜高浮诞"成为风气，依仗虚旷，无心世事者，皆名重海内。兢兢业业，治国理政之人，则被鄙为俗人俗事。谢鲲自诩"一丘一壑，自谓过之"，即是元康以降依仗虚旷的积习。

若从名教与自然的角度分析，谢鲲之答，显然站在赞美自然的一边。庾亮"端委庙堂，使百僚准则"，是名教的完美体现者；而自己"一丘一壑"，有远情胜概，是宗仰自然的体现者，庾亮不及。

无疑，谢鲲是自然高于名教论者。但若以为谢鲲反对名教，那就是误解了。谢鲲固然任达，却不是终日不以物务婴心的废物。他分得清是非顺逆，不惧凶险，敢于担当。《晋书·谢鲲传》说他"通简有高识"，并非虚誉。通读《谢鲲传》，我们必定对他的整体品格有完整的认识。王敦作逆，谢鲲数次劝喻。例如王敦派兵收周顗、戴若思，"鲲与顗素相亲重，闻之愕然，若丧诸己"。参军王崤谏王敦勿杀周顗，敦大怒，命斩崤，时人畏惧，莫敢言者。谢鲲站出来劝敦，敦乃止。王敦诛害忠良，称疾不朝，将还武昌。谢鲲劝敦朝见天子，并保证敦若入朝，鲲请侍从。《谢鲲传》最后说："是时朝望被害，皆为其忧，而鲲推理安常，时进正言。敦既不能用，内亦不悦。军还，使之郡，莅政清肃，百姓爱之。"面对顺逆抉择，谢鲲不唯有识，而且有勇。治理政务，施行仁政，受到百姓爱戴。

历来谈论魏晋清谈人物，似乎存在着一种偏见：清谈人物倾心"三玄"，作风虚旷，无心于俗世俗事。谢鲲的行事充分说明，清谈与治政，固然有区别，但不可截然分为两个互不相干的畛域。并非宗仰自然，就一定偏废名教。特别在东晋名教与自然融合的时代，如谢鲲那样的人物并不鲜见。

谢鲲对谢家子弟有着多方面的影响。他的善歌唱、弹琴的音乐才能，几乎完全复制到了儿子谢尚身上。纵情丘壑的情性，成为谢氏家族向往山水田园的鲜明禀赋而代代相传。清谈的才能，传承于谢尚、谢安、谢万、谢灵运等绵绵不绝的子孙。当然，谢氏家族的真正兴旺是在谢安建立旷世功勋之后，但谢鲲无论如何是谢氏发达的先驱人物。

六、殷浩：不久之后的谈宗

殷浩（305—356），[1]字深源，东晋最著名的清谈家之一。他的清谈活动主要在东晋中期，而早在东晋初期，就已声名卓著。在他作庾亮长史下都，王导邀其夜谈之前，已经清谈多年了。论辈分，殷浩比王导、庾亮小一辈。论清谈时间之早，他比前辈不会晚多少。《世说·文学》二八，便是他早为时人所仰慕的证据：

> 谢镇西少时，闻殷浩能清言，故往造之。殷未过有所通，为谢标榜诸义，作数百语。既有佳致，兼辞条丰蔚，甚

1《晋书》卷七七《殷浩传》记浩于永和十二年（356）卒。而不书其生年及享年多少。考《世说·文学》二八刘孝标注：殷浩大谢尚三岁。查《晋书》卷七九《谢尚传》，尚以升平元年（357）卒，时年五十，则尚生于永嘉二年（308）。殷浩年长谢尚三岁，则浩生于晋惠帝永兴二年（305）。

足以动心骇听。谢注神倾意，不觉流汗交面。殷徐语左右：
"取手巾与谢郎拭面。"

谢镇西当时或许不到二十岁。殷浩长谢尚三岁，可能已是及冠之
年或出头一点。据两人年龄推测，上面的故事大约发生在明帝太
宁末或成帝咸和初。殷浩弱冠就有美名，尤善玄言。谢尚之父谢
鲲数年前已卒，谢尚丧失了学习清谈的导师，听闻殷浩能清言，
便前去拜访，想亲聆其音旨。此事说明殷浩早年就为风流者所宗。

殷浩为谢尚谈什么？无从确知。从殷为谢"标榜诸义"看，
可能不止谈一个论题。论题多，殷没有通释，只是标榜题旨，即
标明论题的宗旨或大纲，作数百语。"既有佳致，兼辞条丰蔚"二
句，概述殷浩的清谈特色，一是叙致佳，二是言辞繁茂。宗旨精
彩，此为义理，犹如主干挺拔；辞条丰蔚，此为言辞，好像枝条
茂密。殷浩清谈，在义理、言辞二方面都有过人之处。[1]谢尚虽受
父亲谢鲲清谈的影响，但毕竟年少，见过的清谈家不会多。如今
亲聆殷浩如此出色的清谈，见所未见，闻所未闻，以至动心骇听，
不觉汗流交面。《世说》通过对谢尚激动、紧张情绪的描绘，烘托
出殷浩清谈动人心魄的魅力，十分精彩。

《晋书·殷浩传》记殷浩的经历说："三府辟，皆不就。征西
将军庾亮引为记室参军。"时在成帝咸和九年。在此之前的十年
中，殷浩是否始终是一介平民？考《晋书》卷六六《陶侃传》：
"时武昌号为多士，殷浩、庾翼等皆为佐吏。"又记"侃每饮酒有

---

1 关于殷浩清谈的个性，详见下章。

定限，常欢有余而限已竭，浩等劝更少进"，云云。由此可知，殷浩曾作过陶侃僚属，时在庾亮引为记室参军之前。这段经历《晋书·殷浩传》失载。陶侃说，"《老》《庄》浮华，非先王之法言，不可行也"，在《老》《庄》与"浮华"之间划等号。可是，即使陶侃禁言《老》《庄》，殷浩也可以谈《易》、谈"才性四本"。陶侃幕府多士，殷浩作为"风流谈论者所宗"的一流清谈家，在陶侃的幕府里闭口什么也不谈，则是无法想象的。

《殷浩传》又说："（浩）与叔父融俱好《老》《易》，融与浩口谈则辞屈，著篇则融胜。"《世说·文学》七四记载更详："江左殷太常父子并能言理，亦有辩讷之异。扬州口谈至剧，[1] 太常辄云汝更思吾论。"刘孝标注引《中兴书》说："殷融字洪远，陈郡人。桓彝有人伦鉴，见融甚叹美之。著《象不尽意》《大贤须易论》，理义精微，谈者称焉。"依照常理，殷融是浩之叔父，其清谈当早于殷浩。殷融是过江之后有数的《易》学家，殷浩好《老》《易》，后者受前者的影响没有疑问。

殷浩入庾亮幕府之前，善谈之名已播于天下。《世说·企羡》四说："王司州先为庾公记室参军。后取殷浩为长史，始到，庾公欲遣王使下都，王自启求住，曰：'下官希见盛德，渊源始至，犹贪与少日周旋。'"王司州即王胡之，时任司州刺史。庾亮欲遣王胡之下都，而胡之因早闻殷浩之名，平时少见，而今日殷浩始到，故请求停留几天，能与殷浩谈玄论道。可见，王胡之极佩服殷浩。

未来的谈宗已经显露非凡的潜质。在王导、庾亮谢幕后，殷

---

1 扬州，指殷浩，曾为扬州刺史。

浩会登上清谈舞台的中心。

七、结语

起源于中国北方的玄学与清谈，在江南的都邑与山水中，开启它的另一段辉煌历程。关于东晋初期的清谈，有几个问题可以展开讨论：

一、北方以洛阳为中心的清谈，随着西晋的覆灭而一度中断。中断的时间并不很长。永嘉南渡，清谈随南迁士人的脚步，移植到江南。过江之初最早的清谈人物，可考者有卫玠、王导、王敦、祖约、祖纳、庾亮、谢鲲、胡毋辅之、殷融等。这些人物中的大多数，纵贯东西晋，但从文化传承看，其实属于同一个时代。东晋最早的清谈，在永嘉南渡时即已开始，实际上并不迟至成帝咸和年间。

二、王导、王敦、庾亮，是东晋初期权势最显赫的人物，以他们为府主的幕府，聚集了人数众多的文化精英，从而形成建邺、豫章、武昌等几个清谈中心。其中京师建邺的清谈，为时最长。王导清谈水平最高，是清谈的组织者和主持者。

三、王导、庾亮雅尚风流，在他们的支持与庇护下，风流种子得以保存，过江之后的清谈一如中朝。《赏誉》五四注引邓粲《晋纪》说："初，咸和中贵游子弟能谈嘲者，慕王平子、谢幼舆等为达。（下）壶厉色于朝曰：'悖礼伤教，罪莫斯甚，中朝倾覆，实由于此。'欲奏治之。王导、庾亮不从，乃止。其后皆折节为名士。"事实证明，王导、庾亮保护任达之士是正确的，一时悖礼伤教的达士，经历史的变故与时代的教育，在后来的危难关头，能分辨邪正，任道而行，折节成为名士。

　　四、新一代的清谈人物如殷浩、桓温、谢尚、王濛、王述等，多参与前辈的清谈，以后成为东晋中期著名的清谈家。为了叙述的方便，我们将东晋百年的清谈史分为初期、中期、后期几个阶段，实际上有不少清谈人物经历前后两个阶段。例如殷浩，是初期的重要清谈家，也是中期的一代谈宗。这些人物，承前启后，在魏晋清谈史上占有突出的地位。

第八章

东晋中期清谈（上）

以王导、庾亮先后辞世为标志，东晋初期的清谈结束了。接着，年轻一代清谈名士纷纷登场，从成帝咸康末年至孝武帝宁康末年，前后三十余年，清谈发展到鼎盛阶段。《文心雕龙·时序》说："简文勃兴，渊乎清峻，微言精理，函满玄席，淡思浓彩，时洒文囿。"简文帝兴起，是东晋中期清谈极盛的契机。东晋清谈史上，皇室引领清谈者前有明帝，后有简文帝，而尤以后者的影响最为直接且长久。简文帝常常是清谈的发起者、组织者和评判者。此外，军事强人桓温的幕府，风流宰相谢安周围，也聚集了不少清谈人物。一代谈宗殷浩，名士兼高僧支遁，是东晋清谈史上两个声名最著的人物。还有王濛、刘惔、王羲之、谢万、许询、孙盛……如繁星璀璨。与此同时，佛教在江南传播的速度非常快速。谈玄之外，谈佛成为清谈的新内容、新风气。盛行于整个文化界的清谈，生动、完美地呈现了魏晋风度的奇情异彩，令后人遐想不已。

一、清谈中心人物简文帝

简文帝司马昱（320—372），字道万，元帝少子。《晋书》卷九《简文帝纪》说："及长，清虚寡欲，尤善玄言。"现存的史料，很难解释简文"清虚寡欲"和"尤善玄言"个性的来源。人的个性，属于性与天道，是最不可言说的领域。简文的个性，纯粹是名士兼隐士的品格，要他承担日理万机的重任，是非常不合适的。可惜，他毕竟是帝王种子，不可违抗的"天命"，必须由他执行。

成帝咸和元年（326），简文七岁，封会稽王。咸康六年（340），进抚军将军。永和元年（345），进位抚军大将军，录尚书六条事。永和二年，何充卒。穆帝幼冲，皇叔简文开始日理万机，成为最高执政者，相当于国之"周公"。位高权重，却无治国理政的实才，当时就有人把他比作晋惠帝之流。历史上阴差阳错的人与事，实在太多。应该运筹帷幄，口含天宪的他，兴趣和才能却全在清谈。要说简文对中国文化的贡献，就在于组织清谈活动，把他的府邸变成谈玄的最著名的场所，从而使他周围的名士的生活、情趣、诗歌，都染上浓浓的玄学化的色彩。

简文组织和主持清谈，《世说》中有多处记载。以下举三例：

例一，《世说·文学》四〇："支道林、许掾（询）诸人共在会稽王斋头，支为法师，许为都讲。"刘孝标注引《高逸沙门传》说："道林时讲《维摩诘经》。"程炎震《世说新语笺证》[1]说："《高

---

1 本书程炎震《世说新语笺证》均引自余嘉锡《世说新语笺疏》，中华书局，1983年。后文不再出注。

僧传》卷四云："（遁）晚出山阴，讲《维摩经》，遁为法师，许询为都讲。"则非在会稽王斋头也。"考《高僧传·支遁传》，支道林讲《维摩经》一事列于哀帝即位，征请支遁至都之前。哀帝即位在隆和元年（362），此时许询已卒。[1]故许询、支道林在会稽王斋头谈论，必在哀帝即位前。会稽王乃简文封号，虽后来进位抚军大将军，然封号依旧。会稽王斋头在京师，非在会稽也。

例二，《世说·文学》五一：支道林、殷浩俱在相王（简文）所，相王谓二人："可试一交言。"并提醒支道林："才性殆是渊源敩、函之固，君其慎焉！"支道林、殷浩谈才性，仅仅四个回合，支就输了。相王抚着支遁的肩头笑道："此自是其胜场，安可争锋！"可见，简文的相府，聚集了当世一流的清谈家，而简文是组织者和主持者，熟知当世清谈人物的长短优劣。

例三，《世说·文学》五三："张凭举孝廉，出都，负其才气，谓必参时彦。欲诣刘尹，乡里及同举者共笑之。张遂诣刘，刘洗濯料事，处之下坐，唯通寒暑，神意不接。张欲自发无端。顷之长史诸贤来清言。客主有不通处，张乃遥于末坐判之，言约旨远，足畅彼我之怀，一坐皆惊。真长延之上坐，清言弥日，因留宿至晓。张退，刘曰：'卿且去，正当取卿共诣抚军。'张还船，同侣问何处宿？张笑而不答。须臾，真长遣传教觅张孝廉船，同侣愕愕然。即同载诣抚军。至门，刘前进谓抚军曰：'下官今日为公得一太常博士妙选。'既前，抚军与之话言，咨嗟称善曰：'张凭勃窣

为理窟。'¹即用为太常博士。"上面的故事叙述曲折有味。前半写张凭以清谈才能，得到刘惔欣赏，并被推荐给简文。后半写简文亲自与张凭谈论，咨嗟张凭"勃窣为理窟"，当即用为太常博士。张凭明白善谈能跻身上流社会，故一开始"负其才气，谓必参时彦"。果然，善谈的张凭，被简文即用为太常博士。与中朝的阮瞻以"将无同"三语为掾，一般无二。魏晋清谈之所以盛行不衰，其中一个重要的原因，是长于言理的才能之士，更容易进入仕途。

史称简文"尤善玄言"。他与张凭话言，并称对方"勃窣为理窟"，说明他确实深谙玄理，否则不可能当场就作出这个判断。可惜，有关简文善谈的记载太少。《世说·轻诋》一八，可算作简文善玄谈一例：

> 简文与许玄度共语，许云："举君亲以为难。"简文便不复答，许去后而言曰："玄度故不止于此。"

共语，指两人或多人一起清谈。两人谈什么呢？从许询（玄度）说"举君亲以为难"一语推测，二人可能谈君亲孰先孰后的问题。刘孝标注就是这样理解的，他引《邴原别传》："魏五官中郎将尝与群贤共论曰：'今有一丸药，得济一人疾，而君父俱病，与君邪？与父邪？'诸人纷葩，或父或君。原勃然曰：'父子一本也。'亦不复难。"后说："君亲相较，自古如此，未解简文诮许意。"关

---

1 勃窣，日人《世说补觿》引《说文》："窣，穴中卒出也。"意思说，义理勃兴而出也。《辞海》说："张凭退才气，长言语。勃窣，形容才华由内而外迸发而出。"

于孝标未解的简文诮许意，刘辰翁评点道："似谓玄度无忠国事耳。举君亲以为两难也。"刘氏的看法触及了简文、许询两人对话的文化意义。大体可以确定的是，许询"举君亲以为难"，以为忠孝是两难的。简文居帝位，当然以为忠在孝先，故诮许。

不过，我总觉得两人的对话无头无绪。我推测大概在永和三年，许询因事至都，而简文此时已是抚军将军，执政，召见许，欲招玄度为僚佐，便先以君亲问题试探之。许则不复解释，直接说："举君亲以为难。"实际坚拒之。简文见对方态度决绝，亦不复答，去后，简文诮许说："玄度本来可以不至于如此啊！"[1]我的上述推测有一定依据：《世说·轻诋》三一说："王中郎（坦之）举许玄度为吏部郎，郗重熙（昙）曰：'相王好事，不可使阿讷在坐头。'"刘孝标注："讷，询小字。"事情大概是王坦之举许询为吏部郎，简文赞同坦之的推荐。而郗昙深知许询高情远致，不愿也不宜做官，故称"相王好事"。简文与许询清谈，或以吏部郎之事试探之。而许云"举君亲以为难"，以忠孝不能两全为由拒绝之。

简文作为东晋清谈鼎盛时期的中心人物，府邸中清谈人物云集，品藻人物的优劣短长自然而然成为经常的话题。前文叙述晋明帝品藻东宫的名臣与名士。明帝在位时间不长，年未满三十就辞世，限于人生经历短暂，品藻人物不多也肤浅。简文执政几近三十年，与众多的名士清谈，本人亦善言语，是清谈的行家里手，故品藻人物多且精准。读《世说》中《赏誉》《品藻》诸篇，简文

---

1 关于君亲孰先孰后论及其演变，本文从略，可以参看唐长孺《魏晋南朝的君父先后论》一文，载唐长孺《魏晋南北朝史论拾遗》，《唐长孺文集》。

评论人物的地方，多达十余处。例如《世说·赏誉》九一："简文道王怀祖，才既不长，于荣利又不淡，直以真率少许，便足对人多多许。"王世懋评点说："道尽蓝田，简文妙于言语乃尔。"简文以"真率"二字评王蓝田个性，又说以真率少许，便足对人多多许，确实见出他的言语之妙。又《世说·品藻》三九："人问抚军：'殷浩谈竟何如？'答曰：'不能胜人，差可献酬群心。'"意谓殷浩谈论，义理不能使人心服，但尚能令人满意。还有《世说·赏誉》一一三：简文评论殷浩清谈，说："渊源语不超诣简至，然经纶思寻处，故有局陈。"前一句指殷浩义理不能超拔简至，后一句指善于铺陈，规模宏大而有条理（详见下文）。

简文评诸名流的清谈，他人亦评简文的清谈。最突出的例子是桓温、刘惔两人议论简文。《世说·品藻》三七：

> 桓大司马下都，问真长曰："闻会稽王语奇进，尔邪？"刘曰："极进，然故是第二流中人耳。"桓曰："第一流复是谁？"刘曰："正是我辈耳。"

桓温下都，在他攻克成都之后。时会稽王已为抚军大将军，执政。[1]桓温问刘惔，当是桓在荆州听说会稽王清谈水平特有进步，

---

[1] 刘孝标注引《桓温别传》说：以兴宁九年，攻克旧京洛阳后，进大司马、加黄钺，使入参朝政。按，其说不可从。兴宁无九年。程炎震《世说新语笺证》说：九年当作元年。兴宁元年，刘惔死久矣。此当是桓温自徐移荆州时，永和元年也。郿意以为晋人言"下都"，指由长江上游至建康，自徐州移荆州不称"下都"。

请刘惔证实之。刘惔既肯定会稽王"极进"，转而又称会稽王是"第二流中人"。接着，桓温问"第一流复是谁?"刘惔说："正是我辈耳。"刘惔高自标置，而意在奉承桓温。刘惔为第一流恰如其分，而桓温清谈不过尔尔，不见得比会稽王高明。称桓温也是第一流，不符合事实。

当然，刘惔称简文是二流人物，用意是表示他所悬的标准之高。简文清谈义理高明与否，无从得知。至于他"能言"，则是当时公论。他品藻王述的性格，品鉴殷浩清谈之长短，证明他的识鉴和语言才能堪称一流。特别是他在华林园的即时感悟之语，妙处难以尽言。《世说·言语》六一说："简文入华林园，顾谓左右曰：'会心处不必在远，翳然林水，便自有濠濮间想也。觉鸟兽禽鱼，自来亲人。'"《庄子》以为道无所不在，周遭一草一木，鸟兽禽鱼，皆有道在焉。只要用心感知身边的景物，就会产生活泼泼的感动，觉得生命与万物融为一体，互相亲近，由此及彼。从简文的妙悟，可以想象他清谈语言之妙。《晋书·简文帝纪》说：谢安称简文为惠帝之流，清谈差胜耳。谢安称其为惠帝之流，是有意贬低了简文；说清谈差胜，则是公正的评价。

二、清谈领袖殷浩

殷浩早在弱冠之年，就以善玄言而名扬天下。大约于成帝咸康三年（337），殷浩父丧，离开武昌，归家居丧。将近十年之后，于穆帝永和二年（346），辅政的抚军大将军司马昱看重殷浩有盛名，征他作扬州刺史，目的是以此对抗权势日益上升的桓温。

东晋有两个大州最重要：一是扬州，经济发达，天下赋税所出，又是京师所在；一是荆州，地处长江上游，为西部边陲。如此重要的扬州刺史，授给一个顶级的清谈家，这种事情，只有在清谈盛行，普天下推崇隐逸的魏晋时代才会有。

殷浩何以名播天下？

主要原因在于殷浩确实是清谈天才，成名很早。作庾亮僚佐之前，殷浩年未及三十，已为风流谈论者所宗。在庾亮幕府，他是首屈一指的清谈家。否则，当他下都时，王导不会召集名士，并指名殷浩和自己清谈。之后，殷浩在父墓将近十年，坚持不仕，名声不仅不减，反而越来越大。《世说·赏誉》九九说："殷渊源在墓所几十年，于时朝野以拟管、葛，起不起以卜江左兴亡。"《晋书·殷浩传》也说："王濛、谢尚犹伺其出处，以卜江左兴亡，因相与省之，知浩有确然之志。既反，相谓曰：'深源不起，当如苍生何！'"把殷浩的出与处，当作卜江左兴亡的蓍龟。殷浩简直成了社稷与苍生的救世主。何其荒谬乃尔！殷浩则不肯出山，坚持做他的隐士。庾翼曾是殷浩的同僚，写信给浩，以社稷安危的大局，劝勉浩"何必德均古人，韵齐先达"，不必去学古人的隐德和超然世外的风韵，并批评中朝王夷甫"高谈《庄》《老》，说空终日，虽云谈道，实长华竞"。庾翼借批评王衍劝殷浩不要清谈，等于白说。一个世上第一流的清谈大家，其显赫声名，亦缘清谈而起，庾翼居然批评清谈是"说空"，是"浮华"，要殷浩闭口不谈，后者自然当作耳边风，"固辞不起"。建元初，卫将军褚裒荐殷浩为扬州刺史，殷浩上疏陈让，并致书简文。简文答复，称许殷浩："足下沈识淹长，思综通练，起而明之，足以经济。"又说

"足下去就即是时之废兴，时之废兴则家国不异"。简文与王濛、谢尚伺殷浩出处，以卜江左兴亡，一样的昏聩。经过多少名士名臣的敦劝，殷浩本人虽再三陈让，坚确不移的隐居之志终于动摇了，永和二年（346），受拜为扬州刺史。

十年之后的历史证明，殷浩的出处，根本与时代的兴废无关。一个清谈家，被推崇到救世主的地步，其实是荒唐。值得历史学家思考的是：一流的清谈家的超凡的义理思辨能力，是否等同于治国理政、行军打仗的实才？简文以为是等同的。他称赞殷浩"沈识淹长，思综通练"，前句指对义理的辨识广博深入，才具优长，犹嵇康《与山巨源绝交书》所谓"长才广度，无所不淹"；后句指思维的整体通贯，而且详熟。总之，简文称赞的是殷浩的清谈水平，而不是治国理政的实才。殷浩之所以成为当时的清谈领袖，确实体现出理论识鉴、才学广博、思维严密、逻辑性强，义理与言辞两方面都详熟。然而，清谈终究是坐而论道，与"足以经济"是两码事。

所以，我们不谈殷浩的"经济"，而只说他的学问和清谈。一代谈宗殷浩，风流名士推崇备至，不是没有原因的。如上所述，他的广博学识，理论推衍的逻辑性，确实超过大多数清谈人物。他尤善玄言，善《老》《庄》，亦善《易》学。他的叔父殷融是个著名的《易》学家，著有多种《易》学著作。他常同叔父谈《易》，并能胜之，足见《易》学造诣很高。才性四本，乃是魏晋玄谈的重要题目，自傅嘏、钟会之后，盛行不衰。殷浩偏精才性，一时无二。再者，殷浩精读佛经。东晋名士信仰佛教者渐多，但精通佛经的并不多。殷浩是较早研读佛经的名士，其佛学造诣不比一般的僧人差，既能谈玄，也能谈佛（别见其他章节）。

以下述论殷浩几次重要的清谈。

《世说·文学》三一：

> 孙安国往殷中军许共论，往返精苦，客主无间。左右进食，冷而复暖者数四。彼我奋掷麈尾，悉脱落满餐饭中，宾主遂至暮忘食。殷乃语孙曰："卿莫作强口马，我当穿卿鼻。"孙曰："卿不见决鼻牛，人当穿卿颊。"

刘孝标注引《晋阳秋》说："孙盛善理义。时中军将军殷浩擅名一时，能与剧谈相抗者，唯盛而已。"按，殷浩为中军将军在永和五年。[1]不知两人共论什么问题。给人留下深刻印象者，是两人辩论的激烈。魏晋清谈，本质上是义理的较量，表现为言辞的往返精苦，最终决出胜负。不过，如孙盛与殷浩清谈，争强好胜，几乎爆出粗口，好像也不多见。上文言及王导与殷浩共清言，双方往返，遂达三更。末了王丞相说："向来语竟未知理源所归。"意谓胜负不知归何方，实是婉言不分胜负。同一个殷浩，当对手是德高望重的王丞相时，言辞大概会留有分寸；现在面对孙盛，而孙也属于剧谈者，剧谈对垒剧谈，"强口马"对"决鼻牛"，自然分外激烈，苦苦相逼。当年，年少的谢尚听殷浩清谈，"动心骇听，注神倾意，不觉汗流交面"。今日殷浩、孙盛二人共论，往返精

1《晋书·殷浩传》："及石季龙死，胡中大乱，朝廷欲遂荡平关河，于是以浩为中军将军。"考《晋书》卷八《穆帝纪》，永和五年四月石季龙死。孙安国与殷中军谈论，时殷浩上疏北征，尚未出发也。

苦，更加惊心动魄。

殷浩特别擅长才性论。《世说·文学》三四：

> 殷中军虽思虑通长，然于才性偏精。忽言及《四本》，便若汤池铁城，无可攻之势。

又《世说·文学》五一：

> 支道林、殷渊源俱在相王许。相王谓二人："可试一交言。而才性殆是渊源崤函之固，君其慎焉！"支初作，改辙远之，数四交，不觉入其玄中。相王抚肩笑曰："此自是其胜场，安可争锋！"

如前所说，才性四本是魏晋玄学与清谈的重要论题。魏初的才性论，与现实政治有紧密关系。同时，才性论研究人之品性与才能二者的关系，故它也是学术问题。东晋中期的学术生态与魏初崇尚形名之学的年代已有很大的不同了，才性四本论的政治属性渐渐淡化，却依然流行不衰，原因还是在于它的学术属性。学术属性不会改变，会长期引起思想家、哲学家的研究与谈论的兴趣。

南渡以来，研寻才性论者有阮裕、殷浩、支遁、谢万，而以殷浩的研究最为精密、玄妙，"若汤池铁城，无可攻之势"，以至简文喻为"若崤、函之固"[1]。支遁是一流清谈家，居然也不敌殷浩的才性偏精。始谈，支就迂回以避锋芒，往复数番，不觉入殷浩玄中。正如简文所言，才性论自是殷浩胜场，安可争锋！

当然，殷浩也有屈居下风的时候。《世说·文学》三三说：

> 殷中军尝至刘尹所清言。良久，殷理小屈，游辞不已。
> 刘亦不复答。殷去后乃云："田舍儿，强学人作尔馨语。"

刘尹指刘惔，作丹阳尹。这次，殷浩说理不畅，稍居下风，"游辞不已"。殷浩虽为当时谈宗，碰上刘尹那样的一流清谈家，有时难免也会落了下风。有趣的是刘惔事后对殷浩的评价，竟然鄙称殷是"田舍儿"，强要学人家作美好的言语。为天下风流谈论者所宗仰的殷浩，居然被刘惔鄙称是粗野不文的"田舍儿"，后者未免太刻薄了。

凡是真正的人都有个性。魏晋名士个性鲜明，其清谈也各有个性，风格独特。早在正始时，何晏、王弼的清谈个性就有了不同。前者言辞巧妙，后者义理超拔。西晋郭象、裴𬱟的清谈亦各不相同。遗憾魏晋清谈资料的缺失，要了解、描述魏代和西晋的清谈人物的谈论风格，总的说来是困难的。东晋中期的清谈发展到鼎盛阶段，清谈人物之多、谈论之热烈，都远远超越前代。庆幸《世说》《晋书》的相关记载，使后人有可能大体描述并理解一

---

1 崤，同殽，山名，秦岭东段支脉。函，函谷关。两地为秦地要塞。贾谊《过秦论上》："秦孝公据崤、函之固。"简文语本此。

流清谈家的谈论风格，以及风格的差异及其成因。研究魏晋清谈家的谈论个性，是一个饶有兴趣的题目，已有的清谈论著，对此的研究是不够的。

例如殷浩的清谈，就具有鲜明的个性特征。上文引述《世说》记录的殷浩清谈的几个故事，不妨由此分析他的清谈个性。《世说·文学》三一记孙盛、殷浩共谈，孝标注引《晋阳秋》说："能与剧谈相抗者，唯盛而已。""剧谈"，便是殷浩清谈个性之一。剧，有繁、大、极、疾等义项。剧谈，可以释为"畅谈"，但并不很贴切，应该包含有言辞的繁重、语气的疾速、论难的激烈等意义。前已指出，魏晋清谈风格大体可分为两种：一、言约旨远；二、辞繁义多。殷浩风格属于第二种，义理丰富，言辞繁富，且吐辞疾速。当时以军阵比喻清谈双方，一方攻，一方守。殷浩清谈，犹数万兵士组成的集团军，排成方阵，快速推进，气势恢宏，惊心动魄。

殷浩能剧谈，是他的才性所致。上文说到简文称赞殷浩"沈识淹长，思综通练"，意谓识力深，学问博，思维通达，逻辑严密。与简文类似的评语，《世说》中也有。例如《世说·文学》三四说，殷中军"思虑通长"。《世说·品藻》五一说，"世目殷中军思纬淹通"。思虑，思索考虑。通长，谓通贯深广。思纬，《汉语大词典》释为"才思学识"。恐不确切。纬，本义是织物的横线，与"经"相对，引申为编织、组织，并无"学识"之义。思纬，应该解释为思维的组织，即思维如何合乎逻辑有层次。故《世说》所说的殷中军"思虑通长""思纬淹通"，皆与简文之誉"思综通练"的意义相近，指殷浩理论思维通达、深广，合乎逻辑，井然有层次。殷浩既有广博学问，又有强大、清晰、合乎逻辑的思辨能力，这些都是他能剧谈的有力支撑。

再从时人对殷浩的评价，看他清谈的优长和不足。《世说·赏誉》八二：

> 王司州与殷中军语，叹云："己之府奥，蚤已倾写而见；殷陈势浩汗，众源未可得测。"

刘孝标注引徐广《晋纪》说："浩清言妙辩玄致，当时名流皆为其美誉。"王司州（胡之）在做庾亮僚佐时就非常崇拜殷浩。这里以他同殷浩清谈的亲身感受，从自己的义瘠辞穷，而对方气势恢宏，深远不可测的两相对比，盛赞殷浩清谈的高明。"己之府奥"，喻自己胸中的蕴蓄，初谈就已倾泻而见。盖清谈以学问为根底，胸中学识积蓄少，必然一谈就完，露出浅薄的本相。殷浩则不同，"陈势浩汗"，如军阵排列，浩浩荡荡。"众源未可得测"，喻军阵不测其源头，好比常山蛇阵，不见首尾开合。王胡之赞叹殷浩清谈，言辞繁富，义理组织严密，结构宏大。这就是"世目殷中军思纬淹通"的具体含义。

与王胡之评殷浩语可以并观者，还有简文的评论。《世说·赏誉》一一三说：

> 简文云："渊源语不超诣简至，然经纶思寻处，故有局陈。"

"渊源语不超诣简至"，指出殷浩清谈的短处。魏晋清谈以义理超诣为第一。超诣者，高超玄妙也。简至，谓言辞简约，义理深刻。"至"为"至理""至德"之至，犹深也，极也。有人释"至"为"周到"，不确。清谈以"简至"为上。譬如乐广清谈，"辞约而旨达"。"简至"，即"辞约而旨达"。简文"然经纶思寻处，故有局陈"二语，指出殷浩清谈的长处，与王胡之赞殷"陈势浩汗"的意义相同。"经纶"一词，出于《周易·屯》："云雷屯，君子以经纶。"本义指整理丝缕，理出头绪以便编织，与简文称殷浩"思综通练""思纬淹通"的意义相近，都是指组织义理和言辞的条理、层次，编织一张浩瀚的理论与语言的网，让对手入其玄中。例如《世说·赏誉》八六：

> 王仲祖、刘真长造殷中军谈，谈竟俱载去。刘谓王曰："渊源真可。"王曰："卿故堕其云雾中。"

这是王濛、刘惔对殷浩清谈的不同评价。刘惔为殷浩的谈论所折服，称赞殷"真可"。王濛却说，你堕在他的云雾中了。此句似乎是讥笑刘惔落了下风，其实道出了殷浩清谈的特色。殷浩之论难，如王胡之所说，"陈势浩汗"，入其玄中，不辨东西，犹如堕入云雾中。

稍后的谢安，曾对清谈前辈殷浩有过整体评价。《世说·品藻》六七说郗超问谢安："殷（浩）何如支（遁）?"谢曰："正尔有超拔，支乃过殷；然亹亹论辩，恐殷欲制支。"谢安以为若论义理超拔，支乃胜殷；而论辩娓娓不绝，恐怕殷可胜支。这一评价指出了殷浩清谈的长短，是公允的。殷浩在魏晋清谈史上固是第一流，但未臻于义理精微之境，不及支遁，不及卫玠，更不及王弼、何晏。

三、王濛与刘惔

王濛与刘惔是东晋中期风流名士的班头，也是著名的清谈家。两人齐名友善，行止接近，故并叙论之。

王濛（309—约347），字仲祖，哀帝靖皇后之父，《晋书》卷九三有传。王濛出身于北方士族，祖佑，为北军中侯。父讷，新淦令。这是一个始于放荡不羁，后来谨守礼仪的人物。道家之自然，儒家之名教，在他身上完美融合。《晋书·王濛传》说：濛少时行为纵达，不为乡曲所贵，"晚节始克己励行，有风流美誉，虚己应物，恕而后行，莫不敬爱焉"。他的好朋友刘惔，"常称濛性至通，而自然有节"。自然，是道家影响所致；有节，则符合儒家的礼仪要求。王濛儒道兼融的个性，影响到他的清谈风格。当时，"凡称风流者，举濛、惔为宗"。"及简文帝辅政，益贵幸之，与刘惔号为入室之宾"，成为简文府邸中的上客。

刘惔（314—349），字真长。《晋书》卷七五《刘惔传》说："（惔）祖宏，字终嘏，光禄勋。宏兄粹，字纯嘏，侍中。宏弟潢，字冲嘏，吏部尚书，并有名中朝。时人语曰：'洛中雅雅有三嘏'。"其家世比王濛显赫。

刘惔年龄稍长后，"论者比之荀粲"。荀粲为魏初名士，魏晋玄谈的先驱人物，后世影响深远。能与荀粲相比，是名士非常企羡的一件事。为何刘惔可以比匹荀粲？应当是刘惔谈理精微，与荀粲可以一比的缘故。《晋书·刘惔传》说："以惔雅善言理，简文帝初作相，与王濛并为谈客，俱蒙上宾礼。"刘惔学问在"三玄"，善谈《易》，尤好《老》《庄》。

王濛年长刘惔数岁，开始清谈的时间或许也早于后者。上文叙述咸康三年，王导与殷浩清谈，为之召集的诸名士中，就有王濛，可见此时王濛已在清谈了。实际上，他开始清谈的时间早在成帝咸和五年[1]，终于穆帝永和初，前后将近二十年。现在所见资料多是王濛后期的清谈，故将其归入东晋中期。

王濛交往最密切的谈友是刘惔、支道林、殷浩、简文诸人。《世说·文学》五五说："支道林、许（询）、谢（安）盛德，共集王家。"王家，指王濛家，是一处清谈场所。《世说·文学》五六说："殷中军、孙安国、王、谢能言诸贤，悉在会稽王许，殷与孙共论《易象妙于见形》。"说明王濛亦谈《易》。又《世说·赏誉》八六说："王仲祖、刘真长造殷中军谈。"《世说·文学》四二记王濛、支道林相遇于京师东安寺，是王濛清谈最具体的资料：

> 支道林初从东出，住东安寺中。王长史宿构精理，并撰其才藻，往与支语，不大当对。王叙致作数百语，自谓是名

1《晋书·王濛传》说："司徒王导辟为掾。"考《晋书》卷六五《王导传》：明帝即位，导受遗诏辅政，解扬州，迁司徒。王敦平，进位太保，司徒如故。导复引匡术弟孝，濛致书于导，以谏止之。导不答。后出补台山令。王导复引匡述弟孝，最有可能在苏峻平后的咸和五年（330）。以此推测，王濛为王导幕府的清谈客，不会迟于此年。

理奇藻。支徐徐谓曰："身与君别多年，君义言了不长进。"王大惭而退。

王濛与支遁清谈的故事，大概发生在前者徙中书郎时。刘孝标注引《高逸沙门传》，以为当时晋哀帝遣使至东迎支遁入京，恐怕有误。支遁是王濛素来仰慕的人物，为了能谈赢，王作了充分准备。"宿构精理"，是义理上的准备；"撰其才藻"，是言辞上的准备。尤其精心撰写"叙致作数百语，自谓是名理奇藻"，信心满满。支遁听完王濛的叙致，亦不作辩难，只是徐徐地说："我与君分别多年，君义与言都了不长进。"王濛竟"大惭而退"——完全被"君义言了不长进"一语击垮了。支遁之语何以有如此之大的杀伤力？原因是支遁清谈入微的声名，早就给王濛造成巨大的心理压力。即使"宿构精理"，临场仍然不堪一击。王濛的清谈水平，去支道林远矣！

刘惔与王濛齐名，若论清谈水平，刘稍胜一筹。《世说》中记录刘惔清谈的故事，也比王濛要多且具体。他最有名的清谈故事，是与孙盛谈《易》。这次谈《易》，在《易》学发展史上是颇具意义的。《世说·文学》五六说：

> 殷中军、孙安国、王、谢能言诸贤，悉在会稽王许。殷与孙共论《易象妙于见形》。孙语道合，意气干云。一坐咸不安孙理，而辞不能屈。会稽王慨然叹曰："使真长来，故应有以制彼。"即迎真长，孙意已不如。真长既至，先令孙自叙本理。孙粗说己语，亦觉殊不及向。刘便作二百许语，辞难

简切，孙理遂屈。一坐同时拊掌而笑，称美良久。

这次共论《易象妙于见形论》，由会稽王组织与主持，参与者是殷浩、孙盛、王濛、谢安等著名的清谈人物。论《易》象，乃是《易》学的根本问题。象者爻象，形者爻象之形。所谓"易象妙于见形"，是说观爻象之形，可知《易》之精妙。在"易象妙于见形"一句下，刘孝标注："其论略曰：圣人知观器不足以达变，故表圆应于蓍龟。圆应不可为典要，故寄妙迹于六爻。六爻周流，唯化所适。故虽一画，而吉凶并彰，微一则失之矣。拟器托象，而庆咎交著，系器则失之矣。故设八卦者，盖缘化之影迹也。天下者，寄见之一形也。圆影备未备之象，一形兼未形之形。故尽二仪之道，不与《乾》《坤》齐妙。风雨之变，不与《巽》《坎》同体矣。"

以上孝标所引，即是殷浩的《易象妙于见形论》。[1]然则，殷浩此论的基本观点是什么？《易》的本质之一是变，而"观器不足以达变"，于是设蓍龟，以观爻象推知世界的种种变动（圆应）。但实际上，器、象都不足以反映变化的根源。"一"，才是《易》之本体。论云："天下者，寄见之一形也"，"一形兼未形之形"。这种执一的《易》学观，同王弼的《易》学一脉相承。王弼《明

---

1 刘孝标注引《易象妙于见形论》，《晋书》卷七五《刘惔传》说：孙盛作《易象妙于见形论》，简文帝使殷浩难之，以为此论作者是孙盛。《晋书》卷八二《孙盛传》与《刘惔传》同。严可均《全晋文》一二九以为殷浩作，题作《易象论》。今人朱伯崑《易学哲学史》亦以为殷浩作，并辨析之。我以为严可均的看法是对的。

象》说："治众者至寡者也"，"物虽众，则知可以执一御也"。"执一"之"一"，即道也，无也。王弼摒弃汉《易》的象数，以义理解释《易》之变易及卦爻辞，创立新《易》学。殷浩《易》学，属于王弼的义理派。

从"一坐咸不安孙理"判断，众人赞同殷浩的义理《易》学，不同意孙盛《易》学。不过，孙盛清谈水平实在了得："孙语道合，意气干云"，"辞不能屈"。众人无可奈何。然则，孙理是什么？这是必然要追问的问题。《魏志·钟会传》裴注引孙盛说："《易》之为书，穷神知化，非天下之至精，其孰能与于此？世之注解，殆皆妄也。况弼以傅会之辨而欲笼统玄旨者乎？故其叙浮义则丽辞溢目，造阴阳则妙赜无间，至于六爻变化，群象所效，日时岁月，五气相推，弼皆摈落，多所不关。虽有可观者焉，恐将泥夫大道。"（《三国志》，页796）孙盛诋王弼《易》注"傅会之辞"，是"浮义丽辞"，一概摈落爻象。由此大体可知，孙盛论《易》属象数派，与殷浩《易》学义理派对立。[1]

刘惔精通《易》理，亦属义理派。论者以刘惔比荀粲，后者为魏代著名《易》学家，以为《易》理精微，非言、象所能包举，显然也是《易》学的义理派。刘惔《易》学与荀粲同一派别，与荀粲、王弼一样，走以《老》《庄》解《易》的路径。

殷浩、孙盛、刘惔、王濛、简文诸人论《易》，是魏晋清谈

---

[1] 孙盛（307—378）字安国，《晋书》卷八二有传。他是东晋中期著名的清谈人物，可知的清谈活动仅有二次，即上文所引与殷浩的剧谈及这次与殷浩、刘惔论《易》学，下文不再重复介绍。孙盛之生卒年从唐翼明《魏晋清谈》218页注释的考证。

史上最有意义的玄谈之一，表明东晋中期《易》学在象数派与义理派的争论中，义理派占了主导地位。其次，这次玄谈证明魏晋清谈的本质与重要价值，就在于学术的争论，通过争论推进学术的发展。有些研究者过分夸大清谈的交游意义和语言游戏的作用，以为清谈不过是名士风流或身份的标榜，是语言游戏的比赛。这种看法不符合清谈的历史真实。清谈的胜负固然能影响知名度，但理论的探索和论难才是清谈的根本属性。何况，知名度与义理的精妙程度是成正比的。

关于刘惔谈理的简至精妙，《世说·文学》四六记刘惔回答殷浩的问题，是又一佳例：

> 殷中军问："自然无心于禀受，何以正善人少，恶人多？"诸人莫有言者。刘尹答曰："譬如写水著地，正自纵横流漫，略无正方圆者。"一时绝叹，以为名通。

人的禀赋出于自然，而自然是无心的；既然自然无心，为何只是善人少，恶人多呢？这是殷浩提出的问题。自然生万物，人也是自然所生。自然无心，非有意为之，无偏无私。既然自然无心，何以会有善人少，恶人多的结果？

善人少，恶人多的看法，至少从庄子以后就成为一种常见。例如《庄子·马蹄》说："天下之善人少，而不善人多。"三国蜀人庞统说："当今天下大乱，雅道陵迟，善人少而恶人多。"（《三国志·蜀志·庞统传》，页953）王坦之《废庄论》说："天下之善人少，不善人多。"这种看法，大概出于先秦时期的性恶论。殷浩提出问题后，诸人无法回答，缄默不言。因为人之禀受，如善、恶、巧、拙、贤、愚，皆出于自然，但从来无人能道出所以然。这个问题太难回答，几乎是无解的。刘惔却以泻水著地的比喻，解释了"自然无心于禀受"的玄理，回答了"何以正善人少，恶人多"的千年难题。众人绝为叹服，赞刘惔之解为"名通"，即通达之解。

刘惔"名通"的故事，典型地体现出他的清谈特点：常常以简约而精妙的语言，直探义理的深处。犹如枝叶遮蔽中的鸟儿，众人还看不清楚的时候，他能一矢中的。

刘惔的清谈个性突出。根据《世说》《晋书》中的有关记录，今人犹能分辨出他与其他清谈人物之间的差异，把握与理解他的一流的清谈水平。

刘惔常与殷浩清谈，二人的清谈水平，在伯仲之间。殷浩赢了，能以仁厚待人，有长者风度。刘惔则狂妄，若是胜了，言语会很刻薄。譬如有一次与殷浩清谈占了上风，背后称人家是"田舍儿"（见上文）。

刘惔与王濛的清谈个性，差异更是明显。二人在世时，时人就已评论他们。同时，他们也有自我评价。例如《世说·品藻》四八：

> 刘尹至王长史许清言，时苟子年十三，倚床边听。既去，问父曰："刘尹语何如尊？"长史曰："韶音令辞不如我，往辄破的胜我。"

王濛称刘惔"往辄破的"，推崇后者每一攻难，往往辞锋所向，意到、理到，莫不披靡。刘孝标注引《刘惔别传》说："惔有俊才，其谈咏虚胜，理会所归，王濛略同，而叙致过之，其词当也。"王濛自评与评刘惔清谈，以及《刘惔别传》评刘惔、王濛谈理的内容，都十分精准地道出了两人的清谈个性。王濛自称"韶音令辞"，刘惔不如。韶，原义为虞、舜时乐名，引申为美好、美妙的言语。《世说·赏誉》九二说："林公谓王右军云：'长史作数百语，无非德音，如恨不苦。'王曰：'长史自不欲苦物。'"刘孝标注："苦谓穷人以辞。"林公所说的长史数百语，大概是叙致。无非德音之"德音"，即是"韶音令辞"。"如恨不苦"，乃是林公对王濛清谈，不穷人以辞，不苦苦相逼的谈风似有遗憾。在林公看来，清谈最终必分胜负，以言辞步步紧逼对方是正常的。王羲之则不同意林公"如恨不苦"的评价，以为长史清谈，本来就不想逼得对手退无可退。

《刘惔别传》说刘"叙致过之，其词当也"。叙致指清谈的宗旨精妙，言辞又与理相当，自然攻无不克。他与孙盛论《易象妙于见形》，"作二百许语，辞难简切，孙理遂屈"，是"往辄破的"之佳例，也是《刘惔别传》"叙致过之"二句合适的注脚。

王濛曾与支遁讨论过刘惔的清谈，对于理解刘的清谈特点很有帮助。《世说·赏誉》八三说："王长史谓林公：'真长可谓金玉满堂。'林公曰：'金玉满堂，复何为简选？'王曰：'非为简选，直致言处自寡耳。'"刘孝标注："谓吉人之辞寡，非择言而出也。"王濛以金玉满堂，喻刘惔的谈论无言不善。支遁则问难：既然金玉满堂，无言不善，则为何还要选择？言外之意是刘惔无言不善，恐怕是选择言语的结果。王濛解释道：不是简选，而是直接说出来就寡言，意谓刘惔简辞出于自然，非是有意简选。故孝标以"吉人之辞寡"来解释。

再有《世说·赏誉》八八记王羲之品目谢万、支遁、祖约、刘惔，称"刘真长'标云柯而不扶疏'"。"标云柯"喻清高，"不扶疏"喻简秀。右军之评刘惔，道出了刘惔个性及其清谈词旨简约的风格。

许询曾评刘惔清谈，说："《琴赋》所谓'非至精者，不能与之析理'，刘尹其人。"（《世说·赏誉》一一一）正可以印证刘惔析理至精，乃是当时公论。

《刘惔别传》又说惔"其谈咏虚胜，理会所归，王濛略同"。虚胜，魏晋常语，指虚无胜理，犹今语"抽象原理"。刘惔与王濛大略相同，多半谈《老》《庄》的贵无哲学。刘惔与孙盛谈《易》，还有回答"何以善人少恶人多"的难题，都可以证明他善谈"虚胜"。

刘惔品藻人物，同他的析理一样，言辞简至精确，也是一语破的。《世说·品藻》四二刘孝标注引《玠别传》说："永和中，刘真长、谢仁祖共商略中朝人。或问：'杜弘治可方卫洗马不？'谢曰：'安得比，其间可容数人。'"又注引《江左名士传》说："刘真长曰：'吾请评之，弘治肤清，叔宝神清。'论者谓为知言。"刘惔等评论杜乂（弘治）与卫洗马（卫玠），谢尚以为杜不能比卫，其间相去很远。而刘惔一以"肤清"许杜乂，一以"神清"目卫玠。"肤清"美在形，"神清"美在神，神乃人物精神的至高境界，岂是形体可比？刘惔所评，要言不烦，一语中的。又《世说·识鉴》一八记载：王濛、谢尚、刘惔俱至丹阳墓所看望殷浩，殷有确然不移的隐居之志，拒不出山。回来后，王、谢两人说："渊源不起，当如苍生何？"忧虑殷浩不愿出仕，天下百姓怎么办？刘惔在旁淡淡地说："卿诸人真忧渊源不起邪？"言外之意说，殷浩必起，你们担忧什么呢？后来殷浩起而作扬州刺史。事实证明，刘惔真能识鉴人物。《世说·德行》三五注引《刘尹别传》说："真长有雅裁。"与刘惔裁别人物相比，王濛、谢尚都差得远。

朝花夕陨。王濛、刘惔一时灿烂，很快就凋零了。然名士风流不绝，影响犹存。风流宰相谢安成了清谈领袖之后，曾多次评论王濛、刘惔。《世说·品藻》七三说："谢太傅谓王孝伯：'刘尹亦奇自知，然不言胜长史。'"王孝伯，王恭字孝伯，王濛之孙。谢安二语是说：刘惔自负清言精微，但不胜王濛。谢安所评确是事实。刘、王友善，相知相敬。刘虽自视极高，论人尖刻，却从不言胜长史。又《世说·品藻》七六："王孝伯问谢太傅：'林公何如长史？'太傅曰：'长史韶兴。'问：'何如刘尹？'谢曰：'噫，刘尹秀。'王曰：'若如公言，并不如此二人邪？'谢云：'身意正尔也。'"韶兴，韶美之多。王濛自称"韶音令辞"，此为清谈之韶美。《世说·赏誉》八七注引《濛别传》说："濛之交物，虚己纳善，恕而后行，希见其喜愠之色。凡与一面之交，莫不敬而爱之。"此为待人接物之韶美。谢安以"秀"字目刘惔。秀，特异，秀异，不比凡庸。"刘尹秀"之内涵，是为人卓荦不凡，亦指清谈义理超拔。以上谢安之评王濛、刘惔，着眼于人物才性的整体审美。由此容易体会到，人物才性与清谈风格之间，存在深刻的内在关联。

四、桓温

东晋历史上最有权势的军事强人有二：前有王敦，后有桓温。王敦谋逆，不久身败名裂。桓温也有不臣之心，但终究能克制蠢蠢欲动的野心。他经营荆州二十年，网罗天下英才。后期驻守在离京师很近的姑孰，与简文、刘惔、殷浩、谢安等一流的清谈家多有交集，文化素养高于王敦。考述桓温在东晋清谈史上的踪迹，并不是无意义的。

前文叙述王导与殷浩清谈，为此召集了桓温、王濛、王述、谢尚等不少清谈人物。次日，桓温描述昨夜的清谈场景及自己的感受。可见，桓温早年也喜好清谈，且有一定的声名，否则不会被王丞相召集。

穆帝永和元年八月，徐州刺史桓温为安西将军，持节，都督荆、司、雍、益、梁、宁六州诸军事，荆州刺史。永和三年，桓温攻克成都。大概在此年稍后，桓温由荆州下都，曾要刘惔证实会稽王语奇进的传闻是否属实，又问当今清谈第一流复是谁。（《世说·品藻》三七）可见他虽远在荆州，却很关心京师的清谈情况；也很在乎谁是清谈第一流。这位指挥千军万马的军事统帅，骨子里不缺乏人文关怀，并不是一个只知打仗的武夫。

桓温攻克成都之后，满怀征服者的豪情，高谈阔论，表现了他的谈论才能。《世说·豪爽》八说：

> 桓宣武平蜀，集参僚置酒于李势殿，巴蜀搢绅，莫不来萃。桓既素有雄情爽气，加尔日音调英发，叙古今成败由人，

存亡系才，其状磊落，一坐叹赏。既散，诸人追味余言……

桓温本来就是孙仲谋之流的人物，素有"雄情爽气"，今日功成名就，自得自负，兴高采烈，叙论古今，极有感染力。巴蜀搢绅，聚于一堂，叹赏不已。可见桓温善谈论，是决战疆场的军事家，也是评说古今、谈文论艺的清谈家。

当然，桓温毕竟是手握重兵的军事家和政治家，戎马倥偬，政务繁重。对于他来说，清谈终究是闲事，不可能常谈。《世说·排调》二四记桓温、刘惔的对话，以戏谑的语言，表达了他对政事与清谈二者关系的看法："桓大司马乘雪欲猎，先过王、刘诸人许。真长见其装束单急，问：'老贼欲持此何作？'桓曰：'我若不为此，卿辈亦那得坐谈？'"刘孝标注引《语林》说："宣武征还，刘尹数十里迎。桓都不语，直云：'垂长衣，谈清言，竟是谁功？'刘答曰：'晋德灵长，功岂在尔？'"《语林》说是桓温平蜀后回京师，《世说》说是桓温冬猎，两说不同。揆之情理，《语林》较可信。乘雪打猎，一看便知不是出征。"我若不为此"与"卿辈亦那得坐谈"二者不构成因果关系。我以为《语林》所记的故事，与桓温下都问刘惔"会稽王语奇进，尔邪"，发生在同时或略前。《语林》记桓温直率地对刘惔说："垂长衣，谈清言，竟是谁功？"不能用作桓温不喜清谈、甚至诋毁清谈的依据，他不过是讥笑刘惔等无尺寸之功，只会清谈。或许数天之后，桓温就向刘惔打听会稽王清谈大有进步的传闻是否属实，向往清谈第一流的雅趣溢于言表。

桓温还都后，他的幕府成为简文之外又一个清谈中心。《世说·文学》二九说：

> 宣武集诸名胜讲《易》，日说一卦。简文欲听，闻此便还，曰："义自当有难易，岂以一卦为限邪？"

桓温所集的名胜，多数大概是他的僚佐，还有京师的善言者。简文听说"日说一卦"，就不想去了，觉得义有难易，岂可以"日说一卦"为限？

《世说·言语》六四记桓温听讲《礼记》：

> 刘尹与桓宣武共听讲《礼记》，桓云："时有入心处，便觉咫尺玄门。"刘曰："此未关至极，自是金华殿语。"

桓温、刘惔对《礼记》的体会有异。桓温听得很认真，时有会心，以为《礼记》"咫尺玄门"——离玄门近在咫尺。"玄门"一词出于《老子》："玄之又玄，众妙之门。""玄"，与"道""无"同义。万物皆出于"无"，故称"玄门"，具有宇宙本体的终极意义。桓温以为儒家经典的《礼记》，与"道"近在咫尺。刘惔却说《礼记》"未关至极"。至极，宗旨，终极，即《老》《庄》所说的"道"。《礼记》是用来治世的，为庙堂所必需的学问，是"金华殿语"，不关玄学的"道"。两人所说孰为准确？刘惔也。尽管谈《礼》者义旨精微，但《礼记》终究是金华殿里的帝王之学，是名教推崇的治世术，非是玄学的终极"道"。

桓温、刘惔两人各谈听讲《礼记》的体会，语言简短，却称得上是一次完美的清谈，意义不小，涉及儒道二者不同的诸多问题：比如《礼记》的性质是什么？桓温听讲《礼记》，为什么有"咫尺玄门"的体会？玄学家所说的"至极"指什么？其与金华殿语有何根本不同？

桓温幕府人才济济。《渚宫旧事》卷五说："温在镇三十年，参佐习凿齿、袁宏、谢安、王坦之、孙盛、孟嘉、王珣、罗友、郗超、伏滔、谢奕、顾恺之、王子猷、谢玄、罗含、范汪、郝隆、车胤、韩康等，皆海内奇士，伏其知人。"其中有政治家、哲学家、文学家、历史学家、佛学家各色人等，无奇不有。很难想象，桓温幕府不会发生清谈。可惜，桓温及其僚佐的著作散佚殆尽，已无可能描述当年的文事之盛。桓温集诸名胜讲《易》，与刘惔共听讲《礼记》，不过是经千年时代淘洗而仅存的二粒遗珠。只有在翻阅《隋书·经籍志》时，看到隋代著录的桓温、郗超、王珣、习凿齿、伏滔等人的文集时，不禁会遐想当年桓温及四海奇士创造的文化珍宝，熠熠生辉。然后唯有逝川之叹，不能自已。

五、支遁谈玄

支遁（314—366），[1]字道林，本姓关氏，陈留人，或云河内林虑人。他出生于北方的一个奉佛世家，大概在永嘉之乱时，全家来到江南的余杭山。从此隐居于此，学习佛经。《支遁传》说：

---

1 支遁事迹集中见于梁慧皎《高僧传》卷四《支遁传》，又散见于《世说》。《高僧传·支遁传》说，遁于太和元年（366）四月，终于所住，春秋五十有三。由此推知，遁生于晋愍帝建兴二年（314）。

"陈郡殷融尝与卫玠交，谓其神情俊彻，后进莫有继之者。及见遁，叹息以为重见若人。"又说支遁读佛经，"卓焉独拔，得自天心"。可见支遁与卫玠一样，是个天才少年。晋成帝咸康四年（338），支遁年二十五，出家为僧。

支遁是披着袈裟的本土高僧，精通佛学与中国传统学术，尤其是《庄》《老》。他智慧超群，谈玄又谈佛，融佛理于《老》《庄》之中，见解新颖深刻，拔出于众人之上，因之获得了极高的声誉。《高僧传·支遁传》说："王洽、刘恢、殷浩、许询、郗超、孙绰、桓彦表、王敬仁、何次道、王文度、谢长遐、袁彦伯等，并一代名流，皆著尘外之狎。"读此，不难想象支遁是当时的名士之冠，学术明星。在中国文化史上，不论在其之前或之后，似乎再无第二个僧人，能如此倾倒众生。

支遁无论谈玄还是谈佛，俱是第一流。这里先说他的谈玄。谈佛放在叙述佛教清谈时详述。

支遁最出色的谈玄，是谈《庄子·逍遥游》。《世说·文学》三二说：

> 《庄子·逍遥篇》旧是难处，诸名贤所可钻味，而不能拔理于郭、向之外。支道林在白马寺中，将冯太常共语，因及《逍遥》。支卓然标新理于二家之表，立异义于众贤之外，皆是诸名贤寻味之所不得。后遂用支理。

刘孝标注：

向子期、郭子玄《逍遥义》曰："夫大鹏之上九万，尺鷃之起榆枋。小大虽差，各任其性。苟当其分，逍遥一也。然物之芸芸，同资有待，得其所待，然后逍遥耳。唯圣人与物冥而循大变，为能无待而常通，岂独自通而已。又从有待者不失其所待，不失则同于大通矣。"支氏《逍遥论》曰："夫逍遥者，明至人之心也。庄生建言大道，而寄指鹏、鷃。鹏以营生之路旷，故失适于体外；鷃以在近而笑远，有矜伐于心内。至人乘天正而高兴，游无穷于放浪，物物而不物于物，则遥然不我得。玄感不为，不疾而速，则逍然靡不适，此所以为逍遥也。若夫有欲当其所足，足于所足，快然有似天真，犹饥者一饱，渴者一盈，岂忘蒸尝以糇粮，绝觞爵于醪醴哉？苟非至足，岂所以逍遥乎？"此向、郭之注所未尽。

孝标分别注明向、郭《逍遥义》与支遁《逍遥论》之新义，读者据此可知晓旧义与新义之不同，功莫大焉。关于支遁《逍遥论》，汤用彤、陈寅恪及研治《庄子》、中国思想史之学者，论之详矣，本文无须赘述。但就一些重要的问题，作简略的说明仍有必要。

譬如向、郭《逍遥义》的要点有三。一、适性即逍遥。万物小大虽各不同，各任其性，逍遥是一样的。二、万物皆有待，得其所待，方可逍遥。三、圣人顺万物之性，与物冥而随自然之变。简言之，任随自然即逍遥。支遁《逍遥论》变"圣人"为"至人"，其新理体现在以下数句："至人乘天正而高兴，游无穷于放浪，物物而不物于物，则遥然不我得。玄感不为，不疾而速，则逍然靡不适，此所以为逍遥也。""至人乘天正"四句，其实与向、郭《逍遥义》"唯圣人与物冥而循大变，为能无待而常通"二句，并无根本区别，都是顺随自然之义。"玄感不为"三句，才是向、郭义未尽的新意。汤用彤指出："至人也者，在乎能凝守精神，其神逍遥自足。"又引支道林《大小品对比要抄序》："夫至人也，览通群妙，凝神玄冥。灵虚响应，感通无方……故千变万化，莫非理外。神何动哉？以之不动，故应变无穷。"[1] 汤先生引支遁《要抄序》，解释道林《逍遥义》，即是至人凝守精神，以之不动，应变无穷。

陈寅恪先生则以为"支遁《逍遥游》新义之为佛教般若学格义"，"林公于《道行》一经实为颛门之业。其借取此经旨意，以释《庄子》乃理所当然。"又说："借用《道行》《般若》之意旨，以解释《庄子》之《逍遥游》，实是当日河外先旧之格义，但在江东，则为新理耳。"[2] 指出支道林新义，是借用《道行》《般若》经旨，解释《庄子·逍遥游》。不过，我们若不知《道行》《般若》经义，仍然不明白支遁的新义究竟为何。故还须读陈先生《支愍度学说考》一文中关于"心无义"的来源的说法。陈先生以为《放光》《般若》及《持心梵天经》此三经，"实为心无义所依据之经典"，经中所谓"色空"，是内止其心，不滞外色。也就是内心不动，不执着于外在的现象。又引鸠摩罗什译《小品般若波罗密经》："是心非心，心相本净故。"简言之，支遁以佛经解释《逍遥游》之新义，就是"空其内心，不染外色"。

---

1 汤用彤《汉魏两晋南北朝佛教史》，北京大学出版社，1997年，页183。
2 见陈寅恪《逍遥游向郭义及支遁义探源》，载《金明馆丛稿二编》，页83—88。

汤、陈二位前辈皆以为支遁《逍遥论》与佛经般若学有关。我总觉得还与《周易》有关。《周易·系辞上》说："无思也，无为也，寂然不动，感而遂通。天下之故，非天下之至神，其孰能与于此？""唯神也，故不寂而速，不行而至。"韩康伯注："至神者，寂然而无不应。"以上《周易》中的"神"，是不是与支遁所说"玄感不为，不疾而速，则逍然靡不适"的"至人"几乎全同？不同者，《易》称"神"，支称"至人"而已。由此看来，《周易·系辞》是支遁《逍遥论》的主要渊源。

支遁谈《庄子·逍遥游》，尚见于《世说·文学》三六：

> 王逸少作会稽，[1]初至，支道林在焉。孙兴公谓王曰："支道林拔新领异，胸怀所及，乃自佳，卿欲见不？"王本自有一往隽气，殊自轻之。后孙与支共载往王许，王都领域，不与交言。须臾支退。后正值王当行，车已在门。支语王曰："君未可去，贫道与君小语。"因论《庄子·逍遥游》。支作数千言，才藻新奇，花烂映发，王遂披襟解带，留连不能已。

支遁与王羲之论《逍遥游》，是魏晋清谈史上最精彩的故事之一，后人能看到这种近于原生态的清谈场景的再现，要再一次感谢刘义庆的记录。故事先写羲之莫名其妙的自负，居然轻视支遁，后

1《晋书》卷八〇《王羲之传》说，王述先为会稽，以母丧居郡境，以羲之代之。考《晋书·穆帝纪》，永和十年（354），殷浩北伐败归，以会稽内史王述为扬州刺史。若以王述守母丧三年计，则羲之代述为会稽内史，大概在永和七年（351）。

听支遁论《逍遥游》，"遂披襟解带，留连不能已"，极为生动地再现了支遁清谈的高妙，魅力无穷。孙兴公（绰）赞支遁"拔新领异"，此从义理方面说，支多有新异之见。上文引《世说·文学》三二所谓"支卓然标新理于二家之表，立异义于众贤之外，皆是诸名贤寻味之所不得"。此三句是"拔新领异"的最好解释。新者，新理也。异者，异义也。二者皆是新颖独得之见，卓然于旧义之上。

"支作数千言，才藻新奇，花烂映发"三句，是说支遁清谈言辞新奇美妙。刘孝标注引《支法师传》说："当时名胜，咸味其音旨。"音，谓言辞，如"才藻新奇，花烂映发"。旨，义旨，即"拔新领异"。天才不可企及，故当时名流，无不为支遁的清谈的义旨与辞藻所倾倒，并久久品味。王洽、刘惔、殷浩、许询等一代名流，皆与支遁交游，其原因是支遁的学术与清谈，确实超乎众贤之上。

据现有的文献，支遁善谈《庄子》，谈《逍遥游》最精彩，也谈《庄子·渔父》。后者见于《世说·文学》五五，他同谢安等人集于王濛家，"支道林先通，作七百许语，叙致精丽，才藻奇拔，众咸称善"。此外，支遁还与殷浩谈才性四本。（《世说·文学》五一）其他谈什么，就无从考见了。例如《世说·文学》三九记支遁与少年谢朗清谈，同篇四一记他与谢玄清谈，同篇四二记他与王濛清谈，至于究竟谈何问题，皆不可知。

支遁是东晋超一流的学者与清谈家。他有名士的作风，却披着袈裟；是精通佛理的高僧，精神上同名士毫无二致。他出入于寺院和王廷，当世名流无不从之游。他的行为作风神超形越，玄学、佛学造诣精深，清谈义理精妙，才藻奇拔，自有一种奇情异彩，令众生倾倒不已。

王濛曾多次赞叹支遁义理精微，堪比王弼。《世说·赏誉》九八说：

> 王长史叹林公："寻微之功，不减辅嗣。"

刘孝标注引《支遁别传》说："遁神心警悟，清识玄远。尝至京师，王仲祖称其造微之功，不异王弼。"

又《世说·赏誉》一一〇说：

> 王、刘听林公讲，王语刘曰："向高坐者，故是凶物。"
> 复更听，王又曰："自是钵釪后王、何人也。"

刘孝标注引《高逸沙门传》说："王濛恒寻遁，遇祇洹寺中讲。正在高坐上，每举麈尾，常领数百言，而情理俱畅。预坐百余人，皆结舌注耳。濛云：'听讲众僧向高坐者，是钵釪后王、何人也。'"

在魏晋玄学及清谈史上，王弼、郭象之后最具理论创新者，总是要推支遁。向秀、郭象注《庄》，沿着儒道相融的理路，调和名教与自然二者的矛盾；郭象又提出"内圣外王""神人即圣人"的重要思想，对中国士人的精神生活以至统治阶级的政治理论都产生深刻影响。中朝末年卫玠、东晋中期殷浩，皆为清谈一流人物，但理论成果不多。支遁奇峰突起，兼精玄学和佛学，开辟清谈的新境界，王濛赞其"寻微之功，不减辅嗣"，是恰如其分的评价，并非一人之私誉。

晋哀帝即位，闻支遁盛名，频遣使者至会稽，征请至都，"白黑钦崇，朝野悦服"。将近三年之后，支遁欲还东山，上书告辞。[1]从这篇上书，我们能体会到王濛所称的支遁"寻微之功"，大致体现在什么地方。以下略作解释："盖沙门之义，法出佛圣，雕纯反朴，绝欲归宗。"支遁认为，佛即是圣，圣即是佛。"雕纯"二句，是道家语言。归宗之宗，即是道也，无也。"游虚玄之肆，守内圣之则，佩五戒之贞，毗外王之化。"这几句是郭象所说的"内圣外王"之义，但被支遁改造过了。"游虚玄之肆"为方外，方外本是有为之域，支遁称之为"虚玄之肆"。盖佛法以为诸法皆空，方外之游也是虚玄不实。"佩五戒之贞"是"内圣"。向、郭义的"内圣"指道或自然，支遁则佛化为"五戒之贞"。[2]"毗外王之化"，指佛教的功用，能辅佐圣人治理世俗。以下勉励哀帝行"内圣外王"之道，"若然者，太山不淫季氏之旅，得一以成灵；王者非圆丘而不禋，得一以永贞……常无为而万物归宗，执大象而天下自往。"以上几句，又源于《老子》。显然，支遁的学问源于佛学与《老》《庄》，二者融会贯通，由此开拓学术与清谈的新境。

---

1 详见汤用彤校注《高僧传》卷四《支遁传》。中华书局，1992年，页162。以下引用此书省略"汤用彤校注"五字，仅注书名、卷数、页码。
2 五戒，戒律名数，指佛教信徒应遵守的五条戒律。《大乘义章》卷十二："言五戒者，所谓不杀、不盗、不邪淫、不妄（语）、不饮酒，是其五戒也。此五能防故名为戒。"

第九章

东晋中期清谈（下）

一、王羲之与会稽清谈群体

在东晋中期清谈的地域图上，会稽是京师建邺之外的又一个清谈中心。两晋时会稽郡地处江南的东部，在今浙东、浙北一带。[1] 自汉武帝开始，会稽郡就得到开发，逐渐成为国家赋税重要的来源地。汉末中原战乱以及西晋政权覆灭，北方士族迁徙江南，建邺及稍东的吴郡是首选之地，其次便是会稽郡。

随着中原文化不断影响江南，后汉时会稽出现了一些著名的学者。最著名的是王充，会稽上虞人。他的先祖自魏郡元城徙会稽。王充后来到京师洛阳，受业太学，师事班彪，著《论衡》。据

---

1 会稽郡，秦置，郡治在吴县（今江苏苏州），辖春秋时长江以南的吴国、越国故地。西汉末年，会稽郡辖境大致相当于今江苏南部、上海西部、浙江大部以及福建部分地区，是当时辖境最广的郡之一，隶属扬州。东汉中期，分会稽郡浙江以北诸县置吴郡。会稽郡治所移至山阴县（今浙江绍兴）。西晋至南朝末年，会稽郡所辖地域进一步缩小，仅辖今绍兴、宁波一带。

东晋袁山松说："充所作《论衡》，中土未有传者，蔡邕入吴始得之，恒秘玩以为谈助。其后王朗为会稽太守，又得其书，及还许下，时人称其才进。或曰，不见异人，当得异书。问之，果以《论衡》之益，由是遂见传焉。"[1]王充及所著《论衡》的故事，对于解释会稽文化与中原文化之间的关系，很有代表性的意义。简言之，会稽文化传承中原文化，然后又影响后者。蔡邕得到王充《论衡》之后以为"谈助"，王朗得之，时人称其"才进"。可见，《论衡》对于汉末的谈论，至少也有促进作用。

再有会稽山阴人赵晔，著《吴越春秋》《诗细历神渊》。蔡邕来到会稽，读《诗细》而叹息，以为优于王充《论衡》。邕后还京师，传《诗细》，学者咸诵习。（《后汉书》卷七九下《赵晔传》，页2575）。

汉末，王朗作会稽太守，命会稽余姚人虞翻为功曹。虞翻出身数世精《易》学的文化家庭，他本人是南方最著名的《易》学家。当时，以宋衷为代表的荆州学派正引领新学风，宋衷注的《太玄》辗转传至江东。王朗与虞翻谈《易》、谈《太玄》当是必然之事。同时，吴主孙权也好谈论，曾与张昭论及神仙有无，而虞翻不信神仙。汉末的会稽文化发达，并不缺少谈论人物。

西晋覆灭，北方士族纷纷渡江，顶级的世家大族居于建邺及周边地区，稍次一等的士族迁徙至会稽。琅邪王氏、陈郡谢氏、太原王氏、高平郗氏、陈留阮氏等高门大族的子弟，多在吴地及会稽一带做官，占据了浙东大片的沃土和佳山水，会稽成为江南

---

1 见《后汉书》卷四九《王充传》及李贤注引《袁山松书》，页1629。

经济文化最发达的地区。士族之外，北方的僧人也接踵而来，建造寺庙，弘法修行。这里土地肥沃，海产丰富，山清水秀，气候宜人。洛阳玄谈的风流、关中念佛的梵音，由此在山川明媚的土地上弘扬传响。在中国文化史上，与会稽有关系的东晋名人不胜枚举：会稽王司马昱、竺法潜、王羲之、王徽之、王献之、谢奕、谢安、谢万、谢玄、谢道韫、王胡之、王述、郗愔、郗超、阮裕、许询、戴逵、李充、孙统、孙绰、支遁、康僧渊、于法兰、于法开……其中，支遁已见上文。谢安为东晋历史上的风流宰相，清谈领袖人物，另作介绍。

先从王羲之讲起。

王羲之（303—361）。《晋书》卷八〇《王羲之传》说："羲之雅好服食养性，不乐在京师，初渡浙江，便有终焉之志。会稽有佳山水，名士多居之，谢安未仕时亦居焉。孙绰、李充、许询、支遁等皆以文义冠世，并筑室东土，与羲之同好。"会稽能成为清谈中心，足以同京师抗衡，原因是"名士多居之"，且"皆以文义冠世"，一流的学者、诗人、高僧，徜徉在秀美的山水之间，吟诗、作赋、论文、谈玄、讲经，享受艺术的人生，领悟思想的妙谛。

会稽清谈群体中，王羲之的清谈算不上第一流，然足可以被称为会稽名士之首。原因是羲之出身高贵，年少时就受到从伯王敦、王导、叔父王廙的欣赏。其次是他的书法，"飘若浮云，矫若惊龙"，当世就享有盛名，后世尊为"书圣"。再者，羲之曾作过会稽内史，虽然时间不长，前后大概只有四五年，但他做了一件留名青史的风流雅事：永和九年（353）暮春三月，羲之召集孙统、谢安等众多名士，会于会稽山阴之兰亭，曲水流觞，饮酒赋诗。所作诗编辑为《兰亭集》，羲之作《兰亭集序》。在王羲之之前，西晋元康六年（296）石崇等人在金谷园集会，兰亭雅集及羲之《兰亭集序》，明显有金谷集会的影子，但终究有雅俗之别。兰亭雅集表现了东晋名士亲近自然山水的情趣，安顿生命于自然的哲思，以及生活的审美化，都是金谷集会所不能比拟的。故兰亭雅集是中国历史上文人雅集的典范，千百年来始终被人津津乐道。

历来解读兰亭雅集和王羲之的《兰亭集序》，似乎都专注于名士们的游目骋怀，饮酒赋诗，却忽略了清谈也是雅集的重要内容。苏辙指出："逸少知清言之害，然《兰亭记》亦不免慕清言耳。"[1]试读《兰亭集序》的兴怀："虽趣舍万殊，静躁不同，当其欣于所遇，暂得于己，快然自足，不知老之将至。及其所之既倦，情随事迁，感概系之矣。向之所欣，俯仰之间，已为陈迹，犹不能不以之兴怀。况修短随化，终期于尽。古人云：'死生亦大矣。'岂不痛哉！"前面"趣舍万殊"数句说"欣"，实际上即是向、郭的《逍遥义》，所谓"夫小大虽殊，而放于自得之场，则物任其性，事称其能，各当其分，逍遥一也，岂容胜负于其间哉！""及其所之既倦"以下，取《易》理之变，亦同《庄子·德充符》所说的"死生亦大矣，而不得与之变"，但扬弃《庄子·齐物论》所说的生死若一，故后文说："固知一死生为虚诞，齐彭殇为妄作。"既同于《庄》，又不同于《庄》，俯仰感慨，义理高妙，情感旷

---

1 苏辙《次韵题画卷四首》之一《山阴陈迹》诗末评，见苏辙《栾城后集》卷一。

达，而终究珍爱生命。《兰亭集序》岂止是"不免慕清谈"，实质上正是谈玄啊。

再读现存的《兰亭诗》及会稽名士的赠答诗，不难发现清谈是他们生活的重要内容，表现了玄学化的人生哲学。例如谢安《与王胡之诗》六章之六："醇醪淬虑，微言洗心。"前句说酒能祛除百虑，后句说清谈能洗涤俗念，使心胸变得开朗和通透。王羲之清谈平平尔，尤其同支遁这样的清谈大师谈论，恐怕只有结舌聆听的份儿。可他不是不喜清谈、讨厌清谈，尤其在他任会稽内史期间，本人就是清谈群体中的重要人物。否则，他听支遁谈《逍遥游》，不可能"披襟解带，留连不能已"。"悟言一室之内"，"放浪形骸之外"，是指清谈与纵放两种行为。心灵与情感的自由，往往导致行为的纵放。当然，纵放绝不能单纯理解为阮籍式的纵酒放达，也不是西晋元康时的裸体酣饮，行同禽兽，而主要指精神摆脱一切拘束，自由自在。

由于史料缺乏，后人所知羲之当年具体的清谈事迹很少，然读他的《兰亭诗》，会发现他对玄理有独特体会。例如他的五言《兰亭诗》第一首："悠悠大象运，轮转无停际。陶化非吾因，去来非吾制。宗统竟安在，即顺理自泰。有心未能悟，适足缠利害。未若任所遇，逍遥良辰会。"全诗以诗的语言谈玄，主旨只是"委运顺化"四字。作者思考"宗统"何在？"宗统"谓何？乃是万物本源也，即是"无"，或曰"道"。顺道而行，便是逍遥。《兰亭诗》第二首："……寥朗无厓观，寓目理自陈。大矣造化功，万殊莫不均。群籁虽参差，适我无非新。"体现的是《庄子》思想，寓目所见，皆有道在焉。天地无偏无私，赐予万物及万物所受是平等的。群籁虽小大参差，若自得自适，则无不亲近宜人。显然又是《庄子·逍遥游》的思想。王羲之的玄言诗如此出色，则他的谈玄也不会糟糕到不堪听。

阮裕（约299—约360），[1]字思旷，与阮籍同族。咸和初除尚书郎，不久，去职还家，居会稽剡县。司徒王导引为从事中郎，不就。拜临海太守，少时去职。司空郗鉴请为长史，诏征秘书监，皆以疾辞。复除东阳太守，寻拜侍中，又不就。还剡山，有肥遁之志。不慕世荣，坚确不移的隐逸情怀，得到了时人的普遍称誉。

阮裕精于论难，《阮光禄别传》称"裕淹通有理识"。他的清谈事迹，可以考见者有二。一是谈《四本论》。《晋书·阮裕传》说：

> 裕虽不博学，论难甚精。尝问谢万云："未见《四本论》，君试为言之。"万叙说既毕，裕以傅嘏为长，于是构辞数百言，精义入微，闻者皆嗟味之。

阮裕从未见过《四本论》，听别人叙说，就能判断理论旨趣，并构数百言，精义入微，理解力与思辨力之强，是少见的。

另一清谈事迹见于《世说·文学》二四：

1《世说·德行》三二注引《阮光禄别传》："年六十一卒。"《晋书》卷四九《阮裕传》说：裕弱冠辟太宰掾，年六十二卒。考《晋书》卷五九《司马羕传》，羕于大兴初，进位太宰。假定大兴初为大兴元年（318），则阮裕作太宰掾时司马羕时年二十（弱冠）。由此推知，裕生于惠帝元康九年（299），卒于穆帝升平四年（360），年六十二。

谢安年少时，请阮光禄道《白马论》。为论以示谢，于
时谢不即解阮语，重相咨尽。阮乃叹曰："非但能言人不可
得，正索解人亦不可得。"

《白马论》为先秦的形名之学，至魏晋仍然是清谈的题目。阮裕短
时间就能精通《四本论》，又能道《白马论》，可见他于形名之学
偏精。

许询（生卒年不详），字玄度，高阳人，魏中领军许允玄孙，
父归，元帝过江，迁会稽内史。《晋书》无传，事迹散见于《世
说》、《续晋阳秋》、《文选》所收江淹《拟许征君自序诗》、《建
康实录》等。他是过江名士的第二代，东晋中期著名隐士。《世
说·言语》六九注引《续晋阳秋》说："（询）总角秀惠，众称神
童。长而风情简素。"《世说·言语》七三说："刘尹云：'清风朗
月，辄思玄度。'"注引《晋中兴士人书》说："许询能清言，于时
士人皆钦慕仰爱之。"

许询清言的事迹，《世说》中有几条记录，最有趣的是少年时
与王苟子（王修小字）清谈以争胜负。《世说·文学》三八说：

许掾年少时，人以比王苟子，许大不平。时诸人士及
于法师并在会稽西寺讲，王亦在焉。许意甚忿，便往西寺与
王论理，共决优劣，苦相折挫，王遂大屈。许复执王理，王
执许理，更相覆疏，王复屈。许谓支法师曰："弟子向语何
似？"支从容曰："君语佳则佳矣，何至相苦邪？岂是求理中

之谈哉！"

故事开头就交代许询主动找王苟子清谈的原因：许年少气盛，耻于人家把他与王苟子相比，觉得大不平。继写许询与苟子在西寺论理，共决优劣。在许询来说，为名誉之战，意义重大。双方尽其智力与口才，"苦相挫折"，非把对方逼至死地不可。结果，苟子大屈。最后，得胜的许询自得之情溢于言表，问支道林："弟子向语何似？"欲得支称赞。支道林则从容回答，肯定许语佳后，指出清谈何必相苦，这不是求理中之谈。意思是清谈追求，贵在理中，理明而允当。

许询与王苟子清谈共决优劣的故事，叙事层次井然，场景、对话及人物精神面貌无不毕现。论其意义有三点：一、许询、王修皆年少聪慧，喜好清谈。魏晋上层社会盛行清谈，士族子弟自幼耳濡目染，少年时代就表现出清谈的天资，例如何晏、王弼、王衍、卫玠、谢尚、支遁、谢安，清谈声名早著。二、魏晋清谈形式多具开放性，有时会老少咸集，群贤毕至。正由于它的开放性，才有它的广泛性，老少皆可参与。三、许询与王苟子清谈"苦相折挫"，这是清谈的性质决定的，如前所说，清谈的本质是义理的辩论，辩论非得有胜负，"苦相折挫"乃是必然之势。支道林与他人清谈，其实也是"相苦"，而不会轻易放人一马。

许询能谈《庄子》。《世说·文学》五五记支道林、许询、谢安等共集王濛家，谈《庄子·渔父》。许询清谈被时人一致赏爱的例证，莫过于《世说·赏誉》一四四记他与简文夜语：

　　　　许掾尝诣简文，尔夜风恬月朗，乃共作曲室中语。襟情
　　之咏，偏是许之所长，辞寄清婉，有逾平日。简文虽契素，
　　此遇尤相咨嗟，不觉造膝，共叉手语，达于将旦。既而曰：
　　"玄度才情，故未易多有许。"

刘孝标注引《续晋阳秋》说："询能言理，曾出都迎姊。[1]简文皇
帝、刘真长说其情旨及襟怀之咏，每造膝赏对，夜以系日。"大概
在永和三年末至四年初，许询曾至都迎姊。询有名于世，诣建邺，
见者倾都。当时，刘恢为丹阳尹，特于郡府中立斋以待许询。询
停都一月，刘尹无日不往，乃叹曰："卿复少时不去，我成轻薄京
尹。"许询在京都，又诣简文，两人夜谈。当夜"风清月朗"，天
气极佳，二人遂于曲室中清谈。"襟情之咏，偏是许之所长，辞寄
清婉"三句，写许询清谈的特色。襟情，胸襟情怀也。咏，此为
言咏，语咏。前云"共作曲室中语"，咏即是语，为言谈，非指
咏诗。

　　魏晋清谈至东晋，谈论的题目比之前更丰富了。抽象的"三
玄"理论剖析之外，还谈诸如仕隐、情礼、才性、自然与名教
等重要问题。许询"襟情之咏"的具体内涵，很有可能谈他的
"高情远志"。《世说·品藻》五四："支道林问孙兴公：'君何如
许掾？'孙曰：'高情远志，弟子蚤已服膺，一吟一咏，许将北
面。'""高情远志"指隐逸情怀。许询"襟情之咏"，大概咏其隐
逸之趣。"辞寄清婉"指言辞清丽美好。许询的清谈，可以被称

1《世说·赏誉》九五说："许玄度送母始出都。"与《续晋阳秋》所说不同。

作"诗人型的清谈"。简文曾赞"玄度五言诗，妙绝时人"。以诗人的情感与语言，谈高妙玄理及隐逸之趣，自然会别具一格。"于时士人皆钦慕仰爱之"，许询受到时人普遍的倾慕和喜欢，同他的"襟情之咏"及五言诗"妙绝时人"有莫大关系。而其夜风恬月明，令人心旷神怡，许询的清谈水平发挥极佳，"有逾平日"，加上简文本是素心人，性情与许询相契，故尤相咨嗟，不觉前移造膝，通宵达旦。谈毕，简文赞叹玄度才情，以为确实是不多见的。

谢万（约321—约362），[1]字万石，谢安之弟。《晋书》卷七九《谢万传》说："（万）才气隽秀，虽器量不及安，而善自炫曜，故早有时誉。工言论，善属文。"又说："简文帝作相，闻其名，召为抚军从事中郎。万着白纶巾，鹤氅裘，履版而前，既见，与帝共谈移日。"虚诞、狂妄的个性表露无遗。最终北伐大败，谢万狼狈单归，废为庶人。此是后话，不提。今考述其清谈。

《世说·赏誉》九三说：

> 殷中军与人书，道谢万："文理转遒，成殊不易。"

文理，犹条理。转遒，渐趋遒劲。殷浩这里是说谢万的清谈条理比以前遒劲，能成这样也不容易。

1《晋书》卷七九《谢万传》说："弱冠，辟司徒掾，迁右西属，不就。简文帝作相，闻其名，召为抚军从事中郎。"简文作相指永和元年（345）为抚军大将军、录尚书六条事。此年谢万已过弱冠之年，比兄谢安略小，或在二十五岁左右。假定谢万比兄安小一岁，则万生于晋元帝太兴四年（321）。又《晋书》称谢万卒时年四十二，则卒于哀帝隆和元年（362）。

《世说·文学》九一说：

> 谢万作《八贤论》，与孙兴公往反，小有利钝。谢后出以示顾君齐，顾曰："我亦作，知卿当无所名。"

刘孝标注引《晋中兴书》说："万善属文，能谈论。"又按："《万集》载其叙四隐四显，为八贤之论，谓渔父、屈原、季主、贾谊、楚老、龚胜、孙登、嵇康也。其旨以处者为优，出者为劣。孙绰难之，以谓体玄识远者，出处同归。"读孝标注，可以大体了解谢万《八贤论》及孙绰难之的内容与主旨。前者以为隐优于仕，后者则以为"体玄识远者，出处同归"。上文多次言及，魏晋论文与谈论密不可分，或是相互论难后整理成文，或是成文后再论难。谢万作《八贤论》后，以示孙绰，二人反复辩论，孙小有不利。谢、孙两人关于《八贤论》的论难，并非只是评价历史上八贤的出处优劣，其实是讨论当代的仕隐问题。东晋隐逸之风大盛，或出或处自然成为人生面对的重大问题。故谈论、理解、实践或出或处，绝不仅仅是理论问题，更是关系人生之路的切身问题。谢万虽说隐优于仕，其实他出仕在谢安之前。孙绰"出处同归"之论调和自然与名教，与向秀、郭象的理论一脉相承，具有很高的理论价值和实践意义。从此，出仕者少了纠结，可以不必进退失据了。

孙绰（314—371），字兴公，孙楚之孙。幼时，与兄统俱过江。《晋书》卷五六《孙绰传》说："（绰）博学，善属文，少与高阳许询俱有高尚之志。居于会稽，游放山水，十有余年，乃作

《遂初赋》以致其意。""遂初"者，指坚持隐居的初心。虽然他曾鄙夷山涛"吏非吏，隐非隐"，可他自己最终也违背初心，作庾亮参军，迁尚书郎，再为殷浩建威长史，被王羲之引为右军长史，转永嘉太守。后半生全在官场，初心早忘记得干干净净。

孙绰为当时文士之冠，而清谈算不上第一流。作为谈客，他经常出现在谈席上。《世说·文学》三〇记北来道人与支遁在瓦官寺谈佛经，竺法深、孙绰俱在座。竺法深不发一言，孙绰问他："上人当是逆风家，向来何以都不言？"显然有讥讽法深之意。《世说·文学》三六记王羲之初作会稽内史，支道林亦在会稽，孙绰介绍支道林清谈极佳，问羲之想不想见林公。《世说·雅量》二八注引《中兴书》说：谢安原居会稽，与支道林、王羲之等游处，渔弋山水，谈说属文。孙绰亦在其中……凡此，皆可见孙绰是会稽清谈群体中的重要人物。可惜，记载他具体清谈的资料很少。仅从他与谢万往返攻难《八贤论》，还稍占上风判断，他的清谈水平不比谢万逊色。

孙绰为一代文宗，平生为重要人物撰写诔碑之文无数。温峤、王导、郗鉴、庾亮诸名臣之薨，须孙绰为碑文，然后刊石。他有高明的鉴裁人物的能力，评论前代著名作家与作品，极为精到，几不可改易。例如《世说·文学》八一："《三都》《二京》，五经鼓吹。"《世说·文学》八四评潘岳、陆机："孙兴公云：'潘文烂若披锦，无处不善；陆文若排沙简金，往往见宝。'"《世说·文学》八九："孙兴公云：'潘文浅而净，陆文深而芜。'"会稽名士雅集，时常讲论文义。我猜测以上孙绰的评语，最有可能发生在会稽讲论文义时。

他评论人物最精彩的一次是与简文品题当代名士，尔后自评。《世说·品藻》三六：

> 抚军问孙兴公："刘真长何如？"曰："清蔚简令。""王仲祖何如？"曰："温润恬和。""桓温何如？"曰："高爽迈出。""谢仁祖何如？"曰："清易令达。""阮思旷何如？"曰："弘润通长。""袁羊何如？"曰："洮洮清便。""殷洪远何如？"曰："远有致思。""卿自谓何如？"曰："下官才能所经，悉不如诸贤。至于斟酌时宜，笼罩当世，亦多所不及。然以不才，时复托怀玄胜，远咏《老》《庄》，萧条高寄，不与时务经怀，自谓此心无所与让也。"

　　假若孙绰不与刘惔等名士交游，不熟悉他们的言行，或者即使交游也缺乏鉴赏能力，要作出如此合乎人物个性的评论，那是不可能的。至于他的自许，当然不脱中朝以来就有的"依仗虚旷"的习气，但不全是自夸或诳语。他称"时复托怀玄胜，远咏《老》《庄》"云云，大部分是合乎真实的。孙绰所宗仰者，确实是《老》《庄》的玄虚之道。这点，可以他的玄言诗印证。例如《赠温峤诗》说："玄风虽存，微言靡演。邈矣哲人，测深钩缅。谁谓道辽，得之无远。""微言"，指清谈；"哲人"，指温峤。全诗称赞温峤演衍玄理，钩深致远。又《赠谢安诗》说："足不越疆，谈不离玄。"谓谢安清谈不离玄虚。

王修（约334—357），[1]字敬仁，小字荀子。王修早熟，这与他的家庭出身直接有关。其父王濛是一流名士，著名清谈家。王修自幼耳濡目染父亲与当世名士的清谈，能谈是很自然的事。《世说·赏誉》七六说："谢太傅未冠，始出西，诣王长史，清言良久。去后，荀子问曰：'向客何如尊？'"若依张怀瓘《书断》，王修此时只有六岁左右。又上文已引《世说·品藻》四八，刘惔与王濛清谈，荀子十三岁，倚床边听。刘走后，荀子问父："刘尹语何如尊？"王濛说："韶音令辞不如我，往辄破的胜我。"荀子听得认真，而父亲评论自己与刘尹的清谈各有优长，等于是给儿子上了一课。

自幼生活在浓郁的清谈氛围里，见识当世名流，加上天资聪慧，王修得到时贤的称誉和爱重。《世说·赏誉》一二三说："林公云：'王敬仁是超悟人。'"注引《文字志》说："修之少有秀令之称。"《世说·赏誉》一三四说："谢镇西道敬仁：'文学镞镞，无能不新。'"注引《语林》说："敬仁有异才，时贤皆重之。王右军在郡，迎敬仁，叔仁辄同车，常恶其迟，后以马迎敬仁。虽复风雨，亦不以车也。"谢尚赞誉王修的文义都有新意，王羲之则给年轻的荀子以超高的礼遇。《世说·文学》八三说："王敬仁年十三，作《贤人论》。长史送示真长，真长答云：'见敬仁所作论，

1《世说·文学》三八注引《文字志》说："修明秀有美称，善隶行书，号曰流奕清举。起家著作佐郎、琅邪王文学，转中军司马，未拜而卒，时年二十四。昔王弼之没与修同年，故修弟熙乃叹曰：'无愧于古人，而年与之相齐也。'"程炎震《世说新语笺证》说："《法书要录》载张怀瓘《书断》云：'王修以升平元年卒，年二十四。'则生于咸和九年甲午，许询或年相若耶？"今从张怀瓘《书断》所说。

便足参微言。'"刘孝标注引《贤人论》的片段，其实比较浅薄。刘惔或许碍于好友王濛的情面，捧为"足参微言"。

现在所能见到的王修的清谈，只有《世说》记录的两次。一是《世说·文学》三八，许询愤愤不平有人把他与王苟子相提并论，特地找到苟子，与之激烈辩论，结果赢了苟子。此事上文已引，不赘述。二是《世说·文学》五七，记苟子与僧意清谈：

> 僧意在瓦官寺中，王苟子来，与共语，便使其唱理。意谓王曰："圣人有情不？"王曰："无。"重问曰："圣人如柱邪？"王曰："如筹算，虽无情，运之者有情。"僧意云："谁运圣人邪？"苟子不得答而去。

僧意持圣人有情说，王修持圣人无情说。僧意先提出问题："圣人有情不？"王修答："无。"僧意质疑圣人无情说，再问："圣人如柱邪？"圣人难道如石柱，永远不动不语吗？王修解释：圣人如做算术，虽无情，而操作"筹算"有情。僧意再质疑："谁运圣人邪？"王修没法回答，辞穷而去。圣人无情有情之辨，是魏晋清谈的老题目。正始年间，何晏持圣人无情之旧说，王弼持圣人有情之新说。王修、僧意共谈圣人无情有情，表明这个老题目至东晋中期仍谈论不辍。

刘惔称赞王修"足参微言"，然从他和僧意论圣人无情有情来看，他尚未参透王弼圣人有情说的"微言"。仅见的王修两次清谈，一败于许询，二败于僧意，其清谈水平不过尔尔。但时贤对他赞誉有加，则苟子必定有过人之处。可惜英年早逝，未能大成。

二、风流宰相谢安

谢安（320—385），字安石，父裒，太常卿。伯父谢鲲，从兄谢尚。《晋书》卷七九《谢尚传》说："安年四岁，谯郡桓彝见而叹曰：'此儿风神秀彻，后当不减王东海。'及总角，神识沉敏，风宇条畅，善行书……王导亦深器之，由是少有重名。"魏晋是个英才辈出的时代，尤重神童与天才少年。即以清谈人物而言，何晏、王弼、钟会、乐广、王衍、卫玠、殷浩、刘惔、王修……无一不是早慧的天才，未及弱冠就已名闻天下。谢安亦属这样的英才。

陈郡阳夏谢氏，从谢鲲一辈起，就已成为海内知名的文化世家，清谈人物辈出。谢安伯父谢鲲、从兄谢尚，言咏风流闻名于世。谢安继承了谢鲲开创的谢氏门风，主要表现有二。一是清谈。谢安弱冠诣王濛清谈，濛评论说："此客亹亹，为来逼人。"称赞谢安清谈娓娓不绝，词锋锐利。二是纵情丘壑。谢安四十岁前，寓居会稽，与王羲之、许询、支遁等纵情山水，无处世意。他是会稽名士群体中的重要人物，也是清谈的中心人物。

东晋历史上前有王导，后有谢安，都称得上彪炳史册的名相。论奠定东晋王朝百年基业的功勋，王导胜于谢安；论对中国士人文化的贡献，谢安胜于王导。谢安将山水、音乐、美人、清谈、属文，融为一体，从此成了中国士大夫文人的最有文化品位的配置，深刻影响中国士文化的精神品格与审美趣味。

述论谢安的清谈，不能不说他与王羲之的一次对话。《世说·言语》七〇说：

王右军与谢太傅共登冶城。谢悠然远想，有高世之志。王谓谢曰："夏禹勤王，手足胼胝，文王旰食，日不暇给。今四郊多垒，宜人人自效，而虚谈废务，浮文妨要，恐非当今所宜。"谢答曰："秦任商鞅，二世而亡，岂清言致患邪？"

　　王羲之与谢安的对话，发生在何时？这是先要解决的问题。《晋书·谢安传》载于晋孝武帝已经即位，安为尚书仆射时，显然有误。羲之卒于升平五年（361），早于孝武帝即位前十多年，不可能在孝武帝时与谢安共登冶城。考谢安出山之前的事迹，至京师唯有在庾冰作扬州刺史时。《晋书·谢安传》说："扬州刺史庾冰以安有重名，必欲致之，累下郡县敦逼，不得已赴召，月余告归。"以后复除尚书郎、琅邪王友，并不起。礼部尚书范汪举谢安为吏部郎，安以书拒绝。直至其弟谢万废黜后，谢安始有仕进之志，时年已四十出头了。查《晋书》卷七三《庾冰传》，庾冰为扬州刺史，在王导新丧稍前。庾冰"既当重任，经纶时务，不舍夙夜，宾礼朝贤，升擢后进，由是朝野注心，咸曰贤相"。庾冰必欲致谢安，安不得已赴召，时在成帝咸康五年（339）秋七月之后。谢安时年二十，《谢安传》记安"弱冠诣王濛，清言良久"，此事也发生在谢安赴召京师时。王羲之此年为庾亮参军，或因公事下都，得与谢安相遇，共登冶城。

　　两人共登冶城，双方的经历与思想却大不相同。羲之正在壮年，从伯王导是当今首辅，王氏家族的政治地位如日中天，子弟不允许也不可能离现实太远。读《晋书·王羲之传》，羲之平生常挂怀国事，致殷浩书，又与会稽王笺陈殷浩不宜北伐。谏言陈事，多中时弊，拳拳之心，上天可鉴，固不同于逃世的隐士。羲之永和中任会稽内史之后，与孙绰、许询等隐士游处。永和十一年誓墓，从此彻底告别仕途，才尽山水游弋之娱，与道士许迈共修服食，遍游东土，穷诸名山，过着隐居闲散的生活。故评论王羲之当年对清言的批评，必须注意他壮年用世之心正高的背景。

谢安则与羲之完全不同，他正隐逸东山，本无处世意，不得已赴召至京。登冶城"悠然远想，有高世之志"，可见隐逸东山，是他的初心，也是终极理想。今天如飞鸟一时拘囚笼中，不久就会回归旧林。他以秦二世而亡的历史事实，反驳所谓"清言致患""虚谈废务"等对清言的指责，极有说服力。自魏初以来，对清谈的认识与评价，始终存在两种对垒的力量，一种肯定清谈的文化意义及美学价值，一种持续不断地污名化清谈，以为清谈既无益国事，也助长士风的浮华。谢安反驳"清言致患"，是对污名化清谈势力的强有力的反击。谢安日后成为继简文帝之后清谈的中心人物，同他以为清谈无关于国事的见解密切相关。

可以考见的谢安最早的清谈，是请阮裕道《白马论》(见上文引)。当时，谢安兄谢奕作剡令，安年约七八岁。谢安二十岁时，清谈水平已经相当高了。如上所言，居于会稽的清谈名士很多，年长于谢安者如阮裕、王羲之，比他稍年轻的有许询、王修等。他们一起"出则渔弋山水，入则谈说属文"。(《世说·雅量》二八注引《中兴书》)"谈说"，即是清谈。《续晋阳秋》也说："初，安优游山水，以敷文析理自娱。"(《世说·赏誉》一〇一注引) 敷文，作文；析理，指清谈。山水、作文、清谈，三者都是自娱的形式，名士风流的体现。

谢安表现最佳的一次清谈，是在王濛家共谈《庄子·渔父》。《世说·文学》五五说：

> 支道林、许、谢盛德，共集王家。[1]谢顾谓诸人："今日可谓彦会，时既不可留，此集固亦难常，当共言咏，以写其怀。"许便问主人有《庄子》不，正得《渔父》一篇。谢看题，便各使四坐通。支道林先通，作七百许语，叙致精丽，才藻奇拔，众咸称善。于是四坐各言怀毕。谢问曰："卿等尽不？"皆曰："今日之言，少不自竭。"谢后粗难，因自叙其意，作万余言，才峰秀逸。既自难干，加意气拟托，萧然自得，四坐莫不厌心。支谓谢曰："君一往奔诣，故复自佳耳。"

这次清谈由谢安主持，他的开场白的主旨是人生苦短，良辰难常，当及时行乐，以抒怀抱。他所理解的清谈，是及时行乐、豁情抒怀的一种方式。王羲之《兰亭集序》抒写人生之欣慨："或取诸怀抱，悟言一室之内。"意谓一室之内的清谈，能"快然自足，不知老之将至"。谢安清谈的开场白，与《兰亭集序》的情绪表达是多么相似。以谢安、王羲之代表的东晋名士，认为清谈与游目骋怀一样，皆是应对时间流逝，人生短促，抒写怀抱的精神营养。

---

1 刘孝标于此二句下注："许询、谢安、王濛。"王濛卒于永和三年（347），据此，这次清谈时间在永和初，谢安尚未出山。

谢安这次谈《庄子》，状态极佳，思维敏捷，自得自负，颇有傲视群贤的气势。支道林等各言怀毕，谢问："卿等尽不？"意谓诸位若有见解请充分表达。众人都说已尽其所能了。于是，谢安对诸贤稍作论难后，表达自己所得的义理，竟至万余言，长篇大论，"才峰秀逸"，辞藻卓杰不凡，听者莫不满足。支道林称赞谢安说："君一往奔诣，故复自佳耳。"一往奔诣，指一往直造玄境。刘孝标注引《文字志》说："安神情秀悟，善谈玄理。"谢安谈《庄子·渔父》，是时人评价他"善谈玄理"的完美诠释。

　　穆帝升平三年，谢安弟谢万北伐南燕，败北，废为庶人。处于上升通道中的谢氏家族遭致沉重打击。隐居东山的谢安，为了家族发展的大事，只得告别渔弋山水的闲适生活，出山为桓温司马，开始他后半生的仕宦生涯。当然，"善谈玄理"的喜好不仅不少减，相反，随着他政治地位的一步步提升，他后来成了清谈的中心人物。

　　谢安在赴任桓温司马而西出的路上，与谢奉相遇于破冈。当时谢奉免吏部尚书，东还。"既当远别，遂停三日共语。太傅欲慰其失官，安南辄引以他端。虽信宿中途，竟不言及此事。"（《世说·雅量》三三）谢安、谢奉相遇破冈的故事，旨在表现谢奉失官却并不在意的雅量。既然避而不谈失官事，而二人"三日共语"，则必是清谈无疑。试想，二人路途相逢，各奔东西之际，有何事居然可以"三日共语"？

　　桓温不遗余力网罗天下名士，早闻谢安名声，建议朝廷征召谢作他的司马。一旦谢安入其幕府中，桓温甚感欣慰，视为府中罕见人物。桓温也能清谈，谢安一到，亲自上门。谢安正在梳头，急忙取衣服帽子，桓温说，"何烦此"，不拘礼数，"因下共语至瞑"（《世说·赏誉》一〇一），清谈至夕方罢。

晋哀帝兴宁元年（363），桓温北伐。同时，谢万卒。谢安上书求归，为吴兴太守。[1]不久，征拜侍中，迁吏部尚书、中护军。至咸安二年（372），简文帝病重，桓温上疏荐谢安宣受顾命。这中间将近十年时间，谢安清谈的事迹很难考述。可以考见的是谢安作吴兴太守时，邀支道林来郡疗疾与清谈。《高僧传》卷四《支遁传》说：

> 谢安为吴兴，与遁书曰："思君日积，计辰倾迟，知欲还剡自治，甚以怅然。人生如寄耳，顷风流得意之事，殆为都尽。……此多山水，山县闲静，差可养疾，事不异剡，而医药不同，必思此缘，副其积想也。

从谢安与支遁书推断，谢安思念支遁，得知对方想还剡治病，甚觉怅然，建议支遁来吴兴清言消愁，称吴兴多山，闲静，是养病的好地方，与剡不异，而药材不同，想到这是一种缘分，可以缓解累积的思念。我们不知支遁得谢安书后，是否来吴兴养病，与谢安清谈消遣闲暇？《支遁传》不载，无可知矣。

谢安作吴兴太守时间不会长。不久征拜侍中，迁吏部尚书、

––––––––––––––––

1《晋书·谢安传》说："温当北伐，会万病卒，安投笺求归。寻除吴兴太守。"考《晋书》卷八《哀帝纪》，兴宁元年（363）九月，桓温北伐。谢万之卒既在桓温北伐前后，则万之卒年，当在兴宁元年或隆和元年（362）。谢安为吴兴太守，在兴宁元年或二年。

中护军。由于史料不足，一般以为太和年间清谈沉寂了。实际情况如何，其实很难论定。谢安的清谈仍在继续，则是有迹可寻的。《世说·雅量》三四说：

> 戴公从东出，谢太傅往看之。谢本轻戴，见，但与论琴书。戴既无吝色，而谈琴书愈妙。谢悠然知其量。

谢安与戴逵论琴书的时间难定。刘孝标注引《晋安帝纪》说："（逵）好鼓琴，善属文，尤乐游燕，多与高门风流者游，谈者许其通隐。"戴逵性喜自然，不乐仕宦，多与朱门游，与栖身岩穴的传统隐士不一样，属于通达之隐。京师从来是高门风流者云集之所，戴逵由东山到京师，目的就在交识当世名流。谢安往看之，反映了当时推重隐士的社会风气。但既然往看之，却又"本轻戴"，大概是谢安觉得戴逵唯擅琴书绘画，并非廊庙之才，故见了戴逵，唯谈琴书。琴书属于"闲业"，素来为人所轻视，即便善鼓琴的能手，终究也是低贱。戴逵心知谢安轻视自己，然不以为意，愈谈琴书而愈妙。至于妙在何处，无从想象。或许读嵇康《声无哀乐论》，能得其仿佛。

谢安晚年相当多的谈论，发生在他与子侄之间。内容涉及前贤及时人的评论，圣人与凡人的区别，文义的赏析，子弟的培养，等等。形式自由，言语亲切如拉家常，给小辈各方面的启示。这种亲人之间的析理，不是激烈的论难与拒斥，不是万言的长篇大论，但无法否定它是生动的、别样的清谈。是那样的和风细雨，雅致亲切！在魏晋清谈家中，似乎很难找出第二个人，如谢安那样，悉心培育子弟的思考与语言的才能。谢氏一门清谈家、诗人辈出，同谢安对于家族文化传承作出的巨大贡献密不可分。

《世说·德行》三六说："谢公夫人教儿，问太傅：'那得初不见君教儿？'答曰：'我常自教儿。'"谢公夫人责问丈夫不教儿，好像既看不见谢公的不言之教，也无视有言之教。这不是事实。谢公说，"我常自教儿"，才是实事求是。《晋书·谢安传》说："处家常以仪范训子弟。"谢安以仪范以身作则，也以此训导子弟。例如《世说·言语》七一说：

> 谢太傅寒雪日内集，与儿女讲论文义。俄而雪骤，公欣然曰："白雪纷纷何所似？"兄子胡儿曰："撒盐空中差可拟。"兄女曰："未若柳絮因风起。"公大笑乐。

这个故事众人皆知，精彩处在谢奕之女谢道韫"未若柳絮因风起"一句咏雪，生动、形象、雅洁，后人因之誉道韫为"咏絮才"。其实，故事最重要的意义，在于谢安常集儿女"讲论文义"。文义，指文章的义理、内容，当然也包括文章的作法。魏晋时期的文学脱离经学而独立出来，随着文学地位的提高，讲论文义的风气自然而然发生了。例如西晋著名作家左思之妹左芬入宫为贵妃，在宫中讲论文义："言及文义，辞对清华，左右侍听，莫不称美。"（《晋书》卷三一《后妃上·左贵嫔传》，页958）谢安善属文，讲论文义独有会心。他曾评论庾仲初《扬都赋》说："此是屋下架屋耳，事事拟学，而不免俭狭。"（《世说·文学》七九）这二语道破当时辞赋创作摹拟汉代京都大赋的积弊，具有真知灼见，证明谢安颇谙文理。寒雪日，他内集儿女讲论文义，以咏雪的有趣形式启发后辈如何作诗。从此，谢氏家族中出现谢混、谢灵运、谢惠连、谢朓等著名诗人，文采风流，为江左文学世家之冠，溯其源，与谢安常与儿女讲论文义有莫大关系。

又《世说·言语》七五，记谢安与子侄谈论贤圣与凡人的区别：

> 谢公云："贤圣去人，其间亦迩。"子侄未之许。公叹曰："若郗超闻此语，必不至河汉。"

这是一次严格意义上的清谈。论题是圣贤与凡众之间相去几何。谢安以为，圣人与凡人之间相去不远，即不存在根本的不同。由此推论，人人皆能成尧舜。这是先秦儒家的观点。汉代之后，圣人被抬升到至高无上的地位，以为圣人秉性与凡人殊异，犹今语所谓"特殊材料构成"者。圣人生知，不须学问，无所不知，无所不明，言行无不合乎天理。即使贤人也与圣人不同，无法企及。魏末，何晏、王弼论圣人无情有情说，前者袭汉儒旧说，后者创魏晋新论。新旧说的本质区别，仍是圣人与凡众的同异问题。谢安称"贤圣去人，其间亦迩"，属于王弼以来的新说。"子侄未之许"，说明子侄仍持汉儒旧说，以为圣人殊绝凡众。于是，谢安感叹："如果郗超闻我此语，必不会惊异，以为犹如河汉而大而无当。"引郗超为知己。由谢安之叹，可知郗超亦持"圣人与人，其间亦迩"的新说。刘孝标引《超别传》说："超精于理义，沙门支道林以为一时之俊。"郗超精于何种义理，支道林没有说。史传称郗超信佛，所精义理，当指佛理。佛经以为圣人可学可至，则凡众若尽心修炼读经，亦可成佛。据佛理推衍，郗超必然会得出凡众亦可为圣人的结论，与谢安之言相合也。

谢安与人清谈时，常让子侄参与，给予小辈见识时贤，熟悉清谈，辨识胜理的机会。《世说·品藻》四六说：

> 谢公与时贤共赏说，遏、胡儿并在坐。公问李弘度曰："卿家平阳，何如乐令？"于是李潸然流涕曰："赵王篡逆，乐令亲授玺绶。亡伯雅正，耻处乱朝，遂至仰药，恐难以相比。此自显于事实，非私亲之言。"谢公语胡儿曰："有识者果不异人意。"

赏说，谓鉴赏与评说，一般指人物的评价与审美。谢安问李充（字弘度）："卿家平阳，何如乐令？"是赏说中朝人物平阳太守李重与乐广的优劣。商略中朝人物，是东晋清谈的重要内容，《世说》中所见不止一次。李充潸然流涕，回答谢安提出的问题，以为赵王伦篡逆，乐广亲授玺绶，乃是从逆；亡伯李重，立身雅正，耻处乱朝，宁愿仰药自杀。乐广难比李重，这是历史事实，非是亲属私论。末了，谢安对胡儿说："有识者果然不异我意。"意思说，李充是有识者，果然与我的看法相同，即李重优于乐广。

谢安与时贤赏说中朝人物，有意让子侄亲临清谈现场，聆听音旨，从中体会评论人物须注意人物所处的背景，以及人物的操守，并在最后总结、点拨清谈的意义，称叹李充是"有识者"。如此赏说人物，自然会深刻影响儿女们的人格与精神成长。谢安回答夫人说，"我常自教儿"，把清谈作为教儿的一种方式，高明至极。

晋孝武帝宁康元年（373）七月，桓温卒。谢安走向权力中心的路由此打开，"德政既行，文武用命，不存小察，弘以大纲。威怀外著，人皆比之王导，谓文雅过之"（《晋书》卷七九《谢安传》，页2074），后世称之为风流宰相。在他周围，聚集了不少清谈名士，谈论不辍。晚年"又于土山经营别墅，楼馆竹林甚盛，每与中外子侄往来游集。"（同上，页2075）赏说前贤和时彦。《世说》中《赏誉》《品藻》二篇，保存的谢安有关评论人物的事迹不少。

例如《世说·赏誉》七八："谢公称蓝田掇皮皆真。"蓝田，王述字。掇皮皆真，意谓"举体皆真"。《晋书》卷七五《王述传》说："简文帝每言述才既不长，直以真率便敌人耳。"谢安之评同简文之誉。《世说·赏誉》九七："谢公道豫章，若遇七贤，必自把臂入林。"豫章，指谢鲲，曾作豫章太守。谢公此语是说谢鲲慕竹林七贤放达行为，与之同类。《世说·赏誉》一二五："谢太傅称王修龄曰：'司州可与林泽游。'"注引《王胡之别传》说："胡之常遗世务，以高尚为情，与谢安相善也。"谢安此语是说王胡之喜游山水。《世说·品藻》六七，谢安评嵇康、支遁、殷浩三人清谈特点，非常精确。《世说·品藻》八二也记谢安评论当世的清谈人物："王子敬问谢公：'嘉宾何如道季？'答曰：'道季诚复钞（抄）撮清悟，嘉宾故自上。'"谢公以为庾龢（道季）只是抄撮群言，得其清悟，然不如嘉宾（郗超）自然超拔为上。

谢安评论王羲之、王献之父子的书法，极有趣味，是中国书法史上的佳话。《世说·品藻》七五说："谢公问王子敬：'君书何如君家尊？'答曰：'固当不同。'公曰：'外人论殊不尔。'王曰：'外人那得知。'"谢公说"外人论殊不尔"，言外之意是尊右军，轻子敬。而子敬说"外人那得知"，意谓己书胜父，外人所论不确。右军胜子敬，乃是书法史上的公论。谢安本人是"善书者"，加上鉴赏力高明，他评羲之父子的高下，诚不可易。

谢安前半生隐居会稽东山，后来始作桓温司马，直至宰辅，始终是清谈的中心人物。他的清谈内容非常宽泛，谈《庄子》、谈《易》、谈琴书、谈书法、商略中朝人物、评论当世清谈人物。最与众不同者，他借清谈训导子弟，奠定了谢氏家族的百年风流，对中国文化与艺术作出了杰出贡献。

三、王胡之、王坦之、韩伯等清谈人物

王胡之（？—371），字修龄，父王廙，宁远将军，荆州刺史。胡之历侍中、丹阳尹、西中郎将、司州刺史。在东晋中期的清言名士群中，王胡之年辈较长，其生年不可考，大概与殷浩、王羲之相差不远。[1]

关于王胡之清谈的事迹，《世说》及刘孝标注中有多处。例如《世说·赏誉》八二：王司州与殷中军语，叹云："己之府奥，蚤已倾写而见；殷陈势浩汗，众源未可得测。"上文述论殷浩清

---

1 考《晋书》卷七六《王廙传》：元帝即位，廙奏《中兴赋》，上疏云："臣犬马之年四十三矣。"则建武元年（317）元帝即位时，廙年四十三。胡之为廙次子，假若廙三十岁生胡之，则胡之生年约在永嘉元年（307）。

谈时，已分析过这个故事，这里不重复。《世说·容止》二四记庾亮镇武昌，僚佐殷浩、王胡之之徒登南楼理咏。可见早在成帝咸和末，王胡之已是武昌清谈群体中的重要人物。《世说·赏誉》一二九："谢公云：'司州造胜遍决。'"注引宋明帝《文章志》说："胡之性简，好达玄言也。"谢安所说的胡之"造胜遍决"，原意可能说胡之胜处很多，而刘孝标理解为"好达玄言"。《世说·赏誉》一三六："林公云：'见司州警悟交至，使人不得住，亦终日忘疲。'"注引《王胡之别传》："胡之少有风尚，才器率举，有秀悟之称。"《世说·品藻》六〇注引《王胡之别传》说："胡之好谈谐，善属文辞，为当世所重。"以上谢安、支遁及《王胡之别传》所言，皆能证明之好玄谈，且机敏有谐趣。

王坦之（330—375），[1]字文度。祖王承（安期）、父述（怀祖），皆有名当世。坦之门第高贵，"弱冠与郗超俱有重名，时人为之语曰：'盛德绝伦郗嘉宾，江东独步王文度'。"但此名士非彼名士，以谢安为代表的名士，风流洒脱，啸傲山水，音乐美人，谈玄论道；而王坦之也称名士，却不风流，他也清谈，却主张废《庄》。他的品格正是庾道季所说的"志力强正"。正确地说，王坦之是名臣，而非名士，是守旧的清谈人物，坚持旧学的主要代表。

坦之的个性及学术，集中见于他的《废庄论》《公谦论》以及《答谢安书》。《晋书·王坦之传》说："坦之有风格，尤非时俗放

1《晋书》卷九《武帝纪》：宁康三年（375）夏五月，王坦之卒。《晋书》卷七五《王坦之传》：坦之卒，时年四十六。由此可知坦之生于晋成帝咸和五年（330）。

荡，不敦儒教，颇尚形名学。"所谓"有风格"，指风格峻整，直道而行。"时俗放荡，不敦儒教"，是魏晋以来贵无哲学流行，影响到士风纵放，不遵礼法的结果。坦之非之，是名教的维护者。形名之学校练名理，具有贴近现实的品格，复兴于汉魏之际，以王粲、傅嘏为先驱。故大致能肯定，坦之的清谈，非谈"三玄"，是谈自然与名教的关系，及人物才性的评论。

魏末《庄》学流行，竹林名士之后，浸浸然有超乎《易》《老》之势。王坦之作《废庄论》，与学术主流逆向而行。此文起笔引荀卿、扬雄、何晏批评《庄子》的言论，然后赞美孔子、颜渊："孔父非不体远，以体远故用近；颜子岂不具德，以德备故膺教。"（《晋书》卷七五《王坦之传》，页1965）"体远"之体，为体用之体。"远"，指道或自然。意谓孔子并非不以自然为体，因体自然，故用在当前。"用近"之近，是指与名教切近之礼仪、道德之类。又说，颜渊因为道德完备，故能服膺儒教。举孔子、颜渊为例，论证名教出于自然，圣人以自然为体，以名教为用。自然、名教合一，知天亦知人，非如荀卿批评的庄子，"蔽于天而不知人"。德备才能遵教，非如庄生"放荡而不法"，道德不备，不遵名教。由此可见，王坦之推重儒道合一，自然、名教二者不可偏废。

王坦之把时俗放荡的风气，一概归咎于庄子，以为"天下之善人少，不善人多。庄子之利天下也少，害天下也多，故曰鲁酒薄而邯郸围，庄生作而风俗颓"，又说，庄生之道，类似"汉阴丈人修浑沌之术，孔子以为识其一，不识其二"。其实，魏晋时俗放荡，非圣无法，不过是《庄子》信奉者之中的末流。天下不善人多，并不是一帮虚谈者所为，主要原因是权势者在名教掩饰下的欺骗和作恶。相反，西晋末年胡毋辅之、谢鲲等行为放诞的"八达"，在历史转折关头，表现出凛然风概与操守，远非某些口诵圣贤者可比。

即以王坦之与谢安相比，也可证明《废庄论》的立论是偏颇的。谢安喜好《老》《庄》，风流潇洒，甚至"昔功之惨，不废妓乐"（《晋书》卷七五《王坦之传》，页1968）。王坦之以为谢安的这种德性，明显有缺陷，曾作书苦谏之。可是，在事关国家存亡、个人生死的危难时刻，谢安的风流放达，远胜王坦之的"志力强正"。《世说·雅量》二九载：桓温伏甲设馔，广延朝士，欲诛谢安、王坦之。王内心甚焦虑，问谢："当作何计？"谢神意不变，谓王："晋祚存亡，在此一行。"相与俱前。当此生死莫测之际，"王之恐状，转见于色。谢之宽容，愈表于貌。望阶趋席，方作洛生咏，讽'浩浩洪流'。桓惮其旷达，乃趣解兵。王谢旧齐名，于此始判优劣。"谢安旷达，临变不惊，是与接受玄学的影响分不开的。坦之说庄子"利天下也少，害天下也多"，岂非攻讦太甚乎！

王坦之与支道林交游，两人的学术旨趣殊异，绝不相得。《世说·轻诋》二一说：

> 王中郎与林公绝不相得。王谓林公诡辩，林公道王云："着腻颜帢，绤布单衣，挟《左传》，逐郑康成车后，问是何物尘垢囊？"

支道林状王坦之拾郑康成牙慧，学术上保守、陈腐的模样，入木三分，令人喷饭。坦之谓林公"诡辩"，主要指林公佛学，如《即色论》"色即如空，色复异空"之类的佛理，守旧的王坦之大概难以理解，作《沙门不得为高士论》攻击支遁与佛教。林公会通玄佛，义理通变超拔，卓绝于当时名士之上，自然瞧不起王坦之《废庄论》《公谦论》等文的陈腐。两人绝不相得，反映了传统儒学与外来佛教之间的差异与冲突。

王坦之能清谈，所谈乃形名之学。此由谢安薨功之惨，不废妓乐，以至时人效之，颇以成俗，而坦之非而苦谏之事可以看出来。谢安致书坦之，称"自求者声"，即音乐，聊复以自娱，与情义无关。如果一定要清洁自己的行为，崇世教，则不必谈此，亦非己所在意。坦之作书答复，谈人之体韵："意者以为人之体韵犹器之方圆，方圆不可错用，体韵岂可易处？各顺其方，以弘其业，则岁寒之功必有成矣。""体韵"之体，指人之秉性、德性；韵，指人之情韵、情趣。坦之以为人之体韵犹器之方圆，不可错用。这是论人物情性问题，属于形名之学。

王坦之又曾与殷康子论公谦之义，"康子及袁宏并有疑难，坦之标章摘句，一一申而释之，莫不厌服。"可见坦之理论分析的才能不错。他又与沙门竺法师每共论幽明报应。（以上皆见《晋书·王坦之传》，页1969）可惜详情不知。

能确知的王坦之清谈，是《世说·排调》五二所记与支道林的谈论：

王文度在西州，[1]与林法师讲，韩、孙诸人并在坐。林公理每欲小屈。孙兴公曰："法师今日如着弊絮在荆棘中，触地挂阁。"

坦之与支遁绝不相得，却不碍共论，说明东晋名士气度终究宽宏，不如今日视异端如仇人。只是不知二人谈何问题。令人费解的是，超一流的清谈高手支遁，居然于此日如着弊絮在荆棘中，触处皆碍。何以林公理每欲小屈？也许是谈论林公不太熟悉的名理问题吧。

韩伯（332—380），[2]字康伯。《晋书》卷七五《韩伯传》说："及长，清和有思理，留心文艺。舅殷浩称之曰：'康伯能自标置，居然是出群之器。'颍川庾龢名重一时，少所推服，常称伯及王坦之曰：'思理伦和，我敬韩康伯；志力强正，吾愧王文度。'"又说："简文帝居藩，引为谈客。"（《晋书》，页1993）《世说·德行》三八注引《续晋阳秋》说：韩伯"好学善言理"。其舅殷浩也说康伯"善言理"。善言何理？善言《易》理也。韩伯的学术，直接受到舅父殷浩的影响。殷浩精通《易》学，韩伯作《易·系辞》注，传承殷浩的学问是毋庸置疑的。

韩伯善言理，《世说·言语》七九可作例证：

---

1 程炎震《世说新语笺证》："坦之未尝为扬州，支遁下都在哀帝时，王述方刺扬州，盖就其父官廨中设讲耳。"

2 《晋书》卷七五《韩伯传》谓韩伯卒时年四十九，不书卒年。许嵩《建康实录》卷九载：太元五年（380）八月，太常韩伯卒。则韩伯生于晋成帝咸和七年（332）。

> 谢胡儿语庾道季："诸人莫当就卿谈，可坚城垒。"庾
> 曰："若文度来，我以偏师待之；康伯来，济河焚舟。"

刘孝标注引徐广《晋纪》说，庾龢"以文辩著称于时"。谢胡儿，谢朗。庾道季，庾龢。谢朗提醒庾龢，诸人夜里要来与卿谈，卿可加固营垒。意思说，可要作好准备。庾龢的回答，其实是对王坦之、韩伯两人清谈水平的评论：文度来，偏师应对即可；韩伯来，则济河焚舟，决一死战。可见，韩伯言理，胜于文度。这个故事证明，谢朗、庾龢、王坦之、韩伯为一时谈友。

《世说·文学》二七殷浩说："康伯未得我牙后慧。"注引《浩别传》说："浩善《老》《易》，能清言。"殷浩之语究竟何意？历来似无确解。《晋书·韩伯传》记殷浩称赞"康伯少自标置，居然是出群器，及其发言遣辞，往往有情致"。这几句，岂不是"牙后慧"——口头上的褒奖吗？何以殷浩说"康伯未得我牙后慧"？我以为殷浩此语似抑实扬，标榜自己不轻易许人以"牙后慧"。康伯我外甥，又是如此优秀，尚且未得我牙后慧，遑论他人？言外之意，康伯是早该得我牙后慧的。

时人称韩伯"有思理""思理伦和""善言理"，既是指康伯言理平和有思致，也包括他的精于《易》学。今存《周易注》十卷，上下经注记《略例》，为王弼注。《系辞》上下、《系辞传》、《说卦传》、《序卦传》、《杂卦传》注，为韩伯撰。王、韩二人的注，合为《周易注》，一直流传至今，是《易》学史上的代表作，

影响深远。韩伯注《易》与王弼同，皆主义理，不讲象数。[1]

庾龢（329—约366），[2]字道季，《晋书》卷七三有传。颍川庾氏自西晋庾敳始，代有清谈人物。敳之后庾亮，亮之子龢，三人是庾氏家族清谈的代表。庾亮位高势重，为东晋初期武昌清谈的中心人物，上文已言及。庾龢"以文谈著称于时"，"善言理"，与韩伯为谈友，水平差不多。庾龢之后，就罕见庾氏后人清谈了。

郗超（336—377），[3]字景兴，一字嘉宾。祖郗鉴，父郗愔。《晋书》卷六七《郗超传》说："少卓荦不羁，有旷世之度。交游士林，每存胜拔，善谈论，义理精微。"又说："又沙门支遁以清谈著名于时，风流胜赏，莫不崇敬，以为造微之功，足参诸正始。而遁常重超，以为一时之俊，甚相知赏。"郗超是士林中的杰出人物，有大格局，清谈常有创见。"义理精微"之义理，大概以佛理为主。超奉佛，对佛理深有研究。

史称郗超善谈论，可惜几乎不见其清谈的具体事迹，我们只能从他与别人的相互评论中，发现其善谈的蛛丝马迹。譬如上文言及谢安同子侄谈论"贤圣去人，其间亦迩"的问题，子侄未之许。公叹曰："若郗超闻此语，必不至河汉。"引郗超为同调。又《世说·赏誉》一一八："简文语嘉宾：'刘尹语末后亦小异，回

---

1 参见《四库全书总目·周易注》十卷提要。
2 唐翼明《魏晋清谈》据《晋书》卷七三《庾龢传》记载"叔父翼将迁襄阳，龢年十五"，并考《晋书》卷七《康帝纪》，庾翼迁镇襄阳在建元元年（343），则此年龢年十五。由此推知庾龢生于晋成帝咸和四年（329），《晋书》本传言龢太和初卒于官。定其年为太和元年（366）。今从之。
3 程炎震《世说新语笺证》："《晋书·超传》不著卒年，《通鉴》系之太元二年十二月，当必有据。"程说是。今从之。

复其言，亦乃无过。'"简文、郗超二人，谈论刘惔清谈的特点。又《世说·品藻》六二："郗嘉宾道谢公造膝虽不深彻，而缠绵纶至。"[1] 又曰："右军诣嘉宾。嘉宾闻之云：'不得称诣，政得谓之朋耳。'谢公以嘉宾言为得。"郗超前二句评论谢安，说谢安清谈与人促膝，很亲切。理义虽未达到深彻的境界，但析理缠绵而有条理。但别人评论右军（王羲之）的清谈已及郗超，超评论自己及右军说："不得称造诣深彻，止可称之为相等耳。"意思是自己与右军彼此差不多而已。

郗超作为桓温的智囊，谢安与其在政治上不相得，但很欣赏他的才能，对他的清谈也给予很高的评价。例如《世说·品藻》八二："王子敬问谢公：'嘉宾何如道季？'答曰：'道季诚复抄撮清悟，嘉宾故自上。'"刘孝标注："谓超拔也。"是说谢安以为"庾龢之谈理，虽复采取群言，得其清悟，然不如郗超之超拔也。"（见余嘉锡《世说新语笺疏》，页544）

谢朗（生卒年不详），字长度，小字胡儿，谢安次兄据之长子。文义艳发，名亚于谢玄。仕至东阳太守。谢朗、谢玄等谢家子弟，自幼随谢安、谢万等父辈生活在会稽。会稽文化氛围，特别是流行的清谈，自然而然影响这些少年的成长。《世说·赏誉》一二八注引《续晋阳秋》说："谢安初携幼稚同好，养志海滨"幼稚，即谢朗、谢玄等谢家子弟。谢安有意识地培养子侄，已见上文。谢家子弟自小就能清谈，少年谢朗与支遁清谈，即是突出例子。《世说·文学》三九说：

---

1 纶至，比喻清谈如理丝有条理。

林道人诣谢公，东阳时始总角，新病起，体未堪劳。与
　　林公讲论，遂至相苦。母王夫人在壁后听之，再遣信令还，
　　而太傅留之。王夫人因自出云："新妇少遭家难，一生所寄，
　　唯在此儿。"因流涕抱儿以归。谢公语同坐曰："家嫂辞情慷
　　慨，致可传述，恨不使朝士见。"

这个有趣的故事，有多种意义可讲。一是清谈的普遍。谢朗总角
就能同清谈高手支遁清谈，可见当时会稽清谈盛行，少长咸集，
非今人所能想象。当然，清谈属于上层社会的文化及精神活动，
并没有普及到社会的底层，这是不言而喻的。二是再次证明清谈
是智力的较量。谢朗与支遁讲论，"以至相苦"。到了相苦的地步，
必然耗损精力与体力。王夫人说，"一生所寄，唯在此儿"，流涕
抱儿以归，担忧谢朗清谈殚精竭力，害怕不测。三是谢安在王夫
人遣信令谢朗回来时，谢安仍留之不还。也许他觉得支道林到来，
谢朗与之讲论，是训练子侄清谈的难得机会，中途放弃可惜。谢
安的行为说明他太热衷于清谈，也热衷于对子侄的培养，有时简
直过分了。刘孝标注引《中兴书》说："（谢）朗博涉有逸才，善
言玄理。"谢朗离开会稽到京城后，常与韩伯、庾龢、王坦之清谈
（已见上文）。

　　谢玄（343—388），字幼度，谢安长兄奕之第三子。前文曾
讲到谢安精心培养谢家子弟，谢玄于子侄中最有名，经常能很好
地回答叔父提出的问题。例如《世说·言语》七八："晋武帝每
饷山涛恒少。谢太傅以问子弟，车骑答曰：'当由欲者不多，而

使与者忘少。'"注引《谢车骑家传》："（玄）神理明俊，善微言，叔父太傅尝与子侄燕集，问：'武帝任山公（涛）以三事，任以官人，至于赐予，不过斤合。当有旨不？'玄答有辞致也。"这个故事写谢玄解释叔父提出的问题：晋武帝每次赏赐山涛为何总是少？谢玄回答："应当是欲者（指山涛）不求赏赐之多，而与者（指晋武帝）便不在意所赐为少。"这个回答，巧妙地解释了看似难以解释的社会现象，富有新意，确实如《谢车骑家传》所言，谢玄有着"神理明俊，善微言"的个性与才能。生活中蕴含着丰富的哲理，在日常的、普通的对话中领悟与揭示这些哲理，怎么就不算是清谈雅言呢？

与上面故事类似，还有《世说·言语》九二谢玄回答谢安提出的问题：

> 谢太傅问诸子侄："子弟亦何豫人事，而正欲使其佳？"诸人莫有言者。车骑答曰："譬如芝兰玉树，欲使其生于阶庭耳。"

谢安之问意谓子弟佳不佳，与我有何干系呢？虽然，为什么欲使其佳？这个问题并不好回答，故诸人莫有言者。谢玄以芝兰玉树，人欲使其生于阶庭的比喻，道出谢安不忘培育佳子弟的心情，雅有深致，令人回味不尽。

升平二年秋八月，谢玄父谢奕卒。谢玄居丧期间，曾和支道林清谈，从白天谈到傍晚才结束。（见《世说·文学》四一）不久，叔父谢安出山，在京师任职，与子侄讲论文义，谈玄论道，谢玄是主要参与者。

谢玄清谈的最佳例子，是与司马道子谈《庄子·天下篇》。《世说·文学》五八说：

> 司马太傅问谢车骑："惠子其书五车，何以无一言入玄？"谢曰："故当是其妙处不传。"

太元七年（382），会稽王道子录尚书六条事，专权辅朝政。谢玄与司马道子谈论《庄子·天下篇》，或在其时。刘孝标注引《庄子》说："惠施多方，其书五车，其道舛驳，其言不中，谓卵有毛，鸡三足，马有卵，犬可为羊，火不热，目不见，龟长于蛇，丁子有尾，白狗黑，连环可解，能胜人之口，不能伏人之心，盖辩者之囿也。"以上《庄子》所讥，即司马道子"惠施其书五车，何以无一言入玄"之疑问。谢玄答："故当是妙处不传。"以《老子》"玄之又玄，众妙之门"语，解释道子疑问，以为惠施虽其书五车，而妙处不传。"入玄"即"妙处"，"妙处"即"入玄"。"无一言入玄"与"妙处不传"互为因果。正如孝标注引《庄子》之文说：惠施"其道舛驳，其言不中"。卵有毛，鸡三足之类，何有妙处？岂能入玄？谢玄评论惠施，再次可见其"神理明俊，善微言"。

四、清谈与"啖名客""利齿儿"

本节考论清谈与"啖名客"两者的关系。"啖名客"一词来自

《世说·排调》五四：

> 简文在殿上行，右军与孙兴公在后。右军指简文语孙曰："此啖名客。"简文顾曰："天下自有利齿儿。"

这个故事后面还有"后王光禄作会稽"等数句，与本节的论旨关系不大，故省去。使人感觉有趣味的是"啖名客"和"利齿儿"。余嘉锡以为"啖名客"是"啖石客"之误，[1]我以为"啖名客"不误。"啖石"是道家之法，而孙兴公善于持论，与"啖石"毫不相干，《殷芸小说》不足取。"啖名客"为比喻，喻好名、贪名之人。名虽无形，亦可啖也。《魏志·卢毓传》说："选举莫取有名，名如画地作饼，不可啖也。"可见，魏晋时期自有"啖名"之说。名既可啖，有人齿钝，不善争名；有人齿利，善于得名。然则"利齿儿"何指？当指口辩伶俐，以善谈论而获取名誉之高手也。清谈的历史证明，"啖名客"往往是"利齿儿"，"利齿儿"最易成就"啖名客"。"啖名客""利齿儿"两者密不可分，共同推进清谈的发展。

自汉末谈论风气流行之后，"啖名客""利齿儿"从来就是引领学术潮流的人物。从人之才性而言，人有辩讷之异。言论便捷

---

1 余嘉锡《世说新语笺疏》说："'啖名客'与'利齿儿'语意不甚可解。名既不可啖，且啖名亦何须利齿？若谓简文此语为指右军言之，则右军寥寥一语，未可便谓之'利齿儿'。考宋曾慥《类说》四九载《殷芸小说》作'右军指孙曰："此是啖石客。"简文曰："公岂不知天下自有利齿儿耶？"'……盖道家有啖石之法，右军以兴公善于持论，然多强词夺理，故戏之为啖石客。"页816。

的"利齿儿",往往更占优势,自然也就更易得名。这种例子举不胜举,就汉末名士而论,边让、郭太、谢甄等人,皆是能言善辩的"利齿儿"。这些人虽未必个个都想"啖名",但社会评价以善谈论者为优,结果必然名亦随之。

魏晋清谈承汉末遗风,义理精微且口辩无碍者,往往大获时誉。著名者如何晏、王弼、钟会、乐广、王衍、卫玠、殷浩之流,无不如此。他们不一定都是"啖名客",却无一不是"利齿儿",以精微的玄理,一流的辩才,在魏晋清谈史上享有崇高地位。

有人评论魏晋清谈,过分夸大清谈的交游作用,以为不过借此结识当世名流,获得名声,而忽略清谈的本质是义理的追求。前文多次言及清谈的学术性质,事实上优秀的清谈家,无不具有探索义理的钻研精神。当然,其结果是获得时誉。凭藉高明的学术成就而获得名声,实至名归,有何不好?犹如竞技场上的运动员,几乎人人都努力,人人想争夺冠军。难道能鄙夷他们全是"啖名客"吗?《魏志·钟会传》说:"及壮,有才数技艺,而博学,精练名理,以夜续昼,由是获声誉。"由精练名理而获声誉,正如种植而得果实,天经地义。

当然,清谈人物并不都是"啖名客",譬如"王弼通俊,不治名高"(《魏志·钟会传》注引何劭《王弼传》),纯粹以学术为生存方式,甚至将其看作生命存在的全部意义。然则,清谈的"啖名客",是否必定低劣?这也未必,因为清谈的"游戏规则"是必定要分出优劣胜负的。任何一种技艺竞赛,最后的结果是名次的确定,给予优胜者荣誉。清谈,本质是义理之间的竞赛,形式是攻难双方的辩论,即使是雅论美谈,也总能分出优劣高下。

学问深博，义理精微，言辞精美，是长期学习、钻研与逻辑训练的结果，并非仅凭口齿伶俐就能所向披靡。魏晋清谈，在大多数情况下，是清谈者义理及言辞水平的真实反映。何况，有时还会有许多旁听者，或者参与者，对谈论的题目有所研究。清谈家从开始谈论的一刻起，就无法藏拙。一流的清谈家，皆货真价实。"啖名客"之啖名，利齿固然是重要因素，学问的深浅、义理的高下终究是根本。

上文言及许询年少时与王苟子辩论的故事（见《世说·文学》三八），就足以说明清谈优劣之名的重要以及"啖名客"能"啖名"的根本原因。看来，许询年少时就是"啖名客"，人们把他与苟子相提并论，他觉得自己的清谈胜于苟子，感到大不平；遂与苟子论理，共决胜负。许询为名誉而战，不遗余力，经过"苦相折挫"，终于取胜。证明了自己确实胜于苟子，别人把他与苟子并论确实不识优劣。可是，支道林对许询为名而辩不以为然，称何必把苟子逼到理屈词穷的地步，这不是求理中之谈。

支道林以师长的厚道面目，训导许询"得理处须饶人"，实际上他本人就是个不折不扣的"啖名客"，也是个罕见的"利齿儿"。例如《世说·文学》四五说，"于法开始与支公争名"。支道林最丢人的事是《世说·文学》四三注引《语林》的故事："（殷）浩于佛经有所不了，故遣人迎林公。林公乃虚怀欲往，王右军驻之曰：'渊源思致渊富，既未易为敌，且己所不解，上人未必能通。纵复服从，亦名不益高。若佻脱不合，便丧十年所保。可不须往。'林公亦以为然，遂止。"

王右军劝阻支遁欲与殷浩研讨佛经的故事，是理解清谈与

"啖名客"关系的极佳资料。首先，王羲之爱名心最重，以为殷浩义理精微，他不解的问题，你支遁也未必能通。即使你能通，殷浩信服，你的名声也不会增高。假若自己也疏略，与经义不合，便会丧失十年道分，故不可往。可见，王羲之劝阻支遁的出发点，就是保住名声。在他的观念中，只有增益名声的清谈才有意义：若有损名声，则不必谈论。如此一来，名声比寻求义理更重要。想不到潇洒出尘的王右军，在清谈群中是个眼中唯见名声的"啖名客"。其次，支遁居然听从羲之的劝阻，失去了同殷浩切磋经义的好机会，说明他也是"啖名客"。明人钟惺评点说："拨动和尚名根。"作为名冠当世的高僧，支遁自然懂得佛经"诸法皆空"的根本义理。名，虚幻不真如浮云泡沫。他认同一切皆空，可在现实世界里，竟然顾惜名声如此！可见，高僧有时也是"啖名客"，反过来也再次证明"啖名客"确实是清谈盛行的重要推手。

魏晋清谈能前后流行二百年，其中重要的一个原因，是清谈往往能作为名士的漂亮招牌，善谈论者能获致大名。故不妨这样认为：正是"啖名客""利齿儿"，推动玄学与清谈的不断发展。如王羲之那样的具有保守色彩的"啖名客"，诚不足取，而支遁受羲之一时误导，虽也"啖名"，但其争名，不损其奋进精神。他的清谈及玄佛研究，都极具开创精神。如日中天的名声，绝非来自爱惜羽毛而畏于辩论场上的搏击。相反，支遁广泛地谈论玄佛，卓然天拔，被人誉为王弼式的人物，这是他获得巨大声誉的根本原因。

在清谈不断发展的过程中，"啖名客"功不可没。虽然有一部分清谈名士喜欢高自标置，譬如谢鲲、刘惔、孙绰等人。其中刘恢最突出，自诩为清谈第一流人物，无疑也是"啖名客"。然在事实上，刘恢确实是第一流。假若"啖名"而非欺世盗名，能以校练名理得名，就没有什么可以非议的。任何一门学问或技艺，只要推崇实至名归，扫除欺世盗名，就必然会出现真名士、真大师。

五、结语

自穆帝永和初简文辅政，至太元十年（385）谢安辞世，前后整整四十年，是东晋时清谈的鼎盛期。其中出现的清谈人物，比起东晋初期多得多。清谈内容除继承传统的"三玄"之外，佛教哲学也成为清谈的重要内容（详见本书后面考述）。这时期的清谈，有以下几个问题值得重视。

一、东晋中期清谈的历史再次表明：掌握世俗政权的政治精英，也是顶级的文化精英，他们是清谈的中心人物。永和至太和年间，简文帝辅政，政治地位无人可及，本人玄学修养极高，善清谈，其府邸成了京师最重要的清谈场所。许多重要的清谈活动由简文组织并主持。简文时玄风特盛，由清谈影响到文学艺术，是中国思想史和文学史上风采独具的时期。

二、桓温是东晋最著名的军事强人之一，早期就喜清谈。他镇守荆州二十年，晚年驻姑孰。他的优长突出地体现在网罗四海奇士不遗余力。桓温幕府，是历史上早期的最著名也是最成功的幕府，聚集了大量名士，见于史传者如袁宏、孙盛、习凿齿、伏滔、罗含、王珣、郗超等，或擅长诗赋，或长于谈论，或耽于哲思，或长于佛理。众多文化精英云集于桓温幕府，形成思想论辩及文学艺术创作的中心。[1]依照情理推测，桓温幕府绝对不可能没有清谈。然而由于史料的缺失，桓温幕府中的清谈盛况，被历史尘埃层层遮蔽，终究异常模糊，很难钩沉。

三、谢安世称"风流宰相"。谢氏家族在东晋之初尚未发达，著名人物仅有谢鲲。其后谢鲲子谢尚、谢安兄谢奕、弟谢万，先后出仕，谢氏开始成为新兴贵族。至谢安中年出山之后，登上宰辅的高位，谢家子弟各显其美，谢氏成为有名的文化大族，与王氏比匹而不愧。谢氏家族中的清谈人物，甚至比王氏子弟更有名。这是谢安精心培育子弟的丰硕果实。

四、自魏末以降，清谈的总趋势是与当代政治渐渐疏离。但不等于说，东晋的清谈与现实都无关系。至东晋中期，王羲之、谢安诸人的清谈，与山水、醇酒、音乐、美人一样，成了享受人生、抒写怀抱的形式之一，东晋许多名士玄学化的人生，吟咏《老》《庄》为主的玄言诗，以及对山水的自然审美，皆与清谈玄理有莫大的关系。

五、东晋中期清谈的内容，较之初期宽泛多了。除谈《易》、才性四本、圣人无情有情、神鬼有无、君父孰先孰后等传统的旧题之外，谈《庄子》中的《逍遥游》《渔父》《天下》，谈《礼记》，谈琴书，谈南北学问异同，谈《白马论》等。随着社会生活的日益丰富，名士生活的艺术化，雅言美论的盛行，清谈变得更加普遍，面貌特别清新。

---

1 详见拙文《东晋桓温幕府文士及文学活动考略》，载拙著《守拙斋古代文学杂论》，吉林人民出版社，2020年。

第十章

东晋后期清谈

人亡言息。魏晋清谈时段的划分，还是以重要清谈人物的离世作参考，相对来说比较靠谱。咸安二年（372）秋，清谈领袖简文帝崩。明年宁康元年（373），军事强人桓温薨。名臣王坦之于宁康三年卒。清谈人物王胡之于太和六年（371）卒，郗超于太元二年（377）卒，孙盛于太元三年卒。不少活跃在东晋中期的老一辈清谈人物，到了孝武帝太元初，相继凋零，所剩无几。同时，魏晋思想史的历程犹如江水过了三峡，失去了云水相激、惊涛拍岸的精彩。它趋于平缓，甚至停滞。清谈史上的一些老题目虽然仍在谈，但已经不能开辟理论新境，也无法回应现实世界的变化。清谈的极盛时代过去了。随着晋孝武帝即位，东晋清谈开始它的后期历程。虽然，清谈中心人物谢安还在，但已年在桑榆，多数时候与谢家子弟谈文论艺，或者品评从前的清谈名流。谢安、谢玄故世后，谢家子弟与王氏子弟成了清谈的主力军。重要的清谈人物则是殷仲堪、羊孚、桓玄，他们对政治的热衷，对权势的追求，远胜于对学问的研究。清谈的规模与学术成就，都与往昔不可同日而语了。

一、王氏清谈人物

在魏晋清谈史上，琅邪王氏与太原王氏，人才辈出。东晋初期，王导存亡继绝，从永嘉至咸康，引领清谈三十年。王导子侄一辈，王羲之、王胡之、王述喜清谈，可水准大不如父辈王导。王导有六子：悦、恬、洽、协、劭、荟，好像都不喜清谈。导第五子劭（敬伦），"清贵简素，研味玄赜"，似乎对玄学有研究，然不闻其清谈。王羲之有六子，最著名者王献之，风流为一时之冠，亦能清谈，深受谢安爱重。王徽之（子猷）也能谈几句。其余诸子，几乎不闻有清谈事迹，真是每况愈下。以下依次考述王氏家族中的清谈人物。

王献之（344—386）、[1]王徽之（？—386）。王子猷清谈事迹，唯一可以看见者，是与子敬共赏读《高士传》及赞。《世说·品藻》八〇说：

> 王子猷、子敬兄弟共赏《高士传》及赞，子敬赏井丹高洁，子猷云："未若长卿慢世。"

1 张怀瓘《书断》："子敬为中书令，太元十一年（386）卒于官，年四十三。"按，"太元"原作"太康"，误。由此推知，子敬生于晋康帝建元二年（344）。张彦远《历代名画记》卷五记子敬卒年与《书断》同。《世说·伤逝》一六记子敬先亡，月余子猷亦卒。则子猷亦卒于太元十一年，唯不知其生年在何年。

《高士传》为嵇康作。后汉人井丹博学高论，京师为之语曰："五经纷纶井大春，未尝书刺谒一人。"北宫五王等权贵欲与之交结，井丹有时不肯见，有时虽至官府，莫得与语。平生不愿做官，后来隐遁。赞语道："井丹高洁，不慕荣贵。抗节五王，不交非类。显讥辇车，左右失气。披褐长揖，义陵群萃。"长卿，西汉司马相如。他最有名的故事，是以琴心挑卓文君，两人私奔，俱归成都。后居贫，至临邛卖酒，文君当垆，相如着犊鼻裤，洗酒器于市中。赞语道："长卿慢世，越礼自放。犊鼻居市，不耻其状。托疾避官，蔑此卿相。乃赋《大人》，超然莫尚。"

子敬、子猷评论《高士传》中井丹、司马相如，一赏井丹高洁，一赏长卿慢世，审美不同，乃是子敬兄弟两个性各异所致。子敬为人清高，例如《世说·忿狷》六记子敬诣谢安，习凿齿先在坐。子敬鄙习，以为不如自己，不愿与习并榻坐。子敬走后，谢安评论子敬"殊足损其自然"，意思说子敬做作。刘孝标注引刘谦之《晋纪》说："王献之性甚整峻，不交非类。"子敬性整峻，故赏井丹高洁。而子猷赏长卿慢世，盖其本人即是任诞人物。《世说·任诞》三九、四六、四七、四九，《世说·简傲》一一、一三、一六，都讲子猷如何放达任诞。《世说·四六》注引《中兴书》说："徽之卓荦不羁，欲为傲达，放肆声色颇过度，时人钦其才，秽其行也。"又《世说·简傲》一一注引《中兴书》说："桓冲引徽之为参军，蓬首散带，不综知其府事。"从子敬、子猷评论古人不同，不难理解魏晋人物评论，与评论者的个性及审美有密切关系。

王献之清谈，究竟义理如何？谢安有评论。《世说·品藻》七七说："人有问太傅：'子敬可是先辈谁比？'谢曰：'阿敬近撮王、刘之标。'"王谓王濛，刘谓刘恢。刘孝标注引《续晋阳秋》说："献之文义并非所长，而能撮其胜会，故擅名一时，为风流之冠也。"《续晋阳秋》所言，很好地解释了谢安对献之清谈的评论。子敬谈论的义理一般，但善于撮合王濛、刘恢义理的精妙，故也能擅名一时。可见，子敬所谈之理并非出于自己的悟解，不过是综合他人的精妙罢了。《世说·品藻》八二说："王子敬问谢公：'嘉宾何如道季？'答曰：'道季诚复钞撮清悟，嘉宾故自上。'"看来，庾龢（道季）的清谈与王献之一样，也是抄撮。当然，抄撮也有善与不善之别。善者"撮其胜会"，不善者便是拾人牙慧。总之，王献之清谈至多算是二流人物。

王恭（？—398），[1]字孝伯，祖濛，父蕴。《晋书》卷八四有传。王恭能清谈，《世说·赏誉》一五五说：

> 王恭有清辞简旨，能叙说而读书少，颇有重出。有人道孝伯常有新意，不觉为烦。

刘孝标注引《中兴书》说："恭虽才不多，而清辩过人。""清词简旨"，指言辞清明，义旨简约。王恭属于清谈中的简约一派。"能叙说而读书少"，指能言而学问不多，即《中兴书》所谓"才不多

1《世说·文学》一〇二注引《桓玄集》载，玄为王孝伯所作《诔序》说："隆安二年九月十七日，前将军、青兖二州刺史、太原王孝伯薨。"然其生年不详。

而清辩过人"。《晋书》卷八四《王恭传》说：恭死后，"家无财帛，唯书籍而已，为识者所伤"。家中唯有书籍，却仍然读书少。可见读书多少，与家中藏书多少并不一定成正比。

魏晋清谈家，一般都很热衷于品评前代及当今名士的优劣长短。王恭曾与谢安评论过王濛、刘惔、支遁、王羲之等一流名士。例如《世说·品藻》七三："谢太傅谓王孝伯：'刘尹亦奇自知，然不言胜长史。'"同篇七六："王孝伯问谢太傅：'林公何如长史？'太傅曰：'长史韶兴。'问：'何如刘尹？'谢曰：'噫，刘尹秀。'王曰：'若如公言，并不如此二人邪？'谢云：'身意正尔也。'"同篇七八："谢公语孝伯：'君祖比刘尹，故为得逮？'孝伯云：'刘尹非不能逮，直不逮。'"同篇八四："王孝伯道谢公浓至。又曰：'长史虚，刘尹秀，谢公融。'"读者是否注意到：王恭评论清谈人物，最在意的是其祖王濛，以及与濛齐名的刘惔。王、刘二人的名士风流及清谈佳话，几十年之后仍播在人口。王恭崇拜祖父及祖父的好友刘惔，完全在情理之中。他年轻时就"慕刘惔之为人"（《晋书》卷八四《王恭传》，页2183），深受前贤影响。他的"清词简旨"，与刘惔的言辞简至一脉相承。

王珉（351—388），[1]字季琰，小字僧弥，王导孙，中领军王洽少子。有才艺，善行书，名出兄珣右。累迁侍中、中书令、赠太守。（《世说·政事》二四注引《珉别传》）王珉清谈事迹，能考见者极少。一见于《世说·赏誉》一五二：

<hr>

1《晋书》卷六五《王珉传》："太元十三年（388），时年三十八。"

张天锡世雄凉州，以力弱诣京师。虽远方殊类，亦边人之桀也。闻皇京多才，钦羡弥至。犹在诸住，司马著作往诣之，言容鄙陋，无可观听。天锡心甚悔来，以退外可以自固。王弥有俊才美誉，当时闻而造焉。既至，天锡见其风神清令，言话如流，陈说古今，无不贯悉。又谙人物氏族中来，[1]皆有证据，天锡讶服。

这个故事分前后二段。前段写凉州刺史张天锡，乘苻坚军败之机逃奔归晋朝。闻京师多才士，钦慕而来，不料遇见司马著作，大失所望。后段写王珉得知天锡来京，上门与天锡谈论。正如刘孝标注引《续晋阳秋》所言，"珉风神秀发，才辞富瞻"。王珉博学，谈论古今，条分缕析，皆有证据，天锡非常讶服。

王珉善谈论，又见于《世说·文学》六四，珉谈论佛经《阿毗昙》。此事将在后文记叙佛教清谈时详说。后人所知王珉清谈，大概只有上面所说的二次。

王导之子中，王洽最有名，《隋书》卷三五《经籍志》著录晋中书令《王洽集》五卷，录一卷。王导诸孙中，王珣、王珉、王谧，都是才华富瞻的人物，文化素养之高，可能胜过父辈。《隋书》卷三五《经籍志》著录晋太常《王珉集》十卷，梁录一卷，亡。同书著录晋司徒《王珣集》十一卷，并目录，梁十卷，亡。晋司徒《王谧集》十卷，录一卷。可惜以上著作早湮没不存。其

---

1 中来，当是"中表"之误。余嘉锡《世说新语笺疏》："《隋志》有齐永元《中表簿》五卷，可见六朝人之重中表。"

中王珣是桓温幕府中最杰出的人物，文笔尤妙，著作宏富，至梁时尚存十卷。可惜珣文章散佚皆尽，清谈事迹也无从考见，能不浩叹！

二、谢氏清谈人物

陈郡阳夏谢氏，自谢安、谢玄在淝水之战中建立不世功勋后，成为与琅邪王氏比匹的顶级家族。谢氏家族人才众多，其文化素养之高，甚至超越王氏。但盈虚有时，时代毕竟在不断变化。自晋孝武帝即位之初，皇室内部不和的种子就已萌芽。孝武帝年幼时受皇父简文的熏陶，即位后学简文的样子，喜欢文士，也喜欢清谈。然论风流与玄谈，其与简文相差太远了。东晋中期的清谈中心人物谢安，此时已老。谢朗早卒。太元十年（385）谢安辞世。不久，谢玄亦卒。谢氏清谈一时后继无人。太元后期，谢安孙辈中出了个谢混，才使谢氏风流以及清谈得以延续。

谢混（368—412），[1]字叔源，小子益寿。祖谢安，父谢琰。《晋书》卷七九有传。谢混少有美誉，善属文，以"文学砥砺立名"。（《世说·言语》一〇五注引《晋安帝纪》）时人以谢混风华为江左第一。曾与族子谢晦同在刘裕前，裕目之曰："一时顿有两玉人耳。"

谢混直接继承祖父谢安培养谢家子弟的遗风，具有强烈的振

---

1 谢混的生年，参考日本学者佐藤正光著《南朝门阀贵族与文学研究》（李寅生译）一书，据作者自注："谢混生卒年，渊自于石川忠久先生的考证。"陕西人民出版社，2012年，页49。

兴家族的意识，经常与族中年轻一代聚会，讲论文义。《南史》卷二〇《谢弘微传》说：

> 混风格高峻，少所交纳，唯与族子灵运、瞻、曜、弘微以文义赏会，常共宴处，居在乌衣巷，故谓之乌衣之游。混诗所言"昔为乌衣游，戚戚皆亲姓"者也。其外虽复高流时誉，莫敢造门。瞻等才辞辩富，弘微每以约言服之，混特所敬贵，号曰微子。谓瞻等曰："汝诸人虽才义丰辩，未必皆惬众心，至于领会机赏，言约理要，故当与我共推微子。"……尝因酣宴之际，为韵语奖劝灵运、瞻等。[1]

上文记载中的关键词是"乌衣之游"。这是与"兰亭雅集"性质与形式都不一样的文人集会。它纯粹是高门望族内部的文化聚会，没有"少长咸集，群贤毕至"的开放性，局促在狭小、闭塞的空间里，故虽有高流时誉，莫敢造门。祖父谢安在时，"于土山营墅，楼馆竹林甚盛，每携中外子侄往来游集"，游则啸咏竹林，集则讲论文义。谢混集族子作"文义赏会"，与谢安当年携中外子侄游集，一脉相承，都是为了精心培养子弟的文史才能。

谢混党刘毅，于晋安帝义熙八年（412）被刘裕诛杀。亡友萧华荣以为"乌衣之游"的时间，大概在晋安帝元兴元年至义熙元

1《南史》，中华书局，1975年，页550。以下引用仅注页码。

年之间。[1] 人数不止灵运等五人，而这五人则是最优秀的。

谢晦（390—426），字宣明，祖朗，父重。"美风姿，善言笑，眉目分明，鬓发如点漆。涉猎文义，朗赡多通"。[2]

谢瞻（396—426），字宣远，史称"年六岁，能属文，为《紫石英赞》《果然诗》，当时才士，莫不叹异"。又说："瞻善于文章，词采之美，与族叔混、族弟灵运相抗……灵运好臧否人物，混患之，欲加裁折，未有方也，谓瞻曰：'非汝莫能。'乃与晦、瞻、弘微等共游戏，使瞻与灵运共车，灵运登车，便商较人物，瞻谓曰：'秘书早亡，谈者亦互有同异。'灵运默然，言论自此衰止。"（《宋书》卷五六《谢瞻传》，页1557、1558）

谢灵运（385—433），祖玄，车骑将军。父瑛，早亡。小字客儿，文章之美，江左莫逮。谢混与族子灵运等为"乌衣之游"时，灵运年在弱冠左右，谢瞻、谢晦、谢弘微尚不满二十。

谢弘微（392—433），祖韶，车骑司马。父思，武昌太守。从叔峻，司空琰第二子，无后，以弘微为嗣。弘微每以约言析理，谢混特别赏爱推重"微子"。谢混的五个族子，都有文学与清谈的才能，而弘微悟性最优，"言约理要"，显然属于清谈简约派。以谢混为首的"乌衣之游"，必定谈论文学与哲学，只是后人不详具体事迹罢了。

---

1 萧华荣《华丽家族——两晋南朝陈郡谢氏传奇》说："从各个方面推测，'乌衣之游'大概是在元兴元年至义熙元年（402~405）间，因为在此前谢琰刚刚战死，谢混悲痛未泯，有的'亲侄'年龄还小，此后则陆续出仕离开京城了。"生活·读书·新知三联书店，1994年，页118。

2《宋书》卷四四《谢晦传》。中华书局，1974年，页1348。

晋末谢家子弟中，谢灵运最喜臧否人物，曾与谢晦谈论西晋潘岳、陆机、贾充三人的优劣。《南史》卷一九《谢瞻传》说："后因宴集，灵运问（谢）晦：'潘、陆与贾充优劣。'晦曰：'安仁诣于权门，士衡邀竞无已，并不能保身，自求多福。公闾勋名佐世，不得为并。'灵运曰：'安仁、士衡才为一时之冠，方之公闾，本自辽绝。'瞻敛容曰：'若处贵而能遗权，斯则是非不得而生，倾危无因而至。君子以明哲保身，其在此乎。'常以裁止晦如此。"（《南史》，页525、526）灵运兄弟三人谈论潘岳等人的优劣，大约在义熙十三年（417）。[1]品藻人物，有时会不经意间暴露出评论者的喜恶。谢晦热衷权势，故以为贾充勋名佐世，潘、陆不能与之并论。灵运推崇潘、陆文才，以为贾充去之很远。盖灵运文章之美为江左之冠，自然对潘、陆惺惺相惜。谢瞻则以明哲保身为上，意在抑制谢晦的政治野心。三人个性，于此了了分明。

谢重，生卒年不详，字景重，与谢混同辈。他的父亲谢朗，善言玄理。史称谢重"明秀有才会"。会，领会，会解，指理解力强，悟性高。父子之间，应当有传承关系。所知谢重最有趣味的清谈，是与司马道子谈月夜之美。《世说·言语》九八说："司马太傅斋中夜坐，于时天月明净，都无纤翳。太傅叹以为佳。谢景重在坐，答曰：'意谓乃不如微云点缀。'太傅因戏谢曰：'卿居心不净，乃复欲滓秽太清邪。'"司马道子以月色清澄为佳，谢重则以

1《南史》卷一九《谢晦传》附《谢瞻传》说，"晦时为宋台右卫，权遇已重，于彭城还都迎家……后因宴集，灵运问晦"云云。考《南史》卷一《宋本纪》上第一：义熙十二年（416）十二月，刘裕为宋公，备九锡之礼，置宋国侍中，黄门侍郎等。时刘裕在彭城。

为微云点缀更美。道子与谢重关于何种月夜为最美的谈论，不表现为义理精微，也并不是双方激烈的攻难与辩答，而是谈赏有会，如月夜一样迷人，令人难忘。可见，到了东晋，美学也进入清谈的领域。这是值得注意的清谈新气象。

晋末谢氏子弟能清谈者，尚有谢裕。裕字景仁，谢朗弟允之子，从祖谢安。《南史》卷一九《谢裕传》说："景仁博闻强识，善叙前言往行，玄每与言不倦。"可知谢裕是桓玄的谈友，善谈历史和人物品鉴。

三、殷仲堪

殷仲堪（？—399），祖融，太常、吏部尚书。父师，晋陵太守。《晋书》卷八四《殷仲堪传》说："仲堪能清言。善属文，每云三日不读《道德经》，便觉舌本间强。其谈理与韩康伯齐名，士咸爱慕之。"东晋清谈名士不可胜数，殷仲堪算不上第一流。但若考虑到东晋后期清谈转衰，善谈者寥寥，称仲堪为晋末清谈之冠，恐怕离事实不远。

殷仲堪善谈，渊源有自。殷氏是著名的清谈世家，出现过殷融、殷浩等著名的清谈家。仲堪之祖殷融著有《象不尽意》《大贤须易论》，从父殷浩也精通《易》学，谈才性四本如汤池铁城，无可攻之势（已见上文）。殷仲堪精《易》及才性四本，其学术渊源显然受殷融、殷浩的影响。《世说·文学》六〇说：

殷仲堪精覈玄论，人谓莫不研究。殷乃叹曰："使我解

《四本》，谈不翅尔。"[1]

《晋书·殷仲堪传》说：仲堪谈理与韩康伯齐名。韩伯是《易》学名家，殷浩外甥；仲堪乃殷浩从子，两人学问都源自殷浩、殷融，互为谈友，因之齐名也。《世说·品藻》八一说："有人问袁侍中曰：'殷仲堪何如韩康伯?'答曰：'理义所得，优劣乃复未辨。然门庭萧寂，居然有名士风流，殷不及韩。'"为什么有人以仲堪与韩伯并论，欲衡二人优劣？原因正是二人皆是殷浩子弟，出于同门，学问相近。韩伯"思理伦和"（《晋书·韩伯传》载庾龢语），"仲堪有思理"（《世说·文学》六三注引《晋安帝纪》），二人思辨能力亦相当，难分高下，即袁侍中所云"理义所得，优劣乃复未辨"。只是韩伯闭门闲居，有名士风流，此为宦情难弃的仲堪所不及。

仲堪能清言的故事，见于《世说》者有二。一是《世说·文学》六二：仲堪在岳父王临之处，同羊孚谈《庄子·齐物论》（详见下文）。一是与庐山高僧慧远谈《易》体。《世说·文学》六一说：

> 殷荆州曾问远公："《易》以何为体?"答曰："《易》以感为体。"殷曰："铜山西崩，灵钟东应，便是《易》邪?"远公笑而不答。

---

1 不翅：同"不啻"，义为不止。

志磐《佛祖统纪》卷二六记仲堪与慧远谈《易》，比《世说》具体而详："殷仲堪任荆州，入山展敬，与师（慧远）俱临北涧松下，共谈《易》道，终日忘倦。仲堪叹曰：'师智识深明，实难庶几。'师亦曰：'君之才辩，如此流泉。'"殷仲堪任荆州刺史，时在孝武帝太元十七年（392）十一月。（见《晋书》卷九《孝武帝纪》）仲堪、慧远共论《易》体，也应当在这时。《易》体之体，谓体征，形迹，指形下之具象。《周易·系辞上》："故神无方而《易》无体。"韩康伯注："方、体者，皆系于形器者也。神则阴阳不测，《易》则唯变所适，不可以一方一体明。"慧远"《易》以感为体"的见解，源于《易·咸卦》："咸，感也。柔上而刚下，二气感应以相与。""天地感而万物化生，圣人感人心而天下和平。观其所感，而天地万物之情可见矣。"慧远论《易》体，完全合乎《易》之万物感应以及变动不居的本质，故仲堪叹曰"师智识深明，实难庶几。"

至于仲堪之问，"铜山西崩，灵钟东应，便是《易》邪"，乃是戏言，并非质疑慧远的见解。二人在庐山北涧谈《易》，终日忘倦，可见论《易》理的深入。殷仲堪学术以《易》学为主，精"才性四本"，又重儒学、喜《老》《庄》，学问渊博，故时人说他"莫不研究"。

殷仲堪任荆州刺史后，经常与桓玄清谈。《世说·文学》六五说：

> 桓南郡与殷荆州共谈，每相攻难。年余后，但一两番。桓自叹才思转退。殷云："此乃是君转解。"

刘孝标注引周祗《隆安记》说："玄善言理，弃郡还国，常与殷荆州仲堪终日谈论不辍。"然难知二人具体谈论什么。

殷仲堪的谈友中，还有一个褚爽。褚爽字茂弘（一作弘茂），小字期生。少时，即为谢安所知。《世说·识鉴》二四注引《续晋阳秋》说：褚爽"好老庄之言，当世荣誉，弗之屑也。唯与殷仲堪善"。由此判断，仲堪与褚爽，必定经常清谈。

四、桓玄

桓玄（369—404），字敬道，小名灵宝，桓温少子。温临终，命以为嗣，袭爵南郡公。年二十三，拜太子洗马。太元末，出补义兴太守。郁郁不得志，弃官还荆州。在荆楚积年，优游无事。后乘朝廷将内乱之势，说殷仲堪起兵勤王。晋安帝隆安初，为江州刺史，始得志。隆安中，加玄都督荆州四部，害殷仲堪等。元兴初，起兵谋反。元兴二年（403）受禅，改元永始。不久，义兵起，桓玄败亡伏诛。其父桓温晚年虽有野心，然不敢公开造反。桓玄则颠覆了东晋政权。然其兴也勃，其亡也速。[1]

桓玄政治、军事才能大不及桓温，而博综艺术、属文赋诗的天分胜于其父。文笔尤美，世人叹服。《世说·文学》一〇二说："桓玄尝登江陵城南楼云：'我今欲为王孝伯作诔。'因吟啸良久，随而下笔，一坐之间，诔以之成。"注引《晋安帝纪》说："玄文

---

1 桓玄生平详见《晋书》卷九九《桓玄传》。

翰之美，高于一世。"《世说·文学》一〇三说："桓玄初并西夏，领荆、江二州，二府一国。于时始雪，五处俱贺，五版并入。玄在听事上，版至即答。版后皆粲然成章，不相揉杂。"《隋书》卷三五《经籍志》著录《桓玄集》二十卷，著述之富，晋世罕见。桓玄又喜好书画，书法成就很高。张彦远《法书要录》卷一说："桓玄书自比右军，论者未之许，云可比孔琳之。""孔琳之书，放纵快利，笔道流便，二王后略无其比。但工夫少自任，故未得尽其妙，故当劣于羊欣。"同书卷二列桓玄书为中之上，评其书云"筋力俱骏"。《历代名画记》卷一说："桓玄性贪好奇，天下法书名画，必使归己。及玄篡逆，晋府名迹，玄尽得之。"桓玄若不篡逆，尽其艺术天分，其成就岂可限量哉！

　　桓玄清谈，可能在作太子洗马之前就已开始了。可以确定的是他弃官义兴还荆州后，与殷仲堪终日谈论。周祗《隆安记》说"玄善言理"，而《隋书》卷三二《经籍志》著录有桓玄注《周易·系辞》二卷，可知桓玄善言理之理，《易》理必是其中之一。上文说，殷仲堪精《易》理，则桓玄与仲堪谈《易》是可以肯定的。

　　桓玄除与殷仲堪清谈外，还与幕府中的文学之士讲论经典。隆安中，桓玄都督八州军事，任荆、江二州刺史，掌控长江中下游军权，权势足以比匹其父桓温生前。他的幕府中也聚集了一批文士，知名者有殷仲文、刘简之、卞范之、羊孚等。当然，桓玄幕府中的人才，远不如当年桓温网罗的天下奇才，文学创作及学术活动可以考见的寥寥无几。例如《俗说》说："桓灵宝在南州时自讲《庄子》七篇，一日更说。"南州，指荆州。桓玄弃官义兴后，在荆州无事，以属文、清谈消遣。《庄子》内篇自《逍遥游》至《应帝王》共七篇。"一日更说"，谓一日换一篇，即一日讲说一篇。[1]

桓玄还谈《老子》。《世说·排调》六三说："桓南郡与道曜讲《老子》，王侍中为主簿，在坐。桓曰：'王主簿可顾名思义。'王未答，且大笑。桓曰：'王思道能作大家儿笑。'"刘孝标注："道曜，未详。思道，王祯之小字也。《老子》明道，祯之字思道，故曰'顾名思义'。"[2]上面故事叙述的场景是桓玄与道曜谈论《老子》，在座的王主簿可能默默地听，桓玄颇带调侃意味地说了一句："王主簿可顾名思义。"意谓你名"思道"，顾名思义，即可明白《老子》之道。对方或许悟性差，口齿也不利，"未答，且大笑"。桓玄就讥讽了："思道能作大家儿笑。"意谓王主簿虽名"思道"，却不解道，只会作大家儿笑。"大家"，巨室也。本来是一场正儿八经讲论《老子》的清谈，经王祯之一笑，桓玄一嘲，最终成了排调。

桓玄谈《易》《庄》《老》之外，还讲《论语》。《世说·尤悔》一七说："桓公初报破殷荆州，曾讲《论语》，至'富与贵是人之所欲，不以其道得之不处'，玄意色甚恶。"为什么玄读《论语》至"不以其道得富贵，仁者不处"时，意色甚恶？原因是桓玄弃官义兴，投靠殷仲堪，后二人结盟，信誓旦旦。最终为富贵，

---

1 更，亦可作"续"讲，然一日连续讲七篇，似乎不太合情理。
2 程炎震《世说新语笺证》说："祯当作'桢'，《品藻篇》'桢之字公幹'则字当从木，《晋书》亦从木。"按，程说是。《品藻》八六注引《王氏谱》，祯之为徽之子。

竟至杀仲堪。《论语》"不以其道得之"之语，正中桓玄不仁不义之行径。故玄意色甚恶。可见，野心家、阴谋家、背信弃义者，其实是不配谈说《论语》的。

谈论书法，是桓玄清谈的重要内容。陈思《书小史》卷六引张怀瓘说：桓玄尝取羊欣为征西行军参军。玄爱书，呼欣就坐，仍遣信呼顾长康共论书，至夜不倦。

桓玄得志之后，常与人评论前朝人物。因其爱书法，非常推崇王子敬。桓玄很自负书法之妙，多次自比子敬。《世说·品藻》八六说："桓玄为太傅，[1] 大会，朝臣毕集。坐裁竟，问王桢之曰：'我何如卿第七叔？'于是宾客为之咽气。王徐徐答曰：'亡叔是一时之标，公是千载之英。'一坐欢然。"王桢之还算善言语，既美了亡叔，又谄媚了桓玄，给玄一顶"千载之英"的帽子。《品藻》八七说："桓玄问刘太常曰：'我何如谢太傅？'刘答曰：'公高，太傅深。'又曰：'何如贤舅子敬。'[2] 答曰：'栌梨桔柚，各有其美。'"桓玄在群僚面前自比谢安、子敬，高自标置的意味固然非常明显，但风流追踪谢安，书法宗仰子敬的希慕之情也不必抹杀。

---

1 《晋书》卷九九《桓玄传》说：玄篡晋，自署太尉。此处"太傅"当是"太尉"之误。

2 刘孝标注引《刘谨集序》谨父畅娶王羲之女，生谨。则王子敬乃谨之舅。

五、羊孚

羊孚（372—402），[1]字子道，泰山人。祖楷，尚书郎。父绥，中书郎。羊孚与谢混为通家之好。《世说·方正》六〇说："谢公闻羊绥佳，致意令来，终不肯诣。后绥为太学博士，因事见谢公，公即取以为主簿。"故羊孚与谢混友善，盖有由也。

羊孚能书，善属文，亦善清言，是晋末不多见的文艺之才。羊孚作《雪赞》说："资清以化，乘气以霏，遇象能鲜，即洁成辉。"写出雪的清冷、飘洒、洁白的形象与特质，颇见才情，桓胤喜而书之于扇。（见《世说·文学》一〇〇）

羊孚的清谈事迹，《世说》中有多处记载。《世说·雅量》四二说："羊绥第二子孚，少有俊才，与谢益寿相好。尝蚤往谢许，未食。俄而王齐、王睹来，既先不相识，王向席有不说色，欲使羊去。羊了不眄，唯脚委几上，咏瞩自若。谢与王叙寒温数语毕，还与羊谈赏，王方悟其奇，乃合共语。须臾食下，二王都不得餐，唯属羊不暇……"以上的故事十分有趣，记叙生动，人物的行动、性格、精神全出，表现羊孚的雅量，以及谢混对羊孚的爱重。这里不谈羊孚雅量，而论其清谈。谢混与王恭二弟王齐、

1《世说·伤逝》一八说："羊孚年三十一卒。桓玄与羊欣书曰：'贤从情所信寄，暴疾而殒。'"《世说》同篇一九说："桓玄当篡位，语卞鞠云：'昔羊子道恒禁吾此意，今腹心丧羊孚。'"云云。则羊孚于桓玄篡位前已卒。《世说·文学》一〇四说桓玄下都，羊孚时为兖州别驾，从京来诣门。考《晋书·安帝纪》，桓玄以元兴元年（402）二月下都，时羊孚尚在。则羊孚可能卒于元兴元年二月之后。又《世说·文学》一〇四注引《羊氏谱》云孚"年四十六卒"。

王睹只是寒暄几句，回头就与羊孚谈赏。说明谢混爱重羊孚，而孚善清言，可以晤谈也。先前轻视羊氏的王氏两兄弟听谢、羊谈赏，方晤羊之奇，于是也凑上来共语。谈赏，指谈论品评，不一定专门谈某个话题，是一种有趣味的、令人愉悦的交谈。

羊孚还曾与谢混谈论孔子称子贡是瑚琏之器的问题。《世说·言语》一〇五说：

> 谢混问羊孚："何以器举瑚琏？"羊曰："故当以为接神之器。"

刘孝标注引《论语》："子贡问曰：'赐也何如？'子曰：'汝器也。'曰：'何器也。'曰：'瑚琏也。'"谢混不太明白《论语·公冶长篇》孔子答子贡之问，器举瑚琏。羊孚解释道："瑚琏是接神之器。"瑚琏，为宗庙盛放黍稷的器具，供祭祀之用。祭祀通神，故称瑚琏是接神之器。

谢混、羊孚谈论《论语》中的瑚琏，与上文言及桓玄讲《论语》，可见《论语》是当时清谈的题目。

又《世说·言语》一〇四：

> 桓玄问羊孚："何以共重吴声？"羊曰："当以其妖而浮。"

吴声，指吴声歌曲，是产生于建业及周边地区的民歌，东晋以来，流行颇广。原先是徒歌，后来被之管弦。歌辞多写男女情爱，曲调轻柔缠绵，深得上层社会的喜爱，处处传唱。此即桓玄所问"共重吴声"的文化现象。羊孚之答，指出了吴声的"妖而浮"，是它大受欢迎的原因。妖，艳也，美也。浮，轻也，浅也。"妖而浮"，既指吴声的情感内容，也是它的声调特征。南方的地域及其民俗，是产生吴歌的深厚的土壤。颜之推《颜氏家训·音辞篇》指出："南方水土和柔，其音清举而切诣，失在浮浅，其辞多鄙俗。北方山川深厚，其音沉浊而钝，得其质直，其辞多古语。"羊孚答桓玄之问，说明他对吴声的音辞有深刻的理解；同时，也很好地解释了江南上层社会共重吴声的美学原因。

羊孚与殷仲堪是东晋末年水平最高的清谈家。《世说·文学》六二记录了两人在王永言家的清谈：

> 羊孚弟娶王永言女。及王家见婿，孚送弟俱往。时永言父东阳尚在，殷仲堪是东阳女婿，亦在坐。孚雅善理义，乃与仲堪道《齐物》，殷难之，羊云："君四番后当得见同。"殷笑曰："乃可得尽，何必相同？"乃至四番后一通。殷咨嗟曰："仆便无以相异。"叹为新拔者久之。

此次清谈似由羊孚首唱，谈《庄子·齐物论》。羊先通，殷攻难。羊胸有成竹，说："君数番后，当看到你我相同。"殷笑着说："只可说尽其胸中之见，何必相同。"及至数番往复，果然正如羊孚始料——"君四番后当得见同。"两人所通正同。殷不由赞叹道："我没有与你不同的解释了。"良久称美羊孚见解新拔。羊孚精通《庄子·齐物论》，始谈就料到结果，认定对方必与己论相同。好比战神，料事如神，预知敌人进退所经，进于何处，止于何地，败于何由。《世说》说羊孚"雅善理义"，对《齐物论》之精，胜于殷仲堪。

六、晋孝武帝与身边的谈士

晋孝武帝（362—396），[1]字昌明，简文帝第三子。咸安二年（372），简文帝崩，孝武帝即位。简文帝辞世，标志着东晋清谈迅速转入衰落期。此时，孝武帝年已过十岁，应该见识过简文帝清谈的具体场景，感受过激辩玄理的学术氛围。简文善言理的才性，部分地遗传给了孝武。《世说·夙慧》六说："晋孝武年十二，时冬天，昼日不着复衣，但着单练衫五六重，夜则累茵褥。谢公谏曰：'圣体宜令有常，陛下昼过冷，夜过热，恐非摄养之术。'帝曰：'昼动夜静。'谢公出，叹曰：'上理不减先帝。'"孝武帝年十二，就懂"昼动夜静"的道理：白天动，动则燥热，故不穿复衣；夜则静，静者寒，故夜里累茵褥，解释自己冬日里穿衣盖被的行为，谢安为之赞叹云，"上理不减先帝"。

当然，谢安的赞叹终究是溢美之词。孝武帝不论学术与清谈，与简文帝相比都差得远。不过，孝武帝毕竟有资格仿效先帝的文采风流。即位前期，招致谢安、袁宏、车胤等老臣讲论儒经。尤其是谢安，在孝武即位前期，作为东晋政权的大功臣，尊称莫比

---

1 晋孝武帝卒于太元二十一年（396），年三十五。则生于晋哀帝隆和元年（362）。

的首辅，虽然已经年在桑榆了，但在学术界和清谈场合，仍然是最具权威的领袖人物。

《世说·言语》九〇说：

> 孝武将讲《孝经》，谢公兄弟与诸人私庭讲习。车武子难苦问谢，谓袁羊曰："不问则德音有遗，多问则重劳二谢。"袁曰："必无此嫌。"车曰："何以知尔？"袁曰："何尝见明镜疲于屡照，清流惮于惠风？"

刘孝标注引《续晋阳秋》说："宁康三年九月九日，帝讲《孝经》。仆射谢安侍坐，礼部尚书陆纳，兼侍中卞耽读，黄门侍郎谢石、礼部袁宏兼执经，中书郎车胤、丹阳尹王混摘句。"《晋书》卷八三《车胤传》记载同《续晋阳秋》，而《世说》所说的袁羊应作袁宏。

历史上新皇帝即位之初，或讲《孝经》，或讲《论语》《诗》，乃是培养新皇帝的儒学修养，宣示尊奉儒经，继承圣王传统的一种仪式。皇帝正式讲经之前，谢安兄弟与诸人，先在家里作讲经的预习。《世说》云"车武子难苦问谢"，意谓车武子不断问谢安《孝经》中的问题。可知，诸人预讲《孝经》，提出经中的疑难问题，请谢安解答。刘应登评点说："摘句者，摘其疑以问。"他的理解是正确的。车胤对袁羊说："不问则德音有遗，多问则重劳二谢。"担心多问会使谢安、谢石兄弟疲劳。袁羊则以"明镜""清流"二个妙喻回答，意谓谢安不会"疲于屡照"和"惮于惠风"，你车胤不必多虑，尽管问谢氏兄弟吧。

车胤其人上文未及，这里略作介绍。据《晋书》卷八三《车胤传》，胤字武子，南平人，恭勤不倦，博学多通，史传有"囊萤读书"的佳话。及长，风姿美劭，机悟敏速。桓温在荆州，辟为从事，"以辨识义理深重之"。"又善于赏会，当时每有盛坐而胤不在，皆云：'无车公不乐。'谢安游集之日，辄开筵待之。"车胤的长处有二。一是"辨识义理"，得到桓温的器重。义理难以知其详，儒学的可能性大一些。义理渊博固然好，若不知辨识，也就近于两脚书橱。辨识才能使学问精微，清谈家无不重视义理的辨识。二是"善于赏会"。赏会，这里指玩赏聚会。魏晋名士常雅集赏会，谈论乃是赏会的主要内容。赏会中乐趣多多，往往会发生雅谈与美论。

大约在太元六、七年间，孝武帝与其弟会稽王道子始奉佛，立精舍于殿内，僧尼成了座上客。《晋书》卷六四《司马道子传》说："于时孝武帝不亲万机，但与道子酣歌为务，姏姆尼僧，尤为亲昵，并窃弄其权。"孝武帝崇信佛教，敕请虎丘山僧支昙籥至都，至建初寺。孝武从受五戒，敬以师礼。（释道世《法苑珠林》卷三六）孝武又闻庐山慧远法师道风，幸于东林寺，以师礼之。[1]

孝武、司马道子又崇信简静寺女尼支妙音。《比丘尼传》一二《简静寺支妙音尼传》说："妙音，不知何许人也。幼而志道，居处京华，博学内外，善为文章。晋孝武皇帝、太傅会稽王道子、孟𫖮等并相敬信，每与帝及太傅中朝学士，谈论属文，雅有才致，藉甚有声。太傅以太元十年为立简静寺，以音为寺主，徒众百余

<hr>

[1]《析疑论》卷二，《大正新修大藏经》第52册。

人。内外才义者，因之以自达。供嚫无穷，富倾都邑。贵贱宗事，门有车马，日百余两。"[1] 支妙音之所以风靡京华，主要是因为她的学问和文章好，所谓"谈论属文，雅有才致"。其次，孝武、司马道子开始崇信佛教。再次，"内外才义者，因之以自达"，不少人通过交结支妙音，走向仕途，获取富贵。一个女尼，居然能影响朝廷的用人。这对于朝廷及佛教本身，都不是一件好事。妙音博通内外，又善属文，僧俗纷纷追随，从而形成一个以她为中心的、颇具规模的文艺沙龙，日日清谈、属文不已。

孝武帝后期，朝政惊人的腐败。有人作《云中诗》指斥朝纲的紊乱，其中有二句说："仲堪、仙民，特有言咏。"仲堪，殷仲堪。仙民，徐邈字。言咏，清言也。殷仲堪善清言已见上文，而徐邈清谈不见记载。

为司马道子所亲爱的袁悦[2]，喜欢谈论《战国策》。《世说·谗险》二说："袁悦有口才，能短长说，亦有精理。始作谢玄参军，颇被礼遇。后丁艰，服除还都，唯赍《战国策》而已。语人曰：'少年时读《论语》《老子》，又看《庄》《易》，此皆是病痛事，当何所益邪？天下要物，正有《战国策》。'"自汉末以来，喜欢《战国策》的人不少。这种文化现象与汉末天下分崩，魏、蜀、吴三国纷争，合纵连横，颇同战国时代相似有关。袁悦看重《战国策》，原因是晋末朋党暗中角力，欲兜售其纵横之术，劝道子专揽朝政。道子采纳其说，而王恭听闻其计谋，禀告孝武帝，袁悦竟

1《大正新修大藏经》第50册，NO.2063《比丘尼传》。
2 袁悦，《晋书》卷七五《袁悦之传》作袁悦之。

以其他罪名被杀。袁悦喜谈纵横术，结果丢了性命。

孝武帝后期，以他为中心形成一个文艺沙龙。《晋书》卷六五《王珣传》说："时帝雅好典籍，珣与殷仲堪、王恭、郗恢等并以才学文章见昵于帝。"而孝武帝的学术水平不高，也不闻有精彩的谈论。当年谢安称"上理不减先帝"，意思孝武帝有时谈理不比先帝简文差，其实终究名不副实。在他周围的谈士，不论数量还是清谈的水平，都远不如简文时的彬彬之盛。帝室内部的猜疑，朝臣之间的朋党之争，不少清谈人物如谢混、殷仲堪、王恭、袁悦，在残酷的政治、军事斗争中死于非命。精研名理，必须有安全的环境，闲静的心情。算计权势的得失，惶恐头上的利剑不知何时落下，一个末日将至的时代，何来精妙的谈论？

七、张天锡

张天锡（约342—约402），[1]字纯嘏，为西凉王张轨曾孙。西晋末年，乱端已现，张轨阴图据河西，求为凉州，遂霸河西。以后五胡乱华，北中国狼烟滚滚，地处河西的凉州，在张氏的统治下，成了保存中华文化的宝地。自张轨建立前凉政权，至天锡，凡九世，七十六年。最后，前凉亡于苻坚。天锡被苻坚俘虏，用

---

[1]《晋书》卷八六《张天锡传》说："桓玄时，欲招怀四远，乃用天锡为护羌校尉，凉州刺史。寻卒，年六十一。"考《晋书》卷一〇《安帝纪》，元兴元年（402）二月，桓玄败王师于姑孰。三月，桓玄自为侍中、丞相，又自称太尉、扬州牧，总百揆。天锡为凉州刺史，寻卒，时当在元兴元年三月之后。生年约在咸康八年（342）。

为侍中。太元八年（383），苻坚犯东晋，天锡从苻坚至寿阳。苻坚大败于淝水，天锡乘机南归东晋，拜散骑常侍、庐江太守。

张天锡生于边地，接受的却是中原文化。《晋书》卷八六《张轨传》说：张轨"家世孝廉，以儒学显"，"中书监张华与轨论经义及政事损益，甚器之"。《晋书·张天锡传》说："天锡少有文才，流誉远近。"天锡的文化素养甚高，与张氏家世的文化传承必定有所关联。

天锡南归后，得到孝武帝的器重，为孝武身边的谈客之一。《世说·言语》九四说："（天锡）为孝武所器，每入言论，无不竟日。颇有嫉己者，于坐问张：'北方何物为贵？'张曰：'桑椹甘香，鸱鸮革响。淳酪养性，人无嫉心。'""颇有嫉己者"，指朝士中有人嫉妒天锡，以为亡国之主，苻坚俘虏，走投无路而至江南，居然得到孝武的格外赏识。问张"北方何物为贵"，言外之意凉州边荒，无物为贵，亦无人为贵。天锡机悟，以桑椹、淳酪二物之好，讽刺发问者是鸱鸮，有嫉人之心。可见，天锡确实是能言之士。

又孝武招天锡清谈，"无不竟日"，时间如此之长，肯定不单是凉州风物令孝武觉得有趣，而是天锡博学，话题很多，言辞动听。

张天锡不愧边人之杰，识力与眼界甚高。他来到江南之后的清谈事迹，除在孝武帝处时常谈论竟日之外，所知的还有两次：一与王弥清谈，一与王中郎清谈。前者见于《世说·赏誉》一五二，上文已言及，不赘述。后者见于《世说·言语》九九：

王中郎甚爱张天锡，[1]问之曰："卿观过江诸人，经纬江左，轨辙有何伟异？后来之彦，复何如中原？"张曰："研求幽邃，自王、何以还；因时修制，荀、乐之风。"王曰："卿知见有余，何故为苻坚所制？"答曰："阳消阴息，故天步屯蹇。否剥成象，岂足多讥？"

王中郎所问，是如何评价东晋的政治人物。过江诸人，指王导、王敦、郗鉴、庾亮等一流的政治家。他们经营江左，治国方略与中朝相比，已有明显的不同。这些后起的杰出人物，与中朝相比又是如何呢？天锡回答，不是先说过江诸人如何经营江左，而是把王弼、何晏之后的清谈置于首位。以为王、何之后，过江诸人追随前辈，继续研求幽邃的玄理。可见，他对过江之后的清谈历史，作出了很高评价。天锡祖先由政治文化中心洛阳迁至河西，不忘故土的情怀始终不灭。他虽生于、长于西北边鄙，而滋养他的文化营养依旧来自中原，故对魏代之后政治史及玄学史十分熟悉，明白过江诸人的清谈，其实是轨辙王、何的。

其次，张天锡回答过江诸人如何经营江左的问题。以为过江诸人，"因时修制，荀、乐之风"。江左政权与西晋时代不同，经纬方略亦应"因时修制"，不能照抄前朝。"荀、乐"，刘孝标注："荀顗、荀勖修定法制，乐则未闻。"乐为何人，诚不可考。《晋书》卷一九《礼志上》说："荀顗因魏代前事，撰为新礼。"又说：

---

1 王中郎，程炎震《世说新语笺证》说："坦之卒于宁康三年天锡肥（淝）水败降，不及见矣。此中郎盖别是一人。"

"江左则有荀崧、刁协损益朝仪。"张天锡"因时修制"二句，是评价江左诸人遵循"荀、乐"，参考前朝旧制，制定新制的遗轨。他对江左学术、清谈和制度的评论，无疑是合乎事实的，知见洵为高明。

王中郎称赞天锡"卿知见有余"之后，谈锋一转，问："何故为苻坚所制？"问语中不无讥笑之意。天锡则以《易》义回答。"阳消阴息"，变动不居，乃是《易》义之一。《易·丰》说："日中则昃，月盈则食，天地盈虚，与时消息。"屯、蹇、否、剥，都是《周易》卦名。西凉政权的灭亡，是时代变动、多民族利益之间的冲突、政权内部矛盾逐渐累积，以至无解的结果，并非天锡的才知所能挽救。天锡以《易》之随时之义，解释为苻坚所制的原因，很有说服力。他能正确理解历史是变动的，《易》学造诣颇高。读此，应该不难理解张天锡为何能言了。

张天锡识见高明，学问渊博，熟悉中朝与江左的历史，辩论应机，是晋末有数的清谈人物，清谈事迹肯定很多，可惜皆被历史尘埃湮没而不闻。

八、结语

东晋后期的清谈，犹如夕照昏黄，寒蝉凄切，与中期清谈鼎盛相比，完全不可同日而语。它的衰落表现在以下方面：

一、再没有出现一流的清谈家。殷仲堪、羊孚、桓玄、张天锡，可算是最好的清谈人物。殷仲堪谈《易》、《老》、《庄》、"才性四本"，学问较广博。羊孚善谈《庄》，熟悉《论语》。桓玄善谈《易》《老》《庄》。张天锡知见高明，理解历史进程，熟悉《周易》。四人之外，其他人物的清谈事迹，皆难以考见。

二、孝武帝及身边的谈士，形成一个规模不大的清谈沙龙。可以考知的人物有殷仲堪、徐邈、王恭、女尼支妙音等。支妙音博涉内外典，善文章，吸引不少有文义的僧俗，犹若一个文艺沙龙。女尼参与清谈，且一时为人所宗仰，这是魏晋清谈史上的新风气。

三、晋末处于晋宋易代的前夜，不同统治集团之间争斗激烈，殷仲堪、王恭、桓玄、谢混等，皆死于非命。人不能尽其才，这是晋末难出清谈大家的重要原因。另外，如王珉声名早著，禀赋极佳，最有可能成为清谈领袖。可惜年寿不永，不到四十就凋零，同样不能尽其才。

四、谢氏在晋末，经谢安、谢混先后精心培养子弟，杰出人才辈出，文化素养之高，影响之大，大有超越王氏之势。可惜，谢混于义熙八年（412），因附和刘毅，惨遭刘裕杀害。处于快速上升通道中的谢氏，遭到沉重打击。谢灵运、谢晦、谢瞻、谢弘微等杰出的谢家子弟，在充满荆棘的人生道路上，步步惊心，稍有不慎，就人头落地。晋宋易代之际，自由谈论的空间越来越逼仄，谢氏的清谈几乎消失。不仅谢氏，整个知识界的清谈也趋于沉寂。自魏初以降的名士清谈，到晋宋之交已走完了将近二百年的生命历程。

魏晋佛教清谈述略

　　魏晋佛教与魏晋清谈二者之间存在非常密切的关系，汤用彤论魏晋佛法兴盛，以为"佛法之兴得助于魏晋之清谈"，[1]又指出汉末之后大乘经典流传，《般若经》与《老》《庄》理趣契合，名僧风格与清流名士酷肖，由此佛教清谈渐行于世。再有，佛经翻译过程中梵、汉两种文字正确转换，佛经原意的确定及表达，都须中外佛教学者的讨论与质疑。讲经时佛经义旨的宣述，僧人对于同一部经典的歧见以及辩论，不同佛教派别之间的争论，中国名士谈佛理，凡此种种，皆属于佛教清谈的范畴。把谈论佛典称为清谈，与谈玄相同，并不是后世学者的理解，早在魏晋时的僧人，就称他们之间的谈论佛经为清谈。

　　例如东晋竺法汰，与道安书说："每忆敷上人周旋如昨，逝殁奄复多年，与其清谈之日，未尝不相忆。"（《高僧传》卷五《竺僧敷传》，页197）康法畅"每值名宾，辄清谈尽日。"（《高僧传》

---

1 详见汤用彤《汉魏两晋南北朝佛教史》第八章，页134。

卷四《康僧渊传》，页151）《比丘尼传》卷九《道馨尼传》："雅能清谈，尤善《小品》。"[1]佛教清谈与"三玄"的清谈，[2]以寻味义理而论，并无两样。不同的只是基于中外两种异质文化的清谈，呈现的色彩迥异。随着佛教与中国文化的相互融入，僧人与名士行为作风的趋同化，中国固有的儒学、玄学清谈的生命力得到异域文化的加持，增强了活力。同时，佛教清谈也吸收中国的传统思想，成为中国文化重要的组成部分。

一、汉末三国佛教清谈的滥觞

佛教清谈与儒学及玄学清谈之间的关系，本质上是外来的佛教与中国传统文化之间的关系，属于中国哲学史和思想史范畴。一般认为，佛教初入中国在东汉明帝永平年间。它的最初面貌，与中国本土的道术相似。中国人士视佛教徒为方士，信佛的形式表现为设立斋戒以祭祀。当初，楚王英"喜黄老学，为浮屠斋戒祭祀"。而佛教初来中国，为在中土立足，采用依附中国传统文化的策略。汤用彤说："浮屠之教，当时既附于方术以推行，释迦自亦为李、老之法裔。"[3]故自明帝以后的百年间，佛教以方术的面貌出现在中国民众中。直至魏代，其风未革。中天竺高僧昙柯迦罗以魏嘉平中来到洛阳，"于时魏境虽有佛法，而道风讹替，亦有众

1《大正新修大藏经》第50册 No.2063《比丘尼传》。
2 佛教清谈，汤用彤称之"佛法清谈"或"佛法清言"，见汤著《汉魏两晋南北朝佛教史》，页130页。
3 详见汤用彤《汉魏两晋南北朝佛教史》第四章，页37—40。

僧未禀归戒，正以剪落殊俗耳。设复斋忏，事法祠祀。"(《高僧传》卷一《昙柯迦罗传》，页13) 故汉明帝之后来华最早的高僧，以为宣讲佛法的时机还未成熟，盖"大法初传，未有归信，故蕴其深解，无所宣述"。(同上，页1)

在一般民众中弘法，道术灵异是最有效的手段。民众不懂佛理，大多折服于匪夷所思的现象，深信不疑。但讲到佛经的翻译，由于西域高僧一般不精熟汉语，必然会邀请中国文化学者参与其中。胡僧口诵，中国学者笔受，在写出汉文及校定过程中，双方一定会对梵文的本义如何由汉文正确表达，以及对佛经原义的理解，进行商榷和讨论，甚至进行辩论。这里，姑且以后秦鸠摩罗什译出佛经的过程说明。僧叡《大品经序》说，弘始五年（403），鸠摩罗什在长安逍遥园译出《大品经》，"法师手执胡本，口宣秦言，两释异音，交辩文旨。秦王躬览旧经，验其得失，咨其通途，坦其宗致。与诸宿旧义业沙门释慧恭、僧䂮、僧迁、宝度、慧精、法钦、道流、僧叡、道恢、道标、道恒、道悰等五百余人，详其义旨，审其文中，然后书之。"[1] 围绕经旨的"交辩文旨""验其得失""审其文中"过程，必然会发生质疑、斟酌、推敲、辩论，所谓佛教清谈也就产生了。

译经之后，便是讲经与论经，属于纯粹意义上的清谈。这种佛教清谈，至迟在汉末已经出现。安息国人安玄，为优婆塞，[2] 以汉灵帝之末至洛阳，"常以法事为己任，渐解汉言，志宣经典，常

---

[1] 僧祐《出三藏记集》（苏晋仁、苏链子点校）卷八，中华书局，1995年，页292、293。以下引用此书仅注页码。
[2] 优婆塞，不出家的佛教信徒。

与沙门，讲论道义"。(《高僧传》卷一《支楼迦谶传》，页10、11）道义之道，指佛道。据此不难推知，僧人之间，僧人与在家居士之间的谈佛论道，滥觞于汉末。与此同时，中国太学及士人的谈论五经，品题人物，已经兴起并在流行。从时间方面考察，僧人之间的讲论道义，或许不晚于汉末中国士人的谈论。

佛教界的讲论经义，与士人的谈论儒道，是两种文明的两种清谈，犹若两条个性非常不同的河流。前者源自西域，光怪陆离，以成佛为旨归，前所未见。后者来自中国儒道经典的讲论，向往至圣先王或以无为终极，我所固有。两条河流，初始平行，各自流淌。不久，前者主动靠拢后者；后者抵触，视前者为异端。但前者志存高远，澎湃的激流发出理性之光，吸引后者的注意。慢慢地，两条河流融为一体，最终形成规模宏伟的中国文化巨流。

佛教与中国传统文化融合的过程，充满了求法者和弘法者的艰辛曲折，走过了长达数百年的坎坷之路。佛教初来中国，为了在中土立足，主动靠近中国传统思想，特别是儒家经典，借中国圣人之外衣，弘法教化。魏晋玄学兴起，又以《老》《庄》学说，解释佛典。汉末之后的高僧，几乎都通内外典。例如汉末来华高僧康僧会，"明解三藏，博览六经，天文图纬，多所综涉，辩于枢机，颇属文翰"（《高僧传》卷一《康僧会传》，页15）。康僧会博通佛经、儒经和天文方术，又善文章，文化素养之高，并不逊于本土学者。这样一个外来和尚的谈论，必然会吸引中国人士。

同时，中国士人开始接受佛教。最著名者是汉末苍梧太守牟子，字子博，作《理惑论》。[1]此文以问答的形式展开，问者是中国传统文化的化身，所问皆是对外来佛教的责难。答者则是佛教的守护人，所答反映了佛教初传中国，遭到中国传统文化抵触而作出的应对。《牟子理惑论》文前有序，说："于是锐志于佛道，兼研《老子》五千文。含玄妙为酒浆，玩五经为琴簧。世俗之徒多非之者，以为背五经而向异道。"从以上数句，可知佛教初来就依傍《老子》与五经，以此回应传统文化对它的误解与责难。序言后面解释何谓佛："牟子曰：佛者，谥号也，犹名三皇神五帝圣也。佛乃道德之元祖，神明之宗绪。"接着解释何谓道："牟子曰：道之言导也，导人至于无为，牵之无前，引之无后，举之无上，抑之无下，亲之无形，听之无声。"牟子把佛与三皇五帝等同，又把佛道解释为《老子》的哲学本体无。牟子解释佛及佛道，证明汉末的佛教学者，已在融通儒佛二家了。《牟子理惑论》中的问者攻难佛教有违五经，答者讲论佛道与《老子》、五经没有区别，虽然不是清谈的记录，却不妨当作清谈看。

后于《牟子理惑论》大约六十年，康居高僧支谦在吴地弘法的遭遇，完全验证了佛教与中国习俗抵触，而僧人以儒经为佛教辩护的事实。孙权赤乌十年（247），支谦来到建邺，设像行道，遭到世俗的强烈抵制。支谦以佛舍利的神异之术，使孙权大为叹服。想不到后来孙皓执政，严禁淫祀，殃及佛寺，并欲毁坏。孙皓说："佛寺由何而兴？若其教真正，与圣典相应，应该奉其道；

---

[1]《牟子理惑论》，《弘明集》卷一，上海古籍出版社缩影（据《影印宋碛砂版大藏经》缩叶影印）本，1991年，页1下。以下引用此书仅注页码。按，《牟子理惑论》序称"是时灵帝崩后"云云，可知此文大概作于汉灵帝崩后不久。

若其教虚妄，全部焚毁。"诸臣都反对，以为佛之威力，非比余神。康僧会昔年得佛舍利，大皇帝创立建初寺，今若轻率焚毁，恐招来后悔。孙皓命张昱去寺责问康僧会。"昱雅有才辩，难问纵横，会应机骋词，文理锋出，自旦之夕，昱不能屈。"（见《高僧传》卷一《康僧会传》）张昱、康僧会二人都是出色的辩才，一方"难问纵横"，一方"应机骋词"，难分难解，其激烈程度，丝毫不亚于正始清谈。

张昱还赞叹康僧会才明，非臣所制，请吴主孙皓判断寺庙毁与不毁。皓遂大集朝贤，迎康僧会。既坐，皓问："佛教所明，善恶报应，何者是邪？"会对曰："夫明主以孝慈训世，则赤乌翔而老人见，仁德育物，则醴泉涌而嘉苗出。善既有瑞，恶亦如之。故为恶于隐，鬼得而诛之。为恶于显，人得而诛之。《易》称积善余庆，《诗》咏求福不回，虽儒典之格言，即佛教之明训。"皓曰："若然，则周孔已明，何用佛教？"会曰："周孔所言，略示近迹。至于释教，则备极幽微。故行恶则有地狱长苦，修善则有天宫永乐。举兹以明劝沮，不亦大哉！"皓当时无以折其言。（同上）

康僧会先与张昱，后与孙皓的辩论，发生在佛教传入中国百年之后。上述二场辩论，对于了解汉末的佛教清谈，具有标杆性的意义。其意义大致有以下数端：

（一）汉末、三国时期高僧弘法，以道术显其灵异，以讲经明其教义。灵异取信于凡众，教义见疑于名士。见疑名士，则必有责难与辩论。可以肯定，汉末呵斥佛教者与佛教护法者之间，必有大量的辩论。

（二）善恶因果报应说是佛教的根本教义之一，地狱与西方净土之说为佛教所独有。自汉末至魏晋，善恶因果报应说与地狱净土之说，受到中国传统文化的普遍质疑。康僧会以儒经的孝慈、仁德等观念，证明"儒典之格言，即佛教之明训"。这与《牟子理惑论》"略引圣贤之言证解之"的说理策略完全一致。

（三）康僧会与孙皓辩论佛教善恶报应，属于佛教根本大法的宣传，尚未及佛理的幽微之处。只有到了中国的文化阶层温情接纳佛教，开始了解并研究佛理之时，僧人与士人之间的佛教清谈，才会提升到理论交锋的高度。

以下我们考察僧人之间的讲论佛理。僧人包括西域来华者与中国本土出家者。汉末是佛经翻译的一个高潮期，据释道安《经录》，仅安世高一人在汉桓帝建和二年（148）至灵帝建宁中二十余年间，译出三十余部经。（见《高僧传》卷一《安清传》，页7）《牟子理惑论》中问者说，"今佛经卷以万计，言以亿数，非一人力所能堪也，仆以为烦而不要矣"云云。可见在牟子时代，佛经已有万卷之多，非一人之力所能读尽，而不解经义者必然很多。何况，汉末大乘教经典渐次东传，一经多译的情况不在少数，势必造成对于同一部经典的理解有差异，结果，必然会相互讨论和辩论。上文言及安息人优婆塞安玄，"常与沙门讲论道义"，即是僧人集团内部的清谈。至汉末、三国，僧人之间谈论经义，已经很普遍了。《出三藏记集》卷五载僧叡《喻疑论》说："汉末、魏初，广陵、彭城二相出家，[1]并能任持大照，寻味之贤，始有讲次。而恢之以格义，迁之以配说。"这里值得注意的，一是广陵、彭城二相出家，说明中国官僚阶层中有人出家了，佛教的影响力已实实在在地抵达社会上层。二是"寻味之贤，始有讲次"。寻味之贤，指爱好及研寻佛理的人士。讲次，讲习之处。始有讲次，谓开始有专门讲习佛经的地方。三是"格义"和"配说"。恢，扩大，广布。迁，亦有广义，[2]与"恢"同义互文。"恢之"二句是说讲习佛经，扩大到用其他的经典，即以佛经之外的典籍解释、拟配佛经。

历代佛教学者多以为"格义"创立者是后赵高僧竺法雅，《高僧传》卷四《竺法雅传》说："雅乃与康法朗等，以经中事数，拟配外书，为生解之例，谓之格义。"然据僧叡"恢之以格义"二语，可知汉末魏初即有格义。僧叡之说是符合佛教史事实的。《牟子理惑论》用《老子》之道，解释佛道之道；康僧会以《易》《诗》解释佛教善恶报应说，皆属于格义的方法，与后来竺法雅的格义相比，不过在理论和说辞上有精粗、文野之别罢了。汉末、魏初讲经格义的出现，乃是佛教初传中国，应运而生的文化现象。僧人为便于讲经与弘法，依傍中国传统文化与学术，使中国民众

---

1 汤用彤说："按，《三国志》注引《江表传》称彭城相薛礼、下邳相笮融依刘繇为盟主。薛礼既与笮融有交涉，或亦信佛者。广陵相或下邳相之误。"见汤用彤《汉魏两晋南北朝佛教史》，页51。按，《吴志·孙破虏传》注引《江表传》，谓孙策攻刘繇在汉献帝兴平二年（195），时彭城薛礼、下邳相笮融依繇为盟主，则广陵、彭城二相出家当在其后。
2《礼记·文王世子》："况于其身以善其君乎？"郑玄注："于读为迁，迁犹广也，大也。"

面对完全陌生的佛教，由此及彼，易懂而易接受也。

二、西晋僧俗之间的交往与谈佛

佛教自汉明帝至晋初，走过了将近二百年的艰难历程，终于在中国大地上扎下了根。其重要的标志有三。一是西晋政权开始接纳佛教，皇室中出现了奉佛、谈佛的人物。二是中国的少数知识者脱下儒服，穿上了法服。还有在家的清信士，参与佛经翻译及弘法的实践活动。中国的出家僧人及未出家的优婆塞，具有深厚的中国文化背景，内外书兼通，长于讲经谈佛。三是名僧与名士开始交往，有的甚至视对方为知音，二者的思想与行为渐趋接近。名僧与名士谈佛论道，佛教的传播明显加速。

早在西晋之初，洛阳成为中国佛教的最大中心，城内及周边佛寺林立，西域高僧络绎不断地抵达此间。没有西晋政权对佛教的宽容与接纳，洛阳不可能有这么多的规模宏大的佛寺。晋武帝太康时，虽一度禁止晋人出家为沙门，但允许富裕之家供养沙门。

西晋皇室与佛教的友善关系，有二条资料很有价值。

其一，《高僧传》卷一《帛远传》说：高僧帛远，深研大乘经典，妙入幽微，又精通外书，才思绝伦，善于论辩。"晋惠之末，太宰河间王颙镇关中，虚心敬重，待以师友之敬。每至闲辰靖夜，辄谈讲道德。于时西府初建，[1]后又甚盛，能言之士，咸服其

---

1 西府，晋代关中的军事机构，管辖长安之西地区。

远达。"[1]帛远善谈，河间王颙信从佛教，且有一定的佛学修养，能在闲暇时谈讲道德。由此可见，西晋政权中的某些高层人物，与僧人已经建立起良好的关系，并能谈论佛理。晋惠帝之末，关中的西府初建，聚集了许多能言之士，是洛阳之外又一个清谈中心。帛远为谈宗，能言之士皆处其下。

其二，释道安《合放光光赞略解序》说：《光赞》《放光》二部大乘经典译出后，大行于洛阳。"中山支和上遣人于仓垣断绢写之，持还中山。中山王及众僧城南四十里幢幡迎经。"（《出三藏记集》卷七，页266）荷兰汉学家许理和推测此中山王"就是晋王室王子司马耽，公元277年之前称济南王，当年被封为中山王"。按之史料，许理和的推测是可信的。[2]中山王耽及众僧出城四十里迎经之事，可能在元康元年（291）五月之后，次年中山王耽薨。中山成为当时佛教流行的地区之一，与司马耽奉佛分不开。耽既然如此重视新出的《放光经》，以至率领众僧出城远迎，则他平日与僧人谈佛论道应该是常有的事。

汤用彤《汉魏两晋南北朝佛教史》考论两晋之际名僧与名士

---

1 汤用彤校注《高僧传》卷一《帛远传》，页26。据《释氏稽古略》，元康九年（299），河间王颙镇关中。

2 详见许理和《佛教征服中国：佛教在中国中古早期的传播与适应》，李四龙、裴勇等译，江苏人民出版社，1998年3月，页85。按，查《晋书》卷三《武帝纪》，咸宁三年（277）中山王睦以罪废，济南王耽为中山王。《晋书》卷四《惠帝纪》，元康二年（292）九月，中山王耽薨。故知司马耽于咸宁三年至元康二年之间为中山王。又据佚名《放光经记》，朱士行以太康三年（282）遣弟子弗如檀，送《放光经》胡本至洛阳，停留三年后至许昌，再二年后至陈留仓垣虽南寺，以元康元年译出。

的关系，以为自魏末正始至西晋永嘉，名俊皆集于洛阳，玄谈之
风大盛，"洛中自汉以来，已被佛化"。当时竺法护、帛法祖、竺
叔兰、支孝龙等，后世名士均激赏其玄理风格。叔兰与乐广酬对，
孝龙与庾敳、阮放交游。"清谈佛子渐相接近，是不待至东晋而始
然也"。汤先生又考述西晋名士与名僧交往的事迹，言及"季伦
（石崇）并奉佛甚至"（《弘明集·正诬论》），又说："按《高僧
传》所据史料，多为南方著述，故仅与南渡后特详，而正史又缺
载僧事，洛都名士与名僧之交情遂少可考。然吾人观西晋竺叔兰、
支孝龙之风度，东晋康僧渊、帛高座等之事迹，则《老》《庄》清
谈，佛教玄学之结合，想必甚早。"[1]汤先生所言，简明扼要，合乎
事实。

以下接着汤先生所论，把名僧与名士的交往事迹以及交往的
原因，说得详细一点。

佛教作为来自异域的文化，要想在中国生根，首先要与中国
知识阶层发生联系。尤其是佛经的译出，如果没有中国知识者的
参与，几乎是不可能的。西晋最著名的佛经翻译家竺法护的译经
过程，就能说明早期佛教与中国知识者密不可分的联系。《据高僧
传》卷一《竺法护传》，法护先人是月支人，本姓支氏，世居敦
煌。年八岁出家，事外国沙门竺高座为师，诵经日万言，过目则
能。博览五经，游心七籍。世务毁誉，未尝挂怀。可见法护虽是
月支人，但自先世就已汉化。自汉代张骞凿通西域之后，河西走
廊成为连接中外的国际大通道，敦煌是通道上最具国际性质的都

1 详见汤用彤《汉魏两晋南北朝佛教史》，页119—122。

市，汉文化与西域文化在此交流、融合。法护年八岁，事外国沙门竺高座为师，自幼受佛教文化的影响，又博览五经，深受中国儒家经典的熏陶。法护后来随师至西域，游历诸国，通晓三十六国语言及文字，贯综诂训，音义字体，无不备识。遂大赍梵经，还归中夏。从敦煌至长安，沿路传译，写为晋文，译出《贤劫》《正法华》《光赞》等一百六十五部。法护能取得如此巨大成就的根本原因，在于他中外文化的学养非常深厚。

竺法护译经过程中，组织中外学者协同合作，考订音义，讲述经义。译出之后，召集众僧大会，讲诵新出经典。例如佚名《正法华经后记》说："永熙元年（290），八月二十八日，比丘康那律于洛阳写《正法华品》竟。时与清戒界节优婆塞张季博、董景玄、刘长武、长文等手执经本，诣白马寺对与法护口校古训，讲出深义。以九月大斋十四日，于东牛寺中施檀大会，讲诵此经，竟日尽夜。无不咸欢，重已校定。"（《出三藏记集》卷八，页304）

据这篇出经后记，比丘康那律抄出《正法华品》清本之后，优婆塞张季博等，与法护"口校古训，讲出深义"，不久，大会僧众"讲诵此经""重已校定"。经过商榷、诵讲、质疑、重校，最终形成一部可信的经典，臻于完美。竺法护学问渊博，精通几十种文字，知识结构宏大而完备，但译经时还得与众人讲论经文的原义，发表自己的见解。换言之，在竺法护"讲出深义"时，必定发生赞同、质疑、辩论、商榷。这是确定无疑的。支遁作《竺法护象赞》，赞法护"领拔玄致"，即指法护讲经拔新领异，精深玄妙。

与竺法护同时的佛经翻译家竺叔兰，也值得一说。竺叔兰出身与竺法护相似，本是天竺人，父世避难居于河南，故有的佛教史籍称"河南居士竺叔兰"。竺叔兰"善于梵汉之语"，亦兼诸文史，具有深厚的中外文化背景。一次，河南尹乐广与宾客酣饮，已醉。而竺叔兰性嗜酒，大醉卧于路旁，被河南郡吏抓住送往河南狱。乐广以竺叔兰饮酒调侃之。后者应对敏捷，宾主称叹。如果竺叔兰不善汉语的语言艺术，不知有关酒的典故，就不可能应对清谈家乐广的调侃。太康七年（286），竺叔兰译出《正法华经》，清信士张士明、张仲正作记录。（《历代三宝记》卷六）与竺法护译经一样，清信士在其中是不可少的角色。

竺法护、竺叔兰等高僧译出佛经的历史，生动、具体地反映了佛教早期与中国知识者之间密不可分的关系。佛经翻译家本人必须具有中外文化的杰出造诣，并且有清信士、优婆塞等中国知识者的参与。一个胸罗万卷佛经的西域高僧，假若不谙中国语言文字，也是无法译出经典的。即使本人粗通汉语，译出的经典也必然鄙陋不堪卒读。只有当中国知识者参与佛经的翻译时，译经才会趋于完美。如果说，西域来华高僧是汉化，则中国知识者信佛是佛化。汉化与佛化的冲突至融合，才最终完成佛教中国化的伟大历程。

西晋时期，出现了佛学造诣高明，又善讲论经义的高僧，帛远是佼佼者。《高僧传》卷一《帛远传》说：帛远，字法祖，本姓万氏，河内人。父威达以儒雅知名。祖少有慧根，立志出家，父不能夺，遂改服从道。可见，帛远是个改变父辈儒学信仰而入空门的僧人。他在精研佛理的同时，也博览中国的传统典籍。《帛远传》又说："（法）祖才思俊彻，敏朗绝伦，诵经日八九千言，研味方等，妙入幽微，世俗坟素，多所该贯。乃于长安造筑精舍，以讲习为业，白黑宗禀，几且千人。"（《高僧传》，页26）帛远"研味方等"，是指研究寻味大乘经典，[1]且能入于玄妙精微。可知帛远的研究和讲经的方法，正如僧叡所说的"恢之以格义，迂之以配说"。盖帛远以外书解释佛理，听者易懂而悦服，故能"白黑宗禀"，僧俗多达千人。

帛远最终被害。遇祸之由竟然与他的善辩有关。秦州人管蕃与帛远谈论，屡屡屈于帛远，蕃深恨在心，常常说帛远的坏话。帛远又与秦州刺史张辅共语（谈论），不知何故，使张辅不高兴。辅鞭帛远五十，帛竟丧命。善谈竟会遭致杀身之祸，谈岂易哉！谈须慎哉！

《高僧传·帛远传》又记名李通者，死后复苏，说："见祖法师在阎罗王处，为王讲《首楞严经》，云：'讲竟应往忉利天。'"这类志怪之事，诚不可信，不过也反映了帛远讲经高妙，当时人甚至以为能感动鬼神。

随着名僧与名士交往的频繁与深入，谈论佛道与挥麈谈玄，形成魏晋清谈中两种色彩不同的场景。名僧一般都熟悉外典，谈论佛道，常用外书解释。而魏代正始之后，玄学特盛，"三玄"的研讨成为学术主流与清谈的主要话题。西域来华高僧及中土出家的僧人，不可能不受玄风影响，行为作风也必然希慕名士风度而

---

1 方等，佛教语。方正平等，谓所说之理方正而平等，为一切大乘经典的通名。

仿效之。佛学恢之以玄学，僧人效名士之风度，显然都是迎合中国文化与士风，有利于弘法。

于是，出现了名僧与名士相比匹的风气。《世说·文学》三六注引孙绰《道贤论》"以七沙门比竹林七贤"：即以竺法护比山巨源，帛法祖比嵇叔夜，竺法潜比刘伯伦，支遁方向子期，于法兰比阮嗣宗，竺法乘比王濬冲。[1]以七沙门比竹林七贤，此事究竟发生在东晋还是西晋？按，孙绰生于西晋愍帝建兴初，活动年代在东晋中期。七沙门中除支遁之外，皆是西晋人，为孙绰未见。由此可确定，以七沙门比竹林七贤的事，发生在西晋。又孙绰《喻道论》说："近洛中有竺法行，谈者以方乐令；江南有于道邃，识者以对胜流。皆当时所共见闻，非同志之私誉也。"（《高僧传》，页26）。永嘉南渡后，洛中清谈绝迹。"近洛中"，是说近世之洛中；"谈者"，指与乐广同时之清谈人物。孙绰又说"当时所共见闻"，属于追叙笔法。"当时"者，西晋也。而以竺法护比山巨源等，乃西晋好事者所为，非是后人所评。唯有支遁方向子期，是东晋时人所云。又陶渊明《圣贤群辅录》下，以董昶、王澄、阮瞻、庾敳、谢鲲、胡毋辅之、沙门于法龙、光逸为"中朝八达"。这可以作为西晋已有沙门与名士相比风气的旁证。

孙绰《喻道论》以竺法行方乐广。乐广是西晋一流清谈名士，竺法行能与之相比，其清谈必定卓杰当时。《法苑珠林》卷二八说，洛阳雨水寺有僧竺法行，善谈论，时以比乐广。但竺法行究竟如何善谈论，资料极少，唯有《高僧传》卷九《耆域传》，记

---

[1] 明梅鼎祚辑《释文纪》卷四，文渊阁《四库全书》本。

载他与神僧耆域清谈："上人既得道之僧，愿留一言，以为永诫。"域说："可普会众人也。"众既集，域升高座说："守口摄身意，慎莫犯众恶。修行一切善，如是得度世。"言讫便禅默。法行重请："愿上人当授所未闻，如斯偈义，八岁童子亦已谙诵，非所望于得道人也。"域笑说："八岁虽诵，百岁不行，诵之何益？人皆知敬得道者，不知行之自得道。吾言虽少，行者益多也。"竺法行与耆域二人的清谈，颇有谐趣，令人莞尔。前者善谈论，是个义学僧，请神僧耆域留一言，意在聆听对方得道的要言妙理。岂知后者说了一个八岁童子都能熟诵的偈，毫无新意。竺法行大失所望，再请耆域传授未闻未知的奥理。耆域说了一番众人皆知的道理，以为得道之奥妙，全在"修行一切善"，即重在修炼。否则，八岁熟诵，百岁不行，诵之无益。可知耆域是个习禅的得道高僧，重在修行，自与寻味深邃佛理的竺法行不同。

竺法行同学竺法乘，是竺法护弟子，"幼而神悟超绝，悬鉴过人"，孙绰《道贤论》比之王戎，说"法乘、安丰，少有机悟之鉴，虽道俗殊操，阡陌可以相准"。（《高僧传》卷四《竺法乘传》，页155）

又有中山僧人康法朗，门徒数百，"讲法相系"，孙绰赞其"研微辩章"。（《高僧传》卷四《康法朗传》，页154）西晋之末，在太行山东麓的中山，存在一个以康法朗为首的僧人集团，研寻经典。所谓"讲法相系"，是说讲习佛典的传统不坠。

西晋高僧中清谈一流，最具名士风度的人物，当推支孝龙。上文引陶渊明《圣贤群附录》，称沙门于法龙为"中朝八达"之一。于法龙即支孝龙，机敏善辩。《高僧传》卷四《支孝龙传》

说:"少以风姿见重,加复神采卓荦,高论适时。"[1]支孝龙以风姿神韵为时人所重,清谈高论,无人能抗,大概与王夷甫最相似。然"高论"论什么?《支孝龙传》说他"披味小品",则他的"高论",当是谈佛理为主。"适时"者,合乎时宜也;时宜者,当时清谈主流也。正始之后,玄学的贵无论盛行,清谈家几乎人人谈无。支孝龙谈论佛经"适时",必定与当时的玄学清谈相似,迎合《老子》的道论及王弼"以无为本"的玄学核心理论。

《支孝龙传》说,有人以中国传统观念嘲笑支孝龙:"何不全发肤、去袈裟、释胡服、被绫罗。"意谓何不还俗以求富贵。支回答:"抱一以逍遥,唯寂以致诚。剪发毁容,改服变形,彼谓我辱,我弃彼荣。故无心于贵而愈贵,无心于足而愈足矣。""抱一"出于《老子》十章:"少则得,多则惑,是以圣人抱一,为天下式。"一,指道。"抱一"谓守道。"唯寂"之"寂",源出《老子》二十五章:"有物混成,先天地生。寂兮寥兮……吾不知其名,字之曰道,强为之名曰大。"亦见于《庄子·大宗师》:"不以心损道,不以人助天,是之谓真人。若然者,其心忘,其容寂。"寂,指道之无为。"无心于贵"二句,出于《老子》二章:"是以圣人处无为之事,行不言之教。"道体乃无,无为而无不为。"抱一""逍遥""寂""无心"等哲学概念,皆出于《老子》与《庄子》。毫无疑问,支孝龙精通《老》《庄》,深受当时玄学的影响,以玄理讲解佛理。可见释子讲论佛理,依傍《老》《庄》和玄理,而不是相反。此所谓支孝龙"高论适时"也。

1《法苑珠林》卷五三,"时",下有"无人能抗"四字。

三、东晋初期的谈佛高僧

西晋末年八王之乱以及随后五胡逐鹿中原，北方的大地上战火熊熊燃烧，久久不灭。加之水灾、旱灾、蝗灾此起彼伏，生存环境险恶到了极点，逼得僧人纷纷南渡。江南物质文明大大优于北方，北来僧人的生活和弘法的境遇大为改善。最重要的是南方统治者的文化素养远高于北方的胡人首领。世俗政权和著名的文化世家，从怀疑佛教到接纳、信从佛教，表现出对西方异质文化的宽容与温情。许多著名的高僧，来到江南之后受到文化精英的普遍欢迎。随着名僧与名士交往的时日渐多，前者的行为作风也与名士风度趋向一致。与此同时，洛下谈玄的风气移植到了江南，而高僧的讲说佛理，仿佛江南名士的谈玄，二者其实不存在多大的差别。特别是一些内外书兼精，能审时度势的高僧，以玄理掺于佛理之中，讲经谈佛就更加得到名士的欢迎。

东晋初期善谈论的中外高僧不少。中土高僧如竺法潜（字法深）、于道邃。西域来华高僧有帛尸梨密（高坐道人）、康僧渊、康法畅等。

竺法潜（286—374），[1]本是北方僧人。或说俗姓王，琅邪人，晋丞相武昌郡公王敦之弟。年十八出家，事中州刘元真为师。元真早有才解之誉，孙绰赞曰："索索虚衿，翳翳闲冲。谁其体之，在我刘公。谈能雕饰，照足开蒙。怀抱之内，豁尔每融。"（《高僧

1《高僧传》卷四《竺法潜传》说：潜于宁康二年（374）卒，春秋八十九。则生于晋武帝太康七年（286）。

传》卷四《竺法潜传》，页156）由"谈能雕饰"二句可知，刘元真是西晋清谈名士。汤用彤猜测元真"想能融合佛法玄理之甚有关系之人物"，并据竺法潜曾与桓彝之父颖为至交，以为这是"西晋名士与释子往还之确证"。[1] 竺法潜伏膺刘元真之后，"微言兴化，誉洽西朝"。至年二十四，竺法潜讲《法华》《大品》，既蕴深解，复能善说，观风味道者，常数盈百。可见竺法潜过江之前，就已经是一个对佛经有深刻解悟，又善于谈讲，众人为之倾倒的义学高僧。

永嘉初，法潜避乱过江。元帝、明帝、丞相王导、大尉庾亮，并钦其风德，友而敬之。建武、太宁中，法潜常着屐至殿内，时人咸谓方外之士。元、明二帝既崩，王、庾又薨，成帝、哀帝、简文帝无不敬重竺法潜风德。法潜优游讲席三十余载，或畅方等，或释《老》《庄》，投身北面者，莫不内外兼洽。"方等"是一切大乘经典的通名。竺法潜既讲大乘经典，又释《老》《庄》玄义。投其门下的弟子，也是内外典兼善。高僧内外典兼善，乃是译经与讲经的需要。到西晋支孝龙、竺法行等高僧，讲经兼用内外典，很重要的原因是当时玄谈盛行，讲经受玄谈的影响。到了东晋初，竺法潜及其弟子，"莫不内外兼洽"，是一种有意识的治学的自觉，表明玄佛的融合，开始成为佛教界的学术主流。

至晋哀帝好重佛法，频遣两使，殷勤征请竺法潜入京师，潜以诏旨之重，暂游宫阙，于御庭开讲《大品》，上及朝士并称善。于时简文辅政，也崇信佛教，以法潜为至德，道俗标领，敬重更

---

1 详见汤用彤《汉魏两晋南北朝佛教史》第七章，页123。

笃。一般都知道，简文辅政时，因其玄学修养很高，经常组织并主持当时的玄谈，玄风弥漫朝野。然不太了解简文，也是江南佛教清谈的组织者。东晋中期大乘经典的讲说，受到文化精英的欢迎，竺法潜作出了很大的贡献。

竺法友，竺法潜弟子，博通众典，从法潜受《阿毗昙》，一宿便诵，年二十四便能将讲。另一弟子竺法蕴，悟解入玄，尤善《放光波若》。康法识，亦有义学之功。（《高僧传》卷四《竺法潜传》，页157）在会稽郡之仰山，竺法潜与弟子们诵经、讲经，是当时京师之外佛教清谈的一个中心。

于道邃，敦煌人，年十六出家，事于法兰为弟子。"学业高明，内外该览。善方药，美书札。洞谙殊俗，尤巧谈论。护公（竺法护）常称邃高简雅素，有古人之风。若不无方，为大法梁栋矣。后与兰公俱过江，谢庆绪大相推重"。年三十一卒，郗超图写其形，支遁著铭，赞曰："英英上人，识通理清。朗质玉莹，德音兰馨。"孙绰以于道邃比阮咸，作《喻道论》说："江南有于道邃，识者以对胜流。"（《高僧传》卷四《于道邃传》，页169）称道邃为"胜流"。可惜于道邃清谈的具体事迹早湮灭无存。

帛尸梨密（高坐道人），西域高僧，永嘉中始到中国，值乱，渡江至京师建初寺。《世说·言语》三九注引《高坐别传》说："和尚天姿高朗，风韵遒迈，丞相王公一见奇之，以为吾之徒也。周仆射领选，抚其背叹曰：'若选得此贤，令人无恨。'"《高僧传》卷四《帛尸梨密传》说：王导、庾亮、周顗、谢鲲、桓彝等大名士，一见和尚，"终日累叹，披衿致契"，又说："密性高简，不学晋语，诸公与之语言，密虽因传译，而神领意得，顿尽言前，莫不叹其自然天拔，悟得非常。"《世说》《高僧传》所记帛尸梨密的事迹，在中国佛教史上及清谈史上至少有二点意义。一是表明东晋上层统治者及文化精英，以温情接纳佛教和西域来华高僧，对于异域文化的到来敞开博大的胸怀。二是东晋初期的大名士与西域高僧经常清谈。王导、庾亮等见了尸梨密，"终日累叹，披衿致契"。这二句即是说，王导等与尸梨密终日清谈，而且达到双方心胸契合的地步。至于具体谈什么难知。尸梨密的清谈史所罕见，居然不学晋语，通过传译互相谈论，而且能"悟言神解"——对方言未尽而意已得。出语天拔，岂不妙哉！

康僧渊。僧渊本西域人，生于长安。晋成帝之世，与康法畅、支敏度等俱过江。过江之初，康僧渊在市肆上乞食过一段时间，不久就得到殷浩的赏识。《世说·文学》四七说：

> 康僧渊初过江，未有知者，恒周旋市肆，乞索以自营。忽往殷渊源许，值盛有宾客，殷使坐，粗与寒温，遂及义理。语言辞旨，曾无愧色，领略粗举，一往奔诣，由是知之。

康僧渊"忽往殷渊源许"，当是已知悉殷浩乃江南的清谈领袖。事情也是巧，正值有许多宾客。殷浩与僧渊寒暄之后，遂及清谈。僧渊标举大旨，滔滔不倦，入于精微，由是为殷所知。然而，两人谈何义理，《世说》不载。《高僧传》卷四《康僧渊传》，则记录了他们清谈的内容：

> （康僧渊）后因分卫之次，遇陈郡殷浩，浩始问佛经深

远之理，却辩俗书性情之义，自昼之曛，浩不能屈，由是
改观。

当时，殷浩大概初读佛经，见北方僧人来，便问佛经深远之理。
可是，后来话题变成了辩论俗书性情之义。转移话题者，我以为
是康僧渊。康僧渊精于佛理，殷浩则初涉佛经。在入门不久的人
面前讲说佛理，小菜一碟，见不出僧渊的高明，还不如辩论俗书
中的性情之义，能看出僧人学问渊博，内外典皆通，非是凡庸。
再者，俗书性情之义，属于才性论，是魏晋清谈的重要话题。论
才性四本，是殷浩的"绝技"，犹若汤池铁城，无可攻之势，甚至
善辩的支道林也入其玄中。[1]我怀疑康僧渊忽往殷浩许，必定先已
了解殷浩清谈的擅长，是有备而来。两人辩论从白天至傍晚，精
于才性的殷浩竟然不能占上风。康僧渊内典外书皆精通如此，由
不得殷浩不改观。

　　康僧渊为一代佛学大师，后来在豫章山立寺，尽占山水之美，
《世说·栖逸》一一说："康僧渊在豫章，去郭数十里立精舍，旁
连岭，带长川，芳林列于轩庭，清流激于堂宇。乃闲居研讲，希
心理味。庾公诸人多往看之，观其运用吐纳，风流转佳。加已处
之怡然，亦有以自得，声名乃兴。后不堪遂出。"《高僧传》卷四
《康僧渊传》说，康僧渊立寺于上佳山水，"名僧胜达，响附成群，
以常持《心梵经》，空理幽远，故偏加讲说。尚学之徒，往还填
委"。名僧胜达，成群在豫章山寺，清谈佛理是可以想见的。康僧

---

1 见上文已引《世说·文学》三四、五一。

渊偏加讲说《心梵经》，是精熟说空之理的大师，吸引了许多信从佛法的清信士，寺院成了佛学院。

康法畅。康法畅的先祖可能也是西域人，其本人生于中国，同康僧渊有瓜葛，两人一起过江。《高僧传》卷四《康僧渊传》说："畅亦有才思，善为往复，著《人物始义论》等。畅常执麈尾行，每值名宾，辄清谈尽日。庾元规谓畅曰：'此麈尾何以常在？'畅曰：'廉者不取，贪者不与，故得常在也。'"《世说·言语》五二刘孝标注："法畅著《人物论》，自叙其美云：'悟锐有神，才辞通辩。'"[1]法畅常执麈尾而行，值名宾，辄清谈终日，其作风与世俗名士并无区别。

竺僧敷。竺僧敷也是渡江而来的北方僧人，《高僧传》卷五《竺僧敷传》说："（僧敷）学通众经，尤善《放光》及《道行波若》。西晋末乱，移居江左，止京师瓦官寺，盛开讲席，建邺旧僧无不推服。时同寺沙门道嵩，亦才解相次，与道安书云：'敷公研微秀发，非吾等所及也。'时异学之徒，咸谓心神有形，但妙于万物，随其能言，互相摧压，敷乃著《神无形论》，以有形便有数，有数则有尽，神既无尽，故知无形矣。时杖辩之徒，纷纭交诤，既理有所归，惬然信服。"据《高僧传》所说，竺僧敷尤善《放光》及《道行波若》。《道行般若经》卷五说："何所是本无者？一切诸法亦本无。如诸法本无，须陀洹道亦本无，斯陀含道亦本无，阿那含道亦本无，阿罗汉道、辟支佛道亦本无，怛萨阿竭亦

---

[1]《人物论》，当从《高僧传》作《人物始义论》。《法苑珠林》卷一一九："《人物始义论》一卷，右晋成帝时沙门释法畅撰。"可证。

复本无，一本无无有异，无所不入，悉知一切。是者，须菩提！般若波罗蜜即是本无。"[1]神，义同法性、法身、圣智。一切诸法本无，则神亦本无为空。大乘般若学所谓六家七宗，第一是本无宗，以为法身、圣智无知无像。譬如僧肇《维摩诘经序》就说："夫圣智无知，而万品俱照；法身无像，而殊形并应。"神超越言象，无知无形而无不应。僧敷之学，属于本无宗。而"异学之徒"咸谓"心神有形"，大体属于幻化宗。释道壹作《神二谛论》云："一切诸法，皆同幻化，同幻化故名为世谛。心神犹真不空，是第一义。若神复空，教何所施？谁修道？隔凡成圣，故知神不空。"[2]"心神有形"之说，流行于当时，颇有势力，竺僧敷与之展开激烈的辩论。

四、北方高僧的讲经与格义：以道安为中心

有关魏晋清谈的研究论著，谈到当时僧人的清谈活动，多注意西晋末年过江僧人在江南与名士谈玄论道，而忽略同时北方僧人的译经、讲经过程中的研寻和宣扬佛理。这恐怕是不妥当的。相当于东晋前期和中期，在山河破碎、狼烟不熄的中国北方，先有佛图澄，后有释道安为代表的僧众，不畏生死，在弘法的道路

---

1 支娄迦谶译《道行般若经》卷五《摩诃般若波罗蜜照明品》第十。《大正新修大藏经》第8册 No. 224《道行般若经》。
2 转引自汤用彤《汉魏两晋南北朝佛教史》，页185。然此道壹恐怕不是竺法汰弟子。竺僧敷在瓦官寺早于竺法汰多年，竺僧敷不可能据道壹心神不空之义立说。事实是在幻化宗成立之前，心神真有之说已经存在，僧敷之后，亦并未消停。

上艰难前行，可歌可泣。

佛图澄（232—348），[1]西域人，本姓帛氏。少出家，诵经数百万言，善解文义。晋怀帝永嘉四年（310），佛图澄来到洛阳，志弘大法。时值刘曜作乱，澄欲在洛阳立寺之志不果。同时不少僧人南渡，而澄留在北方，潜伏草野，以待时变。不久，他以神异之术得到后赵主石勒的尊崇，大弘佛教，中州胡晋略皆奉佛。石勒死，石虎登位，倾心事佛图澄，更胜于石勒，视澄为国宝，尊称大和上。人民多奉佛，竞相出家。佛图澄博学善辩，虽未读中国儒史，而与诸学士论辩疑滞，皆暗合符契，无能屈者。澄"妙解深经，傍通世论，讲说之日，止标宗致，使始末文言，昭然可了……佛调、须菩提等数十名僧，皆出自天竺、康居，不远数万之路，足涉流沙，诣澄受训。樊沔释道安、中山竺法雅并跨越关河，听澄讲说。皆妙达精理，研测幽微"。（《高僧传》卷九《佛图澄传》，页345、356）

《高僧传》把佛图澄归入"神僧"，《晋书》归入《艺术传》。佛图澄确实以匪夷所思的神异之术著称于中国佛教史，但不应忽略，佛图澄同时也是个义学高僧。以为他只以神通弘法，而不精佛理，这不合历史事实。《高僧传》称他"妙解深经，傍通世论"，既有极高的佛学造诣，也通晓世俗的学术。乱世中的北中国，有了佛图澄，以残暴无道著称的后赵，竟然成了国际佛学中心，讲说佛法的上佳之地。佛图澄的中外弟子数十，高足有释道安、竺

1《高僧传》卷九《佛图澄传》说，佛图澄于晋穆帝永和四年（348）十二月八日卒，春秋一百一十七。由此推知，澄生于魏明帝太和六年（232）。

佛调、竺僧朗、竺法雅、康法朗、竺法汰、释法和、释法常、释法祚、释法佐等。澄在世时，门下弟子佛学造诣最高，弘法贡献最大，最善谈佛者，无疑是释道安。

释道安（312—385），姓卫氏，西晋常山扶柳人。出身于儒学家庭，父母早亡，为外兄孔氏所养。年七岁读书，再览能诵。年十二出家，神智聪敏。大约在东晋咸康时，道安年二十四五岁时，事佛图澄为师。佛图澄慧眼，初见道安就"与语终日"，嗟叹道安"远识"，非其余门徒可比。故澄在自己讲经完后，命道安复述。众僧很瞧不起这个新来的相貌丑陋的和尚，待道安复讲时，纷纷攻难之。道安"挫锐解纷，行有余力"，表现出不凡的辩才和理论造诣，以致时人语曰："漆道人，惊四邻。"意思说那个面孔黝黑的和尚，口辩过人，惊动四邻。

佛图澄生前，道安就不止一次离开邺都，长期在外游方问道，寻访经律。他先是避难潜于濩泽，与邺人竺僧朗、太阳竺法济、并州支昙讲等人研读经典，辨析经义。不久，与同学竺法汰一起停驻飞龙山，遇沙门僧先、道护，共披文属思，妙出神情。后来在太行恒山创立寺塔，大弘佛法，改服出家者中分河北。武邑太守卢歆听闻道安清秀，使沙门敏见苦邀之。道安推辞不了，乃受请开讲。名实既符，道俗欣慕。

道安后期，留寓襄阳十五年（365—379），生存环境比北方好了不少，得以穷览经典，注释不少佛经，并撰写经录。年年讲两次《放光般若经》，从未间断。一些旧译经典，出经的时日已久，又本来就有译文的错误，以致经文的原义隐没不通。道安谨慎，"每至讲说，唯叙大意转读而已"。（《高僧传》卷四《道安传》，页179）襄阳名士习凿齿致信谢安，描述所见道安及其徒众弘教及研寻经典的情况："来此见释道安，故是远胜，非常道士。师徒数百，斋讲不倦。无变化伎术，可以惑常人之耳目；无重威大势，可以整群小之参差。而师徒肃肃，自相尊敬，洋洋济济，乃是吾由来所未见。其人理怀简衷，多所博涉，内外群书，略皆遍睹。阴阳算数，亦皆能通，佛经妙义，故所游刃……"（同上，页180）习凿齿的这封信，扼要地介绍了道安师徒的修炼活动，以及道安的个性、博学和游刃经义的大学者风范。数百僧众，讲论经义不绝，互相尊敬，人人自信，勤勉不怠，这是何等动人的场面啊！

释法和。佛图澄的另一弟子释法和亦善辩。《高僧传》卷五《法和传》说："（法和）善能标明论纲，解悟疑滞。"所谓"论纲"，即是辩论开头的宗旨，或称"叙致"。法和"善能标明论纲"，是指他的谈论，善于先提出论题的宗旨。这颇同江左王濛的谈玄，"叙致过之"。

竺僧辅。邺人，自少持戒行，不畏艰苦，学通诸论，兼善经法，有名于伊、洛。值西晋饥乱，曾与道安等隐于濩泽，"研精辩析，洞尽幽微"。后憩荆州上明寺。（《高僧传》卷五《竺僧辅传》，页196）

释僧先。僧先早年为沙弥时，曾与道安相遇于逆旅，志同道合，结为终生好友。值后赵石氏之乱，他隐于飞龙山。不久，道安、竺法汰从僧先，也来到飞龙山，一起"披文属思，妙出神情"。（《高僧传》卷五《道安传》，页178）

以下述论早期佛教清谈中的格义问题。

一般认为，佛教史上的格义方法的创立，始于竺法雅。《高僧传》卷四《竺法雅传》说：

> 法雅，河间人。凝正有器度，少善外学，长通佛义。衣冠士子，咸附咨禀，时依门徒，并世典有功，未善佛理。雅乃与康法朗等，以经中事数，拟配外书，为生解之例，谓之格义。乃毗浮、相昙等，亦辩格义，以训门徒。雅风采洒落，善于枢机，外典佛经，递互讲说。与道安、法汰，每披释凑疑，共尽经要。后立寺于高邑，僧众百余，训诱无懈。雅弟子昙习，祖述先师，善于言论，为伪赵太子石宣所敬云。（页152、153）

何谓格义？《竺法雅传》说是"以经中事数，拟配外书，为生解之例"。为什么有格义？汤用彤指出：世界各民族思想及名辞，往往为他族人民不易了解，此族文化输入彼邦，最初都是抵牾不相入。交通稍久，恍然于二族思想固有相通处，乃以本国义理，拟配外来思想，此为晋初格义方法兴起之由。[1]佛教是一种外来文化，与中国文化殊异。中国人士初接触佛教，觉得十分难解，遂以中国固有思想，作比喻、类比，引渡佛教信众容易到达异国文化的彼岸。格义吸取最多的中国文化，即是"三玄"；因"三玄"与佛理有相通处，所谓"微应佛理"也。

追溯格义的出现，不是始于竺法雅。上文曾引僧叡《喻疑

---

1 详见汤用彤《汉魏两晋南北朝佛教史》，页166—167。

论》，说在汉末魏初，研寻佛理的学者，开始讲论佛经，已经用格义的方法了。一百多年后，竺法雅熟练运用格义，"外典佛经，递互讲说"。不仅法雅，康法朗、僧先也用格义。毗浮、相昙等，也以格义训导门徒。再有法雅弟子昙习，"祖述先师，善于言论"。"祖述"，指继承先师格义方法，讲论佛理。故在竺法雅的时代，佛教清谈运用格义，成为普遍的潮流。

然则，道安、法雅、法汰既然常常"披释凑疑，共尽经要"，则道安是否也用格义？道安与僧先，曾辩论过格义问题。《高僧传》卷五《僧先传》说："（道）安曰：'先旧格义，于理多违。'先曰：'且当分析逍遥，何容是非先达。'安曰：'弘赞理教，宜令允惬，法鼓竞鸣，何先何后。'"（页195）道安以为前辈的格义，有违佛理。僧先则以《庄子·逍遥游》为例，以为不当批评先达的是与非，显然赞成格义。道安反驳说，弘扬佛理，以符合经义为宜，如法鼓竞鸣，不应分先后。意谓先达的格义不一定对，后人的批评不一定错。据此看来，道安讲经和训导弟子时，是不用格义的。可以说，道安是对格义保持警惕，表示异议的第一人。

不过，道安却允许他的高足慧远辩论时用格义。《高僧传》卷六《慧远传》说："尝有客听讲，难实相义，往复移时，弥增疑昧。远乃引《庄子》义为连类，于是惑者晓然，是后安公特听慧远不废俗书。"（页212）据此看来，道安在某些清谈佛经的场合，是允许格义的。后来随着大乘中观学由西域传入，格义与佛经原义的牴牾被更多人了解，格义遂被弃之不用。

释道安的时代，北方佛教清谈已经普遍，甚至一些比丘尼也能谈论佛经。例如《比丘尼传》九《洛阳城东寺道馨尼传》说：

竺道馨"雅能清谈，尤善《小品》，贵在理通，不事辞辩，一州道学，所共师宗。比丘尼讲经，馨其始也"。可知，竺道馨是女尼清谈佛经的第一人，在洛阳一带很有影响。考其时代，在东晋太和之前，时间上与江南的支遁清谈相当。

五、支敏度立心无义始末及其争论

支敏度（一作愍度）。支敏度事迹见于《高僧传》《法苑珠林》《出三藏记集》等书。《高僧传》卷五《康僧渊传》说："晋成之世，与康法畅、支敏度等俱过江。"又说："敏度亦聪哲有誉，著《译经录》，今行于世。"智昇《开元释教录》卷十说："《经论都录》一卷，别录一卷。右东晋成帝豫章山沙门支敏度撰。其人总校古今群经，故撰《都录》。敏度又撰别录一部。"按，支敏度与康僧渊一起过江，而僧渊后来在豫章山立寺。我怀疑敏度渡江后从僧渊居在豫章，故《开元释教录》称敏度为豫章三沙门。支敏度著作，尚有《合维摩诘经》五卷，《合首楞严经》八卷，共十三卷。"合"者，是指将同一经，译者不同，文字不同的版本，合为一集。支敏度《合维摩诘经序》，就说明了《合维摩诘经》之"合"的原因及意义。[1]支敏度在中国佛教史上创立的"心无义"，

---

[1]《出三藏记集》卷八支敏度《合维摩诘经序》说，《维摩诘经》有支恭明、竺法护、竺叔兰三种，辞句、方言、文义都不相同。"若其偏执一经，则失兼通之功。广被其三，则文烦难究。余是以合两令相附，以明所出为本，以兰所出为子，分章断句，使事类相从。令寻之者瞻上视下，读彼案三，足以释乖迁之劳，易则易知矣。"

是中古佛教哲学般若学"六家七宗"的第六宗，[1]曾影响一时。

支敏度创立"心无义"的背景，见于《世说·假谲》——：

> 愍度道人始欲过江，与一伧道人为侣谋曰："用旧义在江东，恐不办得食。"便共立"心无义"。既而此道人不成渡。愍度果讲义积年。后有伧人来，先道人寄语云："为我致意愍度，无义那可立，治此计权救饥尔！无为遂负如来也。"

刘孝标注："旧义者曰：种智有是，而能圆照。然则万累斯尽，谓之空无。常住不变，谓之妙有。而无义者曰：种智之体，豁如太虚。虚而能知，无而能应。居宗至极，其唯无乎。"

关于"心无义"及刘孝标注"旧义"与"心无义"的不同，陈寅恪《支愍度学说考》一文已有精辟分析，后汤用彤又作了补充，读者可参看。这里略述"心无义"同魏晋玄学的关系以及引起的争论。

僧肇《不真空论》破"心无义"说："心无者，无心于万物，万物未尝无。此得在于神静，失在于物虚。"[2]唐释元康《肇论疏》上解释说："'无心万物，万物未尝无'者，谓经中言空者，但于物上不起执心，故言其空。然物是有，不曾无也。'此得在于神静，失在于物虚'者，正破也。能于法上无执，故名为'得'。不

---

1 唐释元康《肇论疏》说：第一本无宗，第二本无异宗，第三即色宗，第四识含宗，第五幻化宗，第六心无宗，第七缘会宗。
2《大正新修大藏经》第45册 No. 1859《肇论》。

知物性是空，故名为'失'也。"[1] 僧肇指出"心无义"的得失，简明扼要。唐释元康之疏解，也极明了。若再简括言之，"心无义"即心无物有；心无为得，物有为失。

"心无义"与玄学密切相关。支敏度之所以立"心无义"，是因为意识到"用旧义在江东，恐不办得食"。为什么如此？盖江东盛行玄学，旧义与玄学不合；而"心无义"与玄学合拍，能救饥。那么，旧义是什么？为何与玄学不合？刘孝标注："旧义者曰：种智有是，而能圆照。"谓佛的智慧，知一切种种之法，是为一切种智。"圆照"，谓照见世间一切相。"万累斯尽，谓之空无"，谓万物终归于空无。"常住不变，谓之妙有"，是说永远不变者，是为妙有。妙有非真实有，是假有，故仍是空。世间一切法，无不是空。旧义符合如来原意，即物无自性，诸法皆空。这才是佛教的根本宗旨。支敏度"心无义"以为无心于物，固然为得，然说万物未尝无，这就不合如来原义，而同玄学十分相近了。

《老子》学说以"无"为万物之本体，有生于无。无者无形无名，有者有形有名。王弼《老子注》说："凡有皆生于无。"在《老子指略》中又提出"崇本息末"的观点，本为无，末为有。中国传统学术从未否定物质世界的真实性，从未论证万物是空无，是假有，与佛教诸法皆空的教义有根本区别。"心无义"以为无心于万物，与玄学的以无为本相似；又以为万物未尝无，是有，则与玄学一致。陈寅恪说："新义者则采用《周易》《老》《庄》之义，以助成其说而已。"指出了"心无义"的思想来源。

1《大正新修大藏经》第45册 No. 1859《肇论疏》。

第十一章　魏晋佛教清谈述略

支敏度创立的"心无义"，是东晋佛教般若学的理论创新之一，成为佛教清谈的重要题目，自成帝之世至晋末，赞同与反对两派争辩不息。江南名士多欣赏支敏度的理论新见，例如《名德沙门题目》说："支愍度才鉴清出。"（《世说·假谲》——刘孝标注引）孙绰《愍度赞》说："支度彬彬，好是拔新。俱禀昭见，而能越人。世重秀异，咸竞尔珍。孤桐峄阳，浮磬泗滨。"（同上）称敏度"清出""拔新""越人""秀异"，我以为多半是赞扬他"心无义"体现出来的理论创新。孙绰等江南名士赞扬敏度，证明"心无义"与江南玄谈合拍，果然能救饥。

　　"心无义"在佛教界，也得到了一些僧人的赞同，例如先有竺法蕴，[1]后有道恒。由于"心无义"得到一些名士与僧人的肯定，一度风行于江左，甚至远播荆州。

　　当然，般若学的其他派别，视"心无义"是有负如来的异端，破之者亦不乏其人。道安僧团中人，竺法汰、昙一、慧远，就是破"心无义"的代表。道安门下破"心无义"，原因在道安属于般若学"六家七宗"中的第一宗即本无宗。吉藏《中观论疏》卷二说：鸠摩罗什未至长安，本有三家义，"一者释道安明本无义，谓无在万化之前，空为众形之始。夫人之所滞，滞在末有。若诧心本无，则异想便息。叡法师云：'格义迁而乖本，六家偏而未即。'师云：'安和上凿荒途以开辙，标玄旨于性空。以炉冶之功验之，唯性空之宗最得其实。'详此意安公明本无者。一切诸法，本性

---

1 陈寅恪《支愍度学说考》据《高僧传》卷四《竺法潜传》附记其弟子，称"竺法蕴悟解入玄，尤善《放光波若》"，以为"其与心无义"有关。

空寂，故云本无。"[1]本无宗的要旨是"性空"——一切诸法，本性空寂，与"心无义"存在巨大的理论分歧，势必会引发理论上的冲突。

道安的同学竺法汰（320—387），[2]是破"心无义"的主帅。大约在苻秦建元元年（365），在北方流离颠沛多年的道安，率众来到新野，为了广布佛法，分张徒众，让法汰下扬州，法和入蜀。法汰带领弟子昙一、昙二等数十人，沿江东下。途中法汰得病，停在阳口，受到镇守荆州的军事长官桓温的款待。当时，有僧人名道恒，颇有才能，常执"心无义"，在荆州很有影响。法汰说："此是邪说，应须破之。"遂大集名僧，命弟子昙一攻难道恒。昙一引经据典，不断驳斥"心无义"。道恒则依仗伶牙俐齿，不肯受屈。直至暮色来临，仍未分胜负。次日，再集名僧辩论。这时，受道安派遣的慧远，下荆州问疾法汰，正碰上昙一等与道恒辩论，于是现身论坛，设难数番，攻击"心无义"的理碍之处。道恒觉得自己的道理难以自圆，神色开始不自信，手中的麈尾不动，扣在案桌上，沉默不回答。慧远见机，高声说："慢吞吞跑不快，要那车轴干什么！"在座者大笑。"心无义"从此在荆州消歇。（《高僧传》卷五《竺法汰传》，页192、193）

经法汰、昙一、慧远的驳难，"心无义"在荆州失去了市场，在长江中下游地区，却仍在流行。汤用彤据《出三藏记集》卷一二陆澄《法论目录》记载的二条：桓敬道《心无义》，王稚远

1《大正新修大藏经》第42册 No. 1824《中观论疏》。
2《释氏稽古录》卷二：竺法汰于太元十二年（387）入寂，寿六十八。则法汰生于晋元帝大兴三年（320）。

问，桓答。刘遗民《释心无义》，以为"桓玄及刘程之俱为宗'心无义'者，且在道恒之后"。[1]可知直至东晋之末，桓玄、刘遗民仍信奉"心无义"。至于王稚远（谧）与桓玄问答"心无义"的详情，早不得而知。

六、东晋中期江南佛教清谈：以支遁为中心

随着佛教在江南的传播既速且广，东晋上层统治者与文化精英开始研读佛经，渐渐为佛教哲学的奇异和幽微所吸引。佛教清谈出现某些前所未有的现象，其中有着重大意义的现象有三：一是般若学盛行，形成各种不同的佛学派别，互相之间展开辩论。二是江南名士接触佛经，参与佛教清谈。三是传统的玄谈由于佛学的加持，活力增强，谈论的内容丰富了，表现出玄佛融合的理论色彩。

江南佛教清谈新风中，出现的突出人物是支遁。关于支遁的生平事迹及其玄谈，已见上文"支遁谈玄"一节。这里述论他的谈佛。

东晋中期江南最著名、影响最大的高僧，非支遁莫属。他是充分名士化的高僧，披着袈裟，时常出入朱门；隐居剡东，也曾淹留京师；既谈《庄》《老》，又研讲佛经。口吐莲花，玄拔独悟。当代名流，无不为之倾倒。支遁在魏晋清谈史上地位崇高，影响深远，主要原因在于他的知识结构优于大多数清谈人物。一般名

1 详见汤用彤《汉魏两晋南北朝佛教史》第九章，页187。

士都读《老》《庄》，善说"三玄"，但兼通佛理者很少。自汉末至东晋中期，佛教的传播已有二百年，但读佛经，进入奇妙的佛教哲学殿堂的名士几乎没有。支遁精研佛理，善讲说《维摩诘经》《小品》，撰有不少佛学著作，创立"即色义"。凡此，皆是玄谈名士所不具备的知识结构及理论造诣，难怪当代名流趋之若鹜，王濛赞其"钵盂后之王、何"，郗超称其"数百年来，昭明大法，一人而已"。

支遁谈佛的事迹，《世说》中记载有数十条，远超其他僧人。以下先述论《世说》中支遁谈佛的故事。《世说·文学》三〇说：

> 有北来道人好才理，与林公相遇于瓦官寺，讲《小品》。于时竺法深、孙兴公悉共听。此道人语屡设疑难。林公辩答清析，辞气俱爽。此道人每辄摧屈。孙问深公："上人当是逆风家，向来何以都不言？"深公笑而不答。林公曰："白旃檀非不馥，焉能逆风？"深公得此义，夷然不屑。

林公与北来道人清谈《小品》，于时竺法深亦在座共听。据此，这次清谈很可能在晋哀帝即位之初。考《高僧传》卷四《支遁传》："至晋哀帝即位，频遣两使征请出都，止东安寺，讲《道行波若》。白黑钦崇，朝野悦服。"《高僧传》同卷《竺法潜传》："至哀帝好重佛法，频遣两使殷勤征请，潜以诏旨之重，暂游宫阙，即于御筵开讲《大品》，上及朝士并称善焉。"据上可知，晋哀帝征请支遁、竺法潜出都，时间同时或略有先后。二人皆在京师，才有可能支遁讲经时，竺法深亦在座。

东晋时南北山河阻隔，却并非声气互不相通，一直有北来道人过江，或停留建邺，或经此往会稽或岭南。这次北来道人与支遁清谈，不是支遁对手，累遭摧折。在座的孙绰是佛教的清信士，想必也能谈佛。竺法深是弘道高僧，"既蕴深解，复能善说"，绝对是佛学造诣高深，且善谈论的人物。可这时作壁上观，一言不发。孙绰问他："上人当是逆风家，[1]何以刚才不作声？"深公笑而不答。原因或许是觉得支遁已尽《小品》之奥义，自己确实无话可说。而赢了辩论的支遁以白旃檀比深公，意谓白旃檀虽香，唯能顺风，而不能逆风播其香。微讽竺法深唯能顺风，只能倾听，而不能发言。支遁趾高气扬、不可一世的神态似在眼前。

支遁精《小品》，摧折北来道人，好像常胜将军，其实也有落败的时候。《世说·文学》四五说：

> 于法开始与支公争名，后情渐归支，意甚不分，遂遁迹剡下。遣弟子出都，语使过会稽，于时支公正讲《小品》。开戒弟子："道林讲，比汝至，当在某品中。"因示语攻难数十番，云："旧此中不可复通。"弟子如言诣支公。正值讲，因谨述开意。往反多时，林公遂屈。厉声曰："君何足复受人寄载来！"

刘孝标注引《名德沙门题目》说："于法开才辩从（纵）横，以数术弘教。"《高逸沙门传》说："法开初以义学著名，后与支遁有

---

1 逆风家，谓不从风而靡，虽处逆风，然能逆风而上，亦即不顺人旨意。

竞，故遁居剡县，更学医术。"佛经说诸法皆空，则俗世之名亦为空。支遁、于法开之流，却偏偏争俗世之空名，可知世间名根难可废也。魏晋清谈盛行不衰，与"啖名客"甚有关系，于此又得到证明。于法开为胜支遁，训练弟子数十番，竟使"林公遂屈"，说明法开确实"才辩纵横"，《小品》造诣之高，不在支遁之下。

《世说·文学》三七记支遁分判三乘：

> 三乘佛家滞义，[1]支道林分判，使三乘炳然。诸人在下坐听，皆云可通。支下坐，自共说。正当得两，入三便乱。今义弟子虽传，犹不尽得。

什么是"三乘佛家滞义"？支道林如何"使三乘炳然"？当时弟子复述就很困难了，今日自然更说不清。读此故事，印象最深的是支遁分判三乘的高明，难以企及。支遁的佛学著作中有《辩三乘论》，应该是分判三乘之后的著作。

支遁还谈《维摩诘经》。《世说·文学》四〇说：

> 支道林、许掾诸人共在会稽王斋头。支为法师，许为都讲。支通一义，四坐莫不厌心。许送一难，众人莫不抃舞。但共嗟咏二家之美，不辩其理之所在。

---

1 三乘：刘孝标注引《法华经》曰："三乘者，一曰声闻乘，二曰缘觉乘，三曰菩萨乘。声闻者，悟四谛而得道也。缘觉者，悟因缘而得道也。菩萨者，行六度而得道也。"

刘孝标注引《高逸沙门传》说："道林时讲《维摩诘经》。"这则故事的主要意义有二。一是僧人与名士共谈佛理。在支遁之前，僧俗共谈佛理的现象已经存在。例如上文言及的西晋高僧帛远与河间王颙"谈论道德"，再有王导、庾亮等人给以竺法深极高的礼遇，法深必然会谈论佛教。但世俗政权的统治者及文化精英是否精通佛理，是否与高僧辩论之，似乎找不到确切的证据。许询则不然，不仅虔诚奉佛，且精通佛理，能担任都讲的角色，向法师问难。[1]问难者，必须对辩论的问题有深入研究，否则不可能提出责难。若许询不通《维摩诘经》，何以能担任都讲之职？况且，他面对的又是天下宗仰的高僧支遁。故许询作佛教清谈的都讲，说明东晋中期的名士中，已经出现通解佛经的人物。故事的意义之二，说明当时佛教清谈的听众，多数只是欣赏谈论佛经的音辞之美，而辨别不出佛理是什么。原因是东晋中期的知识阶层，整体上尚未到达研读佛经的阶段。

支遁佛学理论的精粹是"即色义"，为东晋流行的般若学"六家七宗"的第三宗。"即色论"的要义，见于《支道林集·妙观章》："夫色之性也，不自有色。色不自有，虽色而空。故曰色即为空，色复异空。"[2]色不自色，是指色无有自性，乃因缘和合而成，为空。诸法皆空，如梦如幻，如雷如电，皆为虚幻，故曰"色即为空"。然色为人目见，为识感知，故称"色复异空"。

---

1 唐翼明《魏晋清谈》以为许询为都讲，专掌"送难"显然是全部继承两汉讲经的办法。页39、40。其说可从。
2 见《世说·文学》三五刘孝标注引。《高僧传》卷四《支遁传》说，支作《即色游玄论》，《即色论》即《即色游玄论》。

支遁创立"即色义"之后，有人赞同申述，有人不以为然。后者如王坦之，颇为不屑。《世说·文学》三五说："支道林造《即色论》，论成，示王中郎。中郎都无言。支曰：'默而识之乎？'王曰：'既无文殊，谁能见赏？'"刘孝标注引《维摩诘经》说："文殊师利问维摩诘云：'何者是菩萨入不二法门？'时维摩诘默然无言。文殊师利叹曰：'是真入不二法门也。'"支道林新造《即色论》以示王坦之，自然期待得到王的赞赏。岂料王默然不语。期待落空，支道林以孔子"默而识之"一语问王，语意已有微讽王不识《即色论》之妙，故王只能默然以对。王当然听出支遁用孔子之语的言外之意，遂用《维摩诘经》中的典故回答，意为在场既无文殊师利，谁能欣赏你呢？意谓你不是文殊，我当然默然无言了。两人各以典故表达相轻之意。

支遁与王坦之互相轻视，原因是两人的学术思想殊异而不相得。不过，从王坦之熟悉《维摩诘经》中的典故判断，他也读佛经。据《释氏蒙求》《佛祖统纪》等书记载，王坦之与沙门于法开、竺法汰友善，还曾与法汰共论幽冥报应。可见他并不拒斥佛教。只是因为学术思想不同，他对支遁的《即色论》不感兴趣。当然，也有可能坦之确实不理解支遁的色空之义。

支遁之外，东晋中期善谈佛理的高僧尚有于法开、竺僧敷、竺法汰等人。

于法开（309—368），[1] 不知来历，为于法兰弟子。善《放光》

1《高僧传》卷四《于法开传》说法开年六十卒。《释氏稽古录》卷二说，于法开以晋哀帝太和三年（368）入寂。则其生年在晋怀帝永嘉三年（309）。

及《法华》，妙通医术。《高僧传》卷四《于法开传》说："每与支道林争即色义，庐江何默申明开义，高平都超宣述林解，并传于世。"晋哀帝好佛法，征请高僧至都讲经，法开也在征请之列，"乃出京讲《放光经》，凡旧学抱疑，莫不因之披释"。

于法开创识含宗，为般若学"六家七宗"的第四宗。吉藏《中观论疏》卷二说："第五于法开立识含义，三界为长夜之宅，心识为大梦之主。今之所见群有，皆于梦中所见。其于大梦既觉，长夜获晓，即倒惑识灭，三界都空。是时无所从生，而靡所不生。"[1]于法开形容三界（欲界、色界、无色界）如漫漫长夜不明，心识是大梦的主宰。心、识、神意义相同。心识迷惑，所见群有（一切法）皆如梦境，虚幻不明。心识觉醒，如大梦既醒，长夜获明，悟出三界皆空。识含宗以神识的惑与不惑，解释一切法皆如梦，本性为空。

竺僧敷。《高僧传》卷五《竺僧敷传》说："学通众经，尤善《放光》及《道行波若》。西晋末乱，移居江左，止京师瓦官寺，盛开讲席，建邺旧僧莫不推服。时同寺沙门道嵩，亦才解相次，与道安书云：'敷公研微秀发，非吾等所及也。'时异学之徒咸谓心神有形，但妙于万物，随其能言，互相摧压。敷乃著《神无形论》，以有形便有数，有数则有尽。神既无尽，故知无形矣。时仗辩之徒，纷纭交诤，既理有所归，惬然信服。"从上面的记载可知，心神有形与心神无形两派，曾引起激烈的辩论。竺僧敷圆寂多年后，竺法汰与道安书说："每忆敷上人周旋如昨，逝殁奄复多

1《大正新修大藏经》第42册No.1824。

年，与其清谈之日，未尝不相忆，思得与君，共覆疏其美。岂图一旦，永为异世。痛恨之深，何能忘情。其义理所得，披寻之功，信难可图矣。"法汰多次与道安书，复述僧敷的义理，可惜后来湮没不闻。

由《高僧传》所述僧敷的经历及年七十余卒于寺中的记载，推断僧敷大概生于晋惠帝元康年间，年约二十余渡江，止京师瓦官寺，大开讲席。僧敷比道安、竺法汰都年长，属于老一辈的过江高僧。他的佛学精华是《神无形论》。此论所作，是为了破当时流行的心神有形的思潮。《神无形论》要义即是"有形便有数"四句，神无尽无形。此论一出，异学之徒群起而攻之。而神无形论毕竟合乎佛教性空的根本教义，经反复辩论，众人惬然信服。

竺法汰约于晋哀帝兴宁三年（365）来到扬州，止瓦官寺，与竺僧敷清谈。僧敷卒后多年，竺法汰还常忆起与僧敷的周旋情景，自称"痛恨之深，何能忘情"。对于僧敷的义理所得，披寻之功，十分敬佩。

竺法汰是东晋中期建邺佛教清谈的重要人物，有必要补记他的清谈事迹。

果然如道安所说，扬州"彼多君子，上胜可投"。法汰从荆州来到建邺，可谓得其所哉。京师的上层人物及文化精英，对初来的法汰给以真诚的接待与切实的帮助。《世说·赏誉》——一四说："初，法汰北来，未知名。王领军（洽）供养之，每与周旋行来，往名胜许，辄为俱，不得汰，便停车不行，因此名遂重。"琅邪王氏，至迟从王导一辈始，便与佛教有缘。王洽是王导第三子，时为中领军。法汰初来京师，人地生疏，未有声名。王洽有意培养法汰名声，与其周旋往来，引见当世名流，汰不到，就停车不行，以示尊重。法汰的例子说明，初来江南的僧人能得名，与江南政治精英及文化名流的接纳与尊重，有很大关系。而法汰"风姿可观，含吐蕴藉，词若兰芳"，风度一如江南名士。名僧、名士，两者一拍即合。

法汰止于瓦官寺时，寺中已有竺僧敷、道嵩等义学僧。法汰来后，瓦官寺的佛教清谈更加频繁，当世名流王洽、谢安等经常往来，成了京师著名的讲经论道的中心。清谈领袖简文，深相敬重法汰，请其在寺中讲《放光经》。开题大会，简文亲自临幸，王侯公卿莫不毕集。"汰形解过人，流名四远。开讲之日，黑白观听，士女成群。及咨禀门徒以次骈席，三吴负帙至者千数"。[1]

法汰的佛学造诣集中见于"本无论"。《竺法汰传》说："汰所著义疏，并与郗超书论本无义，皆行于世。"上文说到僧敷卒后，法汰写信给道安，难以忘情。法汰之所以难忘僧敷，一个重要原因是僧敷《神无形论》，与法汰本无义相契合。法汰、僧敷，皆以为诸法皆空，属于同一佛学派别，相视为知己也。

与佛教传播的次序一致，佛教清谈始于高僧，后渐及于中国名士。虽然，谈佛论道早在西晋就存在，支孝龙善谈，又与庾敳等名士交游，则名士为佛经的奥妙所吸引，完全有可能谈几句。东晋初，元帝、明帝、王导、庾亮等，十分崇敬高僧竺法潜，是否这些政治精英也读经或谈佛？揆之情理，亦不无可能。可是，找不到史料能证明他们能谈论佛理。中国士人能清谈佛学，作为

---

1 以上皆见汤用彤校注《高僧传》卷五《竺法汰传》。

一种具有重要意义的文化现象，只有到了晋成帝之世，才有史料记载而得以证实。江南名士的佛教清谈，有两个标志性的人物：殷浩和许询。

许询与支道林谈《维摩诘经》，许为都讲，此事上文已言及。许询早卒，想来谈佛的时间也不会长。谈佛更有名的是殷浩。殷浩是当时超一流的清谈名士，名满天下，这与他的知识结构的宏博有关。清谈名士多数精通"三玄"，然读佛经、通佛理者，在殷浩的时代罕见。殷浩则是当时最早接触佛经的名士。晋成帝之世，康僧渊初过江，未有名，忽然往殷浩处，殷浩开始问他佛经深远之理。据此可知，殷浩在读佛经，否则不会有此问；始读佛经的时间，不会晚于晋成帝之世。

殷浩后来的佛学造诣，达到很高的境界。《世说·文学》四三说：

> 殷中军读《小品》下二百签，皆是精微，世之幽滞。尝欲与支道林辩之，竟不得。今《小品》犹存。

《小品》盛行于两晋，研究、谈论者很多，康僧渊、支遁、于法开等，都是研读《小品》的著名专家。殷浩读《小品》，"下二百签，皆是精微，世之幽滞"，说明他研究《小品》已至精深之境。殷浩于佛经有所不解，很想请教支遁，遣人迎之。林公欲往，为王羲之所劝阻，说是殷浩自己不解，上人也未必能通，还是保持自己的名声要紧。一场精彩可期的清谈硬是被王羲之扼杀了。不过，从王羲之劝阻支遁的话，可发现殷浩研究《小品》的水准，已足以同支遁相抗衡。

　　殷浩读佛经，又见于《世说·文学》五〇："殷中军被废东阳，始看佛经。初视《维摩诘》，疑般若波罗密太多，[1]后见《小品》，恨此语少。"刘孝标注："渊源未畅其致，少而疑其多；已而究其宗，多而患其少也。"初看佛经，未精经义，嫌般若波罗密多；究其宗旨，则嫌般若波罗密少。这是说殷浩读《维摩诘经》由粗至精的过程。

　　《世说·文学》五九，也记殷浩读佛经的故事："殷中军被废，徙东阳，大读佛经，皆精解，唯至'事数'处不解。遇见一道人，问所签，便释然。"上一则说"殷中军被废东阳，始看佛经"，这一则说"殷中军被废徙东阳，大读佛经"。同一时间，一谓"始看"，一谓"大读"。究竟何者为是？当以"大读"得其实。殷浩早在成帝之世就读佛经，岂待十余年后废居东阳，再"始读"佛经耶？

　　与殷浩同时的谢安、简文，也读佛经，且能清谈佛理。例如《世说·文学》四八说：

　　　　殷、谢诸人共集，谢因问殷："眼往属万形，万形来入眼不？"

刘孝标注引《成实论》："眼识不待到而知虚尘，假空与明，故得见色"云云。可知殷浩、谢安等人讨论《成实论》中眼识不待到，

---

1 般若，智慧也。波罗密，言到彼岸也。

何以能见色的问题，说明不止殷浩读佛经、谈佛理，谢安诸人也是如此。随着僧人经常讲论佛经，世俗奉佛者越来越多。例如上文言及竺法汰在瓦官寺开讲《放光经》，简文及公卿纷纷到场，"黑白观听，士女成群"。再者，僧人与名士之间交游密切，中国的文化精英读经并且研寻佛理，乃是必然会出现的现象。可以肯定，江南名士清谈佛经，不会只是殷、谢谈眼识而已。

与谢安同时的会稽人谢敷，就是一个精通佛理的居士。他笃信佛法，精勤不倦，手写《楞严经》。曾作《安般守意经序》，自述读经及研寻经义的过程："是以诚心讽诵，以钟识习，每遭明叡，辄咨凝滞……推检诸数，寻求明证，遂相继续，撰为注义。"（《出三藏记集》卷六，页247）大名士郗超，与佛教因缘深厚。其人精通佛理，信从支遁的"即色义"，曾与竺法汰辩论"本无义"，作佛学论文《奉法要》。文义冠世的孙绰，为不少高僧作铭赞，清谈佛教的场合多见他的身影。以上几个名士，最有可能是当时谈佛论道的重要人物，可惜难知具体事迹。

七、关中僧众讲论经义：以鸠摩罗什为中心

佛教清谈发生在江南，同时也存在于大河南北及关中、河西。来自西域的佛光，首先照亮河西、长安、洛阳，然后光耀江南、蜀地。东晋时南北山河阻隔，千里设防，然弘法高僧的脚步，踏遍长安、庐山、建邺道上的坎坷险阻。南北僧人声气相通，关中讲席上的佛言，会传响到江南。

当我们的目光再次投向北方，又听到了道安的声音。自东晋

兴宁三年（365）道安率众到襄阳，中原佛教的状况几乎是一片空白。十五年后，到了东晋太元三年，即前秦建元十四年（378），前秦主苻坚遣将围攻襄阳，目的就是为了抢夺道安这个和尚，奉他为"国师"。当时南北佛教何以如此兴盛？内中缘由，从苻坚为了得到道安，不惜大动干戈，思之可以过半矣。

人能弘道，道安来到长安，僧众数千，大弘佛法。北方的佛教再次获得了动力，重新活跃起来。道安遍读内外书，广闻博识，又善为文章。长安城内衣冠子弟为诗赋者，皆依附之，以提高声誉。苻坚也勅学士若内外书有疑问，皆可以道安为师，京师为之语曰："学不师安，义不中难。"（《高僧传》卷五《道安传》，页181）意谓不以道安为师，谈论义理就会不中要害。可以想象，长安城内的谈席上，讲论经义之外，也谈论诗赋创作，解答学问上的种种疑难。道安是僧俗一致宗仰的领袖。

大约在前秦建元十八年（382），道安、法和、竺僧朗三人会于泰山金舆谷，[1]设会清谈。法和与道安共登山岭，极目周睇，既而悲从中来，说："此山高耸，游望者多，一从此化，竟测何之。"道安说："法师持心有在，何惧后生？若慧心不萌，斯可悲矣。"（《高僧传》卷五《释法和传》，页189）二人谈论人死后魂归何处的问题。佛教有轮回之说，法和登高远眺，意识到泰山永恒，困惑死后不测来世在何处。来生为人？为牛？为马？免不了焦虑。道安则以为若有坚持修炼之心，不必考虑来生生于何处。他深信

---

1 方广锠《道安评传》以为前秦十八年，道安七十一岁时，东行至邺都，扫省先师佛图澄之寺，尔后来到竺僧朗所在的泰山金舆谷。昆仑出版社，2004年，页218、219。

魏晋清谈史

444

后生来自今生，正心修行，自会得正果。要是没有智慧，才是可悲的。在生死及死后归于何处的问题上，道安表现出更高的境界和智慧。

前秦建元二十一年，道安圆寂于长安五级寺。哲人萎矣，梁柱摧矣，梵钟寂矣，徒众散矣。长安的译经中止，清谈消歇。

十六年之后，梵轮再转。一个中国佛教史上最伟大的天才出现在长安。晋安帝隆安五年（401），即后秦姚兴弘始三年十二月，在凉州受阻，停留长达十七年之久的鸠摩罗什，终于来到长安。[1]佛经翻译迎来了最辉煌的时代，大乘中观学派的妙义传入中国。长安成为东方佛光最耀眼的地方，译经、讲经、质疑、解释、辩论，佛教清谈盛况空前。《高僧传》卷二《鸠摩罗什传》描述罗什译出众经的情况："……什既率多谙诵，无不究尽。转能汉言，音译流便。既览旧经，义多纰僻，皆由先度失旨，不与梵本相应。于是（姚）兴使沙门僧䂮、僧迁、法钦、道流、道恒、道标、僧叡、僧肇等八百余人，咨受什旨，更令出《大品》。什持梵本，兴执旧经，以相雠校。其新文异旧者，义皆圆通。众心惬伏，莫不欣赞。"（页52）罗什译出《大品》等经典时，后秦主姚兴命沙门僧䂮等八百余人咨受罗什意见，又亲自手执旧经，与罗什手持的梵本相雠校，做到新译与旧译不同的地方"义皆圆通"。译经有许多疑问，尤其是旧经新译，义旨及文辞错误的地方更多，其间有无数疑问，讨论、商榷、校订、写定，种种场合、种种问题的讨

---

1 此节有关鸠摩罗什生平及弘法事业，皆见于《高僧传》卷二《鸠摩罗什传》。

论和商榷，不可计数。

鸠摩罗什是长安数千僧人的精神领袖，各种佛教清谈的组织者和裁定者。他在做沙弥时就表现出无可比匹的辩才，年九岁，在罽宾国挫折外道；十余岁，挫败温宿国神辩道士；龟兹王为造金狮子座，让罗什升而说法，名被西域。然《高僧传·鸠摩罗什传》不载他的辩论事迹。只有在与他同时的其他来华高僧的传记中，偶然会发现他的辩论事迹。例如他与来自北天竺的高僧佛驮跋陀罗（此云觉贤）的辩论。《高僧传》卷二《佛驮跋陀罗传》记觉贤来到长安，与罗什"共论法相，振发玄微"。觉贤佛学造诣极高，罗什有疑问，必与觉贤讨论。后秦太子姚泓，想听觉贤说法，召集群僧，在东宫辩论。罗什与觉贤辩论法相问题，是一次非常典型的佛教清谈，值得述评：

> 罗什与贤数番往复。什问曰："法云何空？"答曰："众微成色，色无自性，故虽色常空。"又问："既以极微破色空，复云何破微？"答曰："群师或破析一微，我意谓不尔。"又问："微是常耶？"答曰："以一微故众微空，以众微故一微空。"时宝云译出此语，不解其意，道俗咸谓贤之所计，微尘是常。余日长安学僧复请更释。贤曰："夫法不自生，缘会故生。缘一微故有众微，微无自性，则为空矣。宁可言不破一微，常而不空乎。"（页71）

罗什与觉贤数番往复，"微""极微"及"常""空"几者之间的关系，根本宗旨是论证法相为空。"微"者，指色体之小者，少者。"极微"，微尘，《佛学大辞典》说："色体之极小为极微，七倍极微为微尘。常在，一百岁减劫名常，是久远住世名常。"觉贤承认色无自性，虽色常空，即一切法皆空。但又以为"微"是不能破的，所谓"群师或破析一微，我意谓不尔。"罗什追问："微是常耶？""微"难道是常住永在的吗？觉贤回答："以一微故众微空，以众微故一微空。"这二句是说，因一微空，故众微空；因众微空，故一微亦空。但译者宝云不解觉贤的意思，道俗也都说觉贤的意思在"微尘是常"，极微小之色是常的。这就不是色空观了。他日，学僧请觉贤再解释，觉贤说，法不自生，是缘会而生的，众微缘一微而成，微无自性，则为空。怎么可以说，不能破一微，常住不空呢？觉贤最后的解释，言简意赅，以为"微""众微"皆无自性，虽色常空，皆空不常。而他前面说，"或破析一微，我意谓不尔"，显然是破绽，故道俗以为他主张"微尘是常"。

鸠摩罗什译出《十住经》时，曾与罽宾来华高僧佛陀耶舍讨经义，等到辞理妥当后再译出写定。《高僧传》卷二《佛陀耶舍传》说："于时罗什出《十住经》，一月余日，疑难犹豫，尚未操笔。耶舍既至，共相征决，辞理方定，道俗三千余人，皆叹其当要。"从此事推测，罗什译出新旧经典的过程中，一定同长安的西域高僧，或门下精通汉语的高足弟子，广泛、深入地讨论、推敲经文的义理及文辞两方面的完美表达。

相传鸠摩罗什弟子三千，入室有八。其中长于辩论者有道融、僧叡、僧肇、竺道生四人。

道融，汲郡林虑人。十二岁出家，至而立之年，才解英杰，内外经书，熟记胸中。听说罗什在关中，前往长安，以之为师。《中论》刚译出两卷，道融便能讲解，剖析文句，义贯始终。罗什又命道融讲《新法华》，自听之，叹曰："佛法之兴，融其人也。"不久，长安来了一个狮子国婆罗门，为彼国外道之宗，非常聪慧、善辩，要与后秦僧人辩论，谁胜，谁传其教化。企图以辩论摧折佛教，推行婆罗门教。当时关中僧众，相视缺然，一时无人站出来应战。罗什对道融说："此外道聪明殊人，挟言必胜，使无上大道，在吾徒而屈，良可悲矣。若使外道得志，则法轮摧轴，岂可然乎。如吾所睹，在君一人。"道融自以为才力不减，而外道经未数披读，遂密令人写婆罗门所读经目，一览便能背诵。然后确定辩论的日子，秦主姚兴及公卿集于宫阙，关中僧众四远毕集。道融锋辩飞玄，婆罗门落了下风，自知辞理已屈，犹以广学自夸。道融乃列其所读书，并秦地经史目录，比对手三倍还多。罗什因嘲婆罗门："君不闻大秦广学，那忽轻尔远来。"婆罗门心愧悔伏，顶礼道融足，数日而去。（《高僧传》卷六《道融传》，页241、242）

僧叡是罗什最著名的弟子之一，吉藏《中观论疏》以为僧叡是罗什门徒的首领。叡年十八出家，投僧贤法师为弟子。入关之前，他就表现出辩论经义的才能。二十二岁时，博通经论，曾听僧朗法师讲《放光经》，叡不时提出疑难。僧朗与僧贤有濠上之契，对贤说："僧叡近来的格难，吾累思不能通，可谓贤贤弟子也。"

鸠摩罗什至关中，僧叡以之为师，成为罗什译经事业中的主要助手。西晋竺法护译《正法华经·受决品》说："天见人，人见天。"罗什重译此经至此，说："此语与西域义同，但在言过质。"

意谓"天见人"二句合乎西域梵经原义，但太质实。僧叡说："是否改为'人天交接，两得相见?'"罗什喜说："实然。"这是译经文辞由质朴趋于优美的极好例子。罗什译出的佛经，经义的准确及语言的优美都超越前人，后来译者也难企及。一个很重要的原因，就在于有僧叡这样的具有高度语言文学素养的弟子的参与。

鸠摩罗什最欣赏的年轻弟子僧肇，是关中所向披靡的雄辩家，卓越的解经大师，在中国佛教哲学史上享有盛名。

僧肇（384—414），[1]年轻时因家贫，以佣书为业，遂因缮写，历观经史，尽读坟籍。爱好玄微，每以《庄》《老》为心要。后见《维摩诘经》，披寻玩味，始知佛经玄妙，胜于俗书。遂出家，学大乘经典，兼通三藏。及冠之年，名振关辅。当时追求声誉之徒，莫不预测僧肇早达，有人千里负粮，入关与肇抗辩。"肇既才思幽玄，又善谈说，承机挫锐，曾不流滞。时京兆宿儒，及关外英彦，莫不挹其锋辩，负气摧衄。"（《高僧传》卷六《僧肇传》，页249）读《高僧传·僧肇传》以上一段，不难想见僧肇当年新见天拔，辩才无碍，词锋锐利，无坚不摧的雄辩家形象。

僧肇辩论的具体场景虽无史料描述，但读他的经序、书信及佛学论文，多少能想象他在长安参与佛教清谈的情况。例如《维摩诘经序》说："余以谙短，时豫听次，虽思乏参玄，然粗得文意。"（《出三藏记集》卷八，页310）后秦弘始八年（406），鸠摩罗什在长安大寺重译《维摩诘经》，手执胡本，口宣秦言，道俗

1《高僧传》卷六《僧肇传》说，肇于晋义熙十年（414）卒于长安，春秋三十有一。则其生于晋太元九年（384）。

每一言，都要重复三遍，精益求精，务必符合经文原义。这是译经过程中典型的清谈，故僧肇说"时豫听次""粗得文意。"又僧肇《长阿含序》说："余以嘉韵，猥参听次。"（出三藏记集》卷九，页337）弘始十五年（413），凉州沙门竺佛念译出《长阿含经》，时集名胜沙门校定，僧肇亲历写定经文时的讨论，故说"猥参听次"。又僧肇《答刘遗民书》简述长安佛法兴盛，目睹"异典胜僧，自远而至，灵鹫之风，萃乎兹土"。历述与鸠摩罗什、三藏法师、毗婆沙法师的译经。石羊寺出《舍利弗毗昙》梵本，"虽未及译，时问中事，发言新奇"。僧肇自称"贫道一生猥参嘉运，遇兹盛化"，而他思入幽玄，又善谈说，"发言新奇"，当不可殚述。他的传世杰作《般若无知论》《物不迁论》《不真空论》《涅槃无名论》（合称《肇论》），穷尽幽微，即是他玄思及善谈的结晶。

鸠摩罗什的另一高足竺道生（？—414），秀悟善辩，与僧肇相类。《高僧传》卷七《竺道生传》说，竺道生姓魏，巨鹿人。幼而颖悟，聪哲若神。后值沙门竺法汰，遂改服出家。"既践法门，俊思奇拔，研味句义，即自开解。故年在志学，便登讲座，吐纳问辩，辞清珠玉。虽宿望学僧，当世名士，皆虑挫词穷，莫敢酬抗。"（页255）至十二岁，入庐山幽栖七年。后与慧叡、慧严，同游长安，从鸠摩罗什受业，关中僧众，咸谓神悟。道生善辩，齐尚书令王俭曾说："昔竺道生入长安，姚兴于逍遥园见之，使难道融义。往复百翻，言无不切，众皆睹其风神，服其英秀。"（《续高僧传》卷五《僧旻传》）双方辩论之激烈，时间之长，超乎想象。竺道生固是悟解出众的天才，论辩的高手。后来，他重回江南，在京师讲经论道，孤明先发，称一阐提皆能成佛。此事后面再叙。

八、东晋后期佛教清谈：以慧远为中心

让我们从关中再回到江南，关注庐山慧远为首的僧众。

慧远是道安的门徒之首。他的博学与善辩的才能，早在跟随道安弘法的日子里就已经显露。晋孝武帝太元四年（379），道安分张徒众，慧远与弟慧持及昙徽等，南至荆州。二年后的太元六年（381），他来到庐山。从此影不出山，迹不入俗，居山三十余年。以其卓绝的道德和学问，吸引众多的隐士、居士、义学僧，甚至世俗官员和学者，并不期而至，望风遥集，影响遍及江南、关中，远至西域。

慧远是当时学问最渊博的学者，《易》《老》《庄》、儒经、佛理，无不精通。又是出色的清谈家，曾与殷仲堪在庐山北涧论《易》，上文已言及。他曾给雷次宗、宗炳等讲《丧服经》。每逢西域高僧来止庐山，他必诚恳咨访，询问西域佛典，请教经中疑滞。鸠摩罗什至长安，慧远即致信通好："仁者曩绝殊域，越自外境，于时音译未交，闻风而悦。但江湖难冥，以形乖为叹耳。顷知承否通之会，怀宝来游，至止有问，则一日九驰。徒情欣雅味，而无由造尽。寓目望途，固已增其劳伫。每欣大法宣流，三方同遇，虽运钟其末，而趣均在昔。诚未能扣津妙门，感彻遗灵。至于虚衿遗契，亦无日不怀……"罗什复函，赠以自己常用的鍮石双口澡罐，并赠慧远偈一章。慧远再致书罗什，说："日有凉气，比复何如？去月法识道人至，闻君欲还本国，情以怅然。……今辄略问数十条事，冀有余暇一二为释。此虽非经中之大难，欲取决于君耳。并报偈一章云。"（《高僧传》卷六《慧远传》，页216、

217）慧远、罗什二人来往的信件，似两个知心朋友的亲切交谈。慧远的态度尤其诚恳谦恭，情真意厚。罗什赠慧远的偈，涉及实相、法相，义理深奥。慧远重与罗什书，罗列数十个问题，请罗什为释，书末报偈一章，涉及起灭、一微、因缘，同样幽渺。如果两个大师得以面谈，必定精义迭出。

　　慧远曾与桓玄有过短暂的语言交锋。桓玄征殷仲堪，经庐山，入山礼敬慧远，问："不敢毁伤，何以剪削？"这是以《孝经》为依据，责问慧远为何剪发入道。以为出家有违孝道，乃是中国传统文化攻击佛教的老调子。面对桓玄的有意挑衅，慧远只淡淡地答了一句："立身行道。"桓玄称善。本来想好的问难，不敢再发问了；转而说征讨殷仲堪之意，慧远不答。桓玄无话可说了，问："何以见愿？"慧远说："愿檀越安稳，使彼亦无他。"（同上，页219）言外之意是，希望桓玄你安稳不出事，殷仲堪也无他意外。所答皆是与人为善。桓玄出山，对左右说："实乃生平未见。"这是一场虎头蛇尾的辩论。志得意满的桓玄，问难只一句，便被慧远的道德学问慑伏，不敢再问，顾左右而言他。

　　年轻僧人慧义法师强正少惮，将欲上庐山与慧远辩论，谓慧远弟子慧宝说："诸君庸才，望风推服，今试观我如何！"上了山，正值慧远讲《法华经》，每欲问难，辄心悸流汗，竟不敢开口。出，对慧宝说："此公定可讶。"（《高僧传》卷六《慧远传》，页215）称慧远终究让人惊异。《慧远传》最后描述慧远的文章、谈吐与容仪："初远善属文章，辞气清雅。席上谈吐，精义简要。加以容仪端整，风采洒落。"（页222）可见慧远虽是高僧，风度则是标准的清谈名士。如此一代旷世高僧，若升于高座，容仪端正肃穆，谈吐清雅，精义迭见，自然令僧俗倾倒，远近来集，如众星捧月。

慧远的门徒，庐山其他僧人，以及追随慧远的清信士，也有善讲经论道者。例如慧永，"耽好经典，善于讲说"。（《高僧传》卷六《慧永传》，页232）慧远弟子僧济，"大小诸经及世典书数，皆游炼心抱，贯其深要。年始过立，便出邑开讲，历当元匠。远每谓曰：'共吾弘佛法者，尔其人乎！'"（《高僧传》卷六《僧济传》，页234）法安"讲说众经，兼习禅业，善能开化愚矇，拔邪归正"。（《高僧传》卷六《法安传》，页235）道祖曾在京师瓦官寺讲说，桓玄常往观听，对人说："道祖后发，愈于远公，但儒博不逮耳。"（《高僧传》卷六《道祖传》，页238）慧远又有弟子昙顺、昙诜，并义学致誉。又有法幽、道恒、道授等百有余人，或义解深明，或禅思深入。（同上，页238、239）追随慧远的隐士刘遗民、张野、宗炳、雷次宗等，栖身庐山，是东晋后期佛教清谈的重要人物。刘遗民著有《释心无义》，与僧肇、竺道生有交集。僧肇《般若无知论》传到庐山，刘遗民与慧远等读后大为赞赏。刘列出此文中疑问难晓者，请僧肇暇时释疑。僧肇回信，以得意忘言之义，让刘遗民自己去体会。二人的书信往复，岂非清雅有趣的清谈？

东晋后期，越来越多的社会名流、文化精英，为玄妙的佛理所征服，参与到佛教哲学的清谈中来。英俊之士王珣、王珉、王谧，可称是皈依佛教的代表。他们礼敬中外高僧，组织佛教清谈，寻味佛学妙理。

《世说·文学》六四说：

提婆初至，为东亭第讲《阿毗昙》。始发讲，坐裁半，僧弥便云："都已晓。"即于坐分数四有意道人，更就余屋自讲。提婆讲竟，东亭问法冈道人："弟子都未解，阿弥那得已解，所得云何？"曰："大略全是，故当小未精覈耳。"

刘孝标注引《出经叙》说："提婆以隆安初游京师，东亭侯王珣迎至舍讲《阿毗昙》。提婆宗致既明，振发义奥，王僧弥一听便自讲。其明义易启人心如此。"考《晋书·王珉传》，珉卒于太元十三年（388），距提婆初至京师于隆安初，整整早了十年，故王珉听提婆讲经事不可信。然僧弥对佛理有超悟之解当是事实。

王珣从弟王谧，[1]礼敬僧人，归依大法。曾与慧远、鸠摩罗什书信往反，探寻经义不辍。《高僧传》卷六《慧远传》说：司徒王谧、护军王默等，并倾慕慧远风德，遥致师敬。谧修书说，"年始四十，而衰同耳顺。"慧远答书，以为古人所爱，似不在长年，劝谧"乘佛理以御心"云云。王谧的佛学修养之高，体现在他与鸠摩罗什的佛学讨论。陆澄《法论目录》，保存了王谧请教罗什的题目，例如《问实相》（王稚远问，外国法师答）、《问涅槃有神不》（王稚远问，什法师答）、《问灭度权实》（王稚远问，什法师答）、《问清净国》（王稚远问，什法师答）……这些题目，说明王谧对于佛理的研究，达到了相当高深的境界。王谧的例子，正是中国

---

1 王谧字稚远，祖王导，本王劭子，为协后，袭封武冈侯。义熙三年（407）卒，赠司徒，谥文恭。

文化精英为佛教哲学所折服的缩影。

最后，再注视竺道生在京师的佛教清谈。魏晋清谈从人物评论开始，再从谈玄到谈佛，再到玄佛兼谈，经过二百余年的漫长历程。从这个意义上说，竺道生是魏晋清谈的终结者，一个完美的终结者。他在魏晋清谈史上的地位，可以同王弼相提并论。王弼融通儒道，奠定了魏晋玄学的基础。竺道生融通玄佛，立顿悟义，称一阐提皆能成佛，佛教哲学由此开出新境，极大地推动了佛教中国化。

大约在晋安帝义熙五年（409），竺道生离开庐山下都，止青园寺。一直到刘宋元嘉初，二十余年里，道生潜思佛经，最终在幽渺的理境里，发现彻照佛性与人性的光芒。天才的慧解，结出了奇异的理论果实：《顿悟成佛义》《善不受报义》《佛性当有论》《法身无色论》《佛无净土论》《辨佛性义》……这些理论成果，究竟缘何而来？引起道俗怎样的反应？可从《高僧传》卷七《竺道生传》找到答案：

> 生既潜思日久，彻悟言外，乃喟然叹曰："夫象以尽意，得意则象忘；言以诠理，入理则言息。自经典东流，译人重阻，多守滞文，鲜见圆义。若忘筌取鱼，始可与言道矣。"于是校阅真俗，研思因果。乃立善不受报，顿悟成佛。又著《二谛论》《佛性当有论》《法身无色论》《佛无净土论》《应有缘论》等。笼罩旧说，妙有渊旨，而守文之徒多生嫌嫉，与夺之声，纷然竞起。又六卷《泥洹》，先至京师，生剖析经理，洞入幽微，乃说阿阐提人皆得成佛。于时大本未传，孤

明先发，独见忤众。于是旧学以为邪说，讥愤滋甚，遂显大
众，摈而遣之。生于大众中正容誓曰："若我所说反于经义
者，请于现身即表厉疾。若与实相不相违背者，愿舍寿之时
据师子座。"言竟拂衣而游。（页256）

以上文字说明，竺道生在六卷《泥洹》先至京师，尚未译出的情
况下，剖析经理，洞入幽微，孤明先发，立顿悟成佛义，用的是
玄学得意忘言的方法。他所叹"象以尽意，得意则忘象"数句，
与王弼《易》学的得意忘言说毫无二致。汤用彤指出："竺道生盖
亦深会于般若之实相义，而彻悟言外。于是乃不恤守文之非难，
扫除情见之封执。其所持珍怪之辞，忘筌取鱼，灭尽戏论。其于
肃清佛徒依语滞文之纷纭，与王弼之菲薄象数家言，盖相同也。"[1]
实相无相，诸法为空，法身无色，这与玄学的本体无相通。王弼
摒弃象数，以意解《易》；竺道生扫除名相、执见，不依旧文，直
抒悟见。两者探讨的理论问题殊异，而彻悟言外，穷理尽性的思
维方法相同。

竺道生在《泥洹经》未译出时立顿悟成佛义，不合小乘佛教
渐修成佛的经义，守旧者纷然竞起，指斥顿悟义为邪说。京师的
僧众与道生展开激烈的辩论。凡哲学史、思想史上的新理论新见
解，十之八九会被大众视作异端，遭到守旧者的责难和攻击。僧
众要把道生赶出青园寺，以至道生对着汹汹的大众发毒誓："若我
所说反于经义，请于现身即表厉疾；若与实相不相违背，愿舍寿

---

1 见汤用彤《汉魏两晋南北朝佛教史》第十六章，页445。

之时，据狮子座。"意思说，若我所言顿悟成佛说违背经义，则我现在就身生恶疾；若我所说与实相不违背，则我愿寿尽时，死在狮子座上。可见当时的争论不可调和。道生为了他的新义，不惧付出沉重的代价。他拂衣离开青园寺，居于虎丘；后来又到庐山，于法座讲经。道生神色开朗，音辞英发，论议数番，穷尽妙理，听众无不悦服。法席将终之时，忽然看到法座上的麈尾纷然而落。道生果然圆寂在狮子座上，颜色不变，似若入定。(《高僧传》卷七《竺道生传》，页256、257）他的誓言成真了，证明顿悟成佛说与经义若合符契。[1]

　　自汉末魏初兴起的玄谈与佛教清谈，是两条色彩异样的理性之河。经过二百多年的分流俱进，到了晋末融合在一起，成为中国文化的宏伟大河。魏晋清谈因此达到了光辉的顶点，它的玄学与佛学融合而成的灿烂光芒，会照亮后来中国文化继续演进的长途。

九、结语

　　魏晋佛教清谈，是一个历时漫长，内涵弘富的宗教哲学宝藏。它始终伴随着弘法的脚步，伴随着佛学中国化的漫长进程。要考察它的整个过程，描述谈论的内容、场面及细节，是完全不可能的。我们只能谈几个重要的问题：

---

1 关于竺道生顿悟义、佛性义及其在中国佛教史上的地位，可参看汤用彤《汉魏两晋南北朝佛教史》第十六章《竺道生》。

一、格义出现在汉末魏初。讲经之所以有格义，是因为中国人士一时难以理解佛经的奥妙，故以中国经典作喻比，由此及彼，便于人们易于理解。当中国僧人对佛教的理解深入之后，意识到佛经的原义与中国经典终究有差别，遂批评并放弃格义。但事实上，格义的方法始终对讲经、解经有影响。例如支敏度创"心无义"，竺道生立顿悟成佛义，都借鉴玄学及其思维方式。可见，格义是一种学习和理解佛经的"方便法门"，甚至对佛学理论的创新都具有潜在影响。格义证明佛教实践与理论，都不可能完全离开中国传统文化，尤其离不开玄学。

二、论魏晋僧人的清谈，一般都以《世说》为依据。其实《世说》所记，仅仅是东晋时江南高僧的清谈，不载两晋北方佛教发展及僧人讲经论道的历史，原因应当是史料的缺乏。佛经传播的路线由西域至敦煌，经河西走廊至长安、洛阳，尔后传至江南。僧人的译经讲经，也是先北后南。故考察佛教清谈，不应该忽略长安、洛阳。事实也是如此，鸠摩罗什大量译出大乘经典，关中僧众的讲论经义，当时就影响到庐山和建邺的佛教清谈。考述道安僧团早期在北方的佛教清谈，描述长安鸠摩罗什及门下弟子在译经、讲经时的谈论，是完全必要的。

三、东晋中期，江南名士始研读佛典。代表人物有殷浩、简文、许询、郗超、孙绰、谢敷等，其中郗超、谢敷有佛学著作，其他人只知其奉佛读经，不详其在佛学上的造诣。到了晋末，王珣、王珉、王谧、桓玄、王恭皆奉佛。从情理推测，他们不会不谈佛。可实在很难找出具体谈佛的记载，有少数几篇佛学著作，也有新意，然无影响。佛教清谈的主角，终究是道安、鸠摩罗什、僧肇、慧远、竺道生等声名卓著的大德高僧。在魏晋佛教清谈的场景里，尽管也有名士的身影，但终究是附庸而已。

四、东晋后期，江南名士的谈玄，早已难以为继。谢安辞世之后，再没有出现一流的清谈人物。谢氏子弟的乌衣之游，局促于狭小的林园中，自娱自乐，并无多大的学术价值。晋孝武帝、司马道子父子，招致几个名士和无名僧人，在宫廷中清谈，也太小家子气。相比之下，鸠摩罗什召集僧众，动辄几千人，不论译经还是讲经，四方云集，不远千里。庐山慧远，道俗追随者数百，虽老，犹讲论不辍，执经登座，讽诵朗畅，高足之徒，皆肃然增敬。魏晋清谈至晋末，江南名士的玄谈暗如爝火，高僧的佛教清谈则如炎阳，照彻幽微的理境，为魏晋清谈画上完美的句号。

汉魏两晋清谈人物及清谈文献索引

219,221,251,257,262,268,279,295,316,331,340,347,348,356,360,361,375,378,387,390,394,417,420

《世说·文学》 29,34,37,38,44,62,66,68,69,78,85,87,88,92,102,103,109,134,146,148,150,163,164,170—172,181,183,200,203,205,207,213,215,218,221,222,224,227,228,230,231,237,241,243,258,266,267,275,279,281,284,286,290,291,298—301,305,306,309,316,318,321,322,330—332,335,336,338,339,343,347,357,359,361,362,365,372,374,379—383,386,388,412,418,419,433—437,441,442,453

《世说·雅量》 29,32,215,259,264,336,342,344,346,354,386

《世说·识鉴》 19,29,52,84,146,179,221,382

《世说·赏誉》 29,53,79,100,159,176,178,199,215,217,222,223,226,228—230,242,248,250,259,263,264,275,287,293,294,296,302,303,305,311—313,323,332—334,338,342,345,350—352,358,359,372,373,394,439

《世说·品藻》 29,173,178,204,210,214,223,230,259,260,270,272—274,279,281,282,293,294,301,303,310,312—314,333,337,338,349—352,359,370,372,373,380,384,385

《世说·轻诋》 292,293,354

《世说·排调》 29,38,217,280,315,355,363,384

《世说·假谲》 428,430

《世说·夙惠》 10

僧佑《出三藏记集》 400,404,407,409,427,431,443,449,450

僧叡 400,404,405,411,425,445,447—449

僧叡《喻疑论》 404

177,178,183,184,191,196,199,201,203,212,216,219,222,225,229,231,232,235,241,244—246,250—252,280,300,304,307,308,323,324,332,338—340,348,357,358,364,366,395,414,429,455,456

X

后　记

　　始于汉末，止于晋宋之际的魏晋清谈，是魏晋思想文化思潮的集中体现。那是哲思与言辞绽放的奇异花朵，引起后人无尽遐想。在前后长达二百年的时间里，上至帝王，下至一般士人，或争胜于谈席之上，或晤言于曲室之中，论辩惊心动魄，美谈宾主愉悦。

　　可叹时间如流水无情，记录当年清谈的文献丢失了太多，除了《世说新语》，鲜见其他文献的记载。也许，这正是魏晋清谈研究长期冷清的原因吧。

　　四五年前，我细读唐翼明先生的大作《魏晋清谈》。唐先生的再版序言有二段话说，自他的这部著作问世二十多年，"中外学者对魏晋文化与思想的研究续有新绩，但仅就魏晋清谈而言，却似乎没有什么新的进展。""学术界对于魏晋清谈这一重要学术文化现象仍然重视不够，研究不够。"唐先生所言，于我心有戚戚焉。回想自己忝为魏晋文化的研究者，似乎从未特别思考过魏晋清谈的历史，更没有想到魏晋清谈还有没有值得进一步研究的问题。

唐先生的话和他的大作，给了我启示，也令我怦然心动：我要尝试写一部全面探讨魏晋清谈历史进程的专书，拓展魏晋清谈的研究空间。所以，要说拙著写作的最主要的因缘，应该就是唐先生以上的两段话。为此，我要向唐先生致敬，致敬他的出色的研究，致敬他对推进魏晋清谈研究的关怀和期望。

2021年初，我放下手中正在进行着的工作，开始写这本书。到了2022年2月中旬，完成了初稿。之后，对书稿的部分内容作了几次修改。去年9月中旬，听取某家出版社编辑的意见，对清谈的含义再作思考及界定，补写《何谓清谈》一文，作为书稿的前言。从去年春天到今年春末，约有一年多，这部书稿"待字闺中"。今年五月，广西师范大学出版社接受了书稿，决定于一年内出版。我平素心仪这家出版社，赞赏他们学术视野广阔，出版了许多高品味的好书，在出版界享有盛誉。然一直没有机缘与他们合作。这次机缘来了。我实实在在感受到他们对于学术问题宽容的态度，能尊重不同的学术见解，为创造百花争艳的学术的理想境界而不断前行。

当年，"谈何容易"；今天，谈论魏晋清谈的历史，同样"谈何容易"。不容易是记录当年清谈的文献非常稀少，好在有了《世说新语》这部奇书，后人才得以了解清谈的程式、内容和谈者互争短长的激情。有人称《世说新语》是清谈的教科书，有人说《世说》三十六篇都是清谈——那是言过其实了。但《世说》确实记录了大量的清谈故事，特别有价值的是《世说·文学》保存

魏晋清谈史

了六十个左右的玄谈故事，其他《言语》《雅量》《识鉴》《赏誉》《品藻》诸篇，也有不少属于雅谈、美谈的记录。

不过，仅仅凭《世说》记载的清谈，还不足以再现魏晋清谈的全幅历史。明显的事实是，《世说》记录东晋时江南名士的清谈，包括南方僧人及北来僧人的清谈，而几乎不载中国北方的清谈。出现这种情况的原因可能是《世说》的编撰者，以为北方是异族统治的政权，名士风流在那儿早灭绝了。确实，西晋覆灭之后的中原，战火、天灾、饥馑一波接着一波，留在北方的一些文士，苟活于乱世，何有清谈的环境与谈论的兴趣？不过，在史书中偶见有中原文士清谈的记载。《十六国春秋辑补》卷十四《后赵录》四说：张跃"学敏才达，雅善清谈"。甚至只知杀人的石勒，也有风雅的一面，常令儒生读《春秋》《史》《汉》诸传而听之，每以其意论古帝王之善恶，朝贤儒士莫不归美焉。可见，北方也有清谈人物。当然，北方的清谈与江南名士的清谈完全不能相提并论。

我向来认为，不论是历史研究还是文学研究，终极目的是求真。求真是学术研究的根本原则和最高境界。然而，达到求真的目的很难很难。其中，最难在于历史文献的大量缺失。魏晋清谈的研究就属于这种情况。

为了最大程度地求真，还原当年清谈的盛况，拙著在以下方面作了努力。

一、充分利用《世说新语》及刘孝标注。如前所述，《世说·文学》是魏晋清谈最有价值的记录。此外，《言语》《赏誉》《品藻》诸篇中的美谈、人物品题，多有清谈的记录。魏晋清谈固然以玄谈最具学术史、思想史价值，但缺少了人物品题和许多雅谈美论，则未免使多姿多彩变为单调艰深。

二、从史书、类书中钩沉清谈人物与清谈事迹。譬如《三国志·魏志·管辂传》及注引《辂别传》中，就保存了许多管辂在冀州清谈的资料。迄今为止的魏晋清谈研究，以地域而言，皆局限于西晋都城洛阳和东晋都城建邺，再旁涉会稽。可是，当我们注意到了《管辂传》和《辂别传》，就看到了更为广阔的清谈地域，说明魏代的清谈并非仅在洛阳。再有，洛阳周边的山阳，嵇康、阮籍、向秀、王戎、吕安、赵至等人也在清谈。可见洛阳的正始之音消歇之后，清谈在别的地方仍在继续。

复原东晋的清谈也是这样。建邺是最主要的清谈中心，此外武昌、豫章、荆州等地的幕府，都是清谈的中心。特别是荆州，桓温经营三十年，网罗天下奇士，很难想象，这里不会发生清谈。可惜，记录荆州文事之盛的文献散佚殆尽。只有在翻阅《隋书·经籍志》时，看到隋代著录的桓温、郗超、王珣、习凿齿、伏滔等人的文集时，不禁会遐想当年桓温及四海奇士作文辩论、清谈不已的情景，然后唯有逝川之叹而已。

三、尽可能描述和说明魏晋清谈的生动场景。《世说新语》记录清谈的过程和场面，大多非常简略，只有少数比较生动。其实，那些阐述义理的清谈，充满了激烈的论难，彼此之间反复的争论，历时很长。譬如王导与殷浩清谈，"遂达三更"；与祖约夜谈，"至晓不眠"。孙盛与殷中军共论，"往反精苦"，"宾主遂至忘食"。支道林论《逍遥游》，"支作数千言，才藻新奇"……读上述描写，虽然能知论难双方长时间的争论，但总是得不到具体生动的印象，无法想象其场景。然而，如果读嵇康《声无哀乐论》《养生论》，读向秀《难养生论》，就可以弥补无法想象清谈场景的遗憾。那些通宵达旦，废寝忘食，往反精苦的谈论，必如嵇康的《声无哀乐论》及《养生论》，在剥茧抽丝一般的论述中，层层展现义理的精妙。遗憾殷浩、支道林等一流清谈家的文集湮没不闻，否则其中必定有许多玄谈论文，保存着清谈的真实记录和原始风貌。

四、梳理魏晋清谈世家的历史。中古时期的世家大族是文化的创造者和引领者。魏晋清谈的起源与发展，世家大族起到了决定性的作用。拙著考察汉魏两晋的清谈世家，如颍川荀氏、河东裴氏、琅邪王氏、太原王氏、陈留阮氏、陈国谢氏等。这些著名的文化世家，视文化的传承为延续家族荣光的生命线，清谈人物辈出。同一家族中，有的善论儒，有的善论道，例如荀氏。

五、以为佛教清谈是魏晋清谈重要的一翼。《世说·文学》中记载谈佛论道的故事有十余则，由于编者受到文献缺失的局限，佛教清谈只存在于江南的名僧与名士之间。其实，佛教传播中国的陆上路线是由北至南，由西北而至东南沿海。早在汉末，西域来华的僧人之间已在谈论佛道了，时间上并不比清谈儒道来得晚。相当于东晋初期和中期，以释道安为代表的中原僧人，已经在辩论儒道与佛经的同异了。东晋后期，长安以西域高僧鸠摩罗什为代表的僧团，庐山以慧远为代表的僧俗，讲论佛经奥义是经常的事，出现了道融、僧肇、慧远、竺道生等一流的佛学大师和雄辩家。佛教清谈时讲席之宏伟，道俗听众之多，都远超世俗名士之谈玄，显示佛教清谈具有强大的理论活力。拙著专立一章，详述汉末之后佛教清谈的历史。

以上所述，是拙著对于魏晋清谈的主要几点理解。其他如东晋江南清谈开始的时间，东晋中后期清谈的分期，殷浩、王濛、刘惔等清谈家的清谈个性等问题，也作出了初步的分析研究。自己勉力为之，希望引起同道共同探讨的兴趣。

在拙著将要问世之际，对关心和帮助过我的所有朋友，一并表示真诚的谢意。同时，特别要感谢拙著的责任编辑张洁、周莉娟两位女士，感谢广西师大出版社编辑团队的辛勤付出。他们认真踏实，富有效率，精益求精的工作作风，给我留下了非常良好的印象。

龚斌

2023年9月3日

"大学问"是广西师范大学出版社旗下的学术图书出版品牌。品牌以"始于问而终于明"为理念，以"守望学术的视界"为宗旨，致力于原创＋引进的人文社会科学领域的学术图书出版。倡导以问题意识为核心，弘扬学术情怀、人文精神和探究意识，展现学术的时代性、思想性和思辨色彩。

　　截至目前，大学问品牌已推出《现代中国的形成（1600—1949）》《中华帝国晚期的性、法律与社会》等70多种图书，涵盖思想、文化、历史、政治、法学、社会、经济等人文社会科学领域的学术作品，力图在普及大众的同时，保证其文化内蕴。

"大学问"品牌书目

大学问·学术名家作品系列
朱孝远　《学史之道》
朱孝远　《宗教改革与德国近代化道路》
池田知久　《问道：〈老子〉思想细读》
赵冬梅　《大宋之变，1063—1086》
黄宗智　《中国的新型正义体系：实践与理论》
黄宗智　《中国的新型小农经济：实践与理论》
黄宗智　《中国的新型非正规经济：实践与理论》
夏明方　《文明的"双相"：灾害与历史的缠绕》
王向远　《宏观比较文学19讲》
张闻玉　《铜器历日研究》
张闻玉　《西周王年论稿》
谢天佑　《专制主义统治下的臣民心理》
王向远　《比较文学系谱学》
王向远　《比较文学构造论》
刘彦君　廖奔　《中外戏剧史（第三版）》
干春松　《儒学的近代转型》
王瑞来　《士人走向民间：宋元变革与社会转型》

大学问·国文名师课系列
龚鹏程　《文心雕龙讲记》
张闻玉　《古代天文历法讲座》
刘强　《四书通讲》
刘强　《论语新识》
王兆鹏　《唐宋词小讲》
徐晋如　《国文课：中国文脉十五讲》
胡大雷　《岁月忽已晚：古诗十九首里的东汉世情》

大学问·明清以来文史研究系列
周绚隆　《易代：侯岐曾和他的亲友们（修订本）》
巫仁恕　《劫后"天堂"：抗战沦陷后的苏州城市生活》
台静农　《亡明讲史》
张艺曦　《结社的艺术：16—18世纪东亚世界的文人社集》
何冠彪　《生与死：明季士大夫的抉择》
李孝悌　《恋恋红尘：明清江南的城市、欲望和生活》
孙竞昊　《经营地方：明清时期济宁的士绅与社会》
范金民　《明清江南商业的发展》
方志远　《明代国家权力结构及运行机制》

大学问·哲思系列
罗伯特·S.韦斯特曼　《哥白尼问题：占星预言、怀疑主义与天体秩序（上）》

罗伯特·斯特恩 《黑格尔的〈精神现象学〉》
A.D.史密斯 《胡塞尔与〈笛卡尔式的沉思〉》
约翰·利皮特 《克尔凯郭尔的〈恐惧与颤栗〉》
迈克尔·莫里斯 《维特根斯坦与〈逻辑哲学论〉》
M.麦金 《维特根斯坦的〈哲学研究〉》
G.哈特费尔德 《笛卡尔的〈第一哲学的沉思〉》
罗杰·F.库克 《后电影视觉：运动影像媒介与观众的共同进化》

大学问·名人传记与思想系列
孙德鹏 《乡下人：沈从文与近代中国（1902—1947）》
黄克武 《笔醒山河：中国近代启蒙人严复》
黄克武 《文字奇功：梁启超与中国学术思想的现代诠释》
王锐 《革命儒生：章太炎传》
保罗·约翰逊 《苏格拉底：我们的同时代人》
方志远 《何处不归鸿：苏轼传》

大学问·实践社会科学系列
胡宗绮 《意欲何为：清代以来刑事法律中的意图谱系》
黄宗智 《实践社会科学研究指南》
黄宗智 《国家与社会的二元合一》
黄宗智 《华北的小农经济与社会变迁》
黄宗智 《长江三角洲的小农家庭与乡村发展》
白德瑞 《爪牙：清代县衙的书吏与差役》
赵刘洋 《妇女、家庭与法律实践：清代以来的法律社会史》
李怀印 《现代中国的形成（1600—1949）》
苏成捷 《中华帝国晚期的性、法律与社会》
黄宗智 《实践社会科学的方法、理论与前瞻》
黄宗智 周黎安 《黄宗智对话周黎安：实践社会科学》

大学问·雅理系列
拉里·西登托普 《发明个体：人在古典时代与中世纪的地位》
玛吉·伯格等 《慢教授》
菲利普·范·帕里斯等 《全民基本收入：实现自由社会与健全经济的方案》
田雷 《继往以为序章：中国宪法的制度展开》
寺田浩明 《清代传统法秩序》

大学问·桂子山史学丛书
张固也 《先秦诸子与简帛研究》
田彤 《生产关系、社会结构与阶级：民国时期劳资关系研究》
承红磊 《"社会"的发现：晚清民初"社会"概念研究》

其他重点单品
郑荣华 《城市的兴衰：基于经济、社会、制度的逻辑》
王锐 《中国现代思想史十讲》
简·赫斯菲尔德 《十扇窗：伟大的诗歌如何改变世界》
北鬼三郎 《大清宪法案》
屈小玲 《晚清西南社会与近代变迁：法国人来华考察笔记研究（1892—1910）》
徐鼎鼎 《春秋时期齐、卫、晋、秦交通路线考论》
苏俊林 《身份与秩序：走马楼吴简中的孙吴基层社会》
周玉波 《庶民之声：近现代民歌与社会文化嬗递》
蔡万进等 《里耶秦简编年考证（第一卷）》
张城 《文明与革命：中国道路的内生性逻辑》